PANORAMA

Introducción a la lengua española

THIRD EDITION

VOLUME 2

José A. Blanco

Philip Redwine Donley, Late
Austin Community College

VISTA
HIGHER LEARNING

Boston, Massachusetts

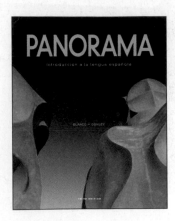

The **PANORAMA, Third Edition,** cover features a detail from Antoni Gaudí's **La Pedrera** in Barcelona, Spain. This remarkable architectural feat is one of the many landmarks from the Spanish-speaking world that you will learn about in **PANORAMA**.

Publisher: José A. Blanco
Vice President and Editorial Director: Beth Kramer
Managing Editor: Sarah Kenney
Project Manager: Isabelle Alouane
Editor: Gabriela Ferland
Director of Art and Design: Linda Jurras
Director of Production and Manufacturing: Lisa Perrier
Design Manager: Polo Barrera
Photo Researcher and Art Buyer: Rachel Distler
Production Coordinator: Nick Ventullo
Production and Manufacturing Team: Oscar Diez, Mauricio Henao, María Eugenia Castaño, Jeff Perron

President: Janet L. Dracksdorf
Sr. Vice President of Operations: Tom Delano
Vice President of Sales and Marketing: Scott Burns
Executive Marketing Manager: Benjamín Rivera

1 2 3 4 5 6 7 8 9 W 13 12 11 10 09 08

TO THE STUDENT

To Vista Higher Learning's great pride, **PANORAMA** and **VISTAS**, the parent text from which **PANORAMA** is derived, became the best-selling new introductory college Spanish programs in more than a decade in their first editions. The success of the second editions followed suit, and it is now our pleasure to welcome you to **PANORAMA, Third Edition**, your gateway to the Spanish language and to the vibrant cultures of the Spanish-speaking world.

A direct result of extensive reviews and ongoing input from students and instructors, **PANORAMA 3/e** includes both the highly successful, ground-breaking features of the original program, plus many exciting new elements designed to keep **PANORAMA** the most student-friendly program available. Here are just some of the features you will encounter:

Original, hallmark features

- A unique, easy-to-navigate design built around color-coded sections that appear either completely on one page or on spreads of two facing pages

- Integration of an appealing video, up-front in each lesson of the student text

- Practical, high-frequency vocabulary in meaningful contexts

- Clear, comprehensive grammar explanations with high-impact graphics and other special features that make structures easier to learn and use

- Ample guided, focused practice to make you comfortable with the vocabulary and grammar you are learning and to give you a solid foundation for communication

- An emphasis on communicative interactions with a classmate, small groups, the full class, and your instructor

- Careful development of reading, writing, and listening skills incorporating learning strategies and a process approach

- Integration of the culture of the everyday lives of Spanish speakers and coverage of the entire Spanish-speaking world

- Unprecedented learning support through on-the-spot student sidebars and on-page correlations of the print and technology ancillaries for each lesson section

- A complete set of print and technology ancillaries to help you learn Spanish

New to the Third Edition

- Revised grammar scope for improved coverage within and across lessons

- Increased reading and coverage of culture in the new **Cultura** section

- The **Recapitulación** grammar review at the end of **Estructura**, available with auto-scoring and diagnostics at panorama.vhlcentral.com

- Exciting multimedia components, such as **En pantalla** and **Oye cómo va**

- New ancillaries, like the *Flash cultura* Video and the **PANORAMA, Third Edition**, Supersite at panorama.vhlcentral.com, all closely integrated with the student text

PANORAMA 3/e has fifteen lessons, each of which is organized exactly the same way. To familiarize yourself with the organization of the text, as well as its original and new features, turn to page xii and take the **at-a-glance** tour.

table of contents

	contextos	fotonovela

cultura	estructura	adelante

table of contents

cultura	estructura	adelante

table of contents

	contextos	fotonovela

cultura	estructura	adelante

table of contents

	contextos	fotonovela

Volume 2:
Lección de repaso

This lesson reviews key concepts in Volume 1. It comes before Lesson 8 in Volume 2.

cultura	estructura	adelante

Consulta (*Reference*)

Volumes 1 & 2

PANORAMA-at-a-glance

Lesson Openers
outline the content and features of each lesson.

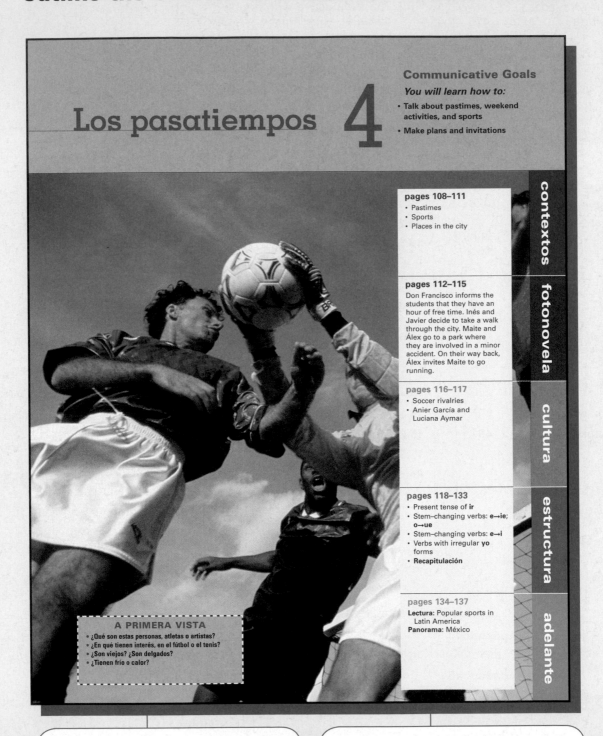

Los pasatiempos 4

Communicative Goals

You will learn how to:
- Talk about pastimes, weekend activities, and sports
- Make plans and invitations

contextos

pages 108–111
- Pastimes
- Sports
- Places in the city

fotonovela

pages 112–115
Don Francisco informs the students that they have an hour of free time. Inés and Javier decide to take a walk through the city. Maite and Álex go to a park where they are involved in a minor accident. On their way back, Álex invites Maite to go running.

cultura

pages 116–117
- Soccer rivalries
- Anier García and Luciana Aymar

estructura

pages 118–133
- Present tense of **ir**
- Stem–changing verbs: **e→ie; o→ue**
- Stem–changing verbs: **e→i**
- Verbs with irregular **yo** forms
- **Recapitulación**

adelante

pages 134–137
Lectura: Popular sports in Latin America
Panorama: México

A PRIMERA VISTA
- ¿Qué son estas personas, atletas o artistas?
- ¿En qué tienen interés, en el fútbol o el tenis?
- ¿Son viejos? ¿Son delgados?
- ¿Tienen frío o calor?

A primera vista activities jump-start the lessons, allowing you to use the Spanish you know to talk about the photos.

Communicative goals highlight the real-life tasks you will be able to carry out in Spanish by the end of each lesson.

Contextos
presents vocabulary in meaningful contexts.

Más vocabulario boxes call out other important theme-related vocabulary in easy-to-reference Spanish-English lists.

Illustrations High-frequency vocabulary is introduced through expansive, full-color illustrations.

Práctica This section always begins with two listening exercises and continues with activities that practice the new vocabulary in meaningful contexts.

Variación léxica presents alternate words and expressions used throughout the Spanish-speaking world.

Recursos The icons in the **Recursos** boxes let you know exactly which print and technology ancillaries you can use to reinforce and expand on every section of every lesson.

Comunicación activities allow you to use the vocabulary creatively in interactions with a partner, a small group, or the entire class.

PANORAMA-at-a-glance

Fotonovela
tells the story of four students traveling in Ecuador.

Personajes The photo-based conversations take place among a cast of recurring characters—four college students on vacation in Ecuador and the bus driver who accompanies them.

Fotonovela Video The Fotonovela episode appears in the *Fotonovela* Video Program. To learn more about the video, turn to page xxvi.

Conversations Taken from the *Fotonovela* Video, the conversations reinforce vocabulary from Contextos. They also preview structures from the upcoming Estructura section in context *and* in a comprehensible way.

Icons provide on-the-spot visual cues for various types of activities: pair, small group, listening-based, video-related, handout-based, information gap, and Supersite. For a legend explaining all icons used in the student text, see page xxix.

Expresiones útiles These expressions organize new, active structures by language function so you can focus on using them for real-life, practical purposes.

Pronunciación & Ortografía
present the rules of Spanish pronunciation and spelling.

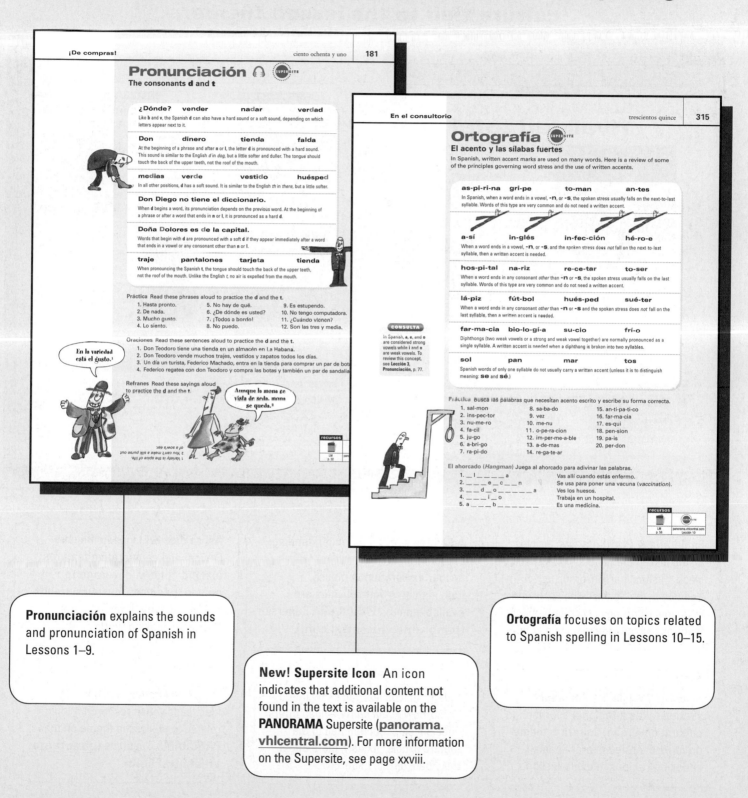

Pronunciación explains the sounds and pronunciation of Spanish in Lessons 1–9.

New! Supersite Icon An icon indicates that additional content not found in the text is available on the **PANORAMA** Supersite (**panorama. vhlcentral.com**). For more information on the Supersite, see page xxviii.

Ortografía focuses on topics related to Spanish spelling in Lessons 10–15.

PANORAMA-at-a-glance

NEW SECTION!

Cultura
exposes you to different aspects of Hispanic culture tied to the lesson theme.

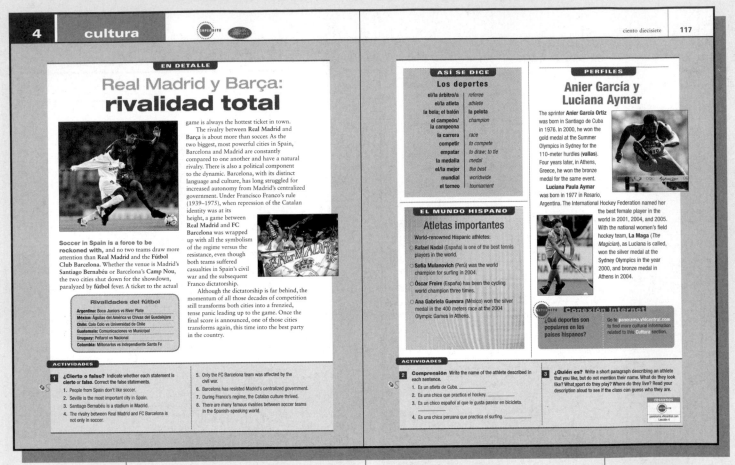

En detalle & Perfil(es) Two articles on the lesson theme focus on a specific place, custom, person, group, or tradition in the Spanish-speaking world. In Spanish starting in **Lección 7**, these features also provide reading practice.

Activities check your understanding of the material and lead you to further exploration. A mouse icon indicates that activities are available on the **PANORAMA** Supersite (**panorama.vhlcentral.com**).

Así se dice & El mundo hispano Lexical and comparative features expand cultural coverage to people, traditions, customs, trends, and vocabulary throughout the Spanish-speaking world.

Coverage While the **Panorama** section takes a regional approach to cultural coverage, **Cultura** is theme-driven, covering several Spanish-speaking regions in every lesson.

Video An icon lets you know that the brand-new *Flash cultura* Video offers specially-shot content tied to the feature article. To learn more about the video, turn to page xxvii.

Conexión Internet An Internet icon leads you to research a topic related to the lesson theme on the **PANORAMA** Supersite (**panorama. vhlcentral.com**).

Estructura
presents Spanish grammar in a graphic-intensive format.

Ante todo This introduction eases you into the grammar with definitions of grammatical terms, reminders about what you already know of English grammar, and Spanish grammar you have learned in earlier lessons.

Compare & Contrast This feature focuses on aspects of grammar that native speakers of English may find difficult, clarifying similarities and differences between Spanish and English.

Diagrams To clarify concepts, clear and easy-to-grasp grammar explanations are reinforced by diagrams that colorfully present sample words, phrases, and sentences.

Charts To help you learn, colorful, easy-to-use charts call out key grammatical structures and forms, as well as important related vocabulary.

Student sidebars On-the-spot linguistic, cultural, or language-learning information directly relates to the materials in front of you.

¡Inténtalo! offers an easy first step into each grammar point. A mouse icon indicates these activities are available with auto-grading at **panorama.vhlcentral.com**.

PANORAMA-at-a-glance

Estructura
provides directed and communicative practice.

Práctica SUPERSITE

1 **¿Adónde van?** Everyone in your neighborhood is dashing off to various places. Say where they are going.

1. la señora Castillo / el centro
2. las hermanas Gómez / la piscina
3. tu tío y tu papá / el partido de fútbol
4. yo / el Museo de Arte Moderno
5. nosotros / el restaurante Miramar

2 **¿Qué van a hacer?** These sentences describe what several students in a college hiking club are doing today. Use **ir a** + [*infinitive*] to say that they are also going to do the same activities tomorrow.

modelo
Martín y Rodolfo nadan en la piscina.
Van a nadar en la piscina mañana también.

1. Sara lee una revista.
2. Yo practico deportes.
3. Ustedes van de excursión.
4. El presidente del club patina.
5. Tú tomas el sol.
6. Paseamos con nuestros amigos.

3 **Preguntas** With a partner, take turns asking and answering questions about where the people are going and what they are going to do there.

modelo
Estudiante 1: ¿Adónde va Estela?
Estudiante 2: Va a la Librería Sol.
Estudiante 1: Va a comprar un libro.

1. Álex y Miguel   2. mi amigo   3. tú

4. los estudiantes   5. profesora Torres   6. ustedes

Comunicación

4 **Frecuencia** In pairs, use the verbs from the list and other stem-changing verbs you know to create sentences telling your partner which activities you do daily (**todos los días**), which you do once a month (**una vez al mes**), and which you do once a year (**una vez al año**). Then switch roles.

modelo
Estudiante 1: *Yo recuerdo a mi familia todos los días.*
Estudiante 2: *Yo pierdo uno de mis libros una vez al año.*

cerrar	perder
dormir	poder
empezar	preferir
encontrar	querer
jugar	recordar
¿?	¿?

todos los días	una vez al mes	una vez al año

5 **En la televisión** Read the television listings for Saturday. In pairs, write a conversation between two siblings arguing about what to watch. Be creative and be prepared to act out your conversation for the class.

modelo
Hermano: *Quiero ver la Copa Mundial.*
Hermana: *¡No! Prefiero ver...*

13:00	14:00	15:00	16:00	17:00	18:00	19:00	20:00	21:00	22:00	23:00
7 Copa Mundial (*World Cup*) de fútbol			El tiempo libre		Fútbol internacional: Copa América: México-Argentina				Torneo de Natación	
8 Abierto (*Open*) Mexicano de Tenis: Alejandro Hernández (México) vs. Jacobo Díaz (España). Semifinales			Campeonato (*Championship*) de baloncesto: Los Correcaminos de Tampico vs. los Santos de San Luis					Aficionados al buceo	Cozumel: Aventuras	
12 Gente famosa		Amigos		Médicos jóvenes			Película: **El centro de la ciudad**		Película: **Terror en la plaza mayor**	
13 El padrastro		Periodistas en peligro (*danger*)		El esquí acuático			Patinaje artístico			
17 Biografías: La artista Frida Kahlo		Música de la semana		Entrevista del día: Miguel Induráin y su pasión por el ciclismo		Cine de la noche: **La carta misteriosa**				

NOTA CULTURAL
Miguel Induráin is a famous cyclist from Spain who has won the Tour de France bicycle race five times.

Síntesis

6 **Situación** Your instructor will give you and your partner a partially illustrated itinerary of a city tour. Complete the itineraries by asking each other questions using the verbs in the captions and vocabulary you have learned.

modelo
Estudiante 1: *Por la mañana, empiezan en el café.*
Estudiante 2: *Y luego...*

Práctica A wide range of guided, yet meaningful exercises weave current and previously learned vocabulary together with the current grammar point.

Comunicación Opportunities for creative expression use the lesson's grammar and vocabulary. These activities take place with a partner, in small groups, or with the whole class.

Síntesis activities integrate the current grammar point with previously learned points, providing built-in, consistent review and recycling as you progress through the text.

New! Supersite Icon An icon at the top of the page indicates that new content is available on the **PANORAMA** Supersite (**panorama. vhlcentral.com**); mouse icons next to individual activities signal that these are available with auto-grading on the Supersite.

Information Gap activities engage you and a partner in problem-solving and other situations based on handouts your instructor gives you. However, you and your partner each have only half of the information you need, so you must work together to accomplish the task at hand.

Sidebars The **Notas culturales** expand coverage of the cultures of Spanish-speaking peoples and countries, while **Ayuda** sidebars provide on-the-spot language support.

NEW SECTION!

Recapitulación
provides review and a short quiz, available with auto-grading on the Supersite, for each lesson.

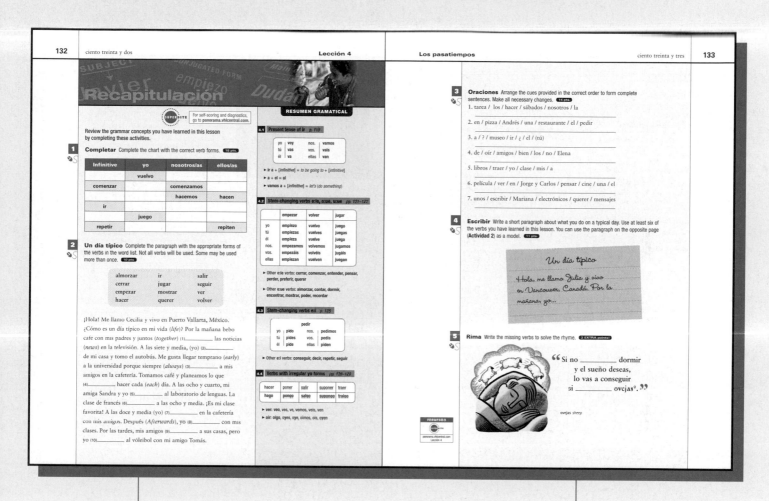

Resumen gramatical This review panel provides you with an easy-to-study summary of the basic concepts of the lesson's grammar, with page references to the full explanation.

Activities A series of activities, moving from directed to open-ended, systematically tests your mastery of the lesson's grammar. The section ends with a riddle or puzzle using the lesson's grammar.

Points Each activity is assigned a point value to help you track your progress. All **Recapitulación** sections add up to fifty points, with two extra-credit points for the last activity.

Supersite Icon An icon lets you know that the **Recapitulación** activities can be completed online with automatic scoring and diagnostics to help you identify where you are strong or where you might need review.

PANORAMA-at-a-glance

Adelante
Lectura develops reading skills in the context of the lesson theme.

Lectura
Antes de leer

Estrategia
Recognizing borrowed words

One way languages grow is by borrowing words from each other. English words that relate to technology often are borrowed by Spanish and other languages throughout the world. Sometimes the words are modified slightly to fit the sounds of the languages that borrow them. When reading in Spanish, you can often increase your understanding by looking for words borrowed from English or other languages you know.

Examinar el texto
Mira brevemente (*briefly*) la selección. ¿De qué trata (*What is it about?*)? ¿Cómo lo sabes?

Buscar
Esta lectura contiene varias palabras tomadas (*taken*) del inglés. Trabaja con un(a) compañero/a para encontrarlas.

Predecir
Trabaja con un(a) compañero/a para contestar estas preguntas.
1. En la foto, ¿quiénes participan en el juego?
2. ¿Jugabas en una computadora cuando eras niño/a? ¿Juegas ahora?
3. ¿Cómo cambiaron las computadoras y la tecnología en los años 80? ¿En los años 90? ¿En los principios del siglo XXI?
4. ¿Qué tipo de "inteligencia" tiene una computadora?
5. ¿Qué significa "inteligencia artificial" para ti?

recursos
(SUPERSITE)
panorama.vhlcentral.com
Lección 11

Inteligencia y memoria: **la inteligencia artificial** por Alfonso Santamaría

Una de las principales características de la película de ciencia ficción *2001: una odisea del espacio*, es la gran inteligencia de su protagonista no humano, la computadora HAL-9000. Para muchas personas, la genial película de Stanley Kubrick es una reflexión sobre la evolución de la inteligencia, desde que el hombre utilizó por primera vez un hueso como herramienta° hasta la llegada de la inteligencia artificial (I.A.).

Ahora que vivimos en el siglo XXI, un mundo en el que Internet y el *fax* son ya comunes, podemos preguntarnos: ¿consiguieron los científicos especialistas en I.A. crear una computadora como HAL? La respuesta es no. Hoy día no existe una computadora con las capacidades intelectuales de HAL porque todavía no existen *inteligencias*

herramienta *tool*

artificiales generales que demuestren lo que llamamos "sentido común". Sin embargo, la I.A. está progresando mucho en el desarrollo° de las inteligencias especializadas. El ejemplo más famoso es Deep Blue, la computadora de IBM especializada en jugar al ajedrez°.

La idea de crear una máquina con capacidad para jugar al ajedrez se originó en 1950. En esa década, el científico Claude Shannon desarrolló una teoría que se convirtió en realidad en 1967, cuando apareció el primer programa que permitió a una computadora competir, aunque sin éxito°, en un campeonato° de ajedrez. Más de veinte años después, un grupo de expertos en I.A. fue el centro de investigación

---

Thomas J. Watson de Nueva York para desarrollar Deep Blue, la computadora que en 1997 derrotó° al campeón mundial de ajedrez, Garry Kasparov. Esta extraordinaria computadora pudo ganarle al maestro ruso de ajedrez porque estaba diseñada para procesar 200 millones de jugadas° por segundo. Además, Deep Blue guardaba en su memoria una recopilación de los movimientos de ajedrez más brillantes de toda la historia, entre ellos los que Kasparov efectuó en sus competiciones anteriores.

Para muchas personas, la victoria de Deep Blue sobre Kasparov simbolizó la victoria de la inteligencia artificial sobre la del ser humano°. Debemos reconocer los grandes avances científicos en el área de las computadoras y las ventajas° que pueden traernos en un futuro, pero también tenemos que entender sus limitaciones. Las computadoras generan nuevos modelos con conocimientos° muy definidos, pero todavía no tienen sentido común: una computadora como Deep Blue puede ganar una partida° de ajedrez, pero no puede explicar la diferencia entre una reina° y un peón°. Tampoco puede crear algo nuevo y original a partir de lo establecido, como hicieron Mozart o Picasso.

Las inteligencias artificiales especializadas son una realidad. ¿Pero una inteligencia como la de HAL-9000? Pura ciencia ficción. ■

sentido común *common sense* desarrollo *development* ajedrez *chess* éxito *success* campeonato *championship* derrotó *defeated* jugadas *moves* la del ser humano *that of the human being* ventajas *advantages* conocimientos *knowledge* partida *match* reina *queen* peón *pawn*

Después de leer
¿Cierto o falso? ◆⑤
Indica si cada oración es **cierta** o **falsa**. Corrige las falsas.
_____ 1. La computadora HAL-9000 era muy inteligente.
_____ 2. Deep Blue es un buen ejemplo de la inteligencia artificial general.
_____ 3. El maestro de ajedrez Garry Kasparov le ganó a Deep Blue en 1997.
_____ 4. Las computadoras no tienen la creatividad de Mozart o Picasso.
_____ 5. Hoy hay computadoras como HAL-9000.

Preguntas ◆⑤
Contesta las preguntas.
1. ¿Qué tipo de inteligencia se relaciona con HAL-9000?
2. ¿Qué tipo de inteligencia tienen las computadoras como Deep Blue?
3. ¿Cuándo se originó la idea de crear una máquina para jugar al ajedrez?
4. ¿Qué compañía inventó Deep Blue?
5. ¿Por qué Deep Blue le pudo ganar a Garry Kasparov?

Conversar
En grupos pequeños, hablen de estos temas.
1. ¿Son las computadoras más inteligentes que los seres humanos?
2. ¿Para qué cosas son mejores las computadoras, y para qué cosas son mejores los seres humanos? ¿Por qué?
3. En el futuro, ¿van a tener las computadoras la inteligencia de los seres humanos? ¿Cuándo?

Antes de leer Valuable reading strategies and pre-reading activities strengthen your reading abilities in Spanish.

Readings Selections related to the lesson theme recycle vocabulary and grammar you have learned. The selections in Lessons 1–12 are cultural texts, while those in Lessons 13–15 are literary pieces.

Después de leer Activities include post-reading exercises that review and check your comprehension of the reading and expansion activities.

New! Three literary readings are new to this edition. Lessons 13–15 offer highly accessible poems, short stories, and excerpts from novels by important literary figures in the Spanish-speaking world.

Adelante

In lessons 3, 6, 9, 12, and 15, *Escritura* and *Escuchar* develop writing and listening skills.

Estrategia Strategies help you prepare for the writing and listening tasks to come.

Escuchar A recorded conversation or narration develops your listening skills in Spanish. **Preparación** prepares you for listening to the recorded passage.

Escritura The **Tema** describes the writing topic and includes suggestions for approaching it.

Ahora escucha walks you through the passage, and **Comprensión** checks your listening comprehension.

PANORAMA-at-a-glance

Adelante

Every third lesson, *En pantalla* and *Oye cómo va* present authentic TV clips and songs.

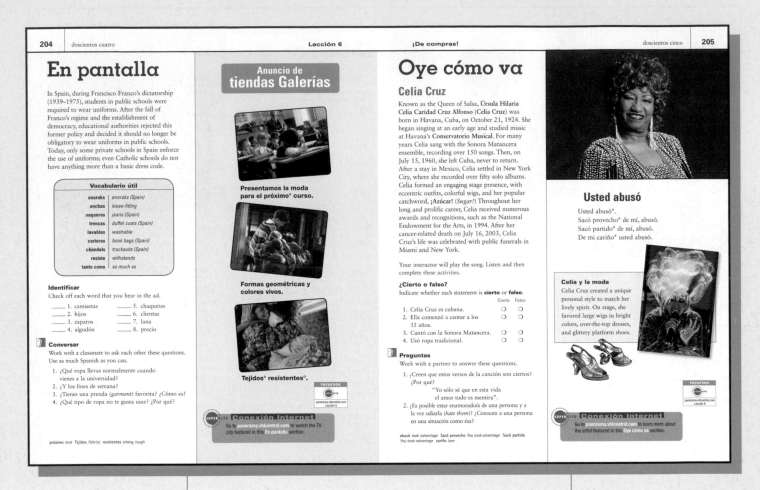

Presentation Cultural notes and vocabulary support prepare you to view the clip and hear the song. A series of activities checks your comprehension of the material.

Oye cómo va A biography of an artist or group from the featured country introduces you to the music of the Spanish-speaking world.

En pantalla TV clips from all over the Spanish-speaking world give you additional exposure to authentic language. The clips feature the language, vocabulary, and theme of the lesson.

Supersite Icon Icons and **Recursos** boxes lead you to the Supersite (**panorama.vhlcentral.com**), where you can view the TV clip and get further practice.

Panorama
presents the nations of the Spanish-speaking world.

El país en cifras presents interesting key facts about the featured country.

Maps point out major cities, rivers, and geographical features and situate the country in the context of its immediate surroundings and the world.

Readings A series of brief paragraphs explores facets of the country's culture such as history, places, fine arts, literature, and aspects of everyday life.

¡Increíble pero cierto! highlights an intriguing fact about the country or its people.

Conexión Internet offers Internet activities on the **PANORAMA** Supersite (**panorama.vhlcentral. com**) for additional avenues of discovery.

***Panorama cultural* Video** The authentic footage of this video takes you to the featured Spanish-speaking country, letting you experience the sights and sounds of an aspect of its culture. To learn more about the video, turn to page xxvii.

FOTONOVELA VIDEO PROGRAM

Fully integrated with your textbook, the *Fotonovela* Video contains fifteen episodes, one for each lesson of the text. The episodes present the adventures of four college students who are studying at the **Universidad de San Francisco** in Quito, Ecuador. They decide to spend their vacation break on a bus tour of the Ecuadorian countryside with the ultimate goal of hiking up a volcano. The video, shot in various locations in Ecuador, tells their story and the story of Don Francisco, the tour bus driver who accompanies them.

The **Fotonovela** section in each textbook lesson is an abbreviated version of the dramatic episode featured in the video. Therefore, each **Fotonovela** section can be done before you see the corresponding video episode, after it, or as a section that stands alone.

As you watch each video episode, you will first see a live segment in which the characters interact using vocabulary and grammar you are studying. As the video progresses, the live segments carefully combine new vocabulary and grammar with previously taught language. You will then see a **Resumen** section in which one of the main video characters recaps the live segment, emphasizing the grammar and vocabulary you are studying within the context of the episode's key events.

In addition, in most of the video episodes, there are brief pauses to allow the characters to reminisce about their home country. These flashbacks—montages of real-life images shot in Spain, Mexico, Puerto Rico, and various parts of Ecuador—connect the theme of the video to everyday life in various parts of the Spanish-speaking world.

THE CAST

Here are the main characters you will meet when you watch the *Fotonovela* Video:

From Ecuador,
Inés Ayala Loor

From Spain,
María Teresa (Maite) Fuentes de Alba

From México,
Alejandro (Álex) Morales Paredes

From Puerto Rico,
Javier Gómez Lozano

And, also from Ecuador,
don Francisco Castillo Moreno

NEW! *FLASH CULTURA* VIDEO PROGRAM

The dynamic, new *Flash cultura* Video provides an entertaining supplement to the **Cultura** section of each lesson. Young people from all over the Spanish-speaking world share aspects of life in their countries; the similarities and differences among Spanish-speaking countries that come up through their experiences will challenge you to think about your own cultural practices and values.

The segments provide valuable cultural insights as well as linguistic input; the episodes will expose you to a wide variety of accents and vocabulary as they gradually move into Spanish.

PANORAMA CULTURAL VIDEO PROGRAM

The *Panorama cultural* Video is integrated with the **Panorama** section in each lesson of **PANORAMA, Third Edition**. Each segment is 2–3 minutes long and consists of documentary footage from each of the countries featured. The images were specially chosen for interest level and visual appeal, while the all-Spanish narrations were carefully written to reflect the vocabulary and grammar covered in the textbook.

As you watch the video segments, you will experience a diversity of images and topics: cities, monuments, traditions, festivals, archeological sites, geographical wonders, and more. You will be transported to each Spanish-speaking country, including the United States and Canada, thereby having the opportunity to expand your cultural perspectives with information directly related to the content of **PANORAMA, Third Edition**.

MAESTRO™ Supersite

The **PANORAMA** Supersite, powered by MAESTRO™, provides a wealth of resources for both students and instructors.

SUPERSITE Access to the **Supersite** comes free with the purchase of a new student text.

Learning tools available to students:

▶ interactive practice activities with auto-grading and real-time feedback
- directed practice from the textbook, including audio activities
- additional practice for each and every textbook section

▶ open-ended activities where students explore and search the Internet
- activities for the **NEW! Cultura** and **Panorama** cultural sections, including annotated interactive maps
- **NEW! Oye cómo va** music section spotlights Spanish-speaking musicians and leads students to explore further

▶ expanded audio practice
- **NEW!** record-and-compare audio activities

▶ the complete **PANORAMA** Video Program
- **Fotonovela:** These dramatic video episodes follow four students on their adventures through Ecuador.
- **NEW! Flash cultura:** Shot on location in Latin America and Spain, this video in the form of a news program expands on the theme of each lesson in the book.
- **Panorama cultural:** One episode for every country in the Spanish-speaking world highlights different aspects of each country's culture.
- **NEW! En pantalla:** Real TV clips, one every three lessons, offer you an authentic window into Spanish-language media

▶ MP3 files for the complete **PANORAMA** Audio Program
- textbook audio files
- lab program audio files

▶ and more...
- auto-scored practice quizzes with feedback in every lesson
- **NEW!** flashcards with audio
- **NEW!** flash-animated grammar tutorials (Premium content)

ICONS AND *RECURSOS* BOXES

Icons

Familiarize yourself with these icons that appear throughout **PANORAMA, Third Edition**.

- The Information Gap activities and those involving **Hojas de actividades** (*activity sheets*) require handouts that your instructor will give you.

- You will see the listening icon in each lesson's **Contextos**, **Pronunciación**, **Escuchar**, and **Vocabulario** sections.

- The video icons appear in the **Fotonovela, Cultura,** and **Panorama** sections of each lesson.

- **New!** Both Supersite icons appear in every strand of every lesson. Visit **panorama.vhlcentral.com**.

Recursos

Recursos boxes let you know exactly what print and technology ancillaries you can use to reinforce and expand on every section of the lessons in your textbook. They even include page numbers when applicable. In **PANORAMA 3/e**, the colors of the icons match those of the actual ancillaries, making it even easier for you to use the complete program. See the next page for a description of the ancillaries.

Supersite, icons, and ancillaries

STUDENT ANCILLARIES

▶ **Workbook/Video Manual**
The Workbook/Video Manual contains the workbook activities for each textbook lesson, activities for the *Fotonovela* Video, and pre-, while-, and post-viewing activities for the *Panorama cultural* Video.

▶ **New! Cuaderno para hispanohablantes**
This new workbook parallels the traditional workbook and video manual with additional material directed to a heritage speaker audience.

▶ **Lab Manual**
The Lab Manual contains lab activities for each textbook lesson for use with the Lab Audio Program.

▶ **Lab Audio Program**
Available on the Supersite.

▶ **Textbook Audio Program**
The Textbook Audio Program MP3s, available on the Supersite, are the audio recordings for the listening-based activities and recordings of the active vocabulary in each lesson of the student text.

▶ **New! *Fotonovela* Video DVD**
The *Fotonovela* DVD provides the complete *Fotonovela* Video Program with subtitles.

▶ **VHL Intro Spanish Pocket Dictionary & Language Guide***
This portable reference for Spanish was created expressly to complement and extend the student text.

▶ **New! Web-SAM** (online Workbook/Video Manual/Lab Manual). New to the Third Edition, **PANORAMA** now offers two Web-SAM options: the traditional Quia version, and the new **Maestro™** version. Besides offering the entire Workbook, Video Manual, and Lab Manual online, the **Maestro** Web-SAM offers a robust learning management system that completely integrates with the **PANORAMA 3/e** Supersite.

▶ **New! Maestro™ Supersite***
Newly developed for **PANORAMA, Third Edition**, your passcode to the Supersite (**panorama.vhlcentral.com**) is free with the purchase of a new text. Here you will find activities found in your text, available with auto-grading capability, additional activities for practice, all of the audio and video material for the **PANORAMA, Third Edition**, and much more.

*Free with purchase of a new Student Text

INSTRUCTOR ANCILLARIES

▶ **Instructor's Annotated Edition (IAE)**
The IAE contains a wealth of teaching information. The expanded trim size and enhanced design of **PANORAMA 3/e** make the annotations and facsimile student pages easy to read and reference in the classroom.

▶ **New! Instructor's Resource CD-ROM (IRCD)**
All of the traditional components of the **PANORAMA** Ancillary Program are now on one convenient CD-ROM.

  ▶ **Instructor's Resource Manual (IRM)**
  The IRM contains classroom handouts for the textbook, answers to directed activities in the textbook, audioscripts, and transcripts and translations of the video programs.

  ▶ **PowerPoint Presentations**
  This feature provides the Overhead Transparencies as PowerPoint slides, including maps of all Spanish-speaking countries, the **Contextos** vocabulary drawings, and other selected drawings from the student text. Also included on PowerPoint are presentations of each grammar point in **Estructura**.

▶ **Workbook/Lab Manual/Video Manual Answer Key**

▶ **Testing Program**
The Testing Program contains four versions of tests for each textbook lesson, semester exams and quarter exams, listening scripts, test answer keys, and optional cultural, video, and reading test items. The Testing Program is provided in three formats: within a powerful Test Generator, in customizable RTF files, and as PDFs.

▶ **New! Instructor's Resource CD & DVD Set**
  ▶ Instructor's Resource CD-ROM (see above)
  ▶ Two video DVDs (*Fotonovela* and *Panorama cultural*) available with subtitles in English and Spanish. In addition, a third DVD of the brand-new *Flash cultura* video program hosts a tour of eight countries in the Spanish-speaking world.

▶ **New! Maestro™ Supersite**
In addition to access to the student site, the password-protected instructor site offers a robust course management system that allows instructors to assign and track student progress. The Supersite contains the full contents of the IRCD (with the exception of the Test Generator), and other resources, such as lesson plans and sample syllabi.

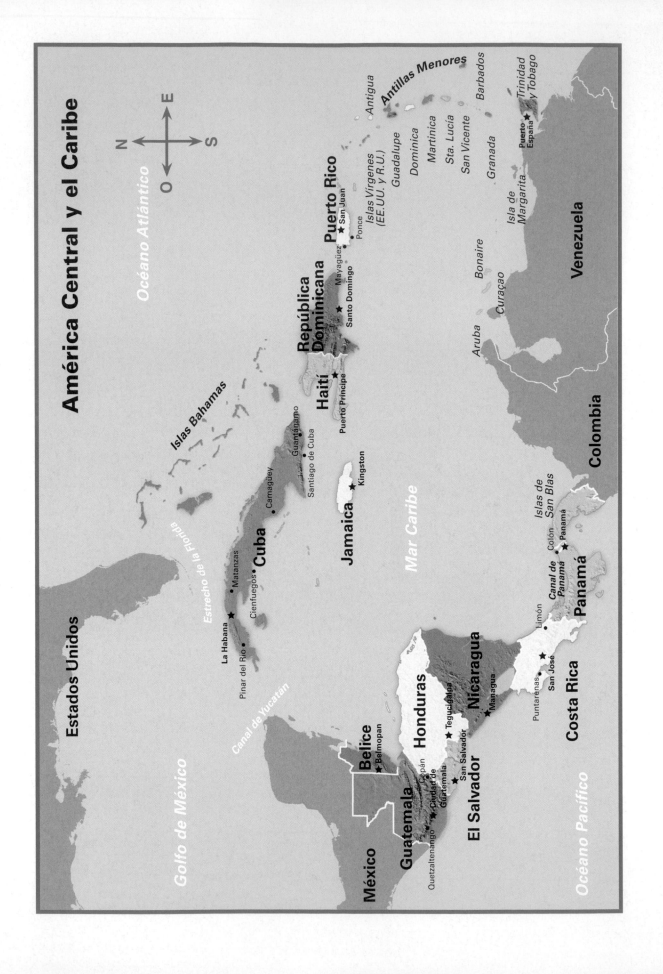

América Central y el Caribe

Estados Unidos

Golfo de México

Océano Atlántico

Islas Bahamas

Estrecho de la Florida

México

La Habana
Pinar del Río
Matanzas
Cienfuegos
Cuba
Camagüey
Guantánamo
Santiago de Cuba

Canal de Yucatán

Belice
Belmopan

Guatemala
Quetzaltenango
Ciudad de Guatemala
Copán

El Salvador
San Salvador

Honduras
Tegucigalpa

Nicaragua
Managua

Costa Rica
Puntarenas
San José
Limón

Panamá
Canal de Panamá
Colón
Panamá
Islas de San Blas

Jamaica
Kingston

Mar Caribe

Haití
Puerto Príncipe

República Dominicana
Santo Domingo

Puerto Rico
Mayagüez
San Juan
Ponce

Islas Vírgenes
(EE.UU. y R.U.)

Antillas Menores

Antigua
Guadalupe
Dominica
Martinica
Sta. Lucía
San Vicente
Barbados
Granada

Isla de Margarita

Aruba
Bonaire
Curaçao

Trinidad y Tobago
Puerto España

Venezuela

Colombia

Océano Pacífico

Lección de repaso

Communicative Goals

You will review how to:

- Describe people and things
- Discuss pastimes and sports
- Talk about daily routines
- Talk about the seasons and the weather
- Tell what happened in the past

Práctica

1 Identificar Indica la palabra que no pertenece al grupo. `8 pts.`

1. lluvia • tomar el sol • botas • impermeable
2. traje de baño • bucear • playa • abrigo
3. nadar • nieve • esquiar • invierno
4. matemáticas • mochila • historia • computación
5. estudiar • tomar un examen • viajar • hacer la tarea
6. sandalias • camiseta • guantes • pantalones cortos
7. semana • ayer • mañana • hoy
8. tío • prima • abuelo • dependienta

2 Listas Completa cada lista con las palabras que faltan. `10 pts.`

DÍAS: lunes, (1) _____, miércoles, jueves, (2) _____, sábado, (3) _____

MESES: (4) _____, febrero, marzo, abril, (5) _____, junio, julio, (6) _____, septiembre, (7) _____, noviembre, (8) _____

ESTACIONES: (9) _____, verano, otoño, (10) _____

3 Oraciones Completa cada oración con una palabra de la lista. `8 pts.`

acostarse	levantarse	psicología
biblioteca	matemáticas	reloj
historia	mochila	ventana
lápiz	periodismo	vestido
lenguas extranjeras	pruebas	

1. Para ser reportero, tienes que estudiar _____.
2. Si te gustan los números y las ecuaciones, puedes estudiar _____.
3. Para comunicarte con personas de otros países y culturas, debes estudiar _____.
4. Si la clase empieza a las ocho, tienes que _____ temprano.
5. El profesor les hace _____ a los estudiantes para comprobar (*check*) lo que aprendieron.
6. Cuando los estudiantes están aburridos, miran el _____ esperando el final de la clase.
7. Para estudiar en un lugar tranquilo y tener acceso a muchos libros, puedes ir a la _____.
8. Después de un día largo, es bueno _____ temprano.

El invierno

diciembre *December*
enero *January*
febrero *February*   **Nieva. (nevar)**

¿Qué tiempo hace? *What's the weather like?*
Hace frío. *It's cold.*

estudiar *to study*
patinar *to skate*
tomar el examen *to take an exam*
trabajar *to work*

el esquí *skiing*
el hockey *hockey*

el abrigo *coat*
la bota *boot*
los guantes *gloves*

esquiar

el año *year*
el día *day*
la semana *week*

lunes *Monday*
martes *Tuesday*
miércoles *Wednesday*
jueves *Thursday*
viernes *Friday*
sábado *Saturday*
domingo *Sunday*

el mes

La primavera

marzo *March*
abril *April*
mayo *May*

Hace mal tiempo. *The weather is bad.*

ir de excursión *to go on a hike*
pasear *to take a walk; to stroll*
pasear en bicicleta *to ride a bicycle*
practicar deportes *to play sports*

la contabilidad *accounting*
el periodismo *journalism*
la prueba *test; quiz*

Llueve. (llover)

la blusa *blouse*
la camisa *shirt*
el impermeable *raincoat*
el traje *suit*
el vestido *dress*

el reloj

El verano

junio *June*
julio *July*
agosto *August*

Hace buen tiempo. *The weather is good.*
Hace sol. *It's sunny.*

bucear *to scuba dive*
nadar *to swim*
tomar el sol *to sunbathe*
viajar *to travel*

el campo *countryside*
el mar *sea*
la playa *beach*
el vóleibol *volleyball*

Hace (mucho) calor.

la camiseta *t-shirt*
las gafas de sol *sunglasses*
los pantalones cortos *shorts*
las sandalias *sandals*
el traje de baño *bathing suit*

El otoño

septiembre *September*
octubre *October*
noviembre *November*

Hace fresco. *It's cool.*

Hace viento.

comenzar las clases *to start classes*
escalar montañas *to climb mountains*
jugar (u:ue) al fútbol americano *to play football*
montar a caballo *to ride a horse*

la biblioteca *library*
la cafetería *cafeteria*
la computación *computer science*
las lenguas extranjeras *foreign languages*
las matemáticas *math*
la mochila *backpack*

la chaqueta *jacket*
los bluejeans *jeans*
el suéter *sweater*

La rutina diaria

acostarse *to go to bed*
bañarse *to bathe, to take a bath*
levantarse *to get up*
ponerse *to put on*
vestirse *to get dressed*

> For a complete list of related vocabulary go to PANORAMA, pp. 34, 68, 106, 138, 208, and 240.

---

4 **Describir** Describe el tiempo que hace en cada escena y el tipo de actividad que hacen las personas. **12 pts.**

> **modelo**
> Hace buen tiempo. Él pasea en bicicleta.

1. _____   2. _____

3. _____   4. _____

5. _____   6. _____

5 **Preparando un viaje** Escribe una conversación entre dos amigos que hacen las maletas para irse de viaje una semana. Félix va a esquiar en Argentina, donde es invierno, y Rodrigo va a Florida, donde es verano. **12 pts.**

- ¿Qué lugares pueden visitar?
- ¿Qué actividades pueden hacer?
- ¿Qué tiempo va a hacer?
- ¿Qué ropa tienen que llevar?
- ¿Qué medios de transporte van a usar?
- ¿Dónde se van a quedar?

Lección de repaso

Práctica

1 **Género y número** Completa las tablas. Cambia las palabras femeninas a masculinas, las singulares a plurales y viceversa. **14 pts.**

Masculino	Femenino
el pintor	
	la cuñada
	la huésped
el turista	
	la dependienta
el pasajero	
	la inspectora

Singular	Plural
una clase	
un autobús	
	unas excursiones
una comunidad	
	unos lápices
	unas revistas
un calcetín	

2 **Completar** Completa cada oración con el verbo **ser**. **6 pts.**

1. Maite _____ de España, ¿verdad?
2. ¿Quiénes _____ los huéspedes de la habitación 347?
3. Juan y yo _____ vendedores en aquel centro comercial.
4. ¿De dónde _____ tú?
5. _____ las nueve de la mañana.
6. Yo _____ puertorriqueño pero vivo en Costa Rica.

3 **El primer día de clases** Completa la conversación con las formas correctas del verbo **estar**. **5 pts.**

JULIO Hola, Martín. ¿Cómo (1) _____ (tú)?

MARTÍN Bien. Oye, ¿sabes dónde (2) _____ el gimnasio? Mis compañeros del equipo de béisbol (3) _____ allí.

JULIO Pero, hombre, ¡yo también (4) _____ en el equipo! Vamos juntos al gimnasio, (nosotros) (5) _____ muy cerca.

MARTÍN ¡Pero qué tonto soy! Tú también estás en el equipo. OK, vamos.

Resumen gramatical

This overview presents key grammatical concepts from PANORAMA. For further review, follow the cross-references.

R.1 **Nouns and articles** PANORAMA L1 pp. 12-14

Gender of nouns

Nouns that refer to living things

	Masculine		Feminine
-o	el chico	-a	la chica
-or	el profesor	-ora	la profesora
-ista	el turista	-ista	la turista

Nouns that refer to non-living things

	Masculine		Feminine
-o	el libro	-a	la cosa
-ma	el programa	-ción	la lección
-s	el autobús	-dad	la nacionalidad

Plural of nouns

► ending in vowels + *-s*   la chica → las chicas

► ending in consonant + *-es* el señor → los señores

(-z → -ces un lápiz → unos lápices)

Definite articles: el, la, los, las

Indefinite articles: un, una, unos, unas

R.2 **Present of ser and estar** PANORAMA L1 pp. 19-21, 55-56

¿De dónde eres?

Yo soy de México.

ser			
yo	soy	nosotros/as	somos
tú	eres	vosotros/as	sois
Ud./él/ella	es	Uds./ellos/ellas	son

► Uses of **ser**: nationality, origin, profession or occupation, characteristics, generalizations, possession, what something is made of, time and date, time and place of events

estar			
yo	estoy	nosotros/as	estamos
tú	estás	vosotros/as	estáis
Ud./él/ella	está	Uds./ellos/ellas	están

► Uses of **estar**: location, health, physical states and conditions, emotional states, weather expressions, ongoing actions

► **Ser** and **estar** can both be used with many of the same adjectives, but the meaning will change.

Juan **es** listo.   Juan **está** listo.
Juan is smart.   *Juan is ready.*

R.3 Adjectives PANORAMA
L3 pp. 80-82, 95

¡Qué alto es tu papá! Y tu mamá, ¡qué bonita!

► Adjectives are words that describe nouns. In Spanish, adjectives agree with the nouns they modify in both gender and number.

Descriptive adjectives

Masculine		Feminine	
Singular	**Plural**	**Singular**	**Plural**
alto	altos	alta	altas
inteligente	inteligentes	inteligente	inteligentes
trabajador	trabajadores	trabajadora	trabajadoras

► To refer to a mixed group, use the masculine plural form.

Juan y Ana son trabajadores.

► Descriptive adjectives and adjectives of nationality follow the noun: **el chico rubio, la mujer española**

► Adjectives of quantity precede the noun: **muchos libros**

► Before a masculine noun, these adjectives are shortened.

bueno → buen   **malo → mal**   **grande → gran**

Possessive adjectives

Singular		Plural	
mi	nuestro/a	mis	nuestros/as
tu	vuestro/a	tus	vuestros/as
su	su	sus	sus

► Possessive adjectives are always placed before the nouns they modify: **nuestros amigos, mi madre**

---

4 **¿Ser o estar?** Completa el texto con **ser** o **estar**. **9 pts.**

Me llamo Julio. Mis padres (1) _____ de México, pero mi familia ahora (2) _____ en Arizona. Mi padre (3) _____ médico en el hospital; el hospital (4) _____ cerca de nuestra casa. Nosotros tres (5) _____ altos y morenos. Yo (6) _____ estudiante de periodismo. Mis clases (7) _____ buenas, pero a veces (yo) (8) _____ demasiado ocupado con las tareas. Todos mis compañeros (9) _____ nerviosos porque hoy empiezan los exámenes finales.

5 **Posesivos** Completa con el adjetivo posesivo correcto. **8 pts.**

1. Él es _____ (*my*) hermano.
2. _____ (*Your*, fam.) familia es muy simpática.
3. _____ (*Our*) sobrino es italiano.
4. ¿Ella es _____ (*his*) profesora?
5. _____ (*Your*, form.) maleta es de color verde.
6. _____ (*Her*) amigos son de Colombia.
7. Son _____ (*our*) compañeras de clase.
8. _____ (*My*) padres están en el trabajo.

6 **Opuestos** Escribe oraciones completas con los elementos dados y los adjetivos opuestos a los que están subrayados. **¡Ojo!** Recuerda conjugar los verbos. **8 pts.**

modelo

casa / de Silvia / ser / <u>grande</u> / pero / mi casa / ser / ¿?
La casa de Silvia es grande, pero mi casa es pequeña.

1. habitación / de mi hermana / siempre / estar / <u>sucia</u> / pero / mi habitación / estar / ¿?

   _____

2. (yo) estar / <u>contento</u> / porque / (yo) estar / de vacaciones / pero / mis padres / estar / ¿? / porque / (ellos) tener / que trabajar

   _____

3. Tu primo / ser / <u>alto</u> y <u>moreno</u> / pero / tú / ser / ¿? y ¿?

   _____

4. Mi amigo Fernando / decir / que las matemáticas / ser / <u>difíciles</u> / pero / yo / creer / que / ser / ¿?

   _____

Práctica y Comunicación

1   **Correo** Completa el mensaje de correo electrónico con la forma correcta de **ser** o **estar**.

¡Hola Carlos!

¿Cómo estás? Yo (1) _____ muy preocupada porque tenemos un examen mañana en la clase de español y el profesor (2) _____ muy estricto. Mi amiga Ana (3) _____ en la biblioteca ahora y quiero ir a verla para pedir su ayuda. Ella (4) _____ una estudiante muy buena y sus notas (*grades*) (5) _____ excelentes.

Este fin de semana hay una excursión a las montañas. Mis amigos y yo (6) _____ muy contentos porque el lugar que vamos a visitar (7) _____ muy hermoso. Ana también quiere ir a la excursión, pero (ella) (8) _____ enojada porque tiene que trabajar.

Bueno, antes de ir a la biblioteca voy a dormir la siesta porque (9) _____ muy cansada.

¡Hasta pronto!
Susana

2   **La vida de Marina** Completa cada oración con la forma correcta de los cuatro adjetivos.

1. Marina busca una compañera de cuarto _____.
   (ordenado, honesto, alegre, amable)

2. Se lleva bien con las personas _____.
   (alegre, trabajador, interesante, sensible)

3. Los padres de Marina son _____.
   (simpático, inteligente, alto, feliz)

4. A Marina le gusta la ropa _____.
   (elegante, bueno, bonito, barato)

5. Marina tiene un novio _____.
   (trabajador, simpático, pelirrojo, listo)

Marina

3   **¿Es o no es?** Responde a cada pregunta. Usa el adjetivo opuesto.

modelo
¿Es alto tu tío? *No, es bajo.*

1. ¿Es viejo el agente de viajes? _____.
2. ¿Son malas las amigas de Glenda? _____.
3. ¿Es antipática la vendedora? _____.
4. ¿Son guapos los primos de Omar? _____.
5. ¿Son morenas las excursionistas? _____.
6. ¿Es feo el yerno de doña Ana? _____.

4

En el parque Mira la imagen y contesta las preguntas usando **ser** y **estar**. Puedes inventar las respuestas para algunas preguntas.

1. ¿Quién es cada una de estas personas?

2. ¿Qué hacen?

3. ¿Cómo están?

4. ¿Cómo son?

5. ¿Dónde están?

5

Entrevista Escribe tantos (*as many*) adjetivos descriptivos como puedas (*as you can*) sobre ti mismo/a (*yourself*) en tres minutos. Luego, en parejas, usa **ser** o **estar** para preguntarle a tu compañero/a si él/ella tiene las mismas características. Finalmente, comparte con la clase lo que tienen en común.

> **modelo**
>
> **(Yo):** delgada, baja, morena, trabajadora, contenta, simpática
> **(Preguntas):** ¿Tú eres trabajadora? ¿Estás contenta?
> **(Oración):** Somos morenas, estamos contentas y somos trabajadoras.

6

Mi familia y mis amigos Escribe una breve descripción de tu familia, tus parientes y tus amigos. Usa adjetivos posesivos para identificar a la(s) persona(s) que describes.

¡AL RESCATE!

To review vocabulary related to family and friends, go to **PANORAMA**, **Lesson 3, Contextos**, pp. 70-71

7

Una cita (*date*) Mañana tienes una cita con un(a) muchacho/a maravilloso/a. Quieres contarle a tu mejor amigo y pedirle consejos. Tu amigo/a es muy curioso y te va a hacer muchas preguntas. En parejas, representen la conversación. Éstos son algunos aspectos que pueden incluir.

Tu amigo/a quiere saber:
- cómo te sientes (*you feel*) antes de la cita
- qué crees que va a pasar
- cómo es el lugar adonde van a ir
- cómo es la persona con quien vas a tener la cita

Tú quieres consejos sobre:
- qué ropa ponerte
- temas de los que pueden hablar
- adónde ir
- quién debe pagar la cuenta (*bill*)

Unas vacaciones de **voluntario**

¿Qué hiciste durante las vacaciones de verano? Muchos estudiantes contestarían° esta pregunta con historias de cómo disfrutaron° de su tiempo libre. Pero hay otra actividad que ha recibido° atención recientemente: el trabajo voluntario durante las vacaciones.

En Latinoamérica, se le llama **aprendizaje-servicio°**, una combinación de educación formal y voluntariado°. En países como México, Argentina y Chile, los estudiantes reciben crédito académico mientras° usan su creatividad y su talento en beneficio de los demás°. Así se promueve° la participación activa de los estudiantes en la sociedad. Los

voluntarios también viven experiencias que no podrían° obtener en el salón de clases: en Buenos Aires, un grupo de alumnos° de los colegios más exclusivos ayuda con las tareas en centros comunitarios; en una escuela de Resistencia, en Argentina, los chicos de barrios marginales° les enseñan computación a los adultos desocupados° de su propia comunidad.

En 2001, la Secretaría de Educación de Argentina creó el Programa Nacional de Escuela y Comunidad para los proyectos de aprendizaje-servicio por todo el país. Y tú, ¿alguna vez has participado en servicio comunitario?

Otras vacaciones de voluntarios

En León, Nicaragua, 16 estudiantes costarricenses construyeron casas para familias nicaragüenses como parte del programa Hábitat para la Humanidad. Adrián, un voluntario, dijo: "Fue una experiencia increíble. Pude° divertirme y al mismo tiempo hacer algo útil° y beneficiar a otras personas durante mis vacaciones".

Los estudiantes de la escuela técnica de Junín de los Andes, Argentina, adaptaron molinos de viento° a las necesidades de las poblaciones mapuches°. Por este proyecto ganaron un premio° en la Feria Mundial de Ciencias de 1999.

contestarían *would answer* disfrutaron *they enjoyed* ha recibido *has received* aprendizaje-servicio *service learning* voluntariado *volunteerism* mientras *while* los demás *others* Así se promueve *Thus it promotes* no podrían *they could not* alumnos *students* barrios marginales *disadvantaged neighborhoods* desocupados *unemployed* Pude *I was able to* útil *useful* molinos de viento *windmills* mapuches *indigenous people of Central and Southern Chile and Southern Argentina* premio *prize*

ACTIVIDADES

1 **¿Cierto o falso?** Indica si la oración es **cierta** o **falsa**. Corrige la información falsa.

1. El aprendizaje-servicio es ir a cursos de verano.

2. En este programa, los jóvenes voluntarios aprenden cosas que no se aprenden en el salón de clases.

3. Los estudiantes de Resistencia, Argentina les enseñan computación a los chicos de los colegios más exclusivos.

4. En 2001, la Secretaría de Educación de Argentina creó un programa nacional de aprendizaje-servicio.

5. De su experiencia como voluntario en Nicaragua, el joven Adrián dijo: "Fue una experiencia horrible".

6. Los estudiantes de una escuela técnica adaptaron molinos de viento a las necesidades de las poblaciones indígenas de su país.

ASÍ SE DICE

el buceo	*diving*
la carrera de autos	*car race*
el ciclismo	*cycling*
la lucha libre	*freestyle wrestling*
la ola	*[ocean] wave*
los países hispanohablantes	los países donde se habla español
surfear, hacer surf	*to surf*
el/la surfista, el/la surfero/a, el/la surfo/a, el/la tablista	*surfer*

EL MUNDO HISPANO

Deportes importantes

No cabe duda° que el fútbol es el deporte más popular en Latinoamérica. Sin embargo°, también se practican otros deportes en el mundo hispano.

Deporte	Lugar(es)
el béisbol	Puerto Rico, República Dominicana, Cuba, México, Venezuela
el ciclismo	Colombia, España y otras regiones montañosas
el rugby	Argentina, Chile
el baloncesto (básquetbol)	España, Puerto Rico, Colombia, Centroamérica
el jai-alai	Originado en el País Vasco (España), también es popular en México y los EE.UU.
la equitación (montar a caballo)	México, Argentina, España
el surf	las Islas Canarias (España), México, Chile, Perú, Colombia

No cabe duda *there is no doubt* Sin embargo *nevertheless*

PERFIL

Surfistas hispanos

Se dice que para hacer surf hay que "sentir" la ola°, pararse° en la tabla° y "agarrarla°". La frase "agarrar la ola" tiene un significado que sólo entienden realmente los que practican el surf. Originado en Hawai, es popular en muchas partes del mundo. Sólo necesitas una tabla y una costa marina. Dos de los surfistas hispanos más reconocidos son **Gabriel Villarán** y **Ornella Pellizari**.

Ornella Pellizari

Gabriel Villarán es probablemente el surfista hispanoamericano más famoso del mundo. Nació en 1984 en Lima, Perú, donde su madre, su padre y su hermano eran° surfistas. Villarán fue campeón° latinoamericano dos veces y en enero de 2006 ganó el primer lugar en los Juegos Panamericanos de Surf.

A los once años, la argentina Ornella Pellizari se compró una tabla con el dinero que había ahorrado°. A los dieciocho años, ganó el Campeonato Latinoamericano de Surf Profesional femenino. Dice Pellizari: "Una vez que empecé a surfear, no salí más del agua".

ola *wave* pararse *to stand* te paras *you stand* la tabla *surfboard* agarrarla *to grab it* eran *were* el campeón *champion* había ahorrado *she had saved*

ACTIVIDADES

2 Comprensión Completa las oraciones.

1. El deporte del surf se originó en _____ .
2. Gabriel Villarán nació en _____ .
3. Los países donde se habla español son conocidos como países _____ .
4. A los dieciocho años, Pellizari ganó el Campeonato Latinoamericano de Surf Profesional para _____ .
5. El deporte del _____ tiene su origen en el País Vasco.

3 **¿Qué vamos a hacer?** Your class has the opportunity to go on a week's vacation. Working in a small group, decide whether **el aprendizaje-servicio** or **los deportes** best suits the group's talents and interests. Plan activities you can agree on, including where you might go. Present your vacation plans to the class.

Práctica

1 Verbos Completa la tabla con las formas de los verbos. **8 pts.**

Infinitive	yo	nosotros/as	ellos/as
comprar			compran
	puedo		
comenzar		comenzamos	
		hacemos	hacen
oír			
	juego		
repetir			repiten
		estudiamos	

2 Ir Completa el párrafo con las formas de **ir**. **8 pts.**

El sábado yo (1) _____ al Museo de Bellas Artes porque mi artista favorito (2) _____ a presentar una exposición. Mis amigos no (3) _____ al museo conmigo porque todos (4) _____ a jugar al fútbol, pero yo voy a (5) _____ porque yo (6) _____ a ser artista. ¿(7) _____ (tú) al museo también? ¿Por qué no (8) _____ juntos?

3 Conversación Completa la conversación con las formas de los verbos. Puedes usar algunos verbos más de una vez. **7 pts.**

empezar poder
jugar querer
pensar recordar
perder volver

PABLO Óscar, voy al centro ahora. Necesito hacer varias diligencias (*errands*).

ÓSCAR ¿A qué hora (1) _____? El partido de fútbol (2) _____ a las dos.

PABLO Regreso a la una. (3) _____ ver el partido. ¡Va a estar muy reñido (*hard-fought*)!

ÓSCAR ¿(4) _____ (tú) que nuestro equipo ganó los tres partidos anteriores (*previous*)? Es muy bueno. ¡Estoy seguro de que vamos a ganar!

PABLO No, yo (5) _____ que vamos a (6) _____. Los jugadores de Guadalajara son salvajes (*wild*) cuando (7) _____.

Resumen gramatical

This overview presents key grammatical concepts from PANORAMA. For further review, follow the cross-references.

R.4 Present of regular verbs PANORAMA L2 pp. 46-48, L3 pp. 88-89

▶ To create the present-tense forms of most regular verbs, drop the infinitive endings (**-ar, -er, -ir**) and add the endings that correspond to the different subject pronouns.

	hablar	comer	escribir
yo	hablo	como	escribo
tú	hablas	comes	escribes
él	habla	come	escribe
nos.	hablamos	comemos	escribimos
vos.	habláis	coméis	escribís
ellas	hablan	comen	escriben

R.5 Present of tener and venir PANORAMA L3 pp. 92-93

tener		venir	
tengo	tenemos	vengo	venimos
tienes	tenéis	vienes	venís
tiene	tienen	viene	vienen

▶ **Tener** is used in many common phrases.

tener años *to be... years old* — **tener prisa** *to be in a hurry*
tener calor *to be hot* — **tener que [+ inf.]** *to have to do something*
tener frío *to be cold*
tener ganas de [+ inf.] to *feel like doing something* — **tener razón** *to be right*
tener hambre *to be hungry* — **tener sed** *to be thirsty*

R.6 Verbs like gustar PANORAMA L7 pp. 230-231

▶ Verbs like **gustar** do not have a direct equivalent in English. The literal meaning of **me gusta** is **It is pleasing to me.**

▶ In Spanish, the object being liked is the subject of the sentence. The person who likes the object is the indirect object because it answers the question: **To whom is this pleasing? Me gusta el museo.**

SINGULAR me, te, le aburre / interesa — la película / el concierto
PLURAL nos, os, les — importan / encantan — las vacaciones / los museos de Lima

R.7   Present of **ir**   ↻ PANORAMA L4 p.118

▸ The present tense of **ir** is: **voy, vas, va, vamos, vais, van**

▸ **Ir** has many everyday uses, including expressing future plans:

ir a + [infinitivo] = *to be going to* + [*infinitive*]

vamos a + [infinitivo] = *let's do something*

R.8   Present of irregular verbs   ↻ PANORAMA L4 pp. 121-122, 125, 128-129

e:ie, o:ue, u:ue stem-changing verbs

	empezar	volver	jugar
yo	empiezo	vuelvo	juego
tú	empiezas	vuelves	juegas
él	empieza	vuelve	juega
nos.	empezamos	volvemos	jugamos
vos.	empezáis	volvéis	jugáis
ellas	empiezan	vuelven	juegan

▸ Other **e:ie** verbs: **comenzar, entender, pensar, querer**

▸ Other **o:ue** verbs: **almorzar, dormir, encontrar, mostrar**

e:i stem-changing verbs

	pedir		
yo	pido	nos.	pedimos
tú	pides	vos.	pedís
él	pide	ellas	piden

▸ Other **e:i** verbs: **conseguir, decir, repetir, seguir**

Verbs with irregular yo forms

hacer	poner	salir	suponer	traer
hago	pongo	salgo	supongo	traigo

▸ **ver: veo, ves, ve, vemos, veis, ven**

▸ **oír: oigo, oyes, oye, oímos, oís, oyen**

R.9   Reflexive verbs   ↻ PANORAMA L7 pp. 220-221

▸ A reflexive verb is used to indicate that the subject does something to or for himself or herself.

▸ When a reflexive verb is conjugated, the reflexive pronoun agrees with the subject.

	empezar		
yo	me levanto	nosotros/as	nos levantamos
tú	te levantas	vosotros/as	os levantáis
Ud./él/ella	se levanta	Uds./ellos/ellas	se levantan

▸ Some reflexive verbs are: **acostarse, bañarse, ducharse, levantarse, maquillarse, ponerse, vestirse**

---

4   **Oraciones** Escribe oraciones completas con estos elementos. ¡Ojo! Recuerda conjugar los verbos. Cuidado con los verbos como gustar. **12 pts.**

1. tú / tener / unos amigos / muy interesante

_____

2. yo / venir / en autobús / de / el centro comercial

_____

3. ellos / no / tener / mucho / dinero / hoy

_____

4. a mí / aburrir / ir / a / el cine

_____

5. los estudiantes / de español / ir / a / leer / una revista

_____

6. a ellas / encantar / los deportes

_____

5   **Tener** Usa expresiones con **tener** y sigue el modelo para describir a las personas. **15 pts.**

Él tiene (mucha) prisa.

1. _____

2. _____

3. _____

4. _____

5. _____

↻ For a complete list of verb conjugations, go to Apéndice D at the end of this book.

Práctica y Comunicación

1 **Completar** Completa las oraciones con las formas apropiadas de los verbos de la lista.

aprender	correr	jugar	pedir	salir	vivir
bailar	hablar	oír	recibir	ver	volver

1. Rosa _____ un tango en el teatro.
2. Mis amigos _____ francés muy bien.
3. Yo no _____ de casa cuando hace demasiado calor.
4. Mi hermano y yo _____ a nadar en la piscina.
5. Nosotros _____ en la residencia estudiantil.
6. ¿Tú _____ regalos en el día de tu cumpleaños?
7. Los estudiantes _____ a casa por la tarde.
8. Yo _____ una película.
9. Usted nunca _____ ayuda, ¿verdad?
10. Mis hermanos _____ al fútbol después de las clases.
11. Ustedes siempre _____ ese programa de radio.
12. ¿Mañana _____ tus padres de Roma?

2 **Contestar** Trabaja con un(a) compañero/a para formar preguntas completas. Luego, túrnense para hacerse las preguntas que crearon.

> **modelo**
>
> pedir / en la cafetería
> **Estudiante 1:** ¿Qué pides en la cafetería?
> **Estudiante 2:** En la cafetería, yo pido pizza.

1. horas / dormir cada noche
2. preferir / hacer la tarea de matemáticas
3. ir / cuando salir con amigos/as
4. empezar / tus clases los miércoles
5. tipo de música / preferir
6. pensar / ir a / ser / esta clase

¡AL RESCATE!

Here are some interrogative words.
¿A qué hora?
At what time?
¿Adónde? *Where to?*
¿Cómo? *How?*
¿Cuál(es)? *Which?; Which one(s)?*
¿Cuándo? *When?*
¿Cuántos/as? *How many?*
¿Dónde? *Where?*
¿Qué? *What?*

To review more about forming questions in Spanish, go to PANORAMA, L2 pp. 51-52

3 **Combinar** En parejas, túrnense para combinar elementos de las dos columnas y crear oraciones completas.

A	B
yo	hacer la tarea todas las tardes
mis compañeros/as de clase	levantarse a las doce del día
mi mejor amigo/a	ir al cine todos los viernes
tú	conseguir gangas en Internet
mi familia	ducharse por la mañana
mis amigos/as y yo	almorzar en casa los domingos

4

Frecuencia Indica qué actividades haces **todos los días**, cuáles haces **una vez al mes**, cuáles haces **una vez al año**, cuáles estás haciendo **ahora mismo** (*right now*) y cuáles no haces **nunca** (*never*). Escribe por lo menos (*at least*) dos oraciones para cada categoría. Intercambia tus oraciones con las de un(a) compañero/a.

> *modelo*
>
> **Estudiante 1:** Yo juego al baloncesto todos los días.
> **Estudiante 2:** Ahora mismo estoy leyendo un libro.

aburrirse	jugar
decir	leer
dormir	maquillarse
encontrar	pedir
hablar	perder
hacer	trabajar
¿?	¿?

¡AL RESCATE!

The present progressive indicates what someone is doing *right now*. It consists of the present tense of **estar** and the present participle of another verb.

Estamos hablando.

To review the present progressive, go to **PANORAMA**, L5 pp. 236-237

5

Encuesta Circula por la clase preguntándoles a tus compañeros si hacen estas actividades con frecuencia (*frequently*). Trata de encontrar personas que respondan **sí** o **no** a cada pregunta y escribe sus nombres en la columna correcta. Prepárate para compartir tus conclusiones con la clase.

> *modelo*
>
> **Tú:** ¿Escribes tarjetas postales con frecuencia?
> **Ana:** Sí, las escribo con frecuencia.
> **Luis:** No, no las escribo con frecuencia.

Actividades	Sí	No
1. escribir tarjetas postales	Ana	Luis
2. jugar al béisbol		
3. ver películas de horror		
4. enojarse con los amigos		
5. decir mentiras		
6. oír música en español		

¡AL RESCATE!

Use direct object pronouns to keep your writing concise and clear by avoiding repeating nouns already mentioned.

El domingo voy a visitar a mi abuela. La voy a ver a las nueve para desayunar.

To read more about direct object nouns and pronouns go to **PANORAMA**, L5 pp. 162-163

6

Escribir Escribe lo que haces en un día típico y tus planes para el fin de semana.

antes (de) *before*
entonces *then*
más tarde *later*
por la mañana *in the morning*
por la tarde *in the afternoon*
por la noche *in the evening*

Un día típico

Hola, me llamo Julia y vivo en Vancouver, Canadá. Por la mañana, me levanto temprano. Entonces...

¡AL RESCATE!

To review time words go to PANORAMA, L7 p. 210

Lección de repaso

¡Los primeros días del viaje!

Los viajeros se presentan y vemos lo que pasó en los siete primeros episodios.

PERSONAJES

INÉS

JAVIER

ÁLEX

MAITE

DON FRANCISCO

INÉS Hola, me llamo Inés y soy de Ecuador, de Portoviejo. Este semestre tomo cinco clases: geografía, inglés, historia, sociología y arte. Mi familia es grande, están mis papás, mis abuelos, cuatro hermanas, un hermano y muchos tíos y primos. A mí me gusta pasear por los lugares que visito y conocer su historia.

JAVIER ¿Qué tal? Yo soy Javier y vengo de Puerto Rico. Mi familia es pequeña, yo no tengo hermanos. Este semestre estoy tomando tres clases: historia, arte y computación, pero no me gustan nada las computadoras. La clase de arte es mi favorita porque me gusta mucho dibujar.

ÁLEX Buenos días. Mi nombre es Álex y vengo de la Ciudad de México. A mí me gustan mucho las computadoras, creo que son muy interesantes. Siempre estoy en contacto con mi familia y mis amigos a través de Internet. También soy aficionado a los deportes. Me gusta el fútbol y me gusta nadar.

Cuatro estudiantes de la Universidad San Francisco de Quito van a ir de excursión a las montañas. Son dos chicas y dos chicos. El primer lugar que visitan es la Mitad del Mundo, que marca la división entre los hemisferios norte y sur.

Durante el viaje, los chicos hablan de sus materias favoritas. A Álex le gusta mucho la computación, pero Javier prefiere el arte y encuentra inspiración para hacer un dibujo en el autobús. Ellos también hablan de sus familias.

Los estudiantes tienen una hora libre. Inés y Javier deciden salir a explorar la ciudad. Maite y Álex prefieren ir al parque. Mientras ella escribe unas postales, él juega al fútbol con un joven. Álex y Maite hablan sobre lo que les gusta hacer.

ACTIVIDADES

1 **¿Se te olvidó?** Indica si lo que dice cada oración sobre los primeros siete episodios es **cierto** o **falso**. Corrige la información falsa.

1. Javier es de Mayagüez, Puerto Rico.

2. Maite y Álex salen de las cabañas a explorar la ciudad.

3. Javier piensa que los mercados al aire libre son interesantes.

4. Inés quiere comprarle unos zapatos a su hermana Graciela.

5. La reservación en las cabañas está a nombre de Ecuatur.

6. Cuando está en Madrid, Maite va a pasear al Parque del Retiro.

7. Álex hace un dibujo de Maite.

8. Maite escribe sobre el viaje en su diario.

9. Javier siempre se levanta tarde.

MAITE ¿Cómo estás? Yo me llamo María Teresa Fuentes de Alba, pero mis amigos me dicen Maite. Soy de Madrid, España y me gusta mucho escribir. Cuando termine la universidad quiero trabajar como periodista. También me gustan los deportes y salgo a correr todos los días.

DON FRANCISCO Buenas, soy don Francisco, el conductor del autobús donde viajan los estudiantes. Los llevo a una excursión por las hermosas montañas de mi país, Ecuador. Yo conozco muchos lugares interesantes y siempre comparto lo que sé con los viajeros. A mí me gusta mucho leer el periódico y tomar café.

Los viajeros llegan al hotel. Inés y Javier van a visitar un mercado al aire libre. Inés quiere comprarle un regalo a su hermana, Javier mira unos suéteres que le gustan y compra uno de color gris.

Alex y Javier hablan de sus rutinas diarias. A Álex le gusta levantarse temprano. Javier jamás se levanta temprano porque siempre se acuesta tarde. Álex va a despertar a Javier porque tienen que salir a a las 8:30 de la mañana.

¿Cuánto recuerdas?

Contesta el cuestionario para ver cuánto recuerdas sobre los primeros siete episodios de **Fotonovela**.

1. Al comenzar el viaje, _____ despide a los estudiantes.
a. la profesora de geografía
b. la Sra. Ramos de Ecuatur
c. una señora que va pasando

2. Maite piensa que el paisaje es como _____.
a. un documental del canal Discovery
b. las fotos de los libros de geografía
c. una película que vio el año pasado

3. Hay muchas chicas en la clase de _____ que toma Inés.
a. sociología
b. historia
c. inglés

4. Parece que a Javier le gusta _____.
a. Maite
b. la Sra. Ramos
c. Inés

5. El sobrino de Inés _____ pero es muy _____. ¡Qué raro!
a. come mucho; delgado
b. juega al fútbol; malo
c. tiene muchos amigos; antipático

6. _____ golpea (*hits*) a Maite cuando está en el parque.
a. Un bumerán (*boomerang*)
b. Una pelota
c. El viento

7. A don Francisco no le gusta _____.
a. leer el periódico
b. viajar por su país
c. practicar deportes

ACTIVIDADES

2 **Relacionar** Indica qué elemento de la segunda columna está relacionado con cada personaje.

1. _____ Javier
2. _____ Maite
3. _____ don Francisco
4. _____ Inés
5. _____ Álex

a. café
b. computadoras
c. arte
d. aeropuerto
e. diario
f. grabadora

3 **Predicciones** En grupos pequeños, escriban qué piensan que va a pasar en los próximos episodios con cada uno de los personajes. Escriban sobre qué nuevas personas van a conocer, qué lugares interesantes van a visitar y qué aventuras les esperan a los estudiantes. Después, compartan sus ideas con la clase.

Práctica

1 **Verbos** Completa la tabla con las formas correctas de los verbos. `10 pts.`

Infinitive	yo	él/ella/usted	ellos/as
buscar			buscaron
	cerré		
ir			fueron
		jugó	
	leí		
lavarse			se lavaron
		salió	
volver			volvieron

2 **El sábado** Completa el mensaje con el pretérito de los verbos. `11 pts.`

De: cecilia@webmail.es
Para: julián@todomail.com
Asunto: El sábado
Fecha: 24 de noviembre

¡Hola, Julián!

¿Cómo estás? Yo estoy muy bien. El sábado mi amiga Matilde me (1) _____ (invitar) a ir con ella al cine. Nosotras (2) _____ (ir) al Cine Real. La película (3) _____ (empezar) a las siete y media, pero nosotras (4) _____ (llegar) un poco tarde. Sólo perdimos los primeros diez minutos.

Yo (5) _____ (pensar) que la película (6) _____ (ser) un poco larga, pero de todas maneras (7) _____ (yo, divertirse). Se llama *Un día en el centro comercial*, te la recomiendo. Después de salir del cine, (8) _____ (nosotras, tomar) un taxi a Mama Pizza con más amigos. Las pizzas (9) _____ (resultar) (*turned out*) deliciosas. Yo pedí la de salami, ¡qué ricura!

Y tú, ¿cómo (10) _____ (pasar) la noche del sábado? ¿(tú) (11) _____ (ir) a la fiesta de Antonio? María Luisa me dijo que te vio (*saw you*) en la fiesta de Antonio y que estabas (*you were*) muy bien acompañado. ¿Nos vemos el miércoles por la tarde y me cuentas los detalles?

Un abrazo,

Cecilia

Resumen gramatical

This overview presents key grammatical concepts from PANORAMA. For further review, follow the cross-references.

R.10 Preterite of regular verbs PANORAMA L6 p.190

Compré esta bolsa.

► To form the preterite of most regular verbs, attach the appropriate ending to the infinitive stem.

comprar	vender	escribir
compré	vendí	escribí
compraste	vendiste	escribiste
compró	vendió	escribió
compramos	vendimos	escribimos
comprasteis	vendisteis	escribisteis
compraron	vendieron	escribieron

► **-Ar** and **-er** verbs that have a stem change in the present tense are regular in the preterite. They do *not* have a stem change.

Infinitive	Present	Preterite
cerrar (e:ie)	La tienda **cierra** a las seis.	La tienda **cerró** a las seis.
volver (o:ue)	Carlitos **vuelve** tarde.	Carlitos **volvió** tarde.
jugar (u:ue)	Él **juega** al fútbol.	Él **jugó** al fútbol.

► **¡Atención!** -Ir verbs that have a stem change in the present tense also have a stem change in the preterite.

	dormirse	conseguir
yo	me dormí	conseguí
tú	te dormiste	conseguiste
él	se durmió	consiguió
nos.	nos dormimos	conseguimos
vos.	os dormisteis	conseguisteis
ellas	se durmieron	consiguieron

► Note that reflexive verbs in the preterite appear with their pronouns.

R.11 Some irregular preterites   PANORAMA L6 p. 191

► There are many verbs with irregularities in the preterite. Here are some of them. You will learn more in **Lecciones 1, 2,** and **3.**

► Verbs that end in **-car, -gar,** and **-zar** have a spelling change in the first person singular (**yo** form).

buscar	>	busc-	>	qu-gu	>	yo busqué
llegar		lleg-		gu-gu		yo llegué
cmpezar		empez		z		yo empecé

Llegué a Otavalo con mucho sueño.

► Except for the **yo** form, all other forms of **-car, -gar,** and **-zar** verbs are regular in the preterite.

► Three other verbs—**creer, leer,** and **oír**—have spelling changes in the preterite.

creer	>	cre-	>	creí, creíste, creyó, creímos, creísteis, creyeron
leer	>	le-	>	leí, leíste, leyó, leímos, leísteis, leyeron
oír	>	o-	>	oí, oíste, oyó, oímos, oísteis, oyeron

¿Cuántos libros leíste el verano pasado?

• **Ver** is regular in the preterite, but none of its forms has an accent.

   ver → vi, viste, vio, vimos, visteis, vieron

   —¿A quiénes **vieron** en su viaje a Costa Rica?

   —**Vimos** a nuestra prima Mariana y a nuestros amigos Leonardo y Teresa.

► Since the preterite forms of **ser** and **ir** are identical, context clarifies which one of the two verbs is being used.

   ser, ir → fui, fuiste fue, fuimos, fuisteis, fueron

► Note these patterns for verbs like **gustar.**

   Me interesó el comentario.

   Nos gustó el restaurante.

   Te molestaron las preguntas.

   Les fascinaron el viaje.

---

3 **Preguntas** Completa la conversación con el pretérito de los verbos de la lista. **7 pts.**

atacar	olvidar
correr	robar
leer	sufrir (*to suffer,*
ocurrir	*to undergo*)

SANDRA   ¿Cuándo (1) _____ en el parque por última vez?

MARCOS   Corrí en el parque el domingo por la mañana. ¿Por qué?

SANDRA   ¿(2) _____ las noticias (*news*) de ayer?

MARCOS   No, (3) _____ comprar el periódico ¿Qué (4) _____?

SANDRA   Unos ladrones (*thieves*) (5) _____ a un corredor.

MARCOS   ¿En serio?

SANDRA   Sí, y le (6) _____ el reproductor de MP3.

MARCOS   ¿Y resultó herido (*harmed*)?

SANDRA   No, sólo (7) _____ rasguños (*scratches*).

MARCOS   ¡Qué fuerte! Mejor vamos a correr juntos. Es más seguro.

4 **Oraciones** Escribe oraciones completas con estos elementos, conjugando los verbos en el pretérito. **10 pts.**

1. tú / esperar / quince minutos / en / la puerta de / el cine

   _____

2. nosotros / tomar / café / ayer / por la noche

   _____

3. los jugadores / no / perder / la esperanza / de ganar / el partido

   _____

4. yo / llegar / tarde / a / la cita / de anoche

   _____

5. ustedes / encantar / el artículo / en el periódico

   _____

5 **La semana pasada** Escribe un mensaje electrónico de al menos cinco oraciones donde les cuentas a tus padres adónde fuiste y qué hiciste durante la semana. Usa al menos cinco verbos diferentes en el pretérito. **12 pts.**

modelo

¡Hola, papá y mamá! ¿Cómo están? Esta semana fui a la librería y por fin compré el libro de Esmeralda Santiago que me recomendaron...

Lección de repaso

Práctica y Comunicación

1

Completar y contestar Completa las preguntas con las formas apropiadas de los verbos de la lista y luego hazle las preguntas a un(a) compañero/a.

acompañar	estudiar	leer	oír	perder	ver
aprender	ir	llamar	pasar	recibir	volver

¿Cuándo fue la última vez que...

1. (tú) _____ un espectáculo de baile?
2. tus padres te _____ por teléfono?
3. (tú) _____ las llaves de tu casa?
4. tu mejor amigo/a te _____ a ir de compras?
5. nosotros _____ juntos para un examen?
6. (tú) _____ una mala nota?
7. tus amigos _____ a casa más temprano que tú?
8. (tú) _____ una novela?
9. tu familia y tú _____ el fin de semana juntos?
10. el/la profesor(a) _____ tarde a clase?

2

Contestar Trabaja con un(a) compañero/a para formar preguntas completas. Luego, túrnense para hacerse las preguntas que crearon.

> **modelo**
>
> desayunar / esta mañana
> **Estudiante 1:** ¿Qué desayunaste esta mañana?
> **Estudiante 2:** Esta mañana desayuné cereales.

1. comprar / la ropa que llevas hoy
2. llegar / a clase hoy
3. salir a divertirte / el fin de semana pasado
4. jugar / tu último partido
5. sentirse triste / por última vez
6. ir / en tus últimas vacaciones

3

Completar y combinar En parejas, túrnense para completar las frases con el pretérito de los verbos. Luego inventen un complemento para crear oraciones lógicas.

> **modelo**
>
> cuando el/la profesor(a) / entrar / en la clase
> Cuando la profesora entró en la clase, todos los estudiantes aplaudieron (clapped).

1. cuando yo / cumplir / dieciocho años
2. el/la estudiante / abrir / el libro
3. yo / sentirse / decepcionado/a (disappointed)
4. cuando / mis padres / visitarme / por última vez
5. cuando nosotros / salir / de casa
6. mis hermanos/as / regalarme / un perrito
7. los muchachos / ser / amable

4 **En el parque** En parejas, túrnense para describir lo que hicieron (*did*) estas personas en el parque el sábado pasado.

1. _____

2. _____

3. _____

4. _____

5. _____

6. _____

5 **Encuesta** Circula por la clase preguntando a tus compañeros si hicieron estas actividades la semana pasada. Trata de encontrar personas que respondan **sí** o **no** a cada pregunta y escribe sus nombres en la columna correcta. Prepárate para compartir tus conclusiones con la clase.

> **modelo**
>
> **Tú:** ¿Hablaste por teléfono con tus padres la semana pasada?
> **Pepe:** Sí, hablé por teléfono con mis padres el sábado.
> **Victoria:** No, no hablé por teléfono con mis padres la semana pasada.

Actividades	Sí	No
1. hablar por teléfono con sus padres	Pepe	Victoria
2. leer las noticias por Internet		
3. comer en un restaurante elegante		
4. ver deportes en la televisión		
5. practicar español		
6. reunirse con los amigos en el parque		

6 **Escribir** Escribe una entrada en tu diario contando adónde fuiste y qué hiciste (*you did*) durante el verano pasado. Usa por lo menos (*at least*) seis verbos de las páginas 16 y 17.

La clase y la universidad

el/la compañero/a de clase	classmate
el/la compañero/a de cuarto	roommate
el/la estudiante	student
el/la profesor(a)	teacher
el borrador	eraser
el escritorio	desk
el libro	book
el mapa	map
la mesa	table
la mochila	backpack
el papel	paper
la papelera	wastebasket
la pizarra	blackboard
la pluma	pen
la puerta	door
el reloj	clock; watch
la silla	seat
la tiza	chalk
la ventana	window
la biblioteca	library
la cafetería	cafeteria
la casa	house; home
el estadio	stadium
el laboratorio	laboratory
la librería	bookstore
la residencia estudiantil	dormitory
la universidad	university; college
la clase	class
el curso, la materia	course
la especialización	major
el examen	test; exam
el horario	schedule
la prueba	test; quiz
el semestre	semester
la tarea	homework
el trimestre	trimester; quarter

Palabras indefinidas y negativas

algo	something; anything
alguien	somebody; anyone
alguno/a(s), algún	some; any
o... o	either... or
siempre	always
también	also; too
nada	nothing; not anything
nadie	no one; nobody
ninguno/a, ningún	no; none, not any
ni... ni	neither... nor
nunca, jamás	never, not ever
tampoco	neither; not either

Las materias

la administración de empresas	business administration
el arte	art
la biología	biology
las ciencias	sciences
la computación	computer science
la contabilidad	accounting
la economía	economics
el español	Spanish
la física	physics
la geografía	geography
la historia	history
las humanidades	humanities
el inglés	English
las lenguas extranjeras	foreign languages
la literatura	literature
las matemáticas	mathematics
la música	music
el periodismo	journalism
la psicología	psychology
la química	chemistry
la sociología	sociology

Preposiciones

al lado de	next to; beside
a la derecha de	to the right of
a la izquierda de	to the left of
en	in; on
cerca de	near
con	with
debajo de	below; under
delante de	in front of
detrás de	behind
encima de	on top of
entre	between; among
lejos de	far from
sin	without
sobre	on; over

Lugares

el café	café
el centro	downtown
el cine	movie theater
el gimnasio	gymnasium
la iglesia	church
el lugar	place
el museo	museum
el parque	park
la piscina	swimming pool
la plaza	city or town square
el restaurante	restaurant

Pasatiempos

andar en patineta	to skateboard
bucear	to scuba dive
escalar montañas (f. pl.)	to climb mountains
escribir una carta	to write a letter
escribir un mensaje electrónico	to write an e-mail message
esquiar	to ski
ganar	to win
ir de excursión	to go on a hike
leer correo electrónico	to read e-mail
leer un periódico	to read a newspaper
leer una revista	to read a magazine
nadar	to swim
pasear	to take a walk; to stroll
pasear en bicicleta	to ride a bicycle
patinar (en línea)	to (in-line) skate
practicar deportes (m. pl.)	to play sports
tomar el sol	to sunbathe
ver películas (f. pl.)	to see movies
visitar monumentos (m. pl.)	to visit monuments
la diversión	fun activity; entertainment; recreation
el fin de semana	weekend
el pasatiempo	pastime; hobby
los ratos libres	spare (free) time
el videojuego	video game

Deportes

el baloncesto	basketball
el béisbol	baseball
el ciclismo	cycling
el equipo	team
el esquí (acuático)	(water) skiing
el fútbol	soccer
el fútbol americano	football
el golf	golf
el hockey	hockey
el/la jugador(a)	player
la natación	swimming
el partido	game; match
la pelota	ball
el tenis	tennis
el vóleibol	volleyball

For a complete list of related vocabulary go to PANORAMA, pp. 34, 68, 106, 138, 172, 208, 240

La comida

Communicative Goals

You will learn how to:
- **Order food in a restaurant**
- **Talk about and describe food**

A PRIMERA VISTA
- ¿Dónde está ella?
- ¿Qué hace?
- ¿Es parte de su rutina diaria?
- ¿Qué colores hay en la foto?

La comida

Más vocabulario

el/la camarero/a	waiter/waitress
la comida	food; meal
el/la dueño/a	owner; landlord
los entremeses	hors d'oeuvres; appetizers
el menú	menu
el plato (principal)	(main) dish
la sección de (no) fumar	(non) smoking section
el agua (mineral)	(mineral) water
la bebida	drink
la cerveza	beer
la leche	milk
el refresco	soft drink
el ajo	garlic
las arvejas	peas
los cereales	cereal; grain
los frijoles	beans
el melocotón	peach
el pollo (asado)	(roast) chicken
el queso	cheese
el sándwich	sandwich
el yogur	yogurt
el aceite	oil
la margarina	margarine
la mayonesa	mayonnaise
el vinagre	vinegar
delicioso/a	delicious
sabroso/a	tasty; delicious
saber	to taste; to know
saber a	to taste like

Variación léxica

camarones ←→ gambas (Esp.)

camarero ←→ mesero (Amér. L.), mesonero (Ven.), mozo (Arg., Chile, Urug., Perú)

refresco ←→ gaseosa (Amér. C., Amér. S.)

Las frutas

la pera

la banana

las uvas

la naranja

el limón

Las verduras

el maíz

la cebolla

la lechuga

el champiñón

la zanahoria

el tomate

Práctica **SUPERSITE**

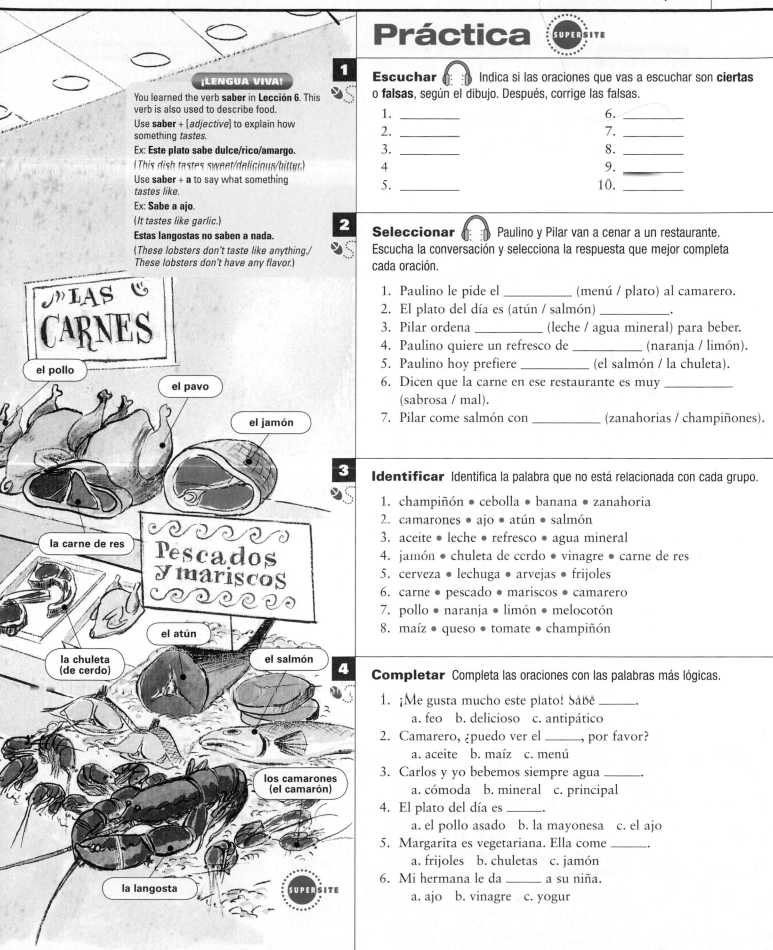

¡LENGUA VIVA!

You learned the verb **saber** in **Lección 6**. This verb is also used to describe food.

Use **saber** + [*adjective*] to explain how something *tastes*.

Ex: **Este plato sabe dulce/rico/amargo.**

(*This dish tastes sweet/delicious/bitter.*)

Use **saber** + **a** to say what something *tastes like*.

Ex: **Sabe a ajo.**

(*It tastes like garlic.*)

Estas langostas no saben a nada.

(*These lobsters don't taste like anything./ These lobsters don't have any flavor.*)

LAS CARNES

- el pollo
- el pavo
- el jamón
- la carne de res

Pescados y mariscos

- el atún
- la chuleta (de cerdo)
- el salmón
- los camarones (el camarón)
- la langosta

1 Escuchar Indica si las oraciones que vas a escuchar son **ciertas** o **falsas**, según el dibujo. Después, corrige las falsas.

1. _____
2. _____
3. _____
4 _____
5. _____

6. _____
7. _____
8. _____
9. _____
10. _____

2 Seleccionar Paulino y Pilar van a cenar a un restaurante. Escucha la conversación y selecciona la respuesta que mejor completa cada oración.

1. Paulino le pide el _____ (menú / plato) al camarero.
2. El plato del día es (atún / salmón) _____.
3. Pilar ordena _____ (leche / agua mineral) para beber.
4. Paulino quiere un refresco de _____ (naranja / limón).
5. Paulino hoy prefiere _____ (el salmón / la chuleta).
6. Dicen que la carne en ese restaurante es muy _____ (sabrosa / mal).
7. Pilar come salmón con _____ (zanahorias / champiñones).

3 Identificar Identifica la palabra que no está relacionada con cada grupo.

1. champiñón • cebolla • banana • zanahoria
2. camarones • ajo • atún • salmón
3. aceite • leche • refresco • agua mineral
4. jamón • chuleta de cerdo • vinagre • carne de res
5. cerveza • lechuga • arvejas • frijoles
6. carne • pescado • mariscos • camarero
7. pollo • naranja • limón • melocotón
8. maíz • queso • tomate • champiñón

4 Completar Completa las oraciones con las palabras más lógicas.

1. ¡Me gusta mucho este plato! Sabe _____.
   a. feo   b. delicioso   c. antipático
2. Camarero, ¿puedo ver el _____, por favor?
   a. aceite   b. maíz   c. menú
3. Carlos y yo bebemos siempre agua _____.
   a. cómoda   b. mineral   c. principal
4. El plato del día es _____.
   a. el pollo asado   b. la mayonesa   c. el ajo
5. Margarita es vegetariana. Ella come _____.
   a. frijoles   b. chuletas   c. jamón
6. Mi hermana le da _____ a su niña.
   a. ajo   b. vinagre   c. yogur

SUPERSITE

el desayuno

el jugo (de fruta)

el café

el pan (tostado)

el azúcar

la mantequilla

la salchicha

el huevo

NOTA CULTURAL

En Guatemala, un desayuno típico incluye huevos, frijoles, fruta, tortillas, jugo y café.

Otros desayunos populares son:

madalenas (*muffins*) España

pan dulce (*sweet roll*) México

champurradas (*sugar cookies*) Guatemala

gallo pinto (*fried rice and beans*) Costa Rica

perico (*scrambled eggs with peppers and onions*) Venezuela

el almuerzo

el té helado

la manzana

la hamburguesa

el pan

las papas/patatas fritas

Más vocabulario

escoger	*to choose*
merendar (e:ie)	*to snack*
probar (o:ue)	*to taste; to try*
recomendar (e:ie)	*to recommend*
servir (e:i)	*to serve*
el té	*tea*
el vino blanco	*white wine*

la cena

la sal

el vino tinto

la pimienta

la sopa

el arroz

la ensalada

los espárragos

el bistec

SUPERSITE

5

Completar Trabaja con un(a) compañero/a de clase para relacionar cada producto con el grupo alimenticio (*food group*) correcto.

> *modelo*
>
>   __La carne__ es del grupo uno.

el aceite	las bananas	los cereales	la leche
el arroz	el café	los espárragos	el pescado
el azúcar	la carne	los frijoles	el vino

1. _____ y el queso son del grupo cuatro.
2. _____ son del grupo ocho.
3. _____ y el pollo son del grupo tres.
4. _____ es del grupo cinco.
5. _____ es del grupo dos.
6. Las manzanas y _____ son del grupo siete.
7. _____ es del grupo seis.
8. _____ son del grupo diez.
9. _____ y los tomates son del grupo nueve.
10. El pan y _____ son del grupo diez.

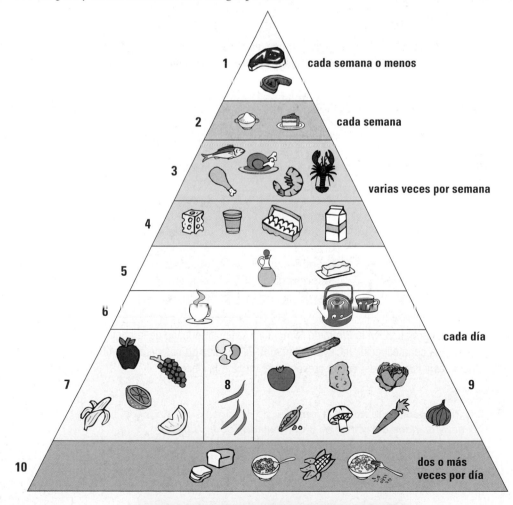

La Pirámide Alimenticia Latinoamericana

6

¿Cierto o falso? Consulta la Pirámide Alimenticia Latinoamericana de la página 245 e indica si las oraciones son **ciertas** o **falsas**. Si la oración es falsa, escribe las comidas que sí están en el grupo indicado.

> **modelo**
>
> El queso está en el grupo diez.
> *Falsa. En ese grupo están el maíz, el pan, los cereales y el arroz.*

1. La manzana, la banana, el limón y las arvejas están en el grupo siete.

2. En el grupo cuatro están los huevos, la leche y el aceite.

3. El azúcar está en el grupo dos.

4. En el grupo diez están el pan, el arroz y el maíz.

5. El pollo está en el grupo uno.

6. En el grupo nueve están la lechuga, el tomate, las arvejas, la naranja, la papa, los espárragos y la cebolla.

7. El café y el té están en el mismo grupo.

8. En el grupo cinco está el arroz.

9. El pescado, el yogur y el bistec están en el grupo tres.

7

Combinar Combina palabras de cada columna, en cualquier (*any*) orden, para formar diez oraciones lógicas sobre las comidas. Añade otras palabras si es necesario.

> **modelo**
>
> La *camarera nos sirve la ensalada.*

A	B	C
el/la camarero/a	almorzar	la sección de no fumar
el/la dueño/a	escoger	el desayuno
mi familia	gustar	la ensalada
mi novio/a	merendar	las uvas
mis amigos y yo	pedir	el restaurante
mis padres	preferir	el jugo de naranja
mi hermano/a	probar	el refresco
el/la médico/a	recomendar	el plato
yo	servir	el arroz

8

Un menú En parejas, usen la Pirámide Alimenticia Latinoamericana de la página 245 para crear un menú para una cena especial. Incluyan alimentos de los diez grupos para los entremeses, los platos principales y las bebidas. Luego presenten el menú a la clase.

> **modelo**
>
> *La cena especial que vamos a preparar es deliciosa.*
> *Primero, hay dos entremeses: una ensalada César y una*
> *sopa de langosta. El plato principal es salmón con una*
> *salsa de ajo y espárragos. También vamos a servir arroz...*

Comunicación

Conversación En grupos, contesten estas preguntas.

1. ¿Meriendas mucho durante el día? ¿Qué comes? ¿A qué hora?
2. ¿Qué comidas te gustan más para la cena?
3. ¿A qué hora, dónde y con quién almuerzas?
4. ¿Cuáles son las comidas más (*most*) típicas de tu almuerzo?
5. ¿Desayunas? ¿Qué comes y bebes por la mañana?
6. ¿Qué comida deseas probar?
7. ¿Comes cada día comidas de los diferentes grupos de la pirámide alimenticia? ¿Cuáles son las comidas y bebidas más frecuentes en tu dieta?
8. ¿Qué comida recomiendas a tus amigos? ¿Por qué?
9. ¿Eres vegetariano/a? ¿Crees que ser vegetariano/a es una buena idea? ¿Por qué?
10. ¿Te gusta cocinar (*to cook*)? ¿Qué comidas preparas para tus amigos? ¿Para tu familia?

Describir Con dos compañeros/as de clase, describe las dos fotos, contestando estas preguntas.

▶ ¿Quiénes están en las fotos?

▶ ¿Dónde están?

▶ ¿Qué hora es?

▶ ¿Qué comen y qué beben?

Crucigrama (*Crossword puzzle*) Tu profesor(a) les va a dar a ti y a tu compañero/a un crucigrama incompleto. Tú tienes las palabras que necesita tu compañero/a y él/ella tiene las palabras que tú necesitas. Tienen que darse pistas (*clues*) para completarlo. No pueden decir la palabra necesaria; deben utilizar definiciones, ejemplos y frases.

modelo

6 vertical: Es un *condimento que normalmente viene con la sal.*

2 horizontal: Es una *fruta amarilla.*

¿Qué tal la comida?

Don Francisco y los estudiantes van al restaurante El Cráter.

JAVIER ¿Sabes dónde estamos?

INÉS Mmm, no sé. Oiga, don Francisco, ¿sabe usted dónde estamos?

DON FRANCISCO Estamos cerca de Cotacachi.

ÁLEX ¿Dónde vamos a almorzar, don Francisco? ¿Conoce un buen restaurante en Cotacachi?

DON FRANCISCO Pues, conozco a doña Rita Perales, la dueña del mejor restaurante de la ciudad, el restaurante El Cráter.

DOÑA RITA Hombre, don Paco, ¿usted por aquí?

DON FRANCISCO Sí, doña Rita... y hoy le traigo clientes. Le presento a Maite, Inés, Álex y Javier. Los llevo a las montañas para ir de excursión.

MAITE Voy a tomar un caldo de patas y un lomo a la plancha.

JAVIER Para mí las tortillas de maíz y el ceviche de camarón.

ÁLEX Yo también quisiera las tortillas de maíz y el ceviche.

INÉS Voy a pedir caldo de patas y lomo a la plancha.

DON FRANCISCO Yo quiero tortillas de maíz y una fuente de fritada, por favor.

DOÑA RITA Y de tomar, les recomiendo el jugo de piña, frutilla y mora. ¿Se lo traigo a todos?

TODOS Sí, perfecto.

CAMARERO ¿Qué plato pidió usted?

MAITE Un caldo de patas y lomo a la plancha.

recursos

VM
pp. 209–210

panorama.vhlcentral.com
Lección 8

DOÑA RITA ¡Bienvenidos al restaurante El Cráter! Están en muy buenas manos... don Francisco es el mejor conductor del país. Y no hay nada más bonito que nuestras montañas. Pero si van a ir de excursión deben comer bien. Vengan chicos, por aquí.

JAVIER ¿Qué nos recomienda usted?

DOÑA RITA Bueno, las tortillas de maíz son riquísimas. La especialidad de la casa es el caldo de patas... ¡tienen que probarlo! El lomo a la plancha es un poquito más caro que el caldo pero es sabrosísimo. También les recomiendo el ceviche y la fuente de fritada.

DOÑA RITA ¿Qué tal la comida? ¿Rica?

JAVIER Rica, no. ¡Riquísima!

ÁLEX Sí. ¡Y nos la sirvieron tan rápidamente!

MAITE Una comida deliciosa, gracias.

DON FRANCISCO Hoy es el cumpleaños de Maite...

DOÑA RITA ¡Ah! Tenemos unos pasteles que están como para chuparse los dedos...

Expresiones útiles

Finding out where you are

- **¿Sabe usted/Sabes dónde estamos?**
  Do you know where we are?
  Estamos cerca de Cotacachi.
  We're near Cotacachi.

Talking about people and places you're familiar with

- **¿Conoce usted/Conoces un buen restaurante en Cotacachi?**
  Do you know a good restaurant in Cotacachi?
  Sí, conozco varios.
  Yes, I know several.
- **¿Conoce/Conoces a doña Rita?**
  Do you know Doña Rita?

Ordering food

- **¿Qué le puedo traer?**
  What can I bring you?
  Voy a tomar/pedir un caldo de patas y un lomo a la plancha.
  I am going to have/to order the beef soup and grilled flank steak.
  Para mí, las tortillas de maíz y el ceviche de camarón, por favor.
  Corn tortillas and lemon-marinated shrimp for me, please.
  Yo también quisiera...
  I also would like...
  Y de tomar, el jugo de piña, frutilla y mora.
  And pineapple/strawberry/ blackberry juice to drink.
- **¿Qué plato pidió usted?**
  What did you order?
  Yo pedí un caldo de patas.
  I ordered the beef soup.

Talking about the food at a restaurant

- **¿Qué tal la comida?**
  How is the food?
  Muy rica, gracias.
  Very tasty, thanks.
  ¡Riquísima!
  Extremely delicious!

¿Qué pasó?

1

Escoger Escoge la respuesta que completa mejor cada oración.

1. Don Francisco lleva a los estudiantes a _____ al restaurante de una amiga.
   a. cenar   b. desayunar   c. almorzar
2. Doña Rita es _____.
   a. la hermana de don Francisco   b. la dueña del restaurante
   c. una camarera que trabaja en El Cráter
3. Doña Rita les recomienda a los viajeros _____.
   a. el caldo de patas y el lomo a la plancha
   b. el bistec, las verduras frescas y el vino tinto   c. unos pasteles (*cakes*)
4. Inés va a pedir _____.
   a. las tortillas de maíz y una fuente de fritada (*mixed grill*)
   b. el ceviche de camarón y el caldo de patas
   c. el caldo de patas y el lomo a la plancha

2

Identificar Indica quién puede decir estas oraciones.

1. No me gusta esperar en los restaurantes.
   ¡Qué bueno que nos sirvieron rápidamente!
2. Les recomiendo la especialidad de la casa.
3. ¡Maite y yo pedimos los mismos platos!
4. Disculpe, señora… ¿qué platos recomienda usted?
5. Yo conozco a una señora que tiene un restaurante
   excelente. Les va a gustar mucho.
6. Hoy es mi cumpleaños (*birthday*).

INÉS

ÁLEX

DOÑA RITA

MAITE

DON FRANCISCO

JAVIER

3

Preguntas Contesta estas preguntas sobre la **Fotonovela**.

1. ¿Dónde comieron don Francisco y los estudiantes?

2. ¿Cuál es la especialidad de El Cráter?

3. ¿Qué pidió Javier? ¿Y Álex? ¿Qué tomaron todos?

4. ¿Cómo son los pasteles en El Cráter?

4

En el restaurante

1. Prepara con un(a) compañero/a una conversación en la que le preguntas si conoce algún buen restaurante en tu comunidad. Tu compañero/a responde que él/ella sí conoce un restaurante que sirve una comida deliciosa. Lo/La invitas a cenar y tu compañero/a acepta. Determinan la hora para verse en el restaurante y se despiden.

2. Trabaja con un(a) compañero/a para representar los papeles de un(a) cliente/a y un(a) camarero/a en un restaurante. El/La camarero/a te pregunta qué te puede servir y tú preguntas cuál es la especialidad de la casa. El/La camarero/a te dice cuál es la especialidad y te recomienda algunos platos del menú. Tú pides entremeses, un plato principal y escoges una bebida. El/La camarero/a te sirve la comida y tú le das las gracias.

CONSULTA

To review indefinite words like **algún**, see **Estructura 7.2**, p. 224.

Pronunciación

ll, ñ, c, and z

pollo	llave	ella	cebolla

Most Spanish speakers pronounce the letter **ll** like the *y* in *yes*.

mañana	señor	baña	niño

The letter **ñ** is pronounced much like the *ny* in *canyon*.

café	colombiano	cuando	rico

Before **a**, **o**, or **u**, the Spanish **c** is pronounced like the *c* in *car*.

cereales	delicioso	conducir	conocer

Before **e** or **i**, the Spanish **c** is pronounced like the *s* in *sit*. (In parts of Spain, **c** before **e** or **i** is pronounced like the *th* in *think*.)

zeta	zanahoria	almuerzo	cerveza

The Spanish **z** is pronounced like the *s* in *sit*. (In parts of Spain, **z** is pronounced like the *th* in *think*.)

Práctica Lee las palabras en voz alta.

1. mantequilla
2. cuñada
3. aceite
4. manzana
5. español
6. cepillo
7. zapato
8. azúcar
9. quince
10. compañera
11. almorzar
12. calle

Oraciones Lee las oraciones en voz alta.

1. Mi compañero de cuarto se llama Toño Núñez. Su familia es de la ciudad de Guatemala y de Quetzaltenango.
2. Dice que la comida de su mamá es deliciosa, especialmente su pollo al champiñón y sus tortillas de maíz.
3. Creo que Toño tiene razón porque hoy cené en su casa y quiero volver mañana para cenar allí otra vez.

Refranes Lee los refranes en voz alta.

Panza llena, corazón contento.²

Las apariencias engañan.¹

1 Looks can be deceiving.
2 A full belly makes a happy heart.

recursos

LM p. 44 | panorama.vhlcentral.com Lección 8

EN DETALLE

Frutas y verduras de las Américas

Imagínate una pizza sin salsa° de tomate o una hamburguesa sin papas fritas. Ahora piensa que quieres ver una película, pero las palomitas de maíz° y el chocolate no existen. ¡Qué mundo° tan insípido°! Muchas de las comidas más populares del mundo tienen ingredientes esenciales que son originarios de las Américas. Estas frutas y verduras no fueron introducidas en Europa sino hasta° el siglo° XVI.

El tomate, por ejemplo, era° usado como planta ornamental cuando llegó por primera vez a Europa porque pensaron que era venenoso°. El maíz, por su parte, era ya la base de la comida de muchos países latinoamericanos muchos siglos antes de la llegada de los españoles.

La papa fue un alimento° básico para los incas. Incluso consiguieron deshidratarlas para almacenarlas° durante mucho tiempo. El cacao (planta con la que se hace el chocolate) fue muy importante para los aztecas y los mayas. Ellos usaron sus semillas° como moneda° y como ingrediente de diversas salsas. También las molían° para preparar una bebida, mezclándolas° con agua ¡y con chile!

El aguacate°, la guayaba°, la papaya, la piña y el maracuyá (o fruta de la pasión) son sólo algunos ejemplos de frutas originarias de las Américas que son hoy día conocidas en todo el mundo.

Mole

¿En qué alimentos encontramos estas frutas y verduras?

Tomate: pizza, ketchup, salsa de tomate, sopa de tomate

Maíz: palomitas de maíz, tamales, tortillas, arepas (Colombia y Venezuela), pan

Papa: papas fritas, frituras de papa°, puré de papas°, sopa de papas, tortilla de patatas (España)

Cacao: salsa mole (México), chocolatinas°, cereales, helados°, tartas°

Aguacate: guacamole (México), cóctel de camarones, sopa de aguacate, nachos, enchiladas hondureñas

salsa *sauce* palomitas de maíz *popcorn* mundo *world* insípido *flavorless* hasta *until* siglo *century* era *was* venenoso *poisonous* alimento *food* almacenarlas *to store them* semillas *seeds* moneda *currency* las molían *they used to grind them* mezclándolas *mixing them* aguacate *avocado* guayaba *guava* frituras de papa *chips* puré de papas *mashed potatoes* chocolatinas *chocolate bars* helados *ice cream* tartas *cakes*

ACTIVIDADES

1　**¿Cierto o falso?** Indica si lo que dicen estas oraciones es **cierto** o **falso**. Corrige la información falsa.

1. El tomate se introdujo a Europa como planta ornamental.

2. Los aztecas y los mayas usaron las papas como moneda.

3. Los incas sólo consiguieron almacenar las papas por poco tiempo.

4. En México se hace una salsa con chocolate.

5. El aguacate, la guayaba, la papaya, la piña y el maracuyá son originarios de las Américas.

6. Las arepas se hacen con cacao.

7. El aguacate es un ingrediente del cóctel de camarones.

8. En España hacen una tortilla con papas.

La comida

el banano (Col.), el cambur (Ven.), el guineo (Nic.), el plátano (Amér. L., Esp.)	la banana
el choclo (Amér. S.), el elote (Méx.), el jojoto (Ven.), la mazorca (Esp.)	*corncob*
las caraotas (Ven.), los porotos (Amér. S.), las habichuelas	los frijoles
el durazno	el melocotón
el jitomate (Méx.)	el tomate

Algunos platos típicos

○ **Ceviche peruano:** Es un plato de pescado crudo° que se marina° en jugo de limón, con sal, pimienta, cebolla y ají°. Se sirve con lechuga, maíz, camote° y papa amarilla.

○ **Gazpacho andaluz:** Es una sopa fría típica del sur de España. Se hace con verduras crudas y molidas°: tomate, ají, pepino° y ajo. También lleva pan, sal, aceite y vinagre.

○ **Sancocho colombiano:** Es una sopa de pollo o de carne con plátano, maíz, zanahoria, yuca, papas, cebolla y ajo. Se sirve con arroz blanco.

crudo *raw* se marina *gets marinated* ají *pepper* camote *sweet potato* molidas *mashed* pepino *cucumber*

Ferrán Adrià: arte en la cocina°

¿Qué haces si un amigo te invita a comer croquetas líquidas o paella de Kellogg's? ¿Piensas que es una broma°? ¡Cuidado! Puedes estar perdiendo la oportunidad de cenar en el restaurante más innovador de España: **El Bulli**.

Ferrán Adrià, el dueño de El Bulli, está entre los mejores° chefs del mundo. Su éxito° se basa en su creatividad. Adrià modifica combinaciones de ingredientes y juega con contrastes de gustos y sensaciones: frío-caliente, crudo-cocido°, dulce°-salado°... Sus platos son sorprendentes° y divertidos: cócteles en forma de espuma°, salsas servidas en tubos y sorbetes salados.

Aire de zanahorias

Adrià también creó **Fast Good** (un restaurante de comida rápida de calidad), escribe libros de cocina y participa en programas de televisión.

cocina *kitchen* broma *joke* mejores *best* éxito *success* cocido *cooked* dulce *sweet* salado *savory* sorprendentes *surprising* espuma *foam*

SUPERSITE Conexión Internet

¿Qué platos comen los hispanos en los Estados Unidos?

Go to **panorama.vhlcentral.com** to find more cultural information related to this **Cultura** section.

2 **Comprensión** Empareja cada palabra con su definición.

1. fruta amarilla
2. sopa típica de Colombia
3. ingrediente del ceviche
4. restaurante español

a. gazpacho
b. El Bulli
c. sancocho
d. guineo
e. pescado

3 **¿Qué plato especial hay en tu región?** Escribe cuatro oraciones sobre un plato típico de tu región. Explica los ingredientes que contiene y cómo se sirve.

recursos
SUPERSITE
panorama.vhlcentral.com
Lección 8

8.1 Preterite of stem-changing verbs

ANTE TODO As you learned in **Lección 6**, **–ar** and **–er** stem-changing verbs have no stem change in the preterite. **–Ir** stem-changing verbs, however, do have a stem change. Study the following chart and observe where the stem changes occur.

Preterite of –ir stem-changing verbs		
	servir (to serve)	**dormir** (to sleep)
SINGULAR FORMS		
yo	serví	dormí
tú	serviste	dormiste
Ud./él/ella	si**r**vió	du**r**mió
PLURAL FORMS		
nosotros/as	servimos	dormimos
vosotros/as	servisteis	dormisteis
Uds./ellos/ellas	si**r**vieron	du**r**mieron

▶ Stem-changing **–ir** verbs, in the preterite only, have a stem change in the third-person singular and plural forms. The stem change consists of either **e** to **i** or **o** to **u**.

(e → i) pedir: **pi**dió, **pi**dieron   (o → u) morir (*to die*): **mu**rió, **mu**rieron

Perdón, ¿quiénes pidieron las tortillas de maíz?

¿Y qué plato pidió usted?

¡INTÉNTALO! Cambia cada infinitivo al pretérito.

1. Yo ___serví___. (servir, dormir, pedir, preferir, repetir, seguir)

2. Usted _____. (morir, conseguir, pedir, sentirse, despedirse, vestirse)

3. Tú _____. (conseguir, servir, morir, pedir, dormir, repetir)

4. Ellas _____. (repetir, dormir, seguir, preferir, morir, servir)

5. Nosotros _____. (seguir, preferir, servir, vestirse, despedirse, dormirse)

6. Ustedes _____. (sentirse, vestirse, conseguir, pedir, despedirse, dormirse)

7. Él _____. (dormir, morir, preferir, repetir, seguir, pedir)

recursos

WB
pp. 87–88

LM
p. 45

SUPERSITE
panorama.
vhlcentral.com
Lección 8

Práctica

1

Completar Completa estas oraciones para describir lo que pasó anoche en el restaurante El Famoso.

1. Paula y Humberto Suárez llegaron al restaurante El Famoso a las ocho y _____ (seguir) al camarero a una mesa en la sección de no fumar.
2. El señor Suárez _____ (pedir) una chuleta de cerdo.
3. La señora Suárez _____ (preferir) probar los camarones.
4. De tomar, los dos _____ (pedir) vino tinto.
5. El camarero _____ (repetir) el pedido (*the order*) para confirmarlo.
6. La comida tardó mucho (*took a long time*) en llegar y los señores Suárez _____ (dormirse) esperando la comida.
7. A las nueve y media el camarero les _____ (servir) la comida.
8. Después de comer la chuleta, el señor Suárez _____ (sentirse) muy mal.
9. Pobre señor Suárez… ¿por qué no _____ (pedir) los camarones?

2

El camarero loco En el restaurante La Hermosa trabaja un camarero muy loco que siempre comete muchos errores. Indica lo que los clientes pidieron y lo que el camarero les sirvió.

modelo
Armando / papas fritas
Armando pidió papas fritas, pero el camarero le sirvió maíz.

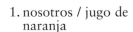
1. nosotros / jugo de naranja

2. Beatriz / queso

3. tú / arroz

4. Elena y Alejandro / atún

5. usted / agua mineral

6. yo / hamburguesa

Comunicación

3

El almuerzo Trabajen en parejas. Túrnense para completar las oraciones de César de una manera lógica.

> **modelo**
>
> Mi compañero de cuarto se despertó temprano, pero yo...
> Mi *compañero de cuarto se despertó temprano, pero yo me*
> *desperté tarde.*

1. Yo llegué al restaurante a tiempo, pero mis amigos...
2. Beatriz pidió la ensalada de frutas, pero yo...
3. Yolanda les recomendó el bistec, pero Eva y Paco...
4. Nosotros preferimos las papas fritas, pero Yolanda...
5. El camarero sirvió la carne, pero yo...
6. Beatriz y yo pedimos café, pero Yolanda y Paco...
7. Eva se sintió enferma, pero Paco y yo...
8. Nosotros repetimos el postre (*dessert*), pero Eva...
9. Ellos salieron tarde, pero yo...
10. Yo me dormí temprano, pero mi compañero de cuarto...

> **¡LENGUA VIVA!**
>
> In Spanish, the verb **repetir** is used to express *to have a second helping* (of something).
>
> **Cuando mi mamá prepara sopa de champiñones, yo siempre repito.**
> *When my mom makes mushroom soup, I always have a second helping.*

4

Entrevista Trabajen en parejas y túrnense para entrevistar a su compañero/a.

1. ¿Te acostaste tarde o temprano anoche? ¿A qué hora te dormiste? ¿Dormiste bien?
2. ¿A qué hora te despertaste esta mañana? Y ¿a qué hora te levantaste?
3. ¿A qué hora vas a acostarte esta noche?
4. ¿Qué almorzaste ayer? ¿Quién te sirvió el almuerzo?
5. ¿Qué cenaste ayer?
6. ¿Cenaste en un restaurante recientemente? ¿Con quién?
7. ¿Qué pediste en el restaurante? ¿Qué pidieron los demás?
8. ¿Se durmió alguien en alguna de tus clases la semana pasada? ¿En qué clase?

Síntesis

5

Describir En grupos, estudien la foto y las preguntas. Luego, describan la cena romántica de Eduardo y Rosa.

> **CONSULTA**
>
> To review words commonly associated with the preterite, such as **anoche**, see **Estructura 6.3**, p. 191.

▶ ¿Adónde salieron a cenar?

▶ ¿Qué pidieron?

▶ ¿Les sirvieron la comida rápidamente?

▶ ¿Les gustó la comida?

▶ ¿Cuánto costó?

▶ ¿Van a volver a este restaurante en el futuro?

▶ ¿Recomiendas el restaurante?

8.2 Double object pronouns

SUPERSITE

ANTE TODO In **Lecciones 5** and **6**, you learned that direct and indirect object pronouns replace nouns and that they often refer to nouns that have already been referenced. You will now learn how to use direct and indirect object pronouns together. Observe the following diagram.

Indirect Object Pronouns			Direct Object Pronouns	
me	nos		lo	los
te	os	**+**		
le (se)	les (se)		la	las

▶ When direct and indirect object pronouns are used together, the indirect object pronoun always precedes the direct object pronoun.

   I.O.   D.O.
El camarero **me** muestra **el menú**.   ⟶   **DOUBLE OBJECT PRONOUNS**
The waiter shows me the menu.   El camarero **me lo** muestra.
                                          The waiter shows it to me.

   I.O.   D.O.
Nos sirven **los platos**.   ⟶   **DOUBLE OBJECT PRONOUNS**
They serve us the dishes.   **Nos los** sirven.
                                          They serve them to us.

   I.O.   D.O.
Maribel **te** pidió **una hamburguesa**.   ⟶   **DOUBLE OBJECT PRONOUNS**
Maribel ordered a hamburger for you.   Maribel **te la** pidió.
                                          Maribel ordered it for you.

Y de tomar, les recomiendo el jugo de piña... ¿Se lo traigo a todos?

Sí, perfecto.

▶ In Spanish, two pronouns that begin with the letter **l** cannot be used together. Therefore, the indirect object pronouns **le** and **les** always change to **se** when they are used with **lo, los, la,** and **las**.

   I.O.   D.O.
Le escribí **la carta**.   ⟶   **DOUBLE OBJECT PRONOUNS**
I wrote him the letter.   **Se la** escribí.
                                          I wrote it to him.

   I.O.   D.O.
Les sirvió **los sándwiches**.   ⟶   **DOUBLE OBJECT PRONOUNS**
He served them the sandwiches.   **Se los** sirvió.
                                          He served them to them.

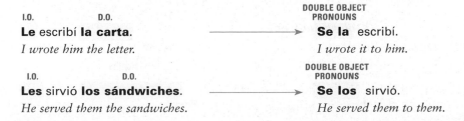

▶ Because **se** has multiple meanings, Spanish speakers often clarify to whom the pronoun refers by adding **a usted, a él, a ella, a ustedes, a ellos,** or **a ellas.**

¿El sombrero? Carlos **se** lo vendió **a ella.**
The hat? Carlos sold it to her.

¿Las verduras? Ellos **se** las compran **a usted.**
The vegetables? They buy them for you.

▶ Double object pronouns are placed before a conjugated verb. With infinitives and present participles, they may be placed before the conjugated verb or attached to the end of the infinitive or present participle.

DOUBLE OBJECT PRONOUNS
Te lo voy a mostrar.

DOUBLE OBJECT PRONOUNS
Voy a mostrár**telo.**

DOUBLE OBJECT PRONOUNS
Nos las están sirviendo.

DOUBLE OBJECT PRONOUNS
Están sirviéndo**noslas.**

¿Qué tal la comida, rica?

Sí. ¡Y nos la sirvieron tan rápidamente!

▶ As you can see above, when double object pronouns are attached to an infinitive or a present participle, an accent mark is added to maintain the original stress.

¡INTÉNTALO! Escribe el pronombre de objeto directo o indirecto que falta en cada oración.

Objeto directo

1. ¿La ensalada? El camarero nos ___la___ sirvió.
2. ¿El salmón? La dueña me _____ recomienda.
3. ¿La comida? Voy a preparárte_____.
4. ¿Las bebidas? Estamos pidiéndose_____.
5. ¿Los refrescos? Te _____ puedo traer ahora.
6. ¿Los platos de arroz? Van a servírnos_____ después.

Objeto indirecto

1. ¿Puedes traerme tu plato? No, no ___te___ lo puedo traer.
2. ¿Quieres mostrarle la carta? Sí, voy a mostrár_____la ahora.
3. ¿Les serviste la carne? No, no _____ la serví.
4. ¿Vas a leerle el menú? No, no _____ lo voy a leer.
5. ¿Me recomiendas la langosta? Sí, _____ la recomiendo.
6. ¿Cuándo vas a prepararnos la cena? _____ la voy a preparar en una hora.

Práctica

1

Responder Imagínate que trabajas de camarero/a en un restaurante. Responde a las órdenes de estos clientes usando pronombres.

> **modelo**
>
> Sra. Gómez: Una ensalada, por favor.
> Sí, señora. Enseguida *(Right away)* se la traigo.

AYUDA

Here are some other useful expressions.

ahora mismo
right now

inmediatamente
immediately

¡A la orden!
At your service!

¡Ya voy!
I'm on my way!

▶

1. Sres. López: La mantequilla, por favor.
2. Srta. Rivas: Los camarones, por favor.
3. Sra. Lugones: El pollo asado, por favor.
4. Tus compañeros/as de cuarto: Café, por favor.
5. Tu profesor(a) de español: Papas fritas, por favor.
6. Dra. González: La chuleta de cerdo, por favor.
7. Tu padre: Los champiñones, por favor.
8. Dr. Torres: La cuenta *(check)*, por favor.

2

¿Quién? La señora Cevallos está planeando una cena. Se pregunta cómo va a resolver ciertas situaciones. En parejas, túrnense para decir lo que ella está pensando. Cambien los sustantivos subrayados por pronombres de objeto directo y hagan los otros cambios necesarios.

> **modelo**
>
> ¡No tengo carne! ¿Quién va a traerme la carne del supermercado? (mi esposo)
> Mi esposo va a traérmela./Mi esposo me la va a traer.

NOTA CULTURAL

Los vinos de Chile son conocidos internacionalmente. **Concha y Toro** es el productor y exportador más grande de vinos de Chile. Las zonas más productivas de vino están al norte de Santiago, en el Valle Central.

1. ¡Las invitaciones! ¿Quién les manda las invitaciones a los invitados *(guests)*? (mi hija)
▶ 2. No tengo tiempo de ir a la bodega. ¿Quién me puede comprar el vino? (mi hijo)
3. ¡Ay! No tengo suficientes platos *(plates)*. ¿Quién puede prestarme los platos que necesito? (mi mamá)
4. Nos falta mantequilla. ¿Quién nos trae la mantequilla? (mi cuñada)
5. ¡Los entremeses! ¿Quién está preparándonos los entremeses? (Silvia y Renata)
6. No hay suficientes sillas. ¿Quién nos trae las sillas que faltan? (Héctor y Lorena)
7. No tengo tiempo de pedirle el aceite a Mónica. ¿Quién puede pedirle el aceite? (mi hijo)
8. ¿Quién va a servirles la cena a los invitados? (mis hijos)
9. Quiero poner buena música de fondo *(background)*. ¿Quién me va a recomendar la música? (mi esposo)
10. ¡Los postres! ¿Quién va a preparar los postres para los invitados? (Sra. Villalba)

Comunicación

3

Contestar Trabajen en parejas. Túrnense para hacer preguntas y para responderlas usando las palabras interrogativas **¿Quién?** o **¿Cuándo?** Sigan el modelo.

> **modelo**
>
> nos enseña español
>
> **Estudiante 1:** ¿Quién nos enseña español?
>
> **Estudiante 2:** La profesora Camacho nos lo enseña.

1. te puede explicar (*explain*) la tarea cuando no la entiendes
2. les vende el almuerzo a los estudiantes
3. vas a comprarme boletos (*tickets*) para un concierto
4. te escribe mensajes electrónicos
5. nos prepara los entremeses
6. me vas a prestar tu computadora
7. te compró esa bebida
8. nos va a recomendar el menú de la cafetería
9. le enseñó español al/a la profesor(a)
10. me vas a mostrar tu casa o apartamento

4

Preguntas Hazle estas preguntas a un(a) compañero/a.

> **modelo**
>
> **Estudiante 1:** ¿Les prestas tu casa a tus amigos? ¿Por qué?
>
> **Estudiante 2:** No, no se la presto a mis amigos porque no son muy responsables.

1. ¿Me prestas tu auto? ¿Ya le prestaste tu auto a otro/a amigo/a?
2. ¿Quién te presta dinero cuando lo necesitas?
3. ¿Les prestas dinero a tus amigos? ¿Por qué?
4. ¿Nos compras el almuerzo a mí y a los otros compañeros de clase?
5. ¿Les mandas correo electrónico a tus amigos? ¿Y a tu familia?
6. ¿Les das regalos a tus amigos? ¿Cuándo?
7. ¿Quién te va a preparar la cena esta noche?
8. ¿Quién te va a preparar el desayuno mañana?

Síntesis

5

Regalos de Navidad (*Christmas gifts*) Tu profesor(a) te va a dar a ti y a un(a) compañero/a una parte de la lista de los regalos de Navidad que Berta pidió y los regalos que sus parientes le compraron. Conversen para completar sus listas.

> **modelo**
>
> **Estudiante 1:** ¿Qué le pidió Berta a su mamá?
>
> **Estudiante 2:** Le pidió una computadora. ¿Se la compró?
>
> **Estudiante 1:** Sí, se la compró.

NOTA CULTURAL

Las fiestas navideñas (*Christmas season*) en los países hispanos duran hasta enero. En muchos lugares celebran **la Navidad** (*Christmas*), pero no se dan los regalos hasta el seis de enero, **el Día de los Reyes Magos** (*Three Kings' Day/The Feast of the Epiphany*).

8.3 Comparisons (SUPERSITE)

ANTE TODO Spanish and English use comparisons to indicate which of two people or things has a lesser, equal, or greater degree of a quality.

(Comparisons)

menos interesante	**más grande**	**tan sabroso como**
less interesting	*bigger*	*as delicious as*

Comparisons of inequality

▶ Comparisons of inequality are formed by placing **más** (*more*) or **menos** (*less*) before adjectives, adverbs, and nouns and **que** (*than*) after them.

$$\text{más/menos} + \begin{bmatrix} adjective \\ adverb \\ noun \end{bmatrix} + \text{que}$$

▶ **¡Atención!** Note that while English has a comparative form for short adjectives (*taller*), such forms do not exist in Spanish (**más** alto).

(adjectives)

Los bistecs son **más caros que** el pollo.	Estas uvas son **menos ricas que** esa pera.
Steaks are more expensive than chicken.	*These grapes are less tasty than that pear.*

(adverbs)

Me acuesto **más tarde que** tú.	Luis se despierta **menos temprano que** yo.
I go to bed later than you (do).	*Luis wakes up less early than I (do).*

(nouns)

Juan prepara **más platos que** José.	Susana come **menos carne que** Enrique.
Juan prepares more dishes than José (does).	*Susana eats less meat than Enrique (does).*

> Tengo más hambre que un elefante.

> El lomo a la plancha es un poquito más caro pero es sabrosísimo.

▶ When the comparison involves a numerical expression, **de** is used before the number instead of **que**.

Hay más **de** cincuenta naranjas.	Llego en menos **de** diez minutos.
There are more than fifty oranges.	*I'll be there in less than ten minutes.*

▶ With verbs, this construction is used to make comparisons of inequality.

$$\begin{bmatrix} verb \end{bmatrix} + \text{más/menos que}$$

Mis hermanos **comen más que** yo.	Arturo **duerme menos que** su padre.
My brothers eat more than I (do).	*Arturo sleeps less than his father (does).*

Comparisons of equality

▶ This construction is used to make comparisons of equality.

tan + [*adjective* / *adverb*] + **como**   **tanto/a(s)** + [*singular noun* / *plural noun*] + **como**

¿Qué tal tu ceviche?

La comida es tan buena como en España.

▶ **¡Atención!** Note that **tanto** acts as an adjective and therefore agrees in number and gender with the noun it modifies.

Este plato es **tan rico como** aquél.
This dish is as tasty as that one (is).

Yo probé **tantos platos como** él.
I tried as many dishes as he did.

▶ **Tan** and **tanto** can also be used for emphasis, rather than to compare, with these meanings: **tan** *so*, **tanto** *so much*, **tantos/as** *so many*.

¡Tu almuerzo es **tan** grande!
Your lunch is so big!

¡Comes **tantas** manzanas!
You eat so many apples!

¡Comes **tanto**!
You eat so much!

¡Preparan **tantos** platos!
They prepare so many dishes!

▶ Comparisons of equality with verbs are formed by placing **tanto como** after the verb. Note that in this construction **tanto** does not change in number or gender.

[*verb*] + **tanto como**

Tú viajas **tanto como** mi tía.
You travel as much as my aunt (does).

Ellos hablan **tanto como** mis hermanas.
They talk as much as my sisters.

Estudiamos tanto como ustedes.
We study as much as you (do).

No **descanso tanto como** Felipe.
I don't rest as much as Felipe (does).

Irregular comparisons

▶ Some adjectives have irregular comparative forms.

Irregular comparative forms			
Adjective		**Comparative form**	
bueno/a	good	**mejor**	better
malo/a	bad	**peor**	worse
grande	big	**mayor**	bigger
pequeño/a	small	**menor**	smaller
joven	young	**menor**	younger
viejo/a	old	**mayor**	older

CONSULTA

To review how descriptive adjectives like **bueno**, **malo**, and **grande** shorten before nouns, see **Estructura 3.1**, p. 82.

▶ When **grande** and **pequeño/a** refer to age, the irregular comparative forms, **mayor** and **menor**, are used. However, when these adjectives refer to size, the regular forms, **más grande** and **más pequeño/a**, are used.

Yo soy **menor** que tú.
I'm younger than you.

Pedí un plato **más pequeño**.
I ordered a smaller dish.

El médico es **mayor** que Isabel.
The doctor is older than Isabel.

La ensalada de Inés es **más grande** que ésa.
Inés's salad is bigger than that one.

▶ The adverbs **bien** and **mal** have the same irregular comparative forms as the adjectives **bueno/a** and **malo/a**.

Julio nada **mejor** que los otros chicos.
Julio swims better than the other boys.

Ellas cantan **peor** que las otras chicas.
They sing worse than the other girls.

recursos

WB
pp. 91–92

LM
p. 47

SUPERSITE
panorama.
vhlcentral.com
Lección 8

¡INTÉNTALO! Escribe el equivalente de las palabras en inglés.

1. Ernesto mira más televisión ____que____ (*than*) Alberto.
2. Tú eres _____ (*less*) simpático que Federico.
3. La camarera sirve _____ (*as much*) carne como pescado.
4. Conozco _____ (*more*) restaurantes que tú.
5. No estudio _____ (*as much as*) tú.
6. ¿Sabes jugar al tenis tan bien _____ (*as*) tu hermana?
7. ¿Puedes beber _____ (*as many*) refrescos como yo?
8. Mis amigos parecen _____ (*as*) simpáticos como ustedes.

Práctica

1 **Escoger** Escoge la palabra correcta para comparar a dos hermanas muy diferentes. Haz los cambios necesarios.

1. Lucila es más alta y más bonita _____ Tita. (de, más, menos, que)
2. Tita es más delgada porque come _____ verduras que su hermana. (de, más, menos, que)
3. Lucila es más _____ que Tita porque es alegre. (listo, simpático, bajo)
4. A Tita le gusta comer en casa. Va a _____ restaurantes que su hermana. (más, menos, que) Es tímida, pero activa. Hace _____ ejercicio (*exercise*) que su hermana. (más, tanto, menos) Todos los días toma más _____ cinco vasos (*glasses*) de agua mineral. (que, tan, de)
5. Lucila come muchas papas fritas y se preocupa _____ que Tita por comer frutas. (de, más, menos) Son _____ diferentes, pero se llevan (*they get along*) bien. (como, tan, tanto)

2 **Emparejar** Completa las oraciones de la columna A con información de la columna B para comparar a Mario y a Luis, los novios de Lucila y Tita.

A	B
1. Mario es _____ como Luis.	tantas
2. Mario viaja tanto _____ Luis.	diferencia
3. Luis toma _____ clases de cocina (*cooking*) como Mario.	tan interesante
	amigos extranjeros
4. Luis habla _____ tan bien como Mario.	como
5. Mario tiene tantos _____ como Luis.	francés
6. ¡Qué casualidad (*coincidence*)! Mario y Luis también son hermanos, pero no hay tanta _____ entre ellos como entre Lucila y Tita.	

3 **Oraciones** Combina elementos de las columnas A, B y C para hacer comparaciones. Usa oraciones completas.

> **modelo**
> Arnold Schwarzenegger tiene tantos autos como Jennifer Aniston.
> Jennifer Aniston es menos musculosa que Arnold Schwarzenegger.

A	B	C
la comida japonesa	costar	la gente de Los Ángeles
el fútbol	saber	la música *country*
Arnold Schwarzenegger	ser	el brócoli
el pollo	tener	el presidente de los EE.UU.
la gente de Nueva York	¿?	la comida italiana
la primera dama (*lady*) de los EE.UU.		el hockey
las universidades privadas		Jennifer Aniston
las espinacas		las universidades públicas
la música rap		la carne de res

Comunicación

4

Intercambiar En parejas, hagan comparaciones sobre diferentes cosas. Pueden usar las sugerencias de la lista u otras ideas.

▶ **modelo**

Estudiante 1: Los pollos de *Pollitos del Corral* son muy ricos.
Estudiante 2: Pues yo creo que los pollos de *Rostipollos* son tan buenos como los pollos de *Pollitos del Corral*.
Estudiante 1: Mmm… no tienen tanta mantequilla como los pollos de *Pollitos del Corral*. Tienes razón. Son muy sabrosos.

restaurantes en tu ciudad/pueblo
cafés en tu comunidad
tiendas en tu ciudad/pueblo

periódicos en tu ciudad/pueblo
revistas favoritas
libros favoritos

comidas favoritas
los profesores
los cursos que toman

5

Conversar En grupos, túrnense para hacer comparaciones entre ustedes mismos (*yourselves*) y una persona de cada categoría de la lista.

▶ una persona de tu familia

▶ un(a) amigo/a especial

▶ una persona famosa

Síntesis

6

La familia López En grupos, túrnense para hablar de Sara, Sabrina, Cristina, Ricardo y David y hacer comparaciones entre ellos.

Sara   Sabrina   David   Ricardo   Cristina

modelo

Estudiante 1: Sara es tan alta como Sabrina.
Estudiante 2: Sí, pero David es más alto que ellas.
Estudiante 3: En mi opinión, él es guapo también.

8.4 Superlatives

ANTE TODO Both English and Spanish use superlatives to express the highest or lowest degree of a quality.

el/la mejor	**el/la peor**	**la más alta**
the best	*the worst*	*the tallest*

▶ This construction is used to form superlatives. Note that the noun is always preceded by a definite article and that **de** is equivalent to the English *in* or *of*.

el/la/los/las + [*noun*] + **más/menos** + [*adjective*] + **de**

▶ The noun can be omitted if the person, place, or thing referred to is clear.

¿El restaurante El Cráter?
Es **el más elegante** de la ciudad.
The El Cráter restaurant?
It's the most elegant (one) in the city.

Recomiendo el pollo asado.
Es **el más sabroso** del menú.
I recommend the roast chicken.
It's the most delicious on the menu.

▶ Here are some irregular superlative forms.

Irregular superlatives

Adjective		Superlative form	
bueno/a	good	**el/la mejor**	(the) best
malo/a	bad	**el/la peor**	(the) worst
grande	big	**el/la mayor**	(the) biggest
pequeño/a	small	**el/la menor**	(the) smallest
joven	young	**el/la menor**	(the) youngest
viejo/a	old	**el/la mayor**	(the) eldest

▶ The absolute superlative is equivalent to *extremely*, *super*, or *very*. To form the absolute superlative of most adjectives and adverbs, drop the final vowel, if there is one, and add **-ísimo/a(s)**.

malo → mal- → **malísimo**   mucho → much- → **muchísimo**

¡El bistec está **malísimo**!   Comes **muchísimo**.

▶ Note these spelling changes.

rico → **riquísimo**   largo → **larguísimo**   feliz → **felicísimo**

fácil → **facilísimo**   joven → **jovencísimo**   trabajador → **trabajadorcísimo**

¡ATENCIÓN!

While **más** alone means *more*, after **el**, **la**, **los** or **las**, it means *most*. Likewise, **menor** can mean *less* or *least*.

Es **el café más rico del** país.

It's the most delicious coffee in the country.

Es **el menú menos caro de** todos éstos.

It is the least expensive menu of all of these.

CONSULTA

The rule you learned in **Estructura 8.3** (p. 263) regarding the use of **mayor/menor** with age, but not with size, is also true with superlative forms.

¡INTÉNTALO! Escribe el equivalente de las palabras en inglés.

1. Marisa es __la más inteligente__ (*the most intelligent*) de todas.
2. Ricardo y Tomás son _____ (*the least boring*) de la fiesta.
3. Miguel y Antonio son _____ (*the worst*) estudiantes de la clase.
4. Mi profesor de biología es _____ (*the oldest*) de la universidad.

Práctica y Comunicación

1 **El más...** Responde a las preguntas afirmativamente. Usa las palabras en paréntesis.

> **modelo**
>
> El cuarto está sucísimo, ¿no? (residencia)
>
> Sí, es el más sucio de la residencia.

1. El almacén Velasco es buenísimo, ¿no? (centro comercial)
2. La silla de tu madre es comodísima, ¿no? (casa)
3. Ángela y Julia están nerviosísimas por el examen, ¿no? (clase)
4. Jorge es jovencísimo, ¿no? (mis amigos)

2 **Completar** Tu profesor(a) te va a dar una hoja de actividades con descripciones de José Valenzuela Carranza y Ana Orozco Hoffman. Completa las oraciones con las palabras de la lista.

altísima	del	mejor	peor
atlética	la	menor	periodista
bajo	más	guapísimo	trabajadorcísimo
de	mayor	Orozco	Valenzuela

1. José tiene 22 años; es el _____ y el más _____ de su familia. Es _____ y _____. Es el mejor _____ de la ciudad y el _____ jugador de baloncesto.
2. Ana es la más _____ y _____ mejor jugadora de baloncesto del estado. Es la _____ de sus hermanos (tiene 28 años) y es _____. Estudió la profesión _____ difícil _____ todas: medicina.
3. Jorge es el _____ jugador de videojuegos de su familia.
4. Mauricio es el menor de la familia _____.
5. El abuelo es el _____ de todos los miembros de la familia Valenzuela.
6. Fifí es la perra más antipática _____ mundo.

3 **Superlativos** Trabajen en parejas para hacer comparaciones. Usen superlativos.

> **modelo**
>
> Angelina Jolie, Bill Gates, Jimmy Carter
>
> **Estudiante 1:** Bill Gates es el más rico de los tres.
>
> **Estudiante 2:** Sí, ¡es riquísimo! Y Jimmy Carter es el mayor de los tres.

1. Guatemala, Argentina, España
2. Jaguar, Hummer, Mini Cooper
3. la comida mexicana, la comida francesa, la comida árabe
4. Paris Hilton, Meryl Streep, Katie Holmes
5. Ciudad de México, Buenos Aires, Nueva York
6. *Don Quijote de la Mancha*, *Cien años de soledad*, *Como agua para chocolate*
7. el fútbol americano, el golf, el béisbol
8. las películas románticas, las películas de acción, las películas cómicas

Recapitulación

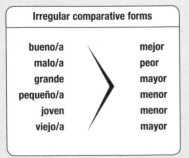

SUPERSITE   For self-scoring and diagnostics, go to **panorama.vhlcentral.com**.

Completa estas actividades para repasar los conceptos de gramática que aprendiste en esta lección.

1 **Completar** Completa la tabla con la forma correcta del pretérito. **9 pts.**

Infinitive	yo	usted	ellos
dormir			
servir			
vestirse			

2 **La cena** Completa la conversación con el pretérito de los verbos. **7 pts.**

PAULA ¡Hola, Daniel! ¿Qué tal el fin de semana?

DANIEL Muy bien. Marta y yo (1) _____ (conseguir) hacer muchas cosas, pero lo mejor fue la cena del sábado.

PAULA Ah, ¿sí? ¿Adónde fueron?

DANIEL Al restaurante Vistahermosa. Es elegante, así que (nosotros) (2) _____ (vestirse) bien.

PAULA Y, ¿qué platos (3) _____ (pedir, ustedes)?

DANIEL Yo (4) _____ (pedir) camarones y Marta (5) _____ (preferir) el pollo. Y al final, el camarero nos (6) _____ (servir) flan.

PAULA ¡Qué rico!

DANIEL Sí. Pero después de la cena Marta no (7) _____ (sentirse) bien.

3 **Camareros** Genaro y Úrsula son camareros en un restaurante. Completa la conversación que tienen con su jefe usando pronombres. **8 pts.**

JEFE Úrsula, ¿le ofreciste agua fría al cliente de la mesa 22?

ÚRSULA Sí, (1) _____ de inmediato.

JEFE Genaro, ¿los clientes de la mesa 5 te pidieron ensaladas?

GENARO Sí, (2) _____.

ÚRSULA Genaro, ¿recuerdas si ya me mostraste los vinos nuevos?

GENARO Sí, ya (3) _____.

JEFE Genaro, ¿van a pagarte la cuenta (*bill*) los clientes de la mesa 5?

GENARO Sí, (4) _____ ahora mismo.

RESUMEN GRAMATICAL

8.1 **Preterite of stem-changing verbs** *p. 254*

servir	dormir
serví	dormí
serviste	dormiste
sirvió	durmió
servimos	dormimos
servisteis	dormisteis
sirvieron	durmieron

8.2 **Double object pronouns** *pp. 257–258*

Indirect Object Pronouns: me, te, le (se), nos, os, les (se)

Direct Object Pronouns: lo, la, los, las

Le escribí la carta. → **Se la escribí.**

Nos van a servir los platos. → **Nos los van a servir./ Van a servírnoslos.**

8.3 **Comparisons** *pp. 261–263*

Comparisons of inequality		
más/menos +	*adj., adv., n.*	+ que
verb + más/menos + que		

Comparisons of equality		
tan +	*adj., adv.*	+ como
tanto/a(s) +	*noun*	+ como
verb + tanto como		

Irregular comparative forms	
bueno/a	mejor
malo/a	peor
grande	mayor
pequeño/a	menor
joven	menor
viejo/a	mayor

8.4 **Superlatives**   *p. 266*

el/la/ los/las +	*noun*	+ más/ menos +	*adjective*	+ de

▶ Irregular superlatives follow the same pattern as irregular comparatives.

4 **El menú** Observa el menú y sus características. Completa las oraciones basándote en los elementos dados. Usa comparativos y superlativos. **14 pts.**

Ensaladas	*Precio*	*Calorías*
Ensalada de tomates	₡0.00	170
Ensalada de mariscos	$12.99	325
Ensalada de zanahorias	$9.00	200

Platos principales		
Pollo con champiñones	$13.00	495
Cerdo con papas	$10.50	725
Atún con espárragos	$18.95	495

1. ensalada de mariscos / otras ensaladas / costar
   La ensalada de mariscos _____ las otras ensaladas.
2. pollo con champiñones / cerdo con papas / calorías
   El pollo con champiñones tiene _____ el cerdo con papas.
3. atún con espárragos / pollo con champiñones / calorías
   El atún con espárragos tiene _____ el pollo con champiñones.
4. ensalada de tomates / ensalada de zanahorias / caro
   La ensalada de tomates es _____ la ensalada de zanahorias.
5. cerdo con papas / platos principales / caro
   El cerdo con papas es _____ los platos principales.
6. ensalada de zanahorias / ensalada de tomates / costar
   La ensalada de zanahorias _____ la ensalada de tomates.
7. ensalada de mariscos / ensaladas / caro
   La ensalada de mariscos es _____ las ensaladas.

5 **Dos restaurantes** ¿Cuál es el mejor restaurante que conoces? ¿Y el peor? Escribe un párrafo de por lo menos (*at least*) seis oraciones donde expliques por qué piensas así. Puedes hablar de la calidad de la comida, el ambiente, los precios, el servicio, etc. **12 pts.**

6 **Adivinanza** Completa la adivinanza y adivina la respuesta. **¡2 puntos EXTRA!**

"En el campo yo nací°,
mis hermanos son
los _____ (*garlic, pl.*),
y aquél que llora° por mí
me está partiendo°
en pedazos°."
¿Quién soy? _____

naci *was born* llora *cries* partiendo *cutting* pedazos *pieces*

Lectura

Antes de leer

Estrategia
Reading for the main idea

As you know, you can learn a great deal about a reading selection by looking at the format and looking for cognates, titles, and subtitles. You can skim to get the gist of the reading selection and scan it for specific information. Reading for the main idea is another useful strategy; it involves locating the topic sentences of each paragraph to determine the author's purpose for writing a particular piece. Topic sentences can provide clues about the content of each paragraph, as well as the general organization of the reading. Your choice of which reading strategies to use will depend on the style and format of each reading selection.

Examinar el texto

En esta sección tenemos dos textos diferentes. ¿Qué estrategias puedes usar para leer la crítica culinaria (*restaurant review*)? ¿Cuáles son las apropiadas para familiarizarte con el menú? Utiliza las estrategias más eficaces (*efficient*) para cada texto. ¿Qué tienen en común? ¿Qué tipo de comida sirven en el restaurante?

Identificar la idea principal

Lee la primera frase de cada párrafo de la crítica culinaria del restaurante **La feria del maíz.** Apunta (*Jot down*) el tema principal de cada párrafo. Luego lee todo el primer párrafo. ¿Crees que el restaurante le gustó al autor de la crítica culinaria? ¿Por qué? Ahora lee la crítica entera. En tu opinión, ¿cuál es la idea principal de la crítica? ¿Por qué la escribió el autor? Compara tus opiniones con las de un(a) compañero/a.

MENÚ

Entremeses
Tortilla servida con
- Ajiaceite (chile, aceite)
- Ajicomino (chile, comino)

Pan tostado servido con
- Queso frito a la pimienta
- Salsa de ajo y mayonesa

Sopas
- Tomate • Cebolla • Verduras • Pollo y huevo
- Carne de res • Mariscos

Entradas
Tomaticán
(tomate, papas, maíz, chile, arvejas y zanahorias)

Tamales
(maíz, azúcar, ajo, cebolla)

Frijoles enchilados
(frijoles negros, carne de cerdo o de res, arroz, chile)

Chilaquil
(tortilla de maíz, queso, hierbas y chile)

Tacos
(tortillas, pollo, verduras y salsa)

Cóctel de mariscos
(camarones, langosta, vinagre, sal, pimienta, aceite)

Postres°
- Plátanos caribeños • Cóctel de frutas al ron°
- Uvate (uvas, azúcar de caña y ron) • Flan napolitano
- Helado° de piña y naranja • Pastel° de yogur

Después de leer

Preguntas

En parejas, contesten estas preguntas sobre la crítica culinaria de **La feria del maíz.**

1. ¿Quién es el dueño y chef de **La feria del maíz**?
2. ¿Qué tipo de comida se sirve en el restaurante?
3. ¿Cuál es el problema con el servicio?
4. ¿Cómo es el ambiente del restaurante?
5. ¿Qué comidas probó el autor?
6. ¿Quieren ir ustedes al restaurante **La feria del maíz**? ¿Por qué?

23F

Gastronomía

Por Eduardo Fernández

La feria del maíz

La feria del maíz
13 calle 4-41 Zona 1
La Antigua, Guatemala
2329912

lunes a sábado
10:30am-11:30pm
domingo 10:00am-10:00pm

Comida ♟♟♟♟♟

Servicio ♟♟♟

Ambiente ♟♟♟♟

Precio ♟♟♟

Sobresaliente°. En el nuevo restaurante **La feria del maíz** va a encontrar la perfecta combinación entre la comida tradicional y el encanto° de la vieja ciudad de Antigua. Ernesto Sandoval, antiguo jefe de cocina° del famoso restaurante **El fogón**, está teniendo mucho éxito° en su nueva aventura culinaria.

El gerente°, el experimentado José Sierra, controla a la perfección la calidad del servicio. El camarero que me atendió esa noche fue muy amable en todo momento. Sólo hay que comentar que,

debido al éxito inmediato de **La feria del maíz**, se necesitan más camareros para atender a los clientes de una forma más eficaz. En esta ocasión, el mesero se tomó unos veinte minutos en traerme la bebida.

Afortunadamente no me importó mucho la espera entre plato y plato, pues el ambiente es tan agradable que me sentí como en casa. El restaurante mantiene el estilo colonial de Antigua. Por dentro°, el estilo es elegante y rústico a la vez. Cuando el tiempo lo permite, se puede comer también en el patio, donde hay muchas flores.

El servicio de camareros y el ambiente agradable del local pasan a un segundo plano cuando llega la comida, de una calidad extraordinaria. Las tortillas

de casa se sirven con un ajiaceite delicioso. La sopa de mariscos es excelente, y los tamales, pues, tengo que confesar que son mejores que los de mi abuelita. También recomiendo los tacos de pollo, servidos con un mole buenísimo. De postre, don Ernesto me preparó su especialidad, unos plátanos caribeños sabrosísimos.

Los precios pueden parecer altos° para una comida tradicional, pero la calidad de los productos con que se cocinan los platos y el exquisito ambiente de **La feria del maíz** le garantizan° una experiencia inolvidable°.

ℬebidas

- Cerveza negra   • Chilate (bebida de maíz, chile y cacao)
  - Jugos de fruta   • Agua mineral   • Té helado
    - Vino tinto/blanco   • Ron

Postres *Desserts* **ron** *rum* **Helado** *Ice cream* **Pastel** *Cake* **Sobresaliente** *Outstanding* **encanto** *charm* **jefe de cocina** *head chef* **éxito** *success* **gerente** *manager* **Por dentro** *Inside* **altos** *high* **garantizan** *guarantee* **inolvidable** *unforgettable*

Un(a) guía turístico/a 🖐

Tú eres un(a) guía turístico/a en Guatemala. Estás en el restaurante **La feria del maíz** con un grupo de turistas norteamericanos. Ellos no hablan español y quieren pedir de comer, pero necesitan tu ayuda. Lee nuevamente el menú e indica qué error comete cada turista.

1. La señora Johnson es diabética y no puede comer azúcar. Pide sopa de verdura y tamales. No pide nada de postre.

2. Los señores Petit son vegetarianos y piden sopa de tomate, frijoles enchilados y plátanos caribeños.

3. El señor Smith, que es alérgico al chocolate, pide tortilla servida con ajiaceite, chilaquil y chilate para beber.

4. La adorable hija del señor Smith tiene sólo cuatro años y le gustan mucho las verduras y las frutas naturales. Su papá le pide tomaticán y un cóctel de frutas.

5. La señorita Jackson está a dieta y pide uvate, flan napolitano y helado.

SUPERSITE

Guatemala

El país en cifras

▶ **Área:** 108.890 km² (42.042 millas²),
un poco más pequeño que Tennessee

▶ **Población:** 14.213.000

▶ **Capital:** Ciudad de Guatemala—1.103.000

▶ **Ciudades principales:** Quetzaltenango,
Escuintla, Mazatenango, Puerto Barrios

SOURCE: Population Division, UN Secretariat

▶ **Moneda:** quetzal

▶ **Idiomas:** español (oficial),
lenguas mayas

*El español es la lengua de un
60 por ciento° de la población;
el otro 40 por ciento tiene una
de las lenguas mayas (cakchiquel,
quiché y kekchícomo, entre
otras) como lengua materna.
Una palabra que las lenguas
mayas tienen en común es
ixim, que significa maíz, un
cultivo° de mucha importancia
en estas culturas.*

Vista de una calle céntrica en la Ciudad de Guatemala

Mujeres indígenas limpiando cebollas

Bandera de Guatemala

Guatemaltecos célebres

▶ **Carlos Mérida,** pintor (1891–1984)

▶ **Miguel Ángel Asturias,** escritor (1899–1974)

▶ **Margarita Carrera,** poeta y ensayista (1929–)

▶ **Rigoberta Menchú Tum,** activista (1959–),
premio Nobel de la Paz° en 1992

Iglesia de la Merced en Antigua Guatemala

por ciento *percent*   cultivo *crop*   Paz *Peace*   telas *fabrics*   tinte *dye*
aplastados *crushed*   hace... destiñan *keeps the colors from running*

MÉXICO

Sierra de Lacandón
Río Usumacinta
Lago Petén Itzá
Río de la Pasión

BELICE

Lago de Izabal
Río Motagua

Sierra Madre
Quetzaltenango
Lago de Atitlán
Sierra de las Minas
☆Guatemala
Antigua Guatemala
Mazatenango
Escuintla

EL SALVADOR

Océano Pacífico

ESTADOS UNIDOS
OCÉANO ATLÁNTICO
GUATEMALA
OCÉANO PACÍFICO
AMÉRICA DEL SUR

recursos

| WB pp. 95–96 | VM pp. 239–240 | SUPERSITE panorama.vhlcentral.com Lección 8 |

¡Increíble pero cierto!

¿Qué ingrediente secreto se encuentra en las telas°
tradicionales de Guatemala? ¡El mosquito! El
excepcional tinte° de estas telas es producto de una
combinación de flores y de mosquitos aplastados°.
El insecto hace que los colores no se destiñan°.
Quizás es por esto que los artesanos representan
la figura del mosquito en muchas de sus telas.

Ciudades • **Antigua Guatemala**

Antigua Guatemala fue fundada en 1543. Fue una capital de gran importancia hasta 1773, cuando un terremoto° la destruyó. Sin embargo, conserva el carácter original de su arquitectura y hoy es uno de los centros turísticos del país. Su celebración de la Semana Santa° es, para muchas personas, la más importante del hemisferio.

Mar Caribe

Naturaleza • **El quetzal**

El quetzal simbolizó la libertad para los antiguos° mayas porque creían° que este pájaro° no podía° vivir en cautividad°. Hoy el quetzal es el símbolo nacional. El pájaro da su nombre a la moneda nacional y aparece también en los billetes° del país. Desafortunadamente, está en peligro° de extinción. Para su protección, el gobierno mantiene una reserva biológica especial.

Golfo de Honduras

Historia • **Los mayas**

Desde 1500 a.C. hasta 900 d.C., los mayas habitaron gran parte de lo que ahora es Guatemala. Su civilización fue muy avanzada. Los mayas fueron arquitectos y constructores de pirámides, templos y observatorios. También descubrieron° y usaron el cero antes que los europeos, e inventaron un calendario complejo° y preciso.

• Puerto
Barrios

Artesanía • **La ropa tradicional**

La ropa tradicional de los guatemaltecos se llama *huipil* y muestra el amor° de la cultura maya por la naturaleza. Ellos se inspiran en las flores°, plantas y animales para crear sus diseños° de colores vivos° y formas geométricas. El diseño y los colores de cada *huipil* indican el pueblo de origen y a veces también el sexo y la edad° de la persona que lo lleva.

HONDURAS

¿Qué aprendiste? Responde a cada pregunta con una oración completa.

1. ¿Qué significa la palabra *ixim*?
2. ¿Quién es Rigoberta Menchú?
3. ¿Qué pájaro representa a Guatemala?
4. ¿Qué simbolizó el quetzal para los mayas?
5. ¿Cuál es la moneda nacional de Guatemala?
6. ¿De qué fueron arquitectos los mayas?

7. ¿Qué celebración de la Antigua Guatemala es la más importante del hemisferio para muchas personas?
8. ¿Qué descubrieron los mayas antes que los europeos?
9. ¿Qué muestra la ropa tradicional de los guatemaltecos?
10. ¿Qué indica un *huipil* con su diseño y sus colores?

Conexión Internet Investiga estos temas en **panorama.vhlcentral.com.**

1. Busca información sobre Rigoberta Menchú. ¿De dónde es? ¿Qué libros publicó? ¿Por qué es famosa?
2. Estudia un sitio arqueológico en Guatemala para aprender más sobre los mayas, y prepara un breve informe para tu clase.

terremoto *earthquake* Semana Santa *Holy Week* antiguos *ancient* creían *they believed* pájaro *bird* no podía *couldn't* cautividad *captivity* los billetes *bills* peligro *danger* descubrieron *they discovered* complejo *complex* amor *love* flores *flowers* diseños *designs* vivos *bright* edad *age*

Las comidas

el/la camarero/a	waiter/waitress
la comida	food; meal
el/la dueño/a	owner; landlord
el menú	menu
la sección de (no) fumar	(non) smoking section
el almuerzo	lunch
la cena	dinner
el desayuno	breakfast
los entremeses	hors d'oeuvres; appetizers
el plato (principal)	(main) dish
delicioso/a	delicious
rico/a	tasty; delicious
sabroso/a	tasty; delicious

Las frutas

la banana	banana
las frutas	fruits
el limón	lemon
la manzana	apple
el melocotón	peach
la naranja	orange
la pera	pear
la uva	grape

Las verduras

las arvejas	peas
la cebolla	onion
el champiñón	mushroom
la ensalada	salad
los espárragos	asparagus
los frijoles	beans
la lechuga	lettuce
el maíz	corn
las papas/patatas (fritas)	(fried) potatoes; French fries
el tomate	tomato
las verduras	vegetables
la zanahoria	carrot

La carne y el pescado

el atún	tuna
el bistec	steak
los camarones	shrimp
la carne	meat
la carne de res	beef
la chuleta (de cerdo)	(pork) chop
la hamburguesa	hamburger
el jamón	ham
la langosta	lobster
los mariscos	shellfish
el pavo	turkey
el pescado	fish
el pollo (asado)	(roast) chicken
la salchicha	sausage
el salmón	salmon

Otras comidas

el aceite	oil
el ajo	garlic
el arroz	rice
el azúcar	sugar
los cereales	cereal; grains
el huevo	egg
la mantequilla	butter
la margarina	margarine
la mayonesa	mayonnaise
el pan (tostado)	(toasted) bread
la pimienta	black pepper
el queso	cheese
la sal	salt
el sándwich	sandwich
la sopa	soup
el vinagre	vinegar
el yogur	yogurt

Las bebidas

el agua (mineral)	(mineral) water
la bebida	drink
el café	coffee
la cerveza	beer
el jugo (de fruta)	(fruit) juice
la leche	milk
el refresco	soft drink
el té (helado)	(iced) tea
el vino (blanco/ tinto)	(white/red) wine

Verbos

escoger	to choose
merendar (e:ie)	to snack
morir (o:ue)	to die
pedir (e:i)	to order (food)
probar (o:ue)	to taste; to try
recomendar (e:ie)	to recommend
saber	to taste; to know
saber a	to taste like
servir (e:i)	to serve

Las comparaciones

como	like; as
más de (+ number)	more than
más... que	more ... than
menos de (+ number)	fewer than
menos... que	less ... than
tan... como	as ... as
tantos/as... como	as many... as
tanto... como	as much... as
el/la mayor	the eldest
el/la mejor	the best
el/la menor	the youngest
el/la peor	the worst
mejor	better
peor	worse

Expresiones útiles	See page 249.

recursos

LM p. 48

panorama.vhlcentral.com Lección 8

Las fiestas

Communicative Goals

You will learn how to:

- **Express congratulations**
- **Express gratitude**
- **Ask for and pay the bill at a restaurant**

A PRIMERA VISTA

- ¿Se conocen ellas?
- ¿Cómo se sienten, alegres o tristes?
- ¿Está una de las chicas más contenta que la otra?
- ¿De qué color es su ropa, marrón o negra?

Las fiestas

Más vocabulario

la alegría	happiness
la amistad	friendship
el amor	love
el beso	kiss
la sorpresa	surprise
el aniversario (de bodas)	(wedding) anniversary
la boda	wedding
el cumpleaños	birthday
el día de fiesta	holiday
el divorcio	divorce
el matrimonio	marriage
la Navidad	Christmas
el/la recién casado/a	newlywed
la quinceañera	young woman's fifteenth birthday celebration
cambiar (de)	to change
celebrar	to celebrate
divertirse (e:ie)	to have fun
graduarse (de/en)	to graduate (from/in)
invitar	to invite
jubilarse	to retire (from work)
nacer	to be born
odiar	to hate
pasarlo bien/mal	to have a good/bad time
reírse (e:i)	to laugh
relajarse	to relax
sorprender	to surprise
sonreír (e:i)	to smile
juntos/as	together

Variación léxica

pastel ⟷ torta (Arg., Venez.)
comprometerse ⟷ prometerse (Esp.)

recursos

WB pp. 97–98

LM p. 49

SUPERSITE
panorama.vhlcentral.com
Lección 9

la pareja

el pastel de chocolate

la botella de vino

el flan de caramelo

las galletas

los postres

el champán

los dulces

FELIZ CUMPLEAÑOS

brindar

el invitado

regalar

el helado

Relaciones personales

casarse (con)	to get married (to)
comprometerse (con)	to get engaged (to)
divorciarse (de)	to get divorced (from)
enamorarse (de)	to fall in love (with)
llevarse bien/mal (con)	to get along well/ badly (with)
romper (con)	to break up (with)
salir (con)	to go out (with), to date
separarse (de)	to separate (from)
tener una cita	to have a date; to have an appointment

Práctica

1 Escuchar 🎧 Escucha la conversación e indica si las oraciones son **ciertas** o **falsas**.

1. A Silvia no le gusta mucho el chocolate.
2. Silvia sabe que sus amigos le van a hacer una fiesta.
3. Los amigos de Silvia le compraron un pastel de chocolate.
4. Los amigos brindan por Silvia con refrescos.
5. Silvia y sus amigos van a comer helado.
6. Los amigos de Silvia le van a servir flan y galletas.

2 Ordenar 🎧 Escucha la narración y ordena las oraciones de acuerdo con los eventos de la vida de Beatriz.

_____ a. Beatriz se compromete con Roberto.

_____ b. Beatriz se gradúa.

_____ c. Beatriz sale con Emilio.

_____ d. Sus padres le hacen una gran fiesta.

_____ e. La pareja se casa.

_____ f. Beatriz nace en Montevideo.

3 Emparejar Indica la letra de la frase que mejor completa cada oración.

a. cambió de	d. nos divertimos	g. se llevan bien
b. lo pasaron mal	e. se casaron	h. sonrió
c. nació	f. se jubiló	i. tenemos una cita

1. María y sus compañeras de cuarto _____. Son buenas amigas.
2. Pablo y yo _____ en la fiesta. Bailamos y comimos mucho.
3. Manuel y Felipe _____ en el cine. La película fue muy mala.
4. ¡Tengo una nueva sobrina! Ella _____ ayer por la mañana.
5. Mi madre _____ profesión. Ahora es artista.
6. Mi padre _____ el año pasado. Ahora no trabaja.
7. Jorge y yo _____ esta noche. Vamos a ir a un restaurante muy elegante.
8. Jaime y Laura _____ el septiembre pasado. La boda fue maravillosa.

4 Definiciones En parejas, definan las palabras y escriban una oración para cada ejemplo.

modelo

romper (con) una pareja termina la relación

Marta rompió con su novio.

1. regalar
2. helado
3. pareja
4. invitado
5. casarse
6. pasarlo bien
7. sorpresa
8. quinceañera

SUPERSITE

Las etapas de la vida de Sergio

Más vocabulario	
la edad	age
el estado civil	marital status
las etapas de la vida	the stages of life
la muerte	death
casado/a	married
divorciado/a	divorced
separado/a	separated
soltero/a	single
viudo/a	widower/widow

el nacimiento

la niñez

la adolescencia

la juventud

la madurez

la vejez

SUPERSITE

5 **Las etapas de la vida** Identifica las etapas de la vida que se describen en estas oraciones.

1. Mi abuela se jubiló y se mudó (*moved*) a Viña del Mar.
2. Mi padre trabaja para una compañía grande en Santiago.
3. ¿Viste a mi nuevo sobrino en el hospital? Es precioso y ¡tan pequeño!
4. Mi abuelo murió este año.
5. Mi hermana se enamoró de un chico nuevo en la escuela.
6. Mi hermana pequeña juega con muñecas (*dolls*).

NOTA CULTURAL

Viña del Mar es una ciudad en la costa de Chile, situada al oeste de Santiago. Tiene playas hermosas, excelentes hoteles, casinos y buenos restaurantes. El poeta Pablo Neruda pasó muchos años allí.

6 **Cambiar** Tu hermano/a menor no entiende nada de las etapas de la vida. En parejas, túrnense para decir que las afirmaciones son falsas y corríjanlas (*correct them*) cambiando las expresiones subrayadas (*underlined*).

> **modelo**
> **Estudiante 1:** La niñez es cuando trabajamos mucho.
> **Estudiante 2:** No, te equivocas (*you're wrong*). La madurez es cuando trabajamos mucho.

1. El nacimiento es el fin de la vida.
2. La juventud es la etapa cuando nos jubilamos.
3. A los sesenta y cinco años, muchas personas comienzan a trabajar.
4. Julián y nuestra prima se divorcian mañana.
5. Mamá odia a su hermana.
6. El abuelo murió, por eso la abuela es separada.
7. Cuando te gradúas de la universidad, estás en la etapa de la adolescencia.
8. Mi tío nunca se casó; es viudo.

AYUDA

Other ways to contradict someone:
No es verdad.
It's not true.
Creo que no.
I don't think so.
¡Claro que no!
Of course not!
¡Qué va!
No way!

Comunicación

7 **Una fiesta** Trabaja con dos compañeros/as para planear una fiesta. Recuerda incluir la siguiente información.

1. ¿Qué tipo de fiesta es? ¿Dónde va a ser? ¿Cuándo va a ser?
2. ¿A quiénes van a invitar?
3. ¿Qué van a comer? ¿Quiénes van a llevar o a preparar la comida?
4. ¿Qué van a beber? ¿Quiénes van a llevar las bebidas?
5. ¿Qué van a hacer todos durante la fiesta?

8   **Encuesta** Tu profesor(a) va a darte una hoja de actividades. Haz las preguntas de la hoja a dos o tres compañeros/as de clase para saber qué actitudes tienen en sus relaciones personales. Luego comparte los resultados de la encuesta con la clase y comenta tus conclusiones.

Preguntas	Nombres	Actitudes
1. ¿Te importa la amistad? ¿Por qué?		
2. ¿Es mejor tener un(a) buen(a) amigo/a o muchos/as amigos/as?		
3. ¿Cuáles son las características que buscas en tus amigos/as?		
4. ¿Tienes novio/a? ¿A qué edad es posible enamorarse?		
5. ¿Deben las parejas hacer todo juntos? ¿Deben tener las mismas opiniones? ¿Por qué?		

¡LENGUA VIVA!

While a **buen(a) amigo/a** is a *good friend*, the term **amigo/a íntimo/a** refers to a *close friend*, or a very good friend, without any romantic overtones.

9 **Minidrama** En parejas, consulten la ilustración en la página 278, y luego, usando las palabras de la lista, preparen un minidrama para representar las etapas de la vida de Sergio. Pueden ser creativos e inventar más información sobre su vida.

amor	celebrar	enamorarse	romper
boda	comprometerse	graduarse	salir
cambiar	cumpleaños	jubilarse	separarse
casarse	divorciarse	nacer	tener una cita

¡Feliz cumpleaños, Maite!

Don Francisco y los estudiantes celebran el cumpleaños de Maite en el restaurante El Cráter.

1

INÉS A mí me encantan los dulces. Maite, ¿tú qué vas a pedir?

MAITE Ay, no sé. Todo parece tan delicioso. Quizás el pastel de chocolate.

2

JAVIER Para mí el pastel de chocolate con helado. Me encanta el chocolate. Y tú, Álex, ¿qué vas a pedir?

ÁLEX Generalmente prefiero la fruta, pero hoy creo que voy a probar el pastel de chocolate.

DON FRANCISCO Yo siempre tomo un flan y un café.

3

DOÑA RITA ¡Feliz cumpleaños, Maite!

INÉS ¿Hoy es tu cumpleaños, Maite?

MAITE Sí, el 22 de junio. Y parece que vamos a celebrarlo.

TODOS MENOS MAITE ¡Felicidades!

6

ÁLEX Yo también acabo de cumplir los veintitrés años.

MAITE ¿Cuándo?

ÁLEX El cuatro de mayo.

7

DOÑA RITA Aquí tienen un flan, pastel de chocolate con helado... y una botella de vino para dar alegría.

MAITE ¡Qué sorpresa! ¡No sé qué decir! Muchísimas gracias.

8

DON FRANCISCO El conductor no puede tomar vino. Doña Rita, gracias por todo. ¿Puede traernos la cuenta?

DOÑA RITA Enseguida, Paco.

MAITE ¡Gracias! Pero, ¿quién le dijo que es mi cumpleaños?

DOÑA RITA Lo supe por don Francisco.

ÁLEX Ayer te lo pregunté, ¡y no quisiste decírmelo! ¿Eh? ¡Qué mala eres!

JAVIER ¿Cuántos años cumples?

MAITE Veintitrés.

INÉS Creo que debemos dejar una buena propina. ¿Qué les parece?

MAITE Sí, vamos a darle una buena propina a la señora Perales. Es simpatiquísima.

DON FRANCISCO Gracias una vez más. Siempre lo paso muy bien aquí.

MAITE Muchísimas gracias, señora Perales. Por la comida, por la sorpresa y por ser tan amable con nosotros.

Expresiones útiles

Celebrating a birthday party

- ¡Feliz cumpleaños!
  Happy birthday!
- ¡Felicidades!/¡Felicitaciones!
  Congratulations!

- ¿Quién le dijo que es mi cumpleaños?
  Who told you (form.) that it's my birthday?
  Lo supe por don Francisco.
  I found out through Don Francisco.

- ¿Cuántos años cumples/ cumple Ud.?
  How old are you now?
  Veintitrés.
  Twenty-three.

Asking for and getting the bill

- ¿Puede traernos la cuenta?
  Can you bring us the bill?
- La cuenta, por favor.
  The bill, please.
  Enseguida, señor/señora/señorita.
  Right away, sir/ma'am/miss.

Expressing gratitude

- ¡(Muchas) gracias!
  Thank you (very much)!
- Muchísimas gracias.
  Thank you very, very much.
- Gracias por todo.
  Thanks for everything.
- Gracias una vez más.
  Thanks again. (lit. Thanks one more time.)

Leaving a tip

- Creo que debemos dejar una buena propina. ¿Qué les parece?
  I think we should leave a good tip. What do you guys think?
  Sí, vamos a darle/dejarle una buena propina.
  Yes, let's give her/leave her a good tip.

¿Qué pasó?

1

Completar Completa las oraciones con la información correcta, según la **Fotonovela**.

1. De postre, don Francisco siempre pide _____.
2. A Javier le encanta _____.
3. Álex cumplió los _____ años _____.
4. Hoy Álex quiere tomar algo diferente. De postre, quiere pedir _____.
5. Los estudiantes le van a dejar _____ a doña Rita.

2

Identificar Identifica quién puede decir estas oraciones.

JAVIER   ÁLEX

INÉS   MAITE

DON FRANCISCO   DOÑA RITA

1. Gracias, doña Rita, pero no puedo tomar vino.
2. ¡Qué simpática es doña Rita! Fue tan amable conmigo.
3. A mí me encantan los dulces y los pasteles, ¡especialmente si son de chocolate!
4. Mi amigo acaba de informarme que hoy es el cumpleaños de Maite.
5. ¿Tienen algún postre de fruta? Los postres de fruta son los mejores.
6. Me parece una buena idea dejarle una buena propina a la dueña. ¿Qué piensan ustedes?

NOTA CULTURAL

En los países hispanos los camareros no dependen tanto de **las propinas** como en los EE.UU. Por eso, en estos países no es común dejar propina, pero siempre es buena idea dejar una buena propina cuando el grupo es grande o el servicio es excepcional.

3

Seleccionar Selecciona algunas de las opciones de la lista para completar las oraciones.

el amor	la cuenta	la galleta	la quinceañera
una botella de champán	día de fiesta	pedir	¡Qué sorpresa!
celebrar	el divorcio	un postre	una sorpresa

1. Maite no sabe que van a celebrar su cumpleaños porque es _____.
2. Cuando una pareja celebra su aniversario y quiere tomar algo especial, compra _____.
3. Después de una cena o un almuerzo, es normal pedir _____.
4. Inés y Maite no saben exactamente lo que van a _____ de postre.
5. Después de comer en un restaurante, tienes que pagar _____.
6. Una pareja de enamorados nunca piensa en _____.
7. Hoy no trabajamos porque es un _____.

CONSULTA

En algunos países hispanos, el cumpleaños número quince de una chica se celebra haciendo una **quinceañera**. Ésta es una fiesta en su honor y en la que es "presentada" a la sociedad. Para conocer más sobre este tema, ve a **Lectura**, p. 299.

4

Un cumpleaños Trabajen en grupos para representar una conversación en la que uno/a de ustedes está celebrando su cumpleaños en un restaurante.

- Una persona le desea feliz cumpleaños a su compañero/a y le pregunta cuántos años cumple.
- Cada persona del grupo le pide al/a la camarero/a un postre y algo de beber.
- Después de terminar los postres, una persona pide la cuenta.
- Otra persona habla de dejar una propina.
- Los amigos que no cumplen años dicen que quieren pagar la cuenta.
- El/La que cumple años les da las gracias por todo.

Pronunciación

The letters h, j, and g

helado	**hombre**	**hola**	**hermosa**

The Spanish **h** is always silent.

José	**jubilarse**	**dejar**	**pareja**

The letter **j** is pronounced much like the English *h* in *his*.

agencia	**general**	**Gil**	**Gisela**

The letter **g** can be pronounced three different ways. Before **e** or **i**, the letter **g** is pronounced much like the English *h*.

Gustavo, gracias por llamar el domingo.

At the beginning of a phrase or after the letter **n**, the Spanish **g** is pronounced like the English *g* in *girl*.

Me gradué en agosto.

In any other position, the Spanish **g** has a somewhat softer sound.

Guerra	**conseguir**	**guantes**	**agua**

In the combinations **gue** and **gui**, the **g** has a hard sound and the **u** is silent. In the combination **gua**, the **g** has a hard sound and the **u** is pronounced like the English *w*.

Práctica Lee las palabras en voz alta, prestando atención a la **h**, la **j** y la **g**.

1. hamburguesa
2. jugar
3. oreja
4. guapa
5. geografía
6. magnífico
7. espejo
8. hago
9. seguir
10. gracias
11. hijo
12. galleta
13. Jorge
14. tengo
15. ahora
16. guantes

Oraciones Lee las oraciones en voz alta, prestando atención a la **h**, la **j** y la **g**.

1. Hola. Me llamo Gustavo Hinojosa Lugones y vivo en Santiago de Chile.
2. Tengo una familia grande; somos tres hermanos y tres hermanas.
3. Voy a graduarme en mayo.
4. Para celebrar mi graduación mis padres van a regalarme un viaje a Egipto.
5. ¡Qué generosos son!

Refranes Lee los refranes en voz alta, prestando atención a la **h**, la **j** y la **g**.

A la larga, lo más dulce amarga.[1]

El hábito no hace al monje.[2]

1 *Too much of a good thing.*
2 *The clothes don't make the man.*

EN DETALLE

Semana Santa:
vacaciones y tradición

¿Te imaginas pasar veinticuatro horas tocando un tambor° entre miles de personas? Así es como mucha gente celebra el Viernes Santo° en el pequeño pueblo de **Calanda,** España. De todas las celebraciones hispanas, la **Semana Santa°** es una de las más espectaculares y únicas.

Procesión en Sevilla, España

Semana Santa es la semana antes de Pascua°, una celebración religiosa que conmemora la Pasión de Jesucristo. Generalmente, la gente tiene unos días de vacaciones en esta semana. Algunas personas aprovechan° estos días para viajar, pero otras prefieren participar en las tradicionales celebraciones religiosas en las calles. En **Antigua,** Guatemala, hacen alfombras° de flores° y altares; también organizan Vía Crucis° y danzas. En las famosas procesiones y desfiles° religiosos de **Sevilla,** España, los fieles°

sacan a las calles imágenes religiosas. Las imágenes van encima de plataformas ricamente decoradas con abundantes flores y velas°. En la procesión, los penitentes llevan túnicas y unos sombreros cónicos que les cubren° la cara°. En sus manos llevan faroles° o velas encendidas.

Si visitas algún país hispano durante la Semana Santa, debes asistir a un desfile. Las playas pueden esperar hasta la semana siguiente.

Alfombra de flores
en Antigua, Guatemala

Otras celebraciones famosas

Ayacucho, Perú: Además de alfombras de flores y procesiones, aquí hay una antigua tradición llamada "quema de la chamiza"°.

Iztapalapa, Ciudad de México: Es famoso el Vía Crucis del cerro° de la Estrella. Es una representación del recorrido° de Jesucristo con la cruz°.

Popayán, Colombia: En las procesiones "chiquitas" los niños llevan imágenes que son copias pequeñas de las que llevan los mayores.

tocando un tambor *playing a drum* Viernes Santo *Good Friday* Semana Santa *Holy Week* Pascua *Easter Sunday* aprovechan *take advantage of* alfombras *carpets* flores *flowers* Vía Crucis *Stations of the Cross* desfiles *parades* fieles *faithful* velas *candles* cubren *cover* cara *face* faroles *lamps* quema de la chamiza *burning of brushwood* cerro *hill* recorrido *route* cruz *cross*

ACTIVIDADES

1 **¿Cierto o falso?** Indica si lo que dicen estas oraciones es **cierto** o **falso**. Corrige la información falsa.

1. La Semana Santa se celebra después de Pascua.

2. En los países hispanos, las personas tienen días libres durante la Semana Santa.

3. En los países hispanos, todas las personas asisten a las celebraciones religiosas.

4. En los países hispanos, las celebraciones se hacen en las calles.

5. El Vía Crucis de Iztapalapa es en el interior de una iglesia.

6. En Antigua y en Ayacucho es típico hacer alfombras de flores en Semana Santa.

7. Las procesiones "chiquitas" son famosas en Sevilla, España.

8. En Sevilla, sacan imágenes religiosas a las calles.

ASÍ SE DICE

Fiestas y celebraciones

la despedida de soltero/a	*bachelor(ette) party*
el día feriado/festivo	**el día de fiesta**
disfrutar	*to enjoy*
festejar	**celebrar**
los fuegos artificiales	*fireworks*
pasarlo en grande	**divertirse mucho**
la vela	*candle*

EL MUNDO HISPANO

Celebraciones latinoamericanas

○ **Oruro, Bolivia** Durante el carnaval de Oruro se realiza la famosa Diablada, una antigua danza° que muestra la lucha° entre el bien y el mal: ángeles contra° demonios.

○ **Panchimalco, El Salvador** La primera semana de mayo, Panchimalco se cubre de flores y de color. También hacen el Desfile de las palmas° y bailan danzas antiguas.

○ **Quito, Ecuador** El mes de agosto es el Mes de las Artes. Danza, teatro, música, cine, artesanías° y otros eventos culturales inundan la ciudad.

○ **San Pedro Sula, Honduras** En junio se celebra la Feria Juniana. Hay comida típica, bailes, desfiles, conciertos, rodeos, exposiciones ganaderas° y eventos deportivos y culturales.

danza *dance* lucha *fight* contra *versus* palmas *palm leaves* artesanías *handcrafts* exposiciones ganaderas *cattle shows*

PERFIL

Festival de Viña del Mar

En 1959 unos estudiantes de **Viña del Mar,** Chile, celebraron una fiesta en una casa de campo conocida como la Quinta Vergara donde hubo° un espectáculo° musical. En 1960 repitieron el evento. Asistió tanta gente que muchos vieron el espectáculo parados° o sentados en el suelo°. Algunos se subieron a los árboles°.

Años después, se convirtió en el **Festival Internacional de la Canción**. Este evento se celebra en febrero, en el mismo lugar donde empezó. ¡Pero ahora nadie necesita subirse a un árbol para verlo! Hay un anfiteatro con capacidad para quince mil personas.

En el festival hay concursos° musicales y conciertos de artistas famosos como Daddy Yankee y Paulina Rubio.

Daddy Yankee

hubo *there was* espectáculo *show* parados *standing* suelo *floor* se subieron a los árboles *climbed trees* concursos *competitions*

SUPERSITE Conexión Internet

¿Qué celebraciones hispanas hay en los Estados Unidos y Canadá?

Go to **panorama.vhlcentral.com** to find more cultural information related to this **Cultura** section.

ACTIVIDADES

2 **Comprensión** Responde a las preguntas.

1. ¿Cuántas personas pueden asistir al Festival de Viña del Mar hoy día?

2. ¿Qué es la Diablada?

3. ¿Qué celebran en Quito en agosto?

4. Nombra dos atracciones en la Feria Juniana de San Pedro Sula.

5. ¿Qué es la Quinta Vergara?

3 **¿Cuál es tu celebración favorita?** Escribe un pequeño párrafo sobre la celebración que más te gusta de tu comunidad. Explica cómo se llama, cuándo ocurre y cómo es.

recursos

SUPERSITE

panorama.vhlcentral.com
Lección 9

9.1 Irregular preterites SUPERSITE

ANTE TODO You already know that the verbs **ir** and **ser** are irregular in the preterite. You will now learn other verbs whose preterite forms are also irregular.

Preterite of tener, venir, and decir

		tener (u-stem)	venir (i-stem)	decir (j-stem)
SINGULAR FORMS	yo	tuv**e**	vin**e**	dij**e**
	tú	tuv**iste**	vin**iste**	dij**iste**
	Ud./él/ella	tuv**o**	vin**o**	dij**o**
PLURAL FORMS	nosotros/as	tuv**imos**	vin**imos**	dij**imos**
	vosotros/as	tuv**isteis**	vin**isteis**	dij**isteis**
	Uds./ellos/ellas	tuv**ieron**	vin**ieron**	dij**eron**

▶ **¡Atención!** The endings of these verbs are the regular preterite endings of **–er/–ir** verbs, except for the **yo** and **usted** forms. Note that these two endings are unaccented.

▶ These verbs observe similar stem changes to **tener, venir,** and **decir.**

INFINITIVE	U-STEM	PRETERITE FORMS
poder	pud-	pude, pudiste, pudo, pudimos, pudisteis, pudieron
poner	pus-	puse, pusiste, puso, pusimos, pusisteis, pusieron
saber	sup-	supe, supiste, supo, supimos, supisteis, supieron
estar	estuv-	estuve, estuviste, estuvo, estuvimos, estuvisteis, estuvieron

INFINITIVE	I-STEM	PRETERITE FORMS
querer	quis-	quise, quisiste, quiso, quisimos, quisisteis, quisieron
hacer	hic-	hice, hiciste, hizo, hicimos, hicisteis, hicieron

INFINITIVE	J-STEM	PRETERITE FORMS
traer	traj-	traje, trajiste, trajo, trajimos, trajisteis, trajeron
conducir	conduj-	conduje, condujiste, condujo, condujimos, condujisteis, condujeron
traducir	traduj-	traduje, tradujiste, tradujo, tradujimos, tradujisteis, tradujeron

▶ **¡Atención!** Most verbs that end in **-cir** are **j**-stem verbs in the preterite. For example, **producir → produje, produjiste,** etc.

> **Produjimos** un documental sobre los accidentes en la casa.
> *We produced a documentary about accidents in the home.*

▶ Notice that the preterites with **j**-stems omit the letter **i** in the **ustedes/ellos/ellas** form.

> Mis amigos **trajeron** comida a la fiesta.   Ellos **dijeron** la verdad.

The preterite of dar

yo	d**i**		nosotros/as	d**imos**
tú	d**iste**		vosotros/as	d**isteis**
Ud./él/ella	d**io**		Uds./ellos/ellas	d**ieron**

SINGULAR FORMS   PLURAL FORMS

▶ The endings for **dar** are the same as the regular preterite endings for **–er** and **–ir** verbs, except that there are no accent marks.

La camarera me **dio** el menú.
The waitress gave me the menu.

Le **di** a Juan algunos consejos.
I gave Juan some advice.

Los invitados le **dieron** un regalo.
The guests gave him/her a gift.

Nosotros **dimos** una gran fiesta.
We gave a great party.

▶ The preterite of **hay** (*inf.* **haber**) is **hubo** (*there was; there were*).

CONSULTA

Note that there are other ways to say *there was* or *there were* in Spanish. See **Estructura 10.1**, p. 318.

Doña Rita les dio una botella de vino a los viajeros.

Hubo una fiesta en el restaurante El Cráter.

¡INTÉNTALO!   Escribe la forma correcta del pretérito de cada verbo que está entre paréntesis.

1. (querer) tú _quisiste_
2. (decir) usted _____
3. (hacer) nosotras _____
4. (traer) yo _____
5. (conducir) ellas _____
6. (estar) ella _____
7. (tener) tú _____
8. (dar) ella y yo _____
9. (traducir) yo _____
10. (haber) ayer _____
11. (saber) usted _____
12. (poner) ellos _____

13. (venir) yo _____
14. (poder) tú _____
15. (querer) ustedes _____
16. (estar) nosotros _____
17. (decir) tú _____
18. (saber) ellos _____
19. (hacer) él _____
20. (poner) yo _____
21. (traer) nosotras _____
22. (tener) yo _____
23. (dar) tú _____
24. (poder) ustedes _____

recursos

WB
pp. 99–100

LM
p. 51

SUPERSITE
panorama.
vhlcentral.com
Lección 9

Práctica SUPERSITE

1

Completar Completa estas oraciones con el pretérito de los verbos entre paréntesis.

1. El sábado _____ (haber) una fiesta sorpresa para Elsa en mi casa.
2. Sofía _____ (hacer) un pastel para la fiesta y Miguel _____ (traer) un flan.
3. Los amigos y parientes de Elsa _____ (venir) y _____ (traer) regalos.
4. El hermano de Elsa no _____ (venir) porque _____ (tener) que trabajar.
5. Su tía María Dolores tampoco _____ (poder) venir.
6. Cuando Elsa abrió la puerta, todos gritaron: "¡Feliz cumpleaños!" y su esposo le _____ (dar) un beso.
7. Al final de la fiesta, todos _____ (decir) que se divirtieron mucho.
8. La historia (*story*) le _____ (dar) a Elsa tanta risa (*laughter*) que no _____ (poder) dejar de reírse (*stop laughing*) durante toda la noche.

2

Describir En parejas, usen verbos de la lista para describir lo que estas personas hicieron. Deben dar por lo menos dos oraciones por cada dibujo.

dar	hacer	tener	traer
estar	poner	traducir	venir

1. el señor López

2. Norma

3. anoche nosotros

4. Roberto y Elena

Comunicación

3

Preguntas En parejas, túrnense para hacerse y responder a estas preguntas.

1. ¿Fuiste a una fiesta de cumpleaños el año pasado? ¿De quién?
2. ¿Quiénes fueron a la fiesta?
3. ¿Quién condujo el auto?
4. ¿Cómo estuvo la fiesta?
5. ¿Quién llevó regalos, bebidas o comida? ¿Llevaste algo especial?
6. ¿Hubo comida? ¿Quién la hizo? ¿Hubo champán?
7. ¿Qué regalo diste tú? ¿Qué otros regalos dieron los invitados?
8. ¿Cuántos invitados hubo en la fiesta?
9. ¿Qué tipo de música hubo?
10. ¿Qué dijeron los invitados de la fiesta?

4

Encuesta Tu profesor(a) va a darte una hoja de actividades. Para cada una de las actividades de la lista, encuentra a alguien que hizo esa actividad en el tiempo indicado.

> **modelo**
> traer dulces a clase
> **Estudiante 1:** ¿Trajiste dulces a clase?
> **Estudiante 2:** Sí, traje galletas y helado a la fiesta del fin del semestre.

NOTA CULTURAL

Halloween es una fiesta que también se celebra en algunos países hispanos, como México, por su proximidad con los Estados Unidos, pero no es parte de la cultura hispana. El Día de todos los Santos (1 de noviembre) y el Día de los Muertos (2 de noviembre) sí son celebraciones muy arraigadas (*deeply rooted*) entre los hispanos.

Actividades / **Nombres**

1. ponerse un disfraz (*costume*) de Halloween
2. traer dulces a clase — Ashley
3. conducir su auto a clase — Jayce
4. estar en la biblioteca ayer — Ashley
5. dar un regalo a alguien ayer
6. poder levantarse temprano esta mañana
7. hacer un viaje a un país hispano en el verano
8. tener una cita anoche
9. ir a una fiesta el fin de semana pasado
10. tener que trabajar el sábado pasado

Síntesis

5

Conversación En parejas, preparen una conversación en la que uno/a de ustedes va a visitar a su hermano/a para explicarle por qué no fue a su fiesta de graduación y para saber cómo estuvo la fiesta. Incluyan esta información en la conversación:

- cuál fue el menú
- quiénes vinieron a la fiesta y quiénes no pudieron venir
- quiénes prepararon la comida o trajeron algo
- si él/ella tuvo que preparar algo
- lo que la gente hizo antes y después de comer
- cómo lo pasaron, bien o mal

9.2 Verbs that change meaning in the preterite

ANTE TODO   The verbs **conocer, saber, poder,** and **querer** change meanings when used in the preterite. Because of this, each of them corresponds to more than one verb in English, depending on its tense.

Verbs that change meaning in the preterite

Present   **Preterite**

conocer

to know; to be acquainted with   *to meet*
    Conozco a esa pareja.   **Conocí** a esa pareja ayer.
    I know that couple.   *I met that couple yesterday.*

saber

to know information;   *to find out; to learn*
to know how to do something
    Sabemos la verdad.   **Supimos** la verdad anoche.
    We know the truth.   *We found out (learned) the truth*
                               last night.

poder

to be able; can   *to manage; to succeed (could and did)*
    Podemos hacerlo.   **Pudimos** hacerlo ayer.
    We can do it.   *We managed to do it yesterday.*

querer

to want; to love   *to try*
    Quiero ir pero tengo que trabajar.   **Quise** evitarlo pero fue imposible.
    I want to go but I have to work.   *I tried to avoid it, but it was impossible.*

¡ATENCIÓN!

In the preterite, the verbs **poder** and **querer** have different meanings, depending on whether they are used in affirmative or negative sentences.

pude *I succeeded*
no pude *I failed (to)*
quise *I tried (to)*
no quise *I refused (to)*

¡INTÉNTALO!   Elige la respuesta más lógica.

1. Yo no hice lo que me pidieron mis padres. ¡Tengo mis principios!
    a. No quise hacerlo.   b. No supe hacerlo.

2. Hablamos por primera vez con Nuria y Ana en la boda.
    a. Las conocimos en la boda.   b. Las supimos en la boda.

3. Por fin hablé con mi hermano después de llamarlo siete veces.
    a. No quise hablar con él.   b. Pude hablar con él.

4. Josefina se acostó para relajarse. Se durmió inmediatamente.
    a. Pudo relajarse.   b. No pudo relajarse.

5. Después de mucho buscar, encontraste la definición en el diccionario.
    a. No supiste la respuesta.   b. Supiste la respuesta.

6. Las chicas fueron a la fiesta. Cantaron y bailaron mucho.
    a. Ellas pudieron divertirse.   b. Ellas no supieron divertirse.

recursos

WB
p. 101

LM
p. 52

SUPERSITE
panorama.
vhlcentral.com
Lección 9

Práctica

1

Carlos y Eva Forma oraciones con los siguientes elementos. Usa el pretérito y haz todos los cambios necesarios. Al final, inventa la razón del divorcio de Carlos y Eva.

1. anoche / mi esposa y yo / saber / que / Carlos y Eva / divorciarse
2. los / conocer / viaje / isla de Pascua
3. no / poder / hablar / mucho / con / ellos / ese día
4. pero / ellos / ser / simpático / y / nosotros / hacer planes / vernos / con más / frecuencia
5. yo / poder / encontrar / su / número / teléfono / páginas / amarillo
6. (yo) querer / llamar / les / ese día / pero / no / tener / tiempo
7. cuando / los / llamar / nosotros / poder / hablar / Eva
8. nosotros / saber / razón / divorcio / después / hablar / ella

NOTA CULTURAL

La isla de Pascua es un remoto territorio chileno situado en el océano Pacífico Sur. Sus inmensas estatuas son uno de los mayores misterios del mundo: nadie sabe cómo o por qué se construyeron. Para más información, véase **Panorama**, p. 305.

2

Completar Completa estas frases de una manera lógica.

1. Ayer mi compañero/a de cuarto supo…
2. Esta mañana no pude…
3. Conocí a mi mejor amigo/a en…
4. Mis padres no quisieron…
5. Mi mejor amigo/a no pudo…
6. Mi novio/a y yo nos conocimos en…
7. La semana pasada supe…
8. Ayer mis amigos quisieron…

Comunicación

3

Telenovela (*Soap opera*) En parejas, escriban el diálogo para una escena de una telenovela. La escena trata de una situación amorosa entre tres personas: Mirta, Daniel y Raúl. Usen el pretérito de **conocer, poder, querer** y **saber** en su diálogo.

PASIÓN   AVENTURA

HECHICERÍA   INQUISICIÓN

LA MUJER DOBLE

Síntesis

4

Conversación En una hoja de papel, escribe dos listas: las cosas que hiciste durante el fin de semana y las cosas que quisiste hacer pero no pudiste. Luego, compara tu lista con la de un(a) compañero/a, y expliquen por qué no pudieron hacer esas cosas.

9.3 ¿Qué? and ¿cuál? SUPERSITE

ANTE TODO You've already learned how to use interrogative words and phrases. As you know, **¿qué?** and **¿cuál?** or **¿cuáles?** mean *what?* or *which?* However, they are not interchangeable.

▶ **¿Qué?** followed by a verb is used to ask for a definition or an explanation.

     ¿Qué es el flan?   **¿Qué** estudias?
     What is flan?   *What do you study?*

▶ **¿Cuál(es)?** is used when there is a choice among several possibilities.

     ¿Cuál de los dos prefieres,   **¿Cuáles** son tus medias,
     el vino o el champán?   las negras o las blancas?
     Which of these (two) do you prefer,   *Which ones are your socks,*
     wine or champagne?   *the black ones or the white ones?*

▶ **¿Cuál?** cannot be used before a noun; in this case, **¿qué?** is used.

     ¿Qué sorpresa te dieron tus amigos?   **¿Qué** colores te gustan?
     What surprise did your friends give you?   *What colors do you like?*

▶ **¿Qué?** used before a noun has the same meaning as **¿cuál?**

     ¿Qué regalo te gusta?   **¿Qué dulces** quieren ustedes?
     What (Which) gift do you like?   *What (Which) sweets do you want?*

Review of interrogative words and phrases

¿a qué hora?	at what time?	**¿cuánto/a?**	how much?
¿adónde?	(to) where?	**¿cuántos/as?**	how many?
¿cómo?	how?	**¿de dónde?**	from where?
¿cuál(es)?	what?; which?	**¿dónde?**	where?
¿cuándo?	when?	**¿qué?**	what?; which?
		¿quién(es)?	who?

¡INTÉNTALO! Completa las preguntas con **¿qué?** o **¿cuál(es)?**, según el contexto.

1. ¿ _Cuál_ de los dos te gusta más?
2. ¿ _____ es tu teléfono?
3. ¿ _____ tipo de pastel pediste?
4. ¿ _____ es una quinceañera?
5. ¿ _____ haces ahora?
6. ¿ _____ son tus platos favoritos?
7. ¿ _____ bebidas te gustan más?
8. ¿ _____ es esto?
9. ¿ _____ es el mejor?
10. ¿ _____ es tu opinión?
11. ¿ _____ fiestas celebras tú?
12. ¿ _____ botella de vino prefieres?
13. ¿ _____ es tu helado favorito?
14. ¿ _____ pones en la mesa?
15. ¿ _____ restaurante prefieres?
16. ¿ _____ estudiantes estudian más?
17. ¿ _____ quieres comer esta noche?
18. ¿ _____ es la sorpresa mañana?
19. ¿ _____ postre prefieres?
20. ¿ _____ opinas?

recursos

WB
p. 102

LM
p. 53

SUPERSITE
panorama.
vhlcentral.com
Lección 9

Práctica

1

Completar Tu clase de español va a crear un sitio web. Completa estas preguntas con alguna(s) palabra(s) interrogativa(s). Luego, con un(a) compañero/a, hagan y contesten las preguntas para obtener la información para el sitio web.

1. ¿_____ es la fecha de tu cumpleaños?
2. ¿_____ naciste?
3. ¿_____ es tu estado civil?
4. ¿_____ te relajas?
5. ¿_____ es tu mejor amigo/a?
6. ¿_____ cosas te hacen reír?
7. ¿_____ postres te gustan? ¿_____ te gusta más?
8. ¿_____ problemas tuviste en la primera cita con alguien?

Comunicación

2

Una invitación En parejas, lean esta invitación. Luego, túrnense para hacer y contestar preguntas con **qué** y **cuál** basadas en la información de la invitación.

> **modelo**
>
> **Estudiante 1:** ¿Cuál es el nombre del padre de la novia?
> **Estudiante 2:** Su nombre es Fernando Sandoval Valera.

> Fernando Sandoval Valera   Lorenzo Vásquez Amaral
> Isabel Arzipe de Sandoval   Elena Soto de Vásquez
>
> tienen el agrado de invitarlos
> a la boda de sus hijos
>
> María Luisa y José Antonio
>
> La ceremonia religiosa tendrá lugar
> el sábado 10 de junio a las dos de la tarde
> en el Templo de Santo Domingo
> (Calle Santo Domingo, 961).
>
> Después de la ceremonia sírvanse pasar a la recepción en el salón
> de baile del Hotel Metrópoli (Sotero del Río, 465).

3

Quinceañera Trabaja con un(a) compañero/a. Uno/a de ustedes es el/la director(a) del salón de fiestas "Renacimiento". La otra persona es el padre/la madre de Ana María, quien quiere hacer la fiesta de quinceañera de su hija sin gastar más de $25 por invitado. Su profesor(a) va a darles la información necesaria para confirmar la reservación.

> **modelo**
>
> **Estudiante 1:** ¿Cuánto cuestan los entremeses?
> **Estudiante 2:** Depende. Puede escoger champiñones por 50 centavos o camarones por dos dólares.
> **Estudiante 1:** ¡Uf! A mi hija le gustan los camarones, pero son muy caros.
> **Estudiante 2:** Bueno, también puede escoger quesos por un dólar por invitado.

9.4 Pronouns after prepositions

ANTE TODO In Spanish, as in English, the object of a preposition is the noun or pronoun that follows a preposition. Observe the following diagram.

PREPOSITION	NOUN	PREPOSITION	PRONOUN
La sopa es para	Alicia	y para	él.

Prepositional pronouns

Singular		Plural	
mí	me	**nosotros/as**	us
ti	you (fam.)	**vosotros/as**	you (fam.)
preposition + **Ud.**	you (form.)	**Uds.**	you (form.)
él	him	**ellos**	them (m.)
ella	her	**ellas**	them (f.)

▶ Note that, except for **mí** and **ti,** these pronouns are the same as the subject pronouns. **¡Atención! Mí** (*me*) has an accent mark to distinguish it from the possessive adjective **mi** (*my*).

▶ The preposition **con** combines with **mí** and **ti** to form **conmigo** and **contigo,** respectively.

—¿Quieres venir **conmigo** a Concepción?
Do you want to come with me to Concepción?

—Sí, gracias, me gustaría ir **contigo.**
Yes, thanks, I would like to go with you.

▶ The preposition **entre** is followed by **tú** and **yo** instead of **ti** and **mí.**

Papá va a sentarse **entre tú y yo.**
Dad is going to sit between you and me.

CONSULTA

For more prepositions, refer to **Estructura 2.3,** p. 56.

¡INTÉNTALO! Completa estas oraciones con las preposiciones y los pronombres apropiados.

1. (*with him*) No quiero ir ___con él___.
2. (*for her*) Las galletas son _____.
3. (*for me*) Los mariscos son _____.
4. (*with you,* pl. form.) Preferimos estar _____.
5. (*with you,* sing. fam.) Me gusta salir _____.
6. (*with me*) ¿Por qué no quieres tener una cita _____?
7. (*for her*) La cuenta es _____.
8. (*for them,* m.) La habitación es muy pequeña _____.
9. (*with them,* f.) Anoche celebré la Navidad _____.
10. (*for you,* sing. fam.) Este beso es _____.
11. (*with you,* sing. fam.) Nunca me aburro _____.
12. (*with you,* pl. form.) ¡Qué bien que vamos _____!
13. (*for you,* sing. fam.) _____ la vida es muy fácil.
14. (*for them,* f.) _____ no hay sorpresas.

Práctica

1

Completar David sale con sus amigos a comer. Para saber quién come qué, lee el mensaje electrónico que David le envió (*sent*) a Cecilia dos días después y completa el diálogo en el restaurante con los pronombres apropiados.

> **modelo**
>
> **Camarero:** Los camarones en salsa verde, ¿para quién son?
>
> **David:** Son para ___ella___.

Para: Cecilia	Asunto: El menú

```
Hola, Cecilia:
¿Recuerdas la comida del viernes? Quiero repetir el menú en
mi casa el miércoles. Ahora voy a escribir lo que comimos,
luego me dices si falta algún plato. Yo pedí el filete de
pescado y Maribel camarones en salsa verde. Tatiana pidió
un plato grandísimo de machas a la parmesana. Diana y Silvia
pidieron langostas, ¿te acuerdas? Y tú, ¿qué pediste? Ah, sí,
un bistec grande con papas. Héctor también pidió un bistec,
pero más pequeño. Miguel pidió pollo y vino tinto para todos.
Y la profesora comió ensalada verde porque está a dieta.
¿Falta algo? Espero tu mensaje. Hasta pronto. David.
```

CAMARERO El filete de pescado, ¿para quién es?

DAVID Es para (1)_____.

CAMARERO Aquí está. ¿Y las machas a la parmesana y las langostas?

DAVID Las machas son para (2)_____.

SILVIA Y DIANA Las langostas son para (3)_____.

CAMARERO Tengo un bistec grande…

DAVID Cecilia, es para (4)_____, ¿no es cierto? Y el bistec más pequeño es para (5)_____.

CAMARERO ¿Y la botella de vino?

MIGUEL Es para todos (6)_____, y el pollo es para (7)_____.

CAMARERO (*a la profesora*) Entonces la ensalada verde es para (8)_____.

Comunicación

2

Compartir Tu profesor(a) va a darte una hoja de actividades en la que hay un dibujo. En parejas, hagan preguntas para saber dónde está cada una de las personas en el dibujo. Ustedes tienen dos versiones diferentes de la ilustración. Al final deben saber dónde está cada persona.

> **modelo**
>
> **Estudiante 1:** ¿Quién está al lado de Óscar?
>
> **Estudiante 2:** Alfredo está al lado de él.

Alfredo	Dolores	Graciela	Raúl
Sra. Blanco	Enrique	Leonor	Rubén
Carlos	Sra. Gómez	Óscar	Yolanda

Recapitulación

For self-scoring and diagnostics, go to **panorama.vhlcentral.com**.

Completa estas actividades para repasar los conceptos de gramática que aprendiste en esta lección.

1 Completar Completa la tabla con el pretérito de los verbos. **9 pts.**

Infinitive	yo	ella	nosotros
conducir			
hacer			
saber			

2 Mi fiesta Completa este mensaje electrónico con el pretérito de los verbos de la lista. Vas a usar cada verbo sólo una vez. **10 pts.**

dar	haber	tener
decir	hacer	traer
estar	poder	venir
	poner	

Hola, Omar:

Como tú no (1) _____ venir a mi fiesta de cumpleaños, quiero contarte cómo fue. El día de mi cumpleaños muy temprano por la mañana mis hermanos me (2) _____ una gran sorpresa: ellos (3) _____ un regalo delante de la puerta de mi habitación: ¡una bicicleta roja preciosa! Mi madre nos preparó un desayuno riquísimo. Después de desayunar, mis hermanos y yo (4) _____ que limpiar toda la casa, así que (*therefore*) no (5) _____ más celebración hasta la tarde. A las seis y media (nosotros) (6) _____ una barbacoa en el patio de la casa. Todos los invitados (7) _____ bebidas y regalos. (8) _____ todos mis amigos, excepto tú, ¡qué pena! :-(
La fiesta (9) _____ muy animada hasta las diez de la noche, cuando mis padres (10) _____ que los vecinos (*neighbors*) iban a (*were going to*) protestar y entonces todos se fueron a sus casas.

RESUMEN GRAMATICAL

9.1 Irregular preterites *pp. 286–287*

u-stem	estar poder poner saber tener	estuv- pud- pus- sup- tuv-	
i-stem	hacer querer venir	hic- quis- vin-	-e, -iste, -o, -imos, -isteis, -(i)eron
j-stem	conducir decir traducir traer	conduj- dij- traduj- traj-	

▶ Preterite of **dar**: di, diste, dio, dimos, disteis, dieron

▶ Preterite of **hay** (*inf.* haber): hubo

9.2 Verbs that change meaning in the preterite *p. 290*

Present	Preterite
conocer	
to know; to be acquainted with	to meet
saber	
to know info.; to know how to do something	to find out; to learn
poder	
to be able; can	to manage; to succeed
querer	
to want; to love	to try

9.3 ¿Qué? and ¿cuál? *p. 292*

▶ Use **¿qué?** to ask for a definition or an explanation.

▶ Use **¿cuál(es)?** when there is a choice among several possibilities.

▶ **¿Cuál?** cannot be used before a noun; use **¿qué?** instead.

▶ **¿Qué?** used before a noun has the same meaning as **¿cuál?**

9.4 **Pronouns after prepositions** *p. 294*

Prepositional pronouns

	Singular	Plural
Preposition +	mí	nosotros/as
	ti	vosotros/as
	Ud.	Uds.
	él	ellos
	ella	ellas

► Exceptions: **conmigo, contigo, entre tú y yo**

3 **¿Presente o pretérito?** Escoge la forma correcta de los verbos en paréntesis. **6 pts.**

1. Después de muchos intentos (*tries*), (podemos/ pudimos) hacer una piñata.
2. —¿Conoces a Pepe?
   —Sí, lo (conozco/conocí) en tu fiesta.
3. Como no es de aquí, Cristina no (sabe/supo) mucho de las celebraciones locales.
4. Yo no (quiero/quise) ir a un restaurante grande, pero tú decides.
5. Ellos (quieren/quisieron) darme una sorpresa, pero Nina me lo dijo todo.
6. Mañana se terminan las clases; por fin (podemos/pudimos) divertirnos.

4 **Preguntas** Escribe una pregunta para cada respuesta con los elementos dados. Empieza con **qué**, **cuál** o **cuáles** de acuerdo con el contexto y haz los cambios necesarios. **8 pts.**

1. —¿? / pastel / querer —Quiero el pastel de chocolate.
2. —¿? / ser / sangría —La sangría es una bebida típica española.
3. —¿? / ser / restaurante favorito —Mis restaurantes favoritos son Dalí y Jaleo.
4. —¿? / ser / dirección electrónica —Mi dirección electrónica es paco@email.com.

5 **¿Dónde me siento?** Completa la conversación con los pronombres apropiados. **7 pts.**

JUAN A ver, te voy a decir dónde te vas a sentar. Manuel, ¿ves esa silla? Es para _____. Y esa otra silla es para tu novia, que todavía no está aquí.

MANUEL Muy bien, yo la reservo para _____.

HUGO ¿Y esta silla es para _____?

JUAN No, Hugo. No es para _____. Es para Carmina, que viene con Julio.

HUGO No, Carmina y Julio no pueden venir. Hablé con _____ y me lo dijeron.

JUAN Pues ellos se lo pierden (*it's their loss*). ¡Más comida para _____ (*us*)!

CAMARERO Aquí tienen el menú. Les doy un minuto y enseguida estoy con _____.

6 **Cumpleaños feliz** Escribe cinco oraciones describiendo cómo celebraste tu último cumpleaños. Usa el pretérito y los pronombres que aprendiste en esta lección. **10 pts.**

7 **Poema** Completa este fragmento del poema *Elegía nocturna* de Carlos Pellicer con el pretérito de los verbos entre paréntesis. **¡2 puntos EXTRA!**

66 **Ay de mi corazón° que nadie _____ (querer) tomar de entre mis manos desoladas. Tú _____ (venir) a mirar sus llamaradas° y le miraste arder° claro° y sereno.** 99

corazón *heart* **llamaradas** *flames* **arder** *to burn* **claro** *clear*

Lectura

Antes de leer

Estrategia
Recognizing word families

Recognizing root words can help you guess the meaning of words in context, ensuring better comprehension of a reading selection. Using this strategy will enrich your Spanish vocabulary as you will see below.

Examinar el texto

Familiarízate con el texto usando las estrategias de lectura más efectivas para ti. ¿Qué tipo de documento es? ¿De qué tratan (*What are… about?*) las cuatro secciones del documento? Explica tus respuestas.

Raíces (*Roots*)

Completa el siguiente cuadro (*chart*) para ampliar tu vocabulario. Usa palabras de la lectura de esta lección y el vocabulario de las lecciones anteriores. ¿Qué significan las palabras que escribiste en el cuadro?

Verbo	Sustantivos	Otras formas
1. agradecer	agradecimiento/ gracias	agradecido
2. estudiar	_____	_____
3. _____	_____	celebrado
4. _____	baile	_____
5. bautizar	_____	_____

Vida social

Matrimonio
Espinoza Álvarez- Reyes Salazar

El día sábado 17 de junio de 2006 a las 19 horas, se celebró el matrimonio de Silvia Reyes y Carlos Espinoza en la catedral de Santiago. La ceremonia fue oficiada por el pastor Federico Salas y participaron los padres de los novios, el señor Jorge Espinoza y señora y el señor José Alfredo Reyes y señora. Después de la ceremonia, los padres de los recién casados ofrecieron una fiesta bailable en el restaurante La Misión.

Bautismo

José María recibió el bautismo el 26 de junio de 2006.

Sus padres, don Roberto Lagos Moreno y doña María Angélica Sánchez, compartieron la alegría de la fiesta con todos sus parientes y amigos. La ceremonia religiosa tuvo lugar° en la catedral de Aguas Blancas. Después de la ceremonia, padres, parientes y amigos celebraron una fiesta en la residencia de la familia Lagos.

32B

Fiesta quinceañera

El doctor don Amador Larenas Fernández y la señora Felisa Vera de Larenas celebraron los quince años de su hija Ana Ester junto a sus parientes y amigos. La quinceañera° reside en la ciudad de Valparaíso y es estudiante del Colegio Francés. La fiesta de presentación en sociedad de la señorita Ana Ester fue el día viernes 2 de mayo a las 19 horas, en el Club Español. Entre los invitados especiales asistieron el alcalde° de la ciudad, don Pedro Castedo, y su esposa. La música estuvo a cargo de la Orquesta Americana. ¡Feliz cumpleaños le deseamos a la señorita Ana Ester en su fiesta bailable!

Expresión de gracias
Carmen Godoy Tapia

Agradecemos° sinceramente a todas las personas que nos acompañaron en el último adiós a nuestra apreciada esposa, madre, abuela y tía, la señora Carmen Godoy Tapia. El funeral tuvo lugar el día 28 de junio de 2006 en la ciudad de Viña del Mar. La vida de Carmen Godoy fue un ejemplo de trabajo, amistad, alegría y amor para todos nosotros. La familia agradece de todo corazón° su asistencia° al funeral a todos los parientes y amigos. Su esposo, hijos y familia.

---

tuvo lugar *took place* quinceañera *fifteen year-old girl* alcalde *mayor*
Agradecemos *We thank* de todo corazón *sincerely* asistencia *attendance*

Después de leer

Corregir 🖊️
Escribe estos comentarios otra vez para corregir la información errónea.

1. El alcalde y su esposa asistieron a la boda de Silvia y Carlos.

2. Todos los anuncios (*announcement*) describen eventos felices.

3. Ana Ester Larenas cumple dieciséis años.

4. Roberto Lagos y María Angélica Sánchez son hermanos.

5. Carmen Godoy Tapia les dio las gracias a las personas que asistieron al funeral.

Identificar 🖊️
Escribe el nombre de la(s) persona(s) descrita(s) (*described*).

1. Dejó viudo a su esposo en junio de 2006.

2. Sus padres y todos los invitados brindaron por él, pero él no entendió por qué.

3. El Club Español les presentó una cuenta considerable para pagar.

4. Unió a los novios en santo matrimonio.

5. La celebración de su cumpleaños marcó el comienzo de su vida adulta.

Un anuncio

Trabaja con dos o tres compañeros/as de clase e inventen un anuncio breve sobre una celebración importante. Esta celebración puede ser una graduación, un matrimonio o una gran fiesta en la que ustedes participan. Incluyan la siguiente información.

1. nombres de los participantes
2. la fecha, la hora y el lugar
3. qué se celebra
4. otros detalles de interés

Escritura

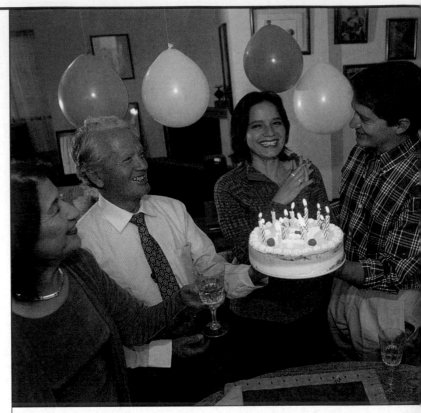

Estrategia

Planning and writing a comparative analysis

Writing any kind of comparative analysis requires careful planning. Venn diagrams are useful for organizing your ideas visually before comparing and contrasting people, places, objects, events, or issues. To create a Venn diagram, draw two circles that overlap and label the top of each circle. List the differences between the two elements in the outer rings of the two circles, then list their similarities where the two circles overlap. Review the following example.

Diferencias y similitudes

Boda de Silvia Reyes y Carlos Espinoza

Quinceañera de Ana Ester Larenas Vera

Diferencias:
1. Primero hay una celebración religiosa.
2. Se celebra en un restaurante.

Similitudes:
1. Las dos fiestas se celebran por la noche.
2. Las dos fiestas son bailables.

Diferencias:
1. Se celebra en un club.
2. Vienen invitados especiales.

La lista de palabras y expresiones a la derecha puede ayudarte a escribir este tipo de ensayo (*essay*).

Tema

Escribir una composición

Compara una celebración familiar (como una boda, una fiesta de cumpleaños o una graduación) a la que tú asististe recientemente, con otro tipo de celebración. Utiliza palabras y expresiones de esta lista.

Para expresar similitudes

además; también	*in addition; also*
al igual que	*the same as*
como	*as; like*
de la misma manera	*in the same manner (way)*
del mismo modo	*in the same manner (way)*
tan + [*adjetivo*] + como	*as + [adjective] + as*
tanto/a(s) + [*sustantivo*] + como	*as many/much + [noun] + as*

Para expresar diferencias

a diferencia de	*unlike*
a pesar de	*in spite of*
aunque	*although*
en cambio	*on the other hand*
más/menos... que	*more/less ... than*
no obstante	*nevertheless; however*
por otro lado	*on the other hand*
por el contrario	*on the contrary*
sin embargo	*nevertheless; however*

Escuchar

Estrategia
Guessing the meaning of words through context

When you hear an unfamiliar word, you can often guess its meaning by listening to the words and phrases around it.

 To practice this strategy, you will now listen to a paragraph. Jot down the unfamiliar words that you hear. Then listen to the paragraph again and jot down the word or words that are the most useful clues to the meaning of each unfamiliar word.

Preparación

Lee la invitación. ¿De qué crees que van a hablar Rosa y Josefina?

Ahora escucha

Ahora escucha la conversación entre Josefina y Rosa. Cuando oigas una de las palabras de la columna A, usa el contexto para identificar el sinónimo o la definición en la columna B.

A	B
____ festejar	a. conmemoración religiosa de una muerte
____ dicha	b. tolera
____ bien parecido	c. suerte
____ finge (fingir)	d. celebrar
____ soporta (soportar)	e. me divertí
____ yo lo disfruté (disfrutar)	f. horror
	g. crea una ficción
	h. guapo

Margarita Robles de García
y Roberto García Olmos

Piden su presencia en la celebración
del décimo aniversario de bodas
el día 13 de marzo de 2006
con una misa en la Iglesia Virgen del Coromoto
a las 6:30

seguida por cena y baile
en el restaurante El Campanero,
Calle Principal, Las Mercedes
a las 8:30

Comprensión

¿Cierto o falso?
Lee cada oración e indica si lo que dice es **cierto** o **falso**. Corrige las oraciones falsas.

1. No invitaron a mucha gente a la fiesta de Margarita y Roberto porque ellos no conocen a muchas personas.

2. Algunos fueron a la fiesta con pareja y otros fueron sin compañero/a.

3. Margarita y Roberto decidieron celebrar el décimo aniversario porque no tuvieron ninguna celebración en su matrimonio.

4. A Rosa y a Josefina les parece interesante Rafael.

5. Josefina se divirtió mucho en la fiesta porque bailó toda la noche con Rafael.

Preguntas
1. ¿Son solteras Rosa y Josefina? ¿Cómo lo sabes?

2. ¿Tienen las chicas una amistad de mucho tiempo con la pareja que celebra su aniversario? ¿Cómo lo sabes?

En pantalla

En México existe una franja° de tierra° a lo largo de° toda la costa del país que es considerada parte del territorio público federal. Esta área abarca° aproximadamente cincuenta metros a partir de° la línea del mar. Sin embargo°, existe la posibilidad de que los propietarios de la tierra que está al lado de la zona federal puedan pedir una concesión. Así pueden utilizar el área adyacente a su propiedad, por ejemplo, para hacer un festival musical o una fiesta privada. Casos similares ocurren en otros países hispanos.

Vocabulario útil

conejo | *bunny*

Opciones

Elige la opción correcta.

1. El chico está comprando en ____.
   a. una farmacia   b. un supermercado   c. un almacén
2. Él imagina ____ en la playa.
   a. una fiesta   b. un examen   c. un almuerzo
3. El chico de la guitarra canta ____.
   a. bien   b. mal   c. fabulosamente bien
4. Al final (*At the end*), el chico ____ compra las baterías.
   a. sí   b. no   c. nunca

Fiesta

Trabajen en grupos de tres. Imaginen que van a organizar una fiesta en la playa. Escriban una invitación electrónica para invitar a sus amigos a la fiesta. Describan los planes que tienen para la fiesta y díganles a sus amigos qué tiene que traer cada uno.

franja *strip* tierra *land* a lo largo de *along* abarca *covers* a partir de *from*
Sin embargo *However* ¿Y si no compraras... *And what if you didn't buy...?*
cómpralas *buy them*

Anuncio de Energizer

¿Y si no compraras° las *Energizer Max*?

Hey, no se preocupen.

Sí, mejor cómpralas°.

SUPERSITE Conexión Internet

Go to **panorama.vhlcentral.com** to watch the TV clip featured in this **En pantalla** section.

Oye cómo va

Myriam Hernández

La actriz° y cantante° **Myriam Hernández** nació en Chile y empezó su carrera a los diez años cuando ganó un festival estudiantil. Más tarde, trabajó en la telenovela *De cara al mañana*. Desde 1988, año en que salió a la venta° su primer álbum, su éxito° se extendió por toda Latinoamérica y los Estados Unidos. En 1989 su canción *El hombre que yo amo* fue incluida en la lista *Hot Latin* de la revista *Billboard*. También se ha presentado° en escenarios° como el Madison Square Garden en Nueva York y el Festival de Viña del Mar, en Chile.

Tu profesor(a) va a poner la canción en la clase. Escúchala y completa las actividades.

Emparejar

Indica qué elemento del segundo grupo está relacionado con cada elemento del primer grupo.

_____ 1. lugar donde nació Myriam Hernández
_____ 2. telenovela en la que trabajó
_____ 3. año en que salió a la venta su primer álbum
_____ 4. canción incluida en la lista *Hot Latin*

a. Festival de Viña del Mar   d. Chile
b. 1986   e. 1988
c. *El hombre que yo amo*   f. *De cara al mañana*

Preguntas

En parejas, respondan a las preguntas.

1. ¿Creen que la cantante está triste o feliz? ¿Cómo lo saben?
2. ¿Es el amor el motor del universo? ¿Por qué?
3. Completen estos versos con sus propias (*your own*) ideas. Tomen la canción de Myriam Hernández como modelo.

> Quiero cantarle a _____
> en tres o cuatro versos;
> cantarle porque _____,
> porque _____.

Quiero cantarle al amor

> Quiero cantarle al amor
> porque me supo hallar°.
> Quiero cantarle al amor,
> que me vino a buscar.
> Se llevó mi soledad°
> y a cambio me dejó
> su fantasía en el alma°.
> Quiero cantarle al amor,
> que me dio libertad.
> Quiero cantarle al amor
> porque me hizo volar°.
> Se llevó mi soledad
> y a cambio me dejó
> su fantasía en el alma.

Discografía selecta

1990 *Dos*
1998 *Todo el amor*
2000 *+ y más*
2001 *El amor en concierto*
2004 *Huellas*

recursos
SUPERSITE
panorama.vhlcentral.com
Lección 9

actriz *actress* cantante *singer* salió a la venta *was released* éxito *success* se ha presentado *she has performed* escenarios *stages* hallar *to find* soledad *loneliness* alma *soul* volar *fly*

SUPERSITE Conexión Internet
Go to **panorama.vhlcentral.com** to learn more about the artist featured in this **Oye cómo va** section.

Chile

El país en cifras

▸ **Área:** 756.950 km^2 (292.259 millas^2), *dos veces el área de Montana*

▸ **Población:** 17.134.000
Aproximadamente el 80 por ciento de la población del país es urbana.

▸ **Capital:** Santiago de Chile—5.982.000

▸ **Ciudades principales:** Concepción, Viña del Mar, Valparaíso, Temuco

SOURCE: Population Division, UN Secretariat

▸ **Moneda:** peso chileno

▸ **Idiomas:** español (oficial), mapuche

Bandera de Chile

Chilenos célebres

▸ **Bernardo O'Higgins,** militar° y héroe nacional (1778–1842)

▸ **Gabriela Mistral,** Premio Nobel de Literatura, 1945; poeta y diplomática (1889–1957)

▸ **Pablo Neruda,** Premio Nobel de Literatura, 1971; poeta (1904–1973)

▸ **Isabel Allende,** novelista (1942–)

Pablo Neruda

militar *soldier*   terremoto *earthquake*   heridas *wounded*
hogar *home*

PERÚ

Pampa del Tamarugal

Cordillera de los Andes

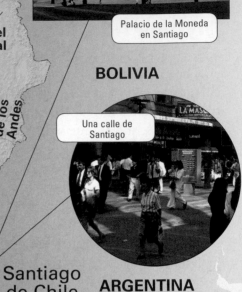

Palacio de la Moneda en Santiago

BOLIVIA

Una calle de Santiago

Vista de la costa de Viña del Mar

Océano Pacífico

Viña del Mar
Valparaíso

Santiago de Chile

ARGENTINA

• Concepción

• Temuco

Pescadores de Valparaíso

Una celebración en Temuco

Lago Buenos Aires

Océano Atlántico

Punta Arenas

Estrecho de Magallanes

recursos		
WB pp. 105–106	VM pp. 241–242	panorama.vhlcentral.com Lección 9

Isla Grande de Tierra del Fuego

¡Increíble pero cierto!

El terremoto° de mayor intensidad registrado tuvo lugar en Chile el 22 de mayo de 1960. Registró una intensidad récord de 9.5 en la escala de Richter. Murieron 2.000 personas, 3.000 resultaron heridas° y 2.000.000 perdieron su hogar°. La geografía del país se modificó notablemente.

Lugares • La isla de Pascua

La isla de Pascua° recibió ese nombre porque los exploradores holandeses° llegaron a la isla por primera vez el día de Pascua de 1722. Ahora es parte del territorio de Chile. La isla de Pascua es famosa por los *moai*, estatuas enormes que representan personas con rasgos° muy exagerados. Estas estatuas las construyeron los *rapa nui*, los antiguos habitantes de la zona. Todavía no se sabe mucho sobre los *rapa nui*, ni tampoco se sabe por qué decidieron abandonar la isla.

Deportes • Los deportes de invierno

Hay muchos lugares para practicar los deportes de invierno en Chile porque las montañas nevadas de los Andes ocupan gran parte del país. El Parque Nacional de Villarrica, por ejemplo, situado al pie de un volcán y junto a° un lago, es un sitio popular para el esquí y el *snowboard*. Para los que prefieren deportes más extremos, el centro de esquí Valle Nevado organiza excursiones para practicar el heliesquí.

Ciencias • Astronomía

Los observatorios chilenos, situados en los Andes, son lugares excelentes para las observaciones astronómicas. Científicos° de todo el mundo van a Chile para estudiar las estrellas° y otros cuerpos celestes. Hoy día Chile está construyendo nuevos observatorios y telescopios para mejorar las imágenes del universo.

Economía • El vino

La producción de vino comenzó en Chile en el siglo° XVI. Ahora la industria del vino constituye una parte importante de la actividad agrícola del país y la exportación de sus productos está subiendo° cada vez más. Los vinos chilenos reciben el aprecio internacional por su gran variedad, sus ricos y complejos sabores° y su precio moderado. Los más conocidos internacionalmente son los vinos de Aconcagua, de Santiago y de Huasco.

 ¿Qué aprendiste? Responde a cada pregunta con una oración completa.

1. ¿Qué porcentaje (*percentage*) de la población chilena es urbana?

2. ¿Qué son los *moai*? ¿Dónde están?

3. ¿Qué deporte extremo ofrece el centro de esquí Valle Nevado?

4. ¿Por qué van a Chile científicos de todo el mundo?

5. ¿Cuándo comenzó la producción de vino en Chile?

6. ¿Por qué reciben los vinos chilenos el aprecio internacional?

 Conexión Internet Investiga estos temas en **panorama.vhlcentral.com**.

1. Busca información sobre Pablo Neruda e Isabel Allende. ¿Dónde y cuándo nacieron? ¿Cuáles son algunas de sus obras (*works*)? ¿Cuáles son algunos de los temas de sus obras?

2. Busca información sobre sitios donde los chilenos y los turistas practican deportes de invierno en Chile. Selecciona un sitio y descríbeselo a tu clase.

....

La isla de Pascua *Easter Island*   holandeses *Dutch*   rasgos *features*   junto a *beside*   Científicos *Scientists*   estrellas *stars* siglo *century*   subiendo *increasing*   complejos sabores *complex flavors*

Las celebraciones

el aniversario (de bodas)	(wedding) anniversary
la boda	wedding
el cumpleaños	birthday
el día de fiesta	holiday
la fiesta	party
el/la invitado/a	guest
la Navidad	Christmas
la quinceañera	young woman's fifteenth birthday celebration
la sorpresa	surprise
brindar	to toast (drink)
celebrar	to celebrate
divertirse (e:ie)	to have fun
invitar	to invite
pasarlo bien/mal	to have a good/bad time
regalar	to give (a gift)
reírse (e:i)	to laugh
relajarse	to relax
sonreír (e:i)	to smile
sorprender	to surprise

Los postres y otras comidas

la botella (de vino)	bottle (of wine)
el champán	champagne
los dulces	sweets; candy
el flan (de caramelo)	baked (caramel) custard
la galleta	cookie
el helado	ice cream
el pastel (de chocolate)	(chocolate) cake; pie
el postre	dessert

Las relaciones personales

la amistad	friendship
el amor	love
el divorcio	divorce
el estado civil	marital status
el matrimonio	marriage
la pareja	(married) couple; partner
el/la recién casado/a	newlywed
casarse (con)	to get married (to)
comprometerse (con)	to get engaged (to)
divorciarse (de)	to get divorced (from)
enamorarse (de)	to fall in love (with)
llevarse bien/mal (con)	to get along well/ badly (with)
odiar	to hate
romper (con)	to break up (with)
salir (con)	to go out (with); to date
separarse (de)	to separate (from)
tener una cita	to have a date; to have an appointment
casado/a	married
divorciado/a	divorced
juntos/as	together
separado/a	separated
soltero/a	single
viudo/a	widower/widow

Las etapas de la vida

la adolescencia	adolescence
la edad	age
el estado civil	marital status
las etapas de la vida	the stages of life
la juventud	youth
la madurez	maturity; middle age
la muerte	death
el nacimiento	birth
la niñez	childhood
la vejez	old age
cambiar (de)	to change
graduarse (de/en)	to graduate (from/in)
jubilarse	to retire (from work)
nacer	to be born

Palabras adicionales

la alegría	happiness
el beso	kiss
conmigo	with me
contigo	with you

Expresiones útiles	See page 281.

En el consultorio

Communicative Goals

You will learn how to:

- Describe how you feel physically
- Talk about health and medical conditions

A PRIMERA VISTA
- ¿Cuál de ellas es la doctora? ¿La mujer de pelo largo o la mujer de pelo corto?
- ¿En qué etapa de la vida está la doctora, la vejez o la madurez?
- ¿Es una de ellas mayor que la otra o son aproximadamente de la misma edad?

En el consultorio

Más vocabulario

la clínica	clinic
el consultorio	doctor's office
el/la dentista	dentist
el examen médico	physical exam
la farmacia	pharmacy
el hospital	hospital
la operación	operation
la sala de emergencia(s)	emergency room
el cuerpo	body
el oído	(sense of) hearing; inner ear
el accidente	accident
la salud	health
el síntoma	symptom
caerse	to fall (down)
darse con	to bump into; to run into
doler (o:ue)	to hurt
enfermarse	to get sick
estar enfermo/a	to be sick
poner una inyección	to give an injection
recetar	to prescribe
romperse (la pierna)	to break (one's leg)
sacar(se) un diente	to have a tooth removed
sufrir una enfermedad	to suffer an illness
torcerse (o:ue) (el tobillo)	to sprain (one's ankle)
toser	to cough

Variación léxica

gripe ⟷ gripa (Col., Gua., Méx.)

resfriado ⟷ catarro (Cuba, Esp., Gua.)

sala de emergencia(s) ⟷ sala de urgencias (Arg., Esp., Méx.)

romperse ⟷ quebrarse (Arg., Gua.)

el corazón

el paciente

el ojo

la nariz

la cabeza

la doctora

la oreja

el cuello

la boca

la garganta

el estómago

el dedo

la rodilla

el dedo del pie

Síntomas y condiciones médicas

el dolor (de cabeza)	(head)ache; pain
la gripe	flu
el resfriado	cold
la tos	cough
congestionado/a	congested; stuffed up
embarazada	pregnant
grave	grave; serious
mareado/a	dizzy; nauseated
médico/a	medical
saludable	healthy
sano/a	healthy
tener dolor (m.)	to have pain
tener fiebre	to have a fever

la radiografía

el hueso

la enfermera

la paciente

Estornuda.

Toma la temperatura.

el brazo

la pierna

el tobillo

La medicina

el antibiótico	*antibiotic*
la aspirina	*aspirin*
la pastilla	*pill; tablet*
la receta	*prescription*

Práctica

1

Escuchar Escucha las preguntas y selecciona la respuesta más adecuada.

a. Tengo dolor de cabeza y fiebre.
b. No fui a la clase porque estaba (*I was*) enfermo.
c. Me caí la semana pasada jugando al tenis.
d. Debes ir a la farmacia.
e. Porque tengo gripe.
f. Sí, tengo mucha tos por las noches.
g. Lo llevaron directamente a la sala de emergencia.
h. No sé. Todavía tienen que tomarme la temperatura.

1. _c_   3. _g_   5. _f_   7. _a_
2. _e_   4. _d_   6. _h_   8. _b_

2

Seleccionar Escucha la conversación entre Daniel y su doctor y selecciona la respuesta que mejor complete cada oración.

1. Daniel cree que tiene ____.
   a. gripe   b. un resfriado   c. la temperatura alta
2. A Daniel le duele la cabeza, estornuda, tose y ____.
   a. se cae   b. tiene fiebre   c. está congestionado
3. El doctor le ____.
   a. pone una inyección   b. toma la temperatura
   c. mira el oído
4. A Daniel no le gustan ____.
   a. las inyecciones   b. los antibióticos   c. las visitas al doctor
5. El doctor dice que Daniel tiene ____.
   a. gripe   b. un resfriado   c. fiebre
6. Después de la consulta Daniel va a ____.
   a. la sala de emergencia   b. la clínica   c. la farmacia

3

Completar Completa las oraciones con una palabra de la misma familia de la palabra subrayada. Usa la forma correcta de cada palabra.

1. Cuando <u>oyes</u> algo, usas el _oído_.
2. Cuando te <u>enfermas</u>, te sientes _mal_ y necesitas ir al consultorio para ver a la _enfermera_.
3. ¿Alguien _estornudo_? Creo que oí un <u>estornudo</u> (*sneeze*).
4. No puedo <u>arrodillarme</u> (*kneel down*) porque me lastimé la _rodilla_ en un accidente de coche.
5. ¿Vas al _consultorio_ para <u>consultar</u> al médico?
6. Si te rompes un <u>diente</u>, vas al _dentista_

4

Contestar Mira el dibujo y contesta las preguntas.

1. ¿Qué hace la doctora?
2. ¿Qué hay en la pared (*wall*)?
3. ¿Qué hace la enfermera?
4. ¿Qué hace el paciente?
5. ¿A quién le duele la garganta?
6. ¿Qué tiene la paciente?

5

Asociaciones Trabajen en parejas para identificar las partes del cuerpo que ustedes asocian con estas actividades. Sigan el modelo.

> **modelo**
>
> nadar
> **Estudiante 1:** Usamos los brazos para nadar.
> **Estudiante 2:** Usamos las piernas también.

1. hablar por teléfono
2. tocar el piano
3. correr en el parque
4. escuchar música
5. ver una película

6. toser
7. llevar zapatos
8. comprar perfume
9. estudiar biología
10. comer lomo a la plancha

AYUDA

Remember that in Spanish, body parts are usually referred to with an article and not a possessive adjective: **Me duelen los pies.** The idea of *my* is expressed by the indirect object pronoun **me.**

6

Cuestionario Contesta el cuestionario seleccionando las respuestas que reflejen mejor tus experiencias. Suma (*Add*) los puntos de cada respuesta y anota el resultado. Después, con el resto de la clase, compara y analiza los resultados del cuestionario y comenta lo que dicen de la salud y de los hábitos de todo el grupo.

¿Tienes buena salud?

27–30 puntos	Salud y hábitos excelentes
23–26 puntos	Salud y hábitos buenos
22 puntos o menos	Salud y hábitos problemáticos

1. **¿Con qué frecuencia te enfermas? (resfriados, gripe, etc.)**
   Cuatro veces por año o más. (1 punto)
   Dos o tres veces por año. (2 puntos)
   Casi nunca. (3 puntos)

2. **¿Con qué frecuencia tienes dolores de estómago o problemas digestivos?**
   Con mucha frecuencia. (1 punto)
   A veces. (2 puntos)
   Casi nunca. (3 puntos)

3. **¿Con qué frecuencia sufres de dolores de cabeza?**
   Frecuentemente. (1 punto)
   A veces. (2 puntos)
   Casi nunca. (3 puntos)

4. **¿Comes verduras y frutas?**
   No, casi nunca como verduras ni frutas. (1 punto)
   Sí, a veces. (2 puntos)
   Sí, todos los días. (3 puntos)

5. **¿Eres alérgico/a a algo?**
   Sí, a muchas cosas. (1 punto)
   Sí, a algunas cosas. (2 puntos)
   No. (3 puntos)

6. **¿Haces ejercicios aeróbicos?**
   No, casi nunca hago ejercicios aeróbicos. (1 punto)
   Sí, a veces. (2 puntos)
   Sí, con frecuencia. (3 puntos)

7. **¿Con qué frecuencia te haces un examen médico?**
   Nunca o casi nunca. (1 punto)
   Cada dos años. (2 puntos)
   Cada año y/o antes de practicar un deporte. (3 puntos)

8. **¿Con qué frecuencia vas al dentista?**
   Nunca voy al dentista. (1 punto)
   Sólo cuando me duele un diente. (2 puntos)
   Por lo menos una vez por año. (3 puntos)

9. **¿Qué comes normalmente por la mañana?**
   No como nada por la mañana. (1 punto)
   Tomo una bebida dietética. (2 puntos)
   Como cereal y fruta. (3 puntos)

10. **¿Con qué frecuencia te sientes mareado/a?**
    Frecuentemente. (1 punto)
    A veces. (2 puntos)
    Casi nunca. (3 puntos)

Comunicación

7

¿Qué le pasó? Trabajen en un grupo de dos o tres personas. Hablen de lo que les pasó y de cómo se sienten las personas que aparecen en los dibujos.

1. Adela

2. Francisco

3. Pilar

4. Pedro

5. Cristina

6. Félix

8

Un accidente Cuéntale a la clase de un accidente o una enfermedad que tuviste. Incluye información que conteste estas preguntas.

✔ ¿Qué ocurrió?

✔ ¿Dónde ocurrió?

✔ ¿Cuándo ocurrió?

✔ ¿Cómo ocurrió?

✔ ¿Quién te ayudó y cómo?

✔ ¿Tuviste algún problema después del accidente o después de la enfermedad?

✔ ¿Cuánto tiempo tuviste el problema?

9

Crucigrama (*Crossword*) Tu profesor(a) les va a dar a ti y a tu compañero/a un crucigrama incompleto. Tú tienes las palabras que necesita tu compañero/a y él/ella tiene las palabras que tú necesitas. Tienen que darse pistas para completarlo. No pueden decir la palabra necesaria; deben utilizar definiciones, ejemplos y frases.

> **modelo**
>
> **10 horizontal:** La usamos para hablar.
>
> **14 vertical:** Es el médico que examina los dientes.

¡Uf! ¡Qué dolor!

Don Francisco y Javier van a la clínica de la doctora Márquez.

PERSONAJES

INÉS

DON FRANCISCO

JAVIER

DRA. MÁRQUEZ

1

JAVIER Estoy aburrido... tengo ganas de dibujar. Con permiso.

2

INÉS ¡Javier! ¿Qué te pasó?

JAVIER ¡Ay! ¡Uf! ¡Qué dolor! ¡Creo que me rompí el tobillo!

3

DON FRANCISCO No te preocupes, Javier. Estamos cerca de la clínica donde trabaja la doctora Márquez, mi amiga.

6

DRA. MÁRQUEZ ¿Cuánto tiempo hace que se cayó?

JAVIER Ya se me olvidó... déjeme ver... este... eran más o menos las dos o dos y media cuando me caí... o sea hace más de una hora. ¡Me duele mucho!

DRA. MÁRQUEZ Bueno, vamos a sacarle una radiografía.

7

DON FRANCISCO Sabes, Javier, cuando era chico yo les tenía mucho miedo a los médicos. Visitaba mucho al doctor porque me enfermaba con mucha frecuencia y tenía muchas infecciones de la garganta. No me gustaban las inyecciones ni las pastillas. Una vez me rompí la pierna jugando al fútbol...

8

JAVIER ¡Doctora! ¿Qué dice? ¿Está roto el tobillo?

DRA. MÁRQUEZ Tranquilo, le tengo buenas noticias, Javier. No está roto el tobillo. Apenas está torcido.

recursos

VM
pp. 213–214

SUPERSITE
panorama.vhlcentral.com
Lección 10

JAVIER ¿Tengo dolor? Sí, mucho. ¿Dónde? En el tobillo. ¿Tengo fiebre? No lo creo. ¿Estoy mareado? Un poco. ¿Soy alérgico a algún medicamento? No. ¿Embarazada? Definitivamente NO.

DRA. MÁRQUEZ ¿Cómo se lastimó el pie?

JAVIER Me caí cuando estaba en el autobús.

JAVIER Pero, ¿voy a poder ir de excursión con mis amigos?

DRA. MÁRQUEZ Creo que sí. Pero debe descansar y no caminar mucho durante un par de días. Le receto unas pastillas para el dolor.

DRA. MÁRQUEZ Adiós, Francisco. Adiós, Javier. ¡Cuidado! ¡Buena suerte en las montañas!

Expresiones útiles

Discussing medical conditions

- ¿Cómo se lastimó el pie? (lastimarse)
  How did you hurt your foot?
  Me caí en el autobús.
  I fell when I was on the bus.

- **¿Te duele el tobillo?**
  Does your ankle hurt? (fam.)
- **¿Le duele el tobillo?**
  Does your ankle hurt? (form.)
  Sí, (me duele) mucho.
  Yes, (it hurts) a lot.

- **¿Es usted alérgico/a a algún medicamento?**
  Are you allergic to any medication?
  Sí, soy alérgico/a a la penicilina.
  Yes, I'm allergic to penicillin.

- **¿Está roto el tobillo?**
  Is my ankle broken?
  No está roto. Apenas está torcido.
  It's not broken. It's just twisted.

- **¿Te enfermabas frecuentemente?**
  Did you get sick frequently? (fam.)
  Sí, me enfermaba frecuentemente.
  Yes, I used to get sick frequently.
  Tenía muchas infecciones.
  I used to get a lot of infections.

Other expressions

- **hace +** [*period of time*] **+ que +** [*present tense*]:
- **¿Cuánto tiempo hace que te duele?**
  How long has it been hurting?
  Hace una hora que me duele.
  It's been hurting for an hour.

- **hace +** [*period of time*] **+ que +** [*preterite*]:
- **¿Cuánto tiempo hace que se cayó?**
  How long ago did you fall?
  Me caí hace más de una hora./ Hace más de una hora que me caí.
  I fell more than an hour ago.

¿Qué pasó?

1 **¿Cierto o falso?** Decide si lo que dicen estas oraciones sobre Javier es **cierto** o **falso**. Corrige las oraciones falsas.

	Cierto	Falso
1. Está aburrido y tiene ganas de hacer algo creativo.	○	○
2. Cree que se rompió la rodilla.	○	○
3. Se lastimó cuando se cayó en el autobús.	○	○
4. Es alérgico a dos medicamentos.	○	○
5. No está mareado pero sí tiene un poco de fiebre.	○	○

2 **Identificar** Identifica quién puede decir estas oraciones.

1. Hace años me rompí la pierna cuando estaba jugando al fútbol.
2. Hace más de una hora que me lastimé el pie. Me duele muchísimo.
3. Tengo que sacarle una radiografía. No sé si se rompió uno de los huesos del pie.
4. No hay problema, vamos a ver a mi amiga, la doctora Márquez.
5. Bueno, parece que el tobillo no está roto. Qué bueno, ¿no?
6. No sé si voy a poder ir de excursión con el grupo.

DRA. MÁRQUEZ

DON FRANCISCO

JAVIER

3 **Ordenar** Pon estos eventos en el orden correcto.

a. La doctora le saca una radiografía. _____
b. La doctora le receta unas pastillas para el dolor. _____
c. Javier se lastima el tobillo en el autobús. _____
d. Don Francisco le habla a Javier de cuando era chico. _____
e. Javier quiere dibujar un rato (*a while*). _____
f. Don Francisco lo lleva a una clínica. _____

4 **En el consultorio** Trabajen en parejas para representar los papeles de un(a) médico/a y su paciente. Usen las instrucciones como guía.

El/La médico/a	El/La paciente
Pregúntale al/a la paciente si le duele. →	Te caíste en casa. Describe tu dolor.
Pregúntale cuánto tiempo hace que se cayó. →	Describe la situación. Piensas que te rompiste el dedo.
Mira el dedo. Debes recomendar un tratamiento (*treatment*) al/a la paciente. →	Debes hacer preguntas al/a la médico/a sobre el tratamiento (*treatment*).

◀ **AYUDA**

Here are some useful expressions:

¿Cómo se lastimó...?
¿Le duele...?
¿Cuánto tiempo hace que...?
Tengo...
Estoy...
¿Es usted alérgico/a a algún medicamento?
Usted debe...

Ortografía

El acento y las sílabas fuertes

In Spanish, written accent marks are used on many words. Here is a review of some of the principles governing word stress and the use of written accents.

as-pi-ri-na   **gri-pe**   **to-man**   **an-tes**

In Spanish, when a word ends in a vowel, **-n**, or **-s**, the spoken stress usually falls on the next-to-last syllable. Words of this type are very common and do not need a written accent.

a-sí   **in-glés**   **in-fec-ción**   **hé-ro-e**

When a word ends in a vowel, **-n**, or **-s**, and the spoken stress does *not* fall on the next-to-last syllable, then a written accent is needed.

hos-pi-tal   **na-riz**   **re-ce-tar**   **to-ser**

When a word ends in any consonant *other* than **-n** or **-s**, the spoken stress usually falls on the last syllable. Words of this type are very common and do not need a written accent.

lá-piz   **fút-bol**   **hués-ped**   **sué-ter**

When a word ends in any consonant *other* than **-n** or **-s** and the spoken stress does *not* fall on the last syllable, then a written accent is needed.

far-ma-cia   **bio-lo-gí-a**   **su-cio**   **frí-o**

Diphthongs (two weak vowels or a strong and weak vowel together) are normally pronounced as a single syllable. A written accent is needed when a diphthong is broken into two syllables.

sol   **pan**   **mar**   **tos**

Spanish words of only one syllable do not usually carry a written accent (unless it is to distinguish meaning: **se** and **sé**.)

CONSULTA

In Spanish, **a**, **e**, and **o** are considered strong vowels while **i** and **u** are weak vowels. To review this concept, see **Lección 3**, **Pronunciación**, p. 77.

Práctica Busca las palabras que necesitan acento escrito y escribe su forma correcta.

1. sal-mon
2. ins-pec-tor
3. nu-me-ro
4. fa-cil
5. ju-go
6. a-bri-go
7. ra-pi-do
8. sa-ba-do
9. vez
10. me-nu
11. o-pe-ra-cion
12. im-per-me-a-ble
13. a-de-mas
14. re-ga-te-ar
15. an-ti-pa-ti-co
16. far-ma-cia
17. es-qui
18. pen-sion
19. pa-is
20. per-don

El ahorcado (*Hangman*) Juega al ahorcado para adivinar las palabras.

1. __ l __ __ __ __ __ a   Vas allí cuando estás enfermo.
2. __ __ __ __ e __ c __ __ n   Se usa para poner una vacuna (*vaccination*).
3. __ __ d __ o __ __ __ __ __ a   Ves los huesos.
4. __ __ __ i __ o   Trabaja en un hospital.
5. a __ __ __ b __ __ __ __ __ __ Es una medicina.

recursos

LM
p. 56

panorama.vhlcentral.com
Lección 10

EN DETALLE

Servicios de salud

¿Pensaste alguna vez en visitar un país hispano? Si lo haces, vas a encontrar algunas diferencias respecto a la vida en los Estados Unidos. Una de ellas está en los servicios de salud.

En la mayor parte de los países hispanos, el gobierno ofrece servicios médicos muy baratos o gratuitos° a sus ciudadanos°. Los turistas y extranjeros también pueden tener acceso a los servicios médicos a bajo° costo. La Seguridad Social y organizaciones similares son las responsables de gestionar° estos servicios.

Naturalmente, esto no funciona igual° en todos los países. En Colombia, Ecuador, México y Perú, la situación varía según las regiones. Los habitantes de las ciudades y pueblos grandes tienen acceso a más servicios médicos, mientras que quienes viven en pueblos remotos sólo cuentan con° pequeñas clínicas.

Cruz verde de farmacia en Madrid, España

Por su parte, Argentina, Costa Rica, Cuba, Uruguay y España tienen sistemas de salud muy desarrollados°. Toda la población tiene acceso a ellos y en muchos casos son completamente gratuitos. Costa Rica ofrece servicios gratuitos también a los extranjeros.

¡Así que ya lo sabes! Si vas a viajar a otro país, antes de ir debes obtener información sobre los servicios médicos en el lugar de destino°. Prepara todos los documentos necesarios. ¡Y disfruta° tu estadía° en el extranjero sin problemas!

Consulta médica en la República Dominicana

Las farmacias

Farmacia de guardia: Las farmacias generalmente tienen un horario comercial. Sin embargo°, en cada barrio° hay una farmacia de guardia que abre las veinticuatro horas del día.

Productos farmacéuticos: Todavía hay muchas farmacias tradicionales que están más especializadas en medicinas y productos farmacéuticos. No venden una gran variedad de productos.

Recetas: Muchos medicamentos se venden sin receta médica. Los farmacéuticos aconsejan° a las personas sobre problemas de salud y les dan las medicinas.

Cruz° verde: En muchos países, las farmacias tienen el signo de una cruz verde. Cuando la cruz verde está encendida°, la farmacia está abierta.

gratuitos *free (of charge)* ciudadanos *citizens* bajo *low* gestionar *to manage* igual *in the same way* cuentan con *have* desarrollados *developed* destino *destination* disfruta *enjoy* estadía *stay* Sin embargo *However* barrio *neighborhood* aconsejan *advise* Cruz *Cross* encendida *lit (up)*

ACTIVIDADES

1 **¿Cierto o falso?** Indica si lo que dicen las oraciones es **cierto** o **falso**. Corrige la información falsa.

1. En los países hispanos los gobiernos ofrecen servicios de salud accesibles a sus ciudadanos.

2. En los países hispanos los extranjeros tienen que pagar mucho dinero por los servicios médicos.

3. En Costa Rica los extranjeros pueden recibir servicios médicos gratuitos.

4. Las farmacias de guardia abren sólo los sábados y domingos.

5. En los países hispanos las farmacias venden una gran variedad de productos.

6. Los farmacéuticos de los países hispanos aconsejan a los enfermos y venden algunas medicinas sin necesidad de receta.

7. En México y otros países, los pueblos remotos cuentan con grandes centros médicos.

8. Muchas farmacias usan una cruz verde como símbolo.

ASÍ SE DICE

La salud

el chequeo (Esp., Méx.)	el examen médico
la droguería (Col.)	la farmacia
la herida	*injury; wound*
la píldora	la pastilla
los primeros auxilios	*first aid*
la sangre	*blood*

EL MUNDO HISPANO

Remedios caseros° y plantas medicinales

○ **Achiote°** En Suramérica se usa para curar inflamaciones de garganta. Las hojas° de achiote se cuecen° en agua, se cuelan° y se hacen gargarismos° con esa agua.

○ **Ají** En Perú se usan cataplasmas° de las semillas° de ají para aliviar los dolores reumáticos y la tortícolis°.

○ **Azúcar** En Nicaragua y otros países centroamericanos se usa el azúcar para detener° la sangre en pequeñas heridas.

○ **Sábila (aloe vera)** En Latinoamérica, el jugo de las hojas de sábila se usa para reducir cicatrices°. Se recomienda aplicarlo sobre la cicatriz dos veces al día, durante varios meses.

Remedios caseros *Home remedies* Achiote *Annatto* hojas *leaves* se cuecen *are cooked* se cuelan *they are drained* gargarismos *gargles* cataplasmas *pastes* semillas *seeds* tortícolis *stiff neck* detener *to stop* cicatrices *scars*

PERFILES

Curanderos° y chamanes

¿Quieres ser doctor(a), juez(a)°, político/a o psicólogo/a? En algunas sociedades de las Américas **los curanderos** y **los chamanes** no tienen que escoger entre estas profesiones porque ellos son mediadores de conflictos y dan consejos a la comunidad. Su opinión es muy respetada.

Códice Florentino, México, siglo XVI

Desde las culturas antiguas° de las Américas muchas personas piensan que la salud del cuerpo y de la mente sólo puede existir si hay un equilibrio entre el ser humano y la naturaleza. Los curanderos y los chamanes son quienes cuidan este equilibrio.

Los curanderos se especializan más en enfermedades físicas, mientras que los chamanes están más relacionados con los males° de la mente y el alma°. Ambos° usan plantas, masajes y rituales, y sus conocimientos se basan en la tradición, la experiencia, la observación y la intuición.

Cuzco, Perú

Curanderos *Healers* juez(a) *judge* antiguas *ancient* males *illnesses* alma *soul* Ambos *Both*

SUPERSITE · Conexión Internet

¿Cuáles son algunos hospitales importantes del mundo hispano?

Go to **panorama.vhlcentral.com** to find more cultural information related to this Cultura section.

ACTIVIDADES

2 **Comprensión** Responde a las preguntas.

1. ¿Cómo se les llama a las farmacias en Colombia?
2. ¿Qué parte del achiote se usa para curar la garganta?
3. ¿Cómo se aplica la sábila para reducir cicatrices?
4. En algunas partes de las Américas, ¿quiénes mantienen el equilibrio entre el ser humano y la naturaleza?
5. ¿Qué usan los curanderos y chamanes para curar?

3 **¿Qué haces cuando tienes gripe?** Escribe cuatro oraciones sobre las cosas que haces cuando tienes gripe. Explica si vas al médico, si tomas medicamentos o si sigues alguna dieta especial. Después, comparte tu texto con un(a) compañero/a.

10.1 The imperfect tense

ANTE TODO In **Lecciones 6–9,** you learned the preterite tense. You will now learn the imperfect, which describes past activities in a different way.

The imperfect of regular verbs

		cantar	beber	escribir
SINGULAR FORMS	yo	cant**aba**	beb**ía**	escrib**ía**
	tú	cant**abas**	beb**ías**	escrib**ías**
	Ud./él/ella	cant**aba**	beb**ía**	escrib**ía**
PLURAL FORMS	nosotros/as	cant**ábamos**	beb**íamos**	escrib**íamos**
	vosotros/as	cant**abais**	beb**íais**	escrib**íais**
	Uds./ellos/ellas	cant**aban**	beb**ían**	escrib**ían**

Sabes, Javier, cuando era chico yo les tenía mucho miedo a los médicos.

De niño tenía que ir mucho a una clínica en Quito. ¡No me gustaban nada las inyecciones!

▶ There are no stem changes in the imperfect.

entender (e:ie)	**Entendíamos** japonés.
	We used to understand Japanese.
servir (e:i)	El camarero les **servía** el café.
	The waiter was serving them coffee.
doler (o:ue)	A Javier le **dolía** el tobillo.
	Javier's ankle was hurting.

▶ The imperfect form of **hay** is **había** (*there was; there were; there used to be*).

▶ **¡Atención!** **Ir, ser,** and **ver** are the only verbs that are irregular in the imperfect.

The imperfect of irregular verbs

		ir	ser	ver
SINGULAR FORMS	yo	ib**a**	er**a**	ve**ía**
	tú	ib**as**	er**as**	ve**ías**
	Ud./él/ella	ib**a**	er**a**	ve**ía**
PLURAL FORMS	nosotros/as	**í**b**amos**	**é**r**amos**	ve**íamos**
	vosotros/as	ib**ais**	er**ais**	ve**íais**
	Uds./ellos/ellas	ib**an**	er**an**	ve**ían**

CONSULTA

You will learn more about the contrast between the preterite and the imperfect in **Estructura 10.2,** pp. 322–323.

Uses of the imperfect

▶ As a general rule, the imperfect is used to describe actions which are seen by the speaker as incomplete or "continuing," while the preterite is used to describe actions which have been completed. The imperfect expresses what was happening at a certain time or how things used to be. The preterite, in contrast, expresses a completed action.

—¿Qué te **pasó**?
What happened to you?

—Me **torcí** el tobillo.
I sprained my ankle.

—¿Dónde **vivías** de niño?
Where did you live as a child?

—**Vivía** en San José.
I lived in San José.

▶ These expressions are often used with the imperfect because they express habitual or repeated actions: **de niño/a** (*as a child*), **todos los días** (*every day*), **mientras** (*while*).

Uses of the imperfect

1. **Habitual or repeated actions**	**Íbamos** al parque los domingos. *We used to go to the park on Sundays.*
2. **Events or actions that were in progress**	Yo **leía** mientras él **estudiaba**. *I was reading while he was studying.*
3. **Physical characteristics**	**Era** alto y guapo. *He was tall and handsome.*
4. **Mental or emotional states**	**Quería** mucho a su familia. *He loved his family very much.*
5. **Telling time**	**Eran** las tres y media. *It was 3:30.*
6. **Age**	Los niños **tenían** seis años. *The children were six years old.*

¡INTÉNTALO! Indica la forma correcta de cada verbo en el imperfecto.

1. Mis hermanos ___veían___ (ver) la televisión.
2. Yo _____ (viajar) a la playa.
3. ¿Dónde _____ (vivir) Samuel de niño?
4. Tú _____ (hablar) con Javier.
5. Leonardo y yo _____ (correr) por el parque.
6. Ustedes _____ (ir) a la clínica.
7. Nadia _____ (bailar) merengue.
8. ¿Cuándo _____ (asistir) tú a clase de español?
9. Yo _____ (ser) muy feliz.
10. Nosotras _____ (comprender) las preguntas.

recursos

WB
pp. 111–112

LM
p. 57

SUPERSITE
panorama.
vhlcentral.com
Lección 10

Práctica SUPERSITE

1 **Completar** Primero, completa las oraciones con el imperfecto de los verbos. Luego, pon las oraciones en orden lógico y compáralas con las de un(a) compañero/a.

_____ a. El doctor dijo que no _____ (ser) nada grave.

_____ b. El doctor _____ (querer) ver la nariz del niño.

_____ c. Su mamá _____ (estar) dibujando cuando Miguelito entró llorando.

_____ d. Miguelito _____ (tener) la nariz hinchada (*swollen*). Fueron al hospital.

_____ e. Miguelito no _____ (ir) a jugar más. Ahora quería ir a casa a descansar.

_____ f. Miguelito y sus amigos _____ (jugar) al béisbol en el patio.

_____ g. _____ (Ser) las dos de la tarde.

_____ h. Miguelito le dijo a la enfermera que _____ (dolerle) la nariz.

2 **Transformar** Forma oraciones completas para describir lo que hacían Julieta y César. Usa las formas correctas del imperfecto y añade todas las palabras necesarias.

1. Julieta y César / ser / paramédicos

2. trabajar / juntos y / llevarse / muy bien

3. cuando / haber / accidente, / siempre / analizar / situación / con cuidado

4. preocuparse / mucho / por / pacientes

5. si / paciente / tener / mucho / dolor, / ponerle / inyección

3 **En la escuela de medicina** Usa los verbos de la lista para completar las oraciones con las formas correctas del imperfecto. Algunos verbos se usan más de una vez.

caerse	enfermarse	ir	querer	tener
comprender	estornudar	pensar	sentirse	tomar
doler	hacer	poder	ser	toser

(handwritten notes above the box: to fall, to understand, to get sick, to sneeze, feel)

1. Cuando Javier y Victoria _eran_ estudiantes de medicina, siempre _tenían_ que ir al médico.

2. Cada vez que él _tomaba_ un examen, a Javier le _dolía_ mucho la cabeza.

3. Cuando Victoria _hacía_ ejercicios aeróbicos, siempre _se sentía_ mareada.

4. Todas las primaveras, Javier _____ mucho porque es alérgico al polen.

5. Victoria también _____ de su bicicleta en camino a clase.

6. Después de comer en la cafetería, a Victoria siempre le _____ el estómago.

7. Javier _____ ser médico para ayudar a los demás.

8. Pero no _____ por qué él _____ con tanta frecuencia.

9. Cuando Victoria _____ fiebre, no _____ ni leer el termómetro.

10. A Javier _____ los dientes, pero nunca _____ ir al dentista.

11. Victoria _____ mucho cuando _____ congestionada.

12. Javier y Victoria _____ que nunca _____ a graduarse.

Comunicación

4

Entrevista Trabajen en parejas. Un(a) estudiante usa estas preguntas para entrevistar a su compañero/a. Luego compartan los resultados de la entrevista con la clase.

1. Cuando eras estudiante de primaria, ¿te gustaban tus profesores/as?
2. ¿Veías mucha televisión cuando eras niño/a?
3. Cuando tenías diez años, ¿cuál era tu programa de televisión favorito?
4. Cuando eras niño/a, ¿qué hacía tu familia durante las vacaciones?
5. ¿Cuántos años tenías en 2000?
6. Cuando estabas en el quinto año escolar, ¿qué hacías con tus amigos/as?
7. Cuando tenías once años, ¿cuál era tu grupo musical favorito?
8. Antes de tomar esta clase, ¿sabías hablar español?

5

Describir En parejas, túrnense para describir cómo eran sus vidas cuando eran niños. Pueden usar las sugerencias de la lista u otras ideas. Luego informen a la clase sobre la vida de su compañero/a.

NOTA CULTURAL

El Parque Nacional Tortuguero está en la costa del Caribe, al norte de la ciudad de Limón, en Costa Rica. Varias especies de tortuga (*turtle*) utilizan las playas del parque para poner (*lay*) sus huevos. Esto ocurre de noche, y hay guías que llevan pequeños grupos de turistas a observar este fenómeno biológico.

▶ *modelo*

Cuando yo era niña, mi familia y yo siempre íbamos a Tortuguero. Tomábamos un barco desde Limón, y por las noches mirábamos las tortugas (*turtles*) en la playa. Algunas veces teníamos suerte, porque las tortugas venían a poner (*lay*) huevos. Otras veces, volvíamos al hotel sin ver ninguna tortuga.

- las vacaciones
- ocasiones especiales
- qué hacías durante el verano
- celebraciones con tus amigos/as
- celebraciones con tu familia
- cómo era tu escuela
- cómo eran tus amigos/as
- los viajes que hacías
- a qué jugabas
- qué hacías cuando te sentías enfermo/a

Síntesis

6

En el consultorio Tu profesor(a) te va a dar una lista incompleta con los pacientes que fueron al consultorio del doctor Donoso ayer. En parejas, conversen para completar sus listas y saber a qué hora llegaron las personas al consultorio y cuáles eran sus problemas.

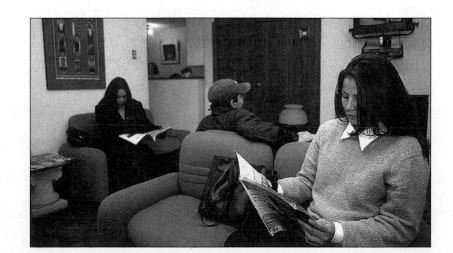

10.2 The preterite and the imperfect (SUPERSITE)

ANTE TODO Now that you have learned the forms of the preterite and the imperfect, you will learn more about how they are used. The preterite and the imperfect are not interchangeable. In Spanish, the choice between these two tenses depends on the context and on the point of view of the speaker.

De niño jugaba mucho al fútbol. Una vez me rompí la pierna.

Me caí cuando estaba en el autobús.

COMPARE & CONTRAST

Use the preterite to...

1. Express actions that are viewed by the speaker as completed

Don Francisco **se rompió** la pierna.
Don Francisco broke his leg.

Fueron a Buenos Aires ayer.
They went to Buenos Aires yesterday.

2. Express the beginning or end of a past action

La película **empezó** a las nueve.
The movie began at nine o'clock.

Ayer **terminé** el proyecto para la clase de química.
Yesterday I finished the project for chemistry class.

3. Narrate a series of past actions or events

La doctora me **miró** los oídos, me **hizo** unas preguntas y **escribió** la receta.
The doctor looked in my ears, asked me some questions, and wrote the prescription.

Me di con la mesa, **me caí** y **me lastimé** el pie.
I bumped into the table, I fell, and I injured my foot.

Use the imperfect to...

1. Describe an ongoing past action with no reference to its beginning or end

Don Francisco **esperaba** a Javier.
Don Francisco was waiting for Javier.

El médico **se preocupaba** por sus pacientes.
The doctor worried about his patients.

2. Express habitual past actions and events

Cuando **era** joven, **jugaba** al tenis.
When I was young, I used to play tennis.

De niño, don Francisco **se enfermaba** con mucha frecuencia.
As a child, Don Francisco used to get sick very frequently.

3. Describe physical and emotional states or characteristics

La chica **quería** descansar. **Se sentía** mal y **tenía** dolor de cabeza.
The girl wanted to rest. She felt ill and had a headache.

Ellos **eran** altos y **tenían** ojos verdes.
They were tall and had green eyes.

Estábamos felices de ver a la familia.
We were happy to see the family.

AYUDA

These words and expressions, as well as similar ones, commonly occur with the preterite: **ayer, anteayer, una vez, dos veces, tres veces, el año pasado, de repente.** They usually imply that an action has happened at a specific point in time. For a review, see **Estructura 6.3**, p. 191.

AYUDA

These words and expressions, as well as similar ones, commonly occur with the imperfect: **de niño/a, todos los días, mientras, siempre, con frecuencia, todas las semanas.** They usually express habitual or repeated actions in the past.

▶ The preterite and the imperfect often appear in the same sentence. In such cases the imperfect describes what *was happening*, while the preterite describes the action that "interrupted" the ongoing activity.

Miraba la tele cuando **sonó** el teléfono.
I was watching TV when the phone rang.

Maite **leía** el periódico cuando **llegó** Álex.
Maite was reading the newspaper when Álex arrived.

▶ You will also see the preterite and the imperfect together in narratives such as fiction, news, and retelling of events. The imperfect provides background information, such as time, weather, and location, while the preterite indicates the specific events that occurred.

Eran las dos de la mañana y el detective ya no **podía** mantenerse despierto. **Se bajó** lentamente del coche, **estiró** las piernas y **levantó** los brazos hacia el cielo oscuro.
It was two in the morning, and the detective could no longer stay awake. He slowly stepped out of the car, stretched his legs, and raised his arms toward the dark sky.

La luna **estaba** llena y no **había** en el cielo ni una sola nube. De repente, el detective **escuchó** un grito espeluznante proveniente del parque.
The moon was full and there wasn't a single cloud in the sky. Suddenly, the detective heard a piercing scream coming from the park.

Un médico colombiano descubrió la vacuna contra la malaria

El doctor colombiano Manuel Elkin Patarroyo descubrió una vacuna contra la malaria. Esta enfermedad se erradicó hace décadas en muchas partes del mundo. Sin embargo, los casos de malaria empezaban a aumentar otra vez, justo cuando salió la vacuna de Patarroyo. En mayo de 1993, el doctor Patarroyo donó la vacuna, a nombre de Colombia, a la Organización Mundial de la Salud. Los grandes laboratorios farmacéuticos presionaron a la OMS porque querían la vacuna. Pero en 1995 las dos partes, el doctor Patarroyo y la OMS, ratificaron el pacto original.

¡INTÉNTALO! Elige el pretérito o el imperfecto para completar la historia. Explica por qué se usa ese tiempo verbal en cada ocasión.

1. ___Eran___ (Fueron/Eran) las doce.
2. _____ (Hubo/Había) mucha gente en la calle.
3. A las doce y media, Tomás y yo _____ (entramos/entrábamos) en el restaurante Tárcoles.
4. Todos los días yo _____ (almorcé/almorzaba) con Tomás al mediodía.
5. El camarero _____ (llegó/llegaba) inmediatamente, para darnos el menú.
6. Nosotros _____ (empezamos/empezábamos) a leerlo.
7. Yo _____ (pedí/pedía) el pescado.
8. De repente, el camarero _____ (volvió/volvía) a nuestra mesa.
9. Y nos _____ (dio/daba) una mala noticia.
10. Desafortunadamente, no _____ (tuvieron/tenían) más pescado.
11. Por eso Tomás y yo _____ (decidimos/decidíamos) comer en otro lugar.
12. _____ (Llovió/Llovía) mucho cuando _____ (salimos/salíamos) del restaurante.
13. Así que _____ (regresamos/regresábamos) al restaurante Tárcoles.
14. Esta vez, _____ (pedí/pedía) el arroz con pollo.

recursos

WB
pp. 113–116

LM
p. 58

panorama.
vhlcentral.com
Lección 10

Práctica

1

Seleccionar Utiliza el tiempo verbal adecuado, según el contexto.

1. La semana pasada, Manolo y Aurora _____ (querer) dar una fiesta. _____ (Decidir) invitar a seis amigos y servirles mucha comida.
2. Manolo y Aurora _____ (estar) preparando la comida cuando Elena _____ (llamar). Como siempre, _____ (tener) que estudiar para un examen.
3. A las seis, _____ (volver) a sonar el teléfono. Su amigo Francisco tampoco _____ (poder) ir a la fiesta, porque _____ (tener) fiebre. Manolo y Aurora _____ (sentirse) muy tristes, pero _____ (tener) que preparar la comida.
4. Después de otros 15 minutos, _____ (sonar) el teléfono. Sus amigos, los señores Vega, _____ (estar) en camino (*en route*) al hospital: a su hijo le _____ (doler) mucho el estómago. Sólo dos de los amigos _____ (poder) ir a la cena.
5. Por supuesto, _____ (ir) a tener demasiada comida. Finalmente, cinco minutos antes de las ocho, _____ (llamar) Ramón y Javier. Ellos _____ (pensar) que la fiesta _____ (ser) la próxima semana.
6. Tristes, Manolo y Aurora _____ (sentarse) a comer solos. Mientras _____ (comer), pronto _____ (llegar) a la conclusión de que _____ (ser) mejor estar solos: ¡La comida _____ (estar) malísima!

2

En el periódico Completa esta noticia con la forma correcta del pretérito o el imperfecto.

Un accidente trágico

Ayer temprano por la mañana (1)_____ (haber) un trágico accidente en el centro de San José cuando el conductor de un autobús no (2)_____ (ver) venir un carro. La mujer que (3)_____ (manejar) el carro (4)_____ (morir) al instante y los paramédicos (5)_____ (tener) que llevar al pasajero al hospital porque (6)_____ (sufrir) varias fracturas. El conductor del autobús (7)_____ (decir) que no (8)_____ (ver) el carro hasta el último momento porque (9)_____ (estar) muy nublado y (10)_____ (llover). Él (11)_____ (intentar) (*to attempt*) dar un viraje brusco (*to swerve*), pero (12)_____ (perder) el control del autobús y no (13)_____ (poder) evitar (*to avoid*) el accidente. Según nos informaron, no (14)_____ (lastimarse) ningún pasajero del autobús.

◄ **AYUDA**

Reading Spanish-language newspapers is a good way to practice verb tenses. You will find that both the imperfect and the preterite occur with great regularity. Many newsstands carry international papers, and many Spanish-language newspapers (such as Spain's *El País*, Mexico's *Reforma*, and Argentina's *Clarín*) are on the Web.

3

Completar Completa las frases de una manera lógica. Usa el pretérito o el imperfecto. En parejas, comparen sus respuestas.

1. De niño/a, yo…
2. Yo conducía el auto mientras…
3. Anoche mi novio/a…
4. Ayer el/la profesor(a)…
5. La semana pasada un(a) amigo/a…
6. Con frecuencia mis padres…
7. Esta mañana en la cafetería…
8. Hablábamos con el doctor cuando…

Comunicación

4

Entrevista Usa estas preguntas para entrevistar a un(a) compañero/a acerca de su primer(a) novio/a. Si quieres, puedes añadir otras preguntas.

1. ¿Quién fue tu primer(a) novio/a?
2. ¿Cuántos años tenían ustedes cuando se conocieron?
3. ¿Cómo era él/ella?
4. ¿Qué le gustaba hacer? ¿Le interesaban los deportes?
5. ¿Por cuánto tiempo salieron ustedes?
6. ¿Qué hacían ustedes cuando salían?
7. ¿Pensaban casarse?
8. ¿Cuándo y por qué rompieron ustedes?

5

La sala de emergencias En parejas, miren la lista e inventen qué les pasó a estas personas que están en la sala de emergencias.

> **modelo**
>
> Eran las tres de la tarde. Como todos los días, Pablo jugaba al fútbol con sus amigos. Estaba muy contento. De repente, se cayó y se rompió el brazo. Después fue a la sala de emergencias.

Paciente	Edad	Hora	Condición
1. Pablo Romero	9 años	15:20	hueso roto (el brazo)
2. Estela Rodríguez	45 años	15:25	tobillo torcido
3. Lupe Quintana	29 años	15:37	embarazada, dolores
4. Manuel López	52 años	15:45	infección de garganta
5. Marta Díaz	3 años	16:00	temperatura muy alta, fiebre
6. Roberto Salazar	32 años	16:06	dolor de oído
7. Marco Brito	18 años	16:18	daño en el cuello, posible fractura
8. Ana María Ortiz	66 años	16:29	reacción alérgica a un medicamento

6

Situación Anoche alguien robó (*stole*) el examen de la **Lección 10** de la oficina de tu profesor(a) y tú tienes que averiguar quién lo hizo. Pregúntales a tres compañeros dónde estaban, con quién estaban y qué hicieron entre las ocho y las doce de la noche.

Síntesis

7

La primera vez En grupos, cuéntense cómo fue la primera vez que les pusieron una inyección, se rompieron un hueso, pasaron la noche en un hospital, estuvieron mareados/as, etc. Incluyan estos puntos en su conversación: una descripción del tiempo que hacía, sus edades, qué pasó y cómo se sentían.

10.3 Constructions with **se**

ANTE TODO In **Lección 7,** you learned how to use **se** as the third person reflexive pronoun (**Él se despierta. Ellos se visten. Ella se baña.**). **Se** can also be used to form constructions in which the person performing the action is not expressed or is de-emphasized.

Impersonal constructions with se

▶ In Spanish, verbs that are not reflexive can be used with **se** to form impersonal constructions. These are statements in which the person performing the action is not defined.

Se habla español en Costa Rica.
Spanish is spoken in Costa Rica.

Se puede leer en la sala de espera.
You can read in the waiting room.

Se hacen operaciones aquí.
They perform operations here.

Se necesitan medicinas enseguida.
They need medicine right away.

▶ **¡Atención!** Note that the third person singular verb form is used with singular nouns and the third person plural form is used with plural nouns.

Se vende ropa.

Se venden camisas.

▶ You often see the impersonal **se** in signs, advertisements, and directions.

SE PROHÍBE
NADAR

*Se necesitan
programadores*
GRUPO TECNO
Tel. 778-34-34

ENTRADA

Se entra por la
izquierda

Se for unplanned events

▶ **Se** also describes accidental or unplanned events. In this construction, the person who performs the action is de-emphasized, implying that the accident or unplanned event is not his or her direct responsibility. Note this construction.

$$\textbf{se} + \begin{bmatrix} \text{INDIRECT} \\ \text{OBJECT} \\ \text{PRONOUN} \end{bmatrix} + \begin{bmatrix} \text{VERB} \end{bmatrix} + \begin{bmatrix} \text{SUBJECT} \end{bmatrix}$$

| **Se** | me | cayó | la pluma. |

▶ In this type of construction, what would normally be the direct object of the sentence becomes the subject, and it agrees with the verb, not with the indirect object pronoun.

I.O. PRONOUN	VERB		SUBJECT
me, te, le	quedó / cayó / dañó	SINGULAR	la receta. / la taza. / el radio.
nos, os, les	rompieron / olvidaron / perdieron	PLURAL	las botellas. / las pastillas. / las llaves.

▶ These verbs are the ones most frequently used with **se** to describe unplanned events.

Verbs commonly used with se

caer	to fall; to drop	perder (e:ie)	to lose
dañar	to damage; to break down	quedar	to be left behind
olvidar	to forget	romper	to break

Se me perdió el teléfono de la farmacia.
I lost the pharmacy's phone number.

Se nos olvidaron los pasajes.
We forgot the tickets.

▶ **¡Atención!** While Spanish has a verb for *to fall* (**caer**), there is no direct translation for *to drop*. **Dejar caer** (*To let fall*) or a **se** construction is often used to mean *to drop*.

El médico **dejó caer** la aspirina.
The doctor dropped the aspirin.

A mí **se me cayeron** los cuadernos.
I dropped the notebooks.

CONSULTA
For an explanation of prepositional pronouns, refer to **Estructura 9.4,** p. 294.

▶ To clarify or emphasize who the person involved in the action is, this construction commonly begins with the preposition **a** + [*noun*] or **a** + [*prepositional pronoun*].

Al paciente se le perdió la receta.
The patient lost his prescription.

A ustedes se les quedaron los libros en casa.
You left the books at home.

¡INTÉNTALO! Completa las oraciones con **se** impersonal y los verbos en presente.

A

1. *Se enseñan* (enseñar) cinco lenguas en esta universidad.
2. _____ (comer) muy bien en El Cráter.
3. _____ (vender) muchas camisetas allí.
4. _____ (servir) platos exquisitos cada noche.

Completa las oraciones con **se** y los verbos en pretérito.

B

1. *Se me rompieron* (*I broke*) las gafas.
2. _____ (*You* (fam., sing.) *dropped*) las pastillas.
3. _____ (*They lost*) la receta.
4. _____ (*You* (form., sing.) *left*) aquí la radiografía.

recursos
WB pp. 117–118
LM p. 59
panorama. vhlcentral.com Lección 10

Práctica (SUPERSITE)

1 **¿Cierto o falso?** Lee estas oraciones sobre la vida en 1901. Indica si lo que dice cada oración es **cierto** o **falso**. Luego corrige las oraciones falsas.

1. Se veía mucha televisión.
2. Se escribían muchos libros.
3. Se viajaba mucho en tren.
4. Se montaba a caballo.
5. Se mandaba mucho correo electrónico.
6. Se preparaban muchas comidas en casa.
7. Se llevaban minifaldas.
8. Se pasaba mucho tiempo con la familia.

2 **Traducir** Traduce estos letreros *(signs)* y anuncios al español.

1. Nurses needed
2. Eating and drinking prohibited
3. Programmers sought
4. English is spoken
5. Computers sold
6. No talking
7. Teacher needed
8. Books sold
9. Do not enter
10. Spanish is spoken

3 **¿Qué pasó?** Mira los dibujos e indica lo que pasó en cada uno.

1. camarero / pastel

2. Sr. Álvarez / espejo

3. Arturo / tarea

4. Sra. Domínguez / llaves

5. Carla y Lupe / botellas de vino

6. Juana / platos

Comunicación

4

Preguntas Trabajen en parejas y usen estas preguntas para entrevistarse.

1. ¿Qué comidas se sirven en tu restaurante favorito?
2. ¿Se te olvidó invitar a alguien a tu última fiesta o comida? ¿A quién?
3. ¿A qué hora se abre la cafetería de tu universidad?
4. ¿Alguna vez se te quedó algo importante en la casa? ¿Qué?
5. ¿Alguna vez se te perdió algo importante durante un viaje? ¿Qué?
6. ¿Qué se vende en una farmacia?
7. ¿Sabes si en la farmacia se aceptan cheques?
8. ¿Alguna vez se te rompió algo muy caro? ¿Qué?

5

Opiniones En parejas, terminen cada oración con ideas originales. Después, comparen los resultados con la clase para ver qué pareja tuvo las mejores ideas.

1. No se tiene que dejar propina cuando…
2. Antes de viajar, se debe…
3. Si se come bien,…
4. Para tener una vida sana, se debe…
5. Se sirve la mejor comida en…
6. Se hablan muchas lenguas en…

Síntesis

6

Anuncios En grupos, preparen dos anuncios de televisión para presentar a la clase. Usen el imperfecto y por lo menos dos construcciones con **se** en cada uno.

> **modelo**
>
> Se me cayeron unos libros en el pie y me dolía mucho. Pero ahora no, gracias a SuperAspirina 500. ¡Dos pastillas y se me fue el dolor! Se puede comprar SuperAspirina 500 en todas las farmacias Recetamax.

10.4 Adverbs

ANTE TODO Adverbs are words that describe how, when, and where actions take place. They can modify verbs, adjectives, and even other adverbs. In previous lessons, you have already learned many Spanish adverbs, such as the ones below.

aquí	hoy	nunca
ayer	mal	siempre
bien	muy	temprano

▶ The most common adverbs end in **–mente**, equivalent to the English ending *-ly*.

verdaderamente *truly, really*   **generalmente** *generally*   **simplemente** *simply*

▶ To form these adverbs, add **–mente** to the feminine form of the adjective. If the adjective does not have a special feminine form, just add **–mente** to the standard form.
¡Atención! Adjectives do not lose their accents when adding **–mente**.

ADJECTIVE	FEMININE FORM	SUFFIX	ADVERB
seguro	segura	-mente	seguramente
fabuloso	fabulosa	-mente	fabulosamente
enorme		-mente	enormemente
fácil		-mente	fácilmente

▶ Adverbs that end in **–mente** generally follow the verb, while adverbs that modify an adjective or another adverb precede the word they modify.

Javier dibuja **maravillosamente**.
Javier draws wonderfully.

Inés está **casi siempre** ocupada.
Inés is almost always busy.

Common adverbs and adverbial expressions

a menudo	*often*	**así**	*like this; so*	**menos**	*less*
a tiempo	*on time*	**bastante**	*enough; rather*	**muchas veces**	*a lot; many times*
a veces	*sometimes*	**casi**	*almost*		
además (de)	*furthermore; besides*	**con frecuencia**	*frequently*	**poco**	*little*
				por lo menos	*at least*
apenas	*hardly; scarcely*	**de vez en cuando**	*from time to time*		
				pronto	*soon*
		despacio	*slowly*	**rápido**	*quickly*

¡ATENCIÓN!

When a sentence contains two or more adverbs in sequence, the suffix **–mente** is dropped from all but the last adverb.

Ex: **El médico nos habló simple y abiertamente.** *The doctor spoke to us simply and openly.*

¡ATENCIÓN!

Rápido functions as an adjective (**Ella tiene una computadora rápida.**) as well as an adverb (**Ella corre rápido.**). Note that as an adverb, **rápido** does not need to agree with any other word in the sentence. You can also use the adverb **rápidamente** (**Ella corre rápidamente**).

recursos

WB
pp. 119–120

LM
p. 60

panorama.
vhlcentral.com
Lección 10

¡INTÉNTALO! Transforma los adjetivos en adverbios.

1. alegre _alegremente_
2. constante _____
3. gradual _____
4. perfecto _____

5. real _____
6. frecuente _____
7. tranquilo _____
8. regular _____

9. maravilloso _____
10. normal _____
11. básico _____
12. afortunado _____

Práctica

1

Escoger Completa las oraciones con los adverbios adecuados.

1. La cita era a las dos, pero llegamos _____. (mientras, nunca, tarde)
2. El problema fue que _____ se nos dañó el despertador. (aquí, ayer, despacio)
3. La recepcionista no se enojó porque sabe que normalmente llego _____. (a veces, a tiempo, poco)
4. _____ el doctor estaba listo. (Por lo menos, Muchas veces, Casi)
5. _____ tuvimos que esperar cinco minutos. (Así, Además, Apenas)
6. El doctor dijo que nuestra hija Irene necesitaba cambiar su rutina diaria _____. (temprano, menos, inmediatamente)
▶ 7. El doctor nos explicó _____ las recomendaciones del Cirujano General (*Surgeon General*) sobre la salud de los jóvenes. (de vez en cuando, bien, apenas)
8. _____ nos dijo que Irene estaba bien, pero tenía que hacer más ejercicio y comer mejor. (Bastante, Afortunadamente, A menudo)

Comunicación

2

Aspirina Lee el anuncio y responde a las preguntas con un(a) compañero/a.

No Hay Tiempo Para el Dolor de Cabeza

Si tienes prisa, o simplemente quieres que tu dolor de cabeza se vaya muy pronto, piensa en Bayer. Se asimila mejor y actúa rápidamente. Ya no se puede perder tiempo por un dolor de cabeza.

ASPIRINA

Bayer
Siempre a tu lado.

1. ¿Cuáles son los adverbios que aparecen en el anuncio?
2. Según el anuncio, ¿cuáles son las ventajas (*advantages*) de este tipo de aspirina?
3. ¿Tienen ustedes muchos dolores de cabeza? ¿Qué toman para curarlos?
4. ¿Qué medicamentos ven con frecuencia en los anuncios de televisión? Escriban descripciones de varios de estos anuncios. Usen adverbios en sus descripciones.

Recapitulación

For self-scoring and diagnostics, go to **panorama.vhlcentral.com.**

Completa estas actividades para repasar los conceptos de gramática que aprendiste en esta lección.

1

Completar Completa el cuadro con la forma correspondiente del imperfecto. **12 pts.**

yo/Ud./él/ella	tú	nosotros	Uds./ellos/ellas
era			
	cantabas		
		veníamos	
			querían

2

Adverbios Escoge el adverbio correcto de la lista para completar estas oraciones. Lee con cuidado las oraciones; los adverbios sólo se usan una vez. No vas a usar uno de los adverbios. **8 pts.**

a menudo	apenas	fácilmente
a tiempo	casi	maravillosamente
además	despacio	por lo menos

1. Pablito se cae _____; cuatro veces por semana en promedio (*average*).

2. No me duele nada y no sufro de ninguna enfermedad; me siento _____ bien.

3. —Doctor, ¿cómo supo que tuve una operación de garganta?
   —Muy _____, lo leí en su historial médico.

4. ¿Le duele mucho la espalda? Entonces tiene que levantarse _____.

5. Ya te sientes mucho mejor, ¿verdad? Mañana puedes volver al trabajo; tu temperatura es _____ normal.

6. Es importante hacer ejercicio con regularidad, _____ tres veces a la semana.

7. El examen médico no comenzó ni tarde ni temprano. Comenzó _____, a las tres de la tarde.

8. Parece que ya te estás curando del resfriado. _____ estás congestionada.

10.1 The imperfect tense *pp. 318–319*

The imperfect of regular verbs

cantar	beber	escribir
cantaba	bebía	escribía
cantabas	bebías	escribías
cantaba	bebía	escribía
cantábamos	bebíamos	escribíamos
cantabais	bebíais	escribíais
cantaban	bebían	escribían

► There are no stem changes in the imperfect:
entender (e:ie) → entendía; servir (e:i) → servía;
doler (o:ue) → dolía

► The imperfect of **hay** is **había.**

► Only three verbs are irregular in the imperfect.
ir: **iba, ibas, iba, íbamos, ibais, iban**
ser: **era, eras, era, éramos, erais, eran**
ver: **veía, veías, veía, veíamos, veíais, veían**

10.2 The preterite and the imperfect *pp. 322–323*

Preterite	Imperfect
1. Completed actions	1. Ongoing past action
Fueron a Buenos Aires el mes pasado.	**De niño, usted jugaba al fútbol.**
2. Beginning or end of past action	2. Habitual past actions
La película empezó a las nueve.	**Todos los días yo jugaba al tenis.**
3. Series of past actions or events	3. Description of states or characteristics
Me caí y me lastimé el pie.	**Ella era alta. Quería descansar.**

10.3 Constructions with se *pp. 326–327*

Impersonal constructions with se

Se	prohíbe fumar.
	habla español.
	hablan varios idiomas.

Se for unplanned events

Se	me, te, le, nos, os, les	cayó la taza.
		dañó el radio.
		rompieron las botellas.
		olvidaron las llaves.

10.4 Adverbs *p 330*

Formation of adverbs

fácil	→	fácilmente
seguro	→	seguramente
verdadero	→	verdaderamente

3 **Un accidente** Escoge el imperfecto o el pretérito según el contexto para completar esta conversación. **10 pts.**

NURIA Hola, Felipe. ¿Estás bien? ¿Qué es eso? ¿(1) (Te lastimaste/Te lastimabas) el pie?

FELIPE Ayer (2) (tuve/tenía) un pequeño accidente.

NURIA Cuéntame. ¿Cómo (3) (pasó/pasaba)?

FELIPE Bueno, (4) (fueron/eran) las cinco de la tarde y (5) (llovió/llovía) mucho cuando (6) (salí/salía) de la casa en mi bicicleta. No (7) (vi/veía) a una chica que (8) (caminó/caminaba) en mi dirección, y los dos (9) (nos caímos/nos caíamos) al suelo (*ground*).

NURIA Y la chica, ¿está bien ella?

FELIPE Sí. Cuando llegamos al hospital, ella sólo (10) (tuvo/tenía) dolor de cabeza.

4 **Oraciones** Escribe oraciones con **se** a partir de los elementos dados (*given*). Usa el tiempo especificado entre paréntesis y añade pronombres cuando sea necesario. **10 pts.**

> **modelo**
> Carlos / quedar / la tarea en casa (pretérito)
> *A Carlos se le quedó la tarea en casa.*

1. en la farmacia / vender / medicamentos (presente)
2. ¿(tú) / olvidar / las llaves / otra vez? (pretérito)
3. (yo) / dañar / la computadora (pretérito)
4. en esta clase / prohibir / hablar inglés (presente)
5. ellos / romper / las gafas / en el accidente (pretérito)

5 **En la consulta** Escribe al menos cinco oraciones describiendo tu última visita al médico. Incluye cinco verbos en pretérito y cinco en imperfecto. Habla de qué te pasó, cómo te sentías, cómo era el/la doctor(a), qué te dijo, etc. Usa tu imaginación. **10 pts.**

6 **Refrán** Completa el refrán con las palabras que faltan. **¡2 puntos EXTRA!**

" Lo que _____ (*well*) se aprende, nunca _____ pierde. "

Lectura

Antes de leer

Estrategia
Activating background knowledge

Using what you already know about a particular subject will often help you better understand a reading selection. For example, if you read an article about a recent medical discovery, you might think about what you already know about health in order to understand unfamiliar words or concepts.

Examinar el texto

Utiliza las estrategias de lectura que tú consideras más efectivas para hacer unas observaciones preliminares acerca del texto. Después trabajen en parejas para comparar sus observaciones acerca del texto. Luego contesten estas preguntas:

- Analicen el formato del texto. ¿Qué tipo de texto es? ¿Dónde creen que se publicó este artículo?
- ¿Quiénes son Carla Baron y Tomás Monterrey?
- Miren la foto del libro. ¿Qué sugiere el título del libro sobre su contenido?

Conocimiento previo (*Background Knowledge*)

Ahora piensen en su conocimiento previo sobre el cuidado de la salud en los viajes. Consideren estas preguntas:

- ¿Viajaron alguna vez a otro estado o a otro país?
- ¿Tuvieron algunos problemas durante sus viajes con el agua, la comida o el clima del lugar?
- ¿Olvidaron poner en su maleta algún medicamento que después necesitaron?
- Imaginen que su amigo/a se va de viaje. Díganle por lo menos cinco cosas que debe hacer para prevenir cualquier problema de salud.

recursos

panorama.vhlcentral.com
Lección 10

Libro de la semana

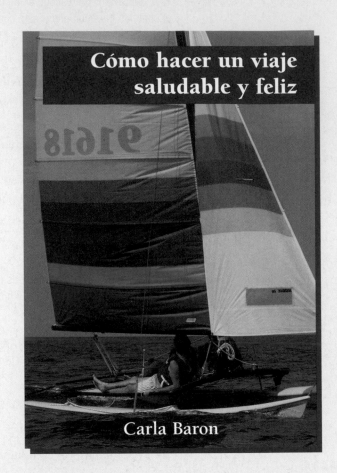

Cómo hacer un viaje saludable y feliz

Carla Baron

Después de leer

Correspondencias

Busca las correspondencias entre los problemas y las recomendaciones.

Problemas

1. el agua _____
2. el sol _____
3. la comida _____
4. la identificación _____
5. el clima _____

Recomendaciones

a. Hay que adaptarse a los ingredientes no familiares.
b. Toma sólo productos purificados (*purified*).
c. Es importante llevar ropa adecuada cuando viajas.
d. Lleva loción o crema con alta protección solar.
e. Lleva tu pasaporte.

Entrevista a Carla Baron
por Tomás Monterrey

Tomás: ¿Por qué escribió su libro *Cómo hacer un viaje saludable y feliz?*

Carla: Me encanta viajar, conocer otras culturas y escribir. Mi primer viaje lo hice cuando era estudiante universitaria. Todavía recuerdo el día en que llegamos a San Juan, Puerto Rico. Era el panorama ideal para unas vacaciones maravillosas, pero al llegar a la habitación del hotel, bebí mucha agua de la llave° y luego pedí un jugo de frutas con mucho hielo°. El clima en San Juan es tropical y yo tenía mucha sed y calor. Los síntomas llegaron en menos de media hora: pasé dos días con dolor de estómago y corriendo al cuarto de baño cada diez minutos. Desde entonces, siempre que viajo sólo bebo agua mineral y llevo un pequeño bolso con medicinas necesarias como pastillas para el dolor y también bloqueador solar, una crema repelente de mosquitos y un desinfectante.

Tomás: ¿Son reales° las situaciones que se narran en su libro?

Carla: Sí, son reales y son mis propias° historias°. A menudo los autores crean caricaturas divertidas de un turista en dificultades. ¡En mi libro la turista en dificultades soy yo!

Tomás: ¿Qué recomendaciones puede encontrar el lector en su libro?

Carla: Bueno, mi libro es anecdótico y humorístico, pero el tema de la salud se trata° de manera seria. En general, se dan recomendaciones sobre ropa adecuada para cada sitio, consejos para protegerse del sol, y comidas y bebidas adecuadas para el turista que viaja al Caribe o Suramérica.

Tomás: ¿Tiene algún consejo para las personas que se enferman cuando viajan?

Carla: Muchas veces los turistas toman el avión sin saber nada acerca del país que van a visitar. Ponen toda su ropa en la maleta, toman el pasaporte, la cámara fotográfica y ¡a volar°! Es necesario tomar precauciones porque nuestro cuerpo necesita adaptarse al clima, al sol, a la humedad, al agua y a la comida. Se trata de° viajar, admirar las maravillas del mundo y regresar a casa con hermosos recuerdos. En resumen, el secreto es "prevenir en vez de° curar".

llave *faucet* hielo *ice* reales *true* propias *own* historias *stories*
se trata *is treated* ¡a volar! *Off they go!* Se trata de *It's a question of*
en vez de *instead of*

Seleccionar 🖱
Selecciona la respuesta correcta.

1. El tema principal de este libro es _____.
   a. Puerto Rico b. la salud y el agua c. otras culturas
   d. el cuidado de la salud en los viajes
2. Las situaciones narradas en el libro son _____.
   a. autobiográficas b. inventadas c. ficticias
   d. imaginarias
3. ¿Qué recomendaciones no vas a encontrar en este libro? _____
   a. cómo vestirse adecuadamente
   b. cómo prevenir las quemaduras solares
   c. consejos sobre la comida y la bebida
   d. cómo dar propina en los países del Caribe o de Suramérica

4. En opinión de la señorita Baron, _____.
   a. es bueno tomar agua de la llave y beber jugo de frutas con mucho hielo
   b. es mejor tomar solamente agua embotellada (*bottled*)
   c. los minerales son buenos para el dolor abdominal
   d. es importante visitar el cuarto de baño cada diez minutos
5. ¿Cuál de estos productos no lleva la autora cuando viaja a otros países? _____
   a. desinfectante
   b. crema repelente
   c. detergente
   d. pastillas medicinales

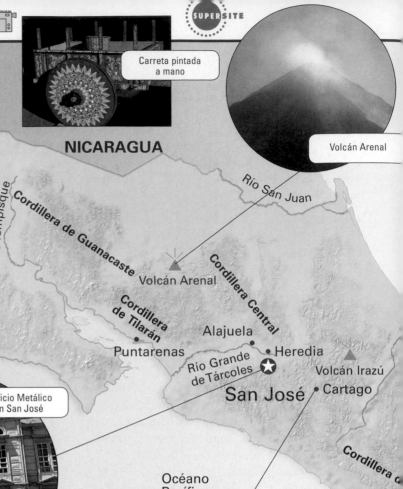

Carreta pintada a mano

NICARAGUA

Volcán Arenal

Costa Rica

El país en cifras

▶ **Área:** 51.100 km² (19.730 millas²), *aproximadamente el área de Virginia Occidental°*

▶ **Población:** 4.665.000

Costa Rica es el país de Centroamérica con la población más homogénea. El 98% de sus habitantes es blanco y mestizo°. Más del 50% de la población es de ascendencia° española y un alto porcentaje tiene sus orígenes en otros países europeos.

▶ **Capital:** San José —1.374.000

▶ **Ciudades principales:** Alajuela, Cartago, Puntarenas, Heredia

SOURCE: Population Division, UN Secretariat

▶ **Moneda:** colón costarricense°

▶ **Idioma:** español (oficial)

Bandera de Costa Rica

Costarricenses célebres

▶ **Carmen Lyra,** escritora (1888–1949)

▶ **Chavela Vargas,** cantante° (1919–)

▶ **Óscar Arias Sánchez,** presidente de Costa Rica (1949–)

▶ **Claudia Poll,** nadadora° olímpica (1972–)

Óscar Arias recibió el Premio Nobel de la Paz en 1987.

Virginia Occidental *West Virginia* mestizo *of indigenous and white parentage* ascendencia *descent* costarricense *Costa Rican* cantante *singer* nadadora *swimmer* ejército *army* gastos *expenditures* invertir *to invest* cuartel *barracks*

Edificio Metálico en San José

Río Tempisque

Río San Juan

Cordillera de Guanacaste

Cordillera Central

Cordillera de Tilarán

Volcán Arenal

Alajuela

Puntarenas

Heredia

Río Grande de Tárcoles

San José

Volcán Irazú

Cartago

Cordillera ...

Océano Pacífico

Basílica de Nuestra Señora de los Ángeles en Cartago

ESTADOS UNIDOS

OCÉANO ATLÁNTICO

COSTA RICA

OCÉANO PACÍFICO

AMÉRICA DEL SUR

recursos

WB pp. 121–122	VM pp. 243–244	panorama.vhlcentral.com Lección 10

¡Increíble pero cierto!

Costa Rica es el único país latinoamericano que no tiene ejército°. Sin gastos° militares, el gobierno puede invertir° más dinero en la educación y las artes. En la foto aparece el Museo Nacional de Costa Rica, antiguo cuartel° del ejército.

MUSEO NACIONAL DE COSTA RICA

Lugares • Los parques nacionales
El sistema de parques nacionales de Costa Rica ocupa el 9,3% de su territorio y fue establecido° para la protección de su biodiversidad. En los parques, los ecoturistas pueden admirar montañas, cataratas° y una gran variedad de plantas exóticas. Algunos ofrecen también la oportunidad de ver quetzales°, monos°, jaguares, armadillos y serpientes° en su hábitat natural.

Mar Caribe

Economía • Las plantaciones de café
Costa Rica fue el primer país centroamericano en desarrollar° la industria del café. En el siglo° XIX, los costarricenses empezaron a exportar esta semilla a Inglaterra°, lo que significó una contribución importante a la economía de la nación. Actualmente, más de 50.000 costarricenses trabajan en el cultivo del café. Este producto representa cerca del 15% de sus exportaciones anuales.

• Limón

Sociedad • Una nación progresista
Costa Rica es un país progresista. Tiene un nivel de alfabetización° del 96%, uno de los más altos de Latinoamérica. En 1870, esta nación centroamericana abolió la pena de muerte° y en 1948 eliminó el ejército e hizo obligatoria y gratuita° la educación para todos sus ciudadanos.

alamanca

PANAMÁ

¿Qué aprendiste? Responde a cada pregunta con una oración completa.
1. ¿Cómo se llama la capital de Costa Rica?

2. ¿Quién es Claudia Poll?

3. ¿Qué porcentaje del territorio de Costa Rica ocupan los parques nacionales?

4. ¿Para qué se establecen los parques nacionales?

5. ¿Qué pueden ver los turistas en los parques nacionales?

6. ¿Cuántos costarricenses trabajan en las plantaciones de café hoy día?

7. ¿Cuándo eliminó Costa Rica la pena de muerte?

Bañistas en Limón

Conexión Internet Investiga estos temas en **panorama.vhlcentral.com**.
1. Busca información sobre Óscar Arias Sánchez. ¿Quién es? ¿Por qué se le considera (*is he considered*) un costarricense célebre?
2. Busca información sobre los artistas de Costa Rica. ¿Qué artista, escritor o cantante te interesa más? ¿Por qué?

....

establecido *established* cataratas *waterfalls* quetzales *type of tropical bird* monos *monkeys* serpientes *snakes*
en desarrollar *to develop* siglo *century* Inglaterra *England* nivel de alfabetización *literacy rate* pena de muerte *death penalty* gratuita *free*

Nicaragua

El país en cifras

▶ **Área:** 129.494 km² (49.998 millas²), *aproximadamente el área de Nueva York. Nicaragua es el país más grande de Centroamérica. Su terreno es muy variado e incluye bosques tropicales, montañas, sabanas° y marismas°, además de unos 40 volcanes.*

▶ **Población:** 6.066.000

▶ **Capital:** Managua—1.312.000
Managua está en una región de una notable inestabilidad geográfica, con muchos volcanes y terremotos°. En décadas recientes, los nicaragüenses han decidido que no vale la pena° construir rascacielos° porque no resisten los terremotos.

▶ **Ciudades principales:** León, Masaya, Granada

SOURCE: Population Division, UN Secretariat

▶ **Moneda:** córdoba

▶ **Idiomas:** español (oficial), misquito, inglés

Bandera de Nicaragua

Nicaragüenses célebres

▶ **Rubén Darío,** poeta (1867–1916)
▶ **Violeta Barrios de Chamorro,** política y ex-presidenta (1930–)
▶ **Daniel Ortega,** político y ex-presidente (1945–)
▶ **Gioconda Belli,** poeta (1948–)

Pintada° en una pared de Managua

Típico hogar misquito en la costa atlántica

HONDURAS
Río Coco
Cordillera Isabelia
Chachagón — Saslaya
Piu
Río Tuma — Río Grande
Cordillera Dariense
León
Océano Pacífico
Sierra Madre
Lago de Managua
Managua ★
Lago Nicaragua
Masaya — Granada
Isla Zapatera
Concepción
Maderas — Isla Ometepe
Archipiélago Solentiname
Río San Juan
COSTA RICA

Violeta Barrios de Chamorro

ESTADOS UNIDOS
OCÉANO ATLÁNTICO
NICARAGUA
OCÉANO PACÍFICO
AMÉRICA DEL SUR

sabanas *grasslands*   marismas *marshes*   Pintada *Political graffiti*
terremotos *earthquakes*   no vale la pena *it's not worthwhile*
rascacielos *skyscrapers*   tiburón *shark*   agua dulce *freshwater*
bahía *bay*   fue cercada *was closed off*   atunes *tuna*

recursos

| WB pp. 123–124 | VM pp. 245–246 | panorama.vhlcentral.com Lección 10 |

¡Increíble pero cierto!

En el lago Nicaragua está la única especie de tiburón° de agua dulce° del mundo. Los científicos creen que el lago fue antes una enorme bahía° que luego fue cercada° por erupciones volcánicas. Esta teoría explicaría la presencia de tiburones, atunes° y otras especies de peces que normalmente sólo viven en mares y océanos.

Historia • **Las huellas° de Acahualinca**

La región de Managua se caracteriza por tener un gran número de sitios prehistóricos. Las huellas de Acahualinca son uno de los restos° más famosos y antiguos°. Se formaron hace más de 6.000 años, a orillas° del lago Managua. Las huellas, tanto de humanos como de animales, se dirigen° hacia una misma dirección. Esto hace pensar a los expertos que corrían hacia el lago para escapar de una erupción volcánica.

Artes • **Ernesto Cardenal (1925–)**

Ernesto Cardenal, poeta, escultor y sacerdote° católico, es uno de los escritores más famosos de Nicaragua, país conocido por sus grandes poetas. Ha escrito° más de 35 libros y se le considera uno de los principales autores de Latinoamérica. Desde joven creyó en el poder° de la poesía°. En los años 60, Cardenal organizó la comunidad artística del archipiélago Solentiname en el lago Nicaragua. Fue ministro de cultura del país desde 1979 hasta 1988, y también fue vicepresidente de Casa de los Tres Mundos, una organización creada para el intercambio cultural internacional.

Naturaleza • **El lago Nicaragua**

El lago Nicaragua, con un área de más de 8.000 km^2 (3.100 millas^2), es el lago más grande de Centroamérica. Tiene más de 370 islas°, formadas por las erupciones del volcán Mombacho. La isla Zapatera, casi deshabitada ahora, fue un cementerio° indígena donde todavía se encuentran estatuas prehistóricas. En el lago también encontramos muchos peces exóticos.

¿Qué aprendiste? Responde a cada pregunta con una oración completa.

1. ¿Por qué no hay muchos rascacielos en Managua?

2. Nombra dos ex-presidentes de Nicaragua.

3. ¿Qué especie única vive en el lago Nicaragua?

4. ¿Cuál es una de las teorías sobre la formación de las huellas de Acahualinca?

5. ¿Por qué es famoso el archipiélago Solentiname?

6. ¿Quién es Ernesto Cardenal?

7. ¿Cómo se formaron las islas del lago Nicaragua?

8. ¿Qué hay de interés arqueológico en la isla Zapatera?

Conexión Internet Investiga estos temas en **panorama.vhlcentral.com**.

1. ¿Dónde se habla inglés en Nicaragua y por qué?
2. ¿Qué información hay ahora sobre la economía y/o los derechos humanos en Nicaragua?

....

huellas *footprints*   restos *remains*   antiguos *ancient*   orillas *shores*   se dirigen *are headed*   sacerdote *priest*
Ha escrito *He has written*   poder *power*   poesía *poetry*   islas *islands*   cementerio *cemetery*

El cuerpo

la boca	mouth
el brazo	arm
la cabeza	head
el corazón	heart
el cuello	neck
el cuerpo	body
el dedo	finger
el dedo del pie	toe
el estómago	stomach
la garganta	throat
el hueso	bone
la nariz	nose
el oído	(sense of) hearing; inner ear
el ojo	eye
la oreja	(outer) ear
el pie	foot
la pierna	leg
la rodilla	knee
el tobillo	ankle

La salud

el accidente	accident
el antibiótico	antibiotic
la aspirina	aspirin
la clínica	clinic
el consultorio	doctor's office
el/la dentista	dentist
el/la doctor(a)	doctor
el dolor (de cabeza)	(head)ache; pain
el/la enfermero/a	nurse
el examen médico	physical exam
la farmacia	pharmacy
la gripe	flu
el hospital	hospital
la infección	infection
el medicamento	medication
la medicina	medicine
la operación	operation
el/la paciente	patient
la pastilla	pill; tablet
la radiografía	X-ray
la receta	prescription
el resfriado	cold (illness)
la sala de emergencia(s)	emergency room
la salud	health
el síntoma	symptom
la tos	cough

Verbos

caerse	to fall (down)
dañar	to damage; to break down
darse con	to bump into; to run into
doler (o:ue)	to hurt
enfermarse	to get sick
estar enfermo/a	to be sick
estornudar	to sneeze
lastimarse (el pie)	to injure (one's foot)
olvidar	to forget
poner una inyección	to give an injection
prohibir	to prohibit
recetar	to prescribe
romper	to break
romperse (la pierna)	to break (one's leg)
sacar(se) un diente	to have a tooth removed
ser alérgico/a (a)	to be allergic (to)
sufrir una enfermedad	to suffer an illness
tener dolor (m.)	to have a pain
tener fiebre	to have a fever
tomar la temperatura	to take someone's temperature
torcerse (o:ue) (el tobillo)	to sprain (one's ankle)
toser	to cough

Adjetivos

congestionado/a	congested; stuffed-up
embarazada	pregnant
grave	grave; serious
mareado/a	dizzy; nauseated
médico/a	medical
saludable	healthy
sano/a	healthy

Adverbios

a menudo	often
a tiempo	on time
a veces	sometimes
además (de)	furthermore; besides
apenas	hardly; scarcely
así	like this; so
bastante	enough; rather
casi	almost
con frecuencia	frequently
de niño/a	as a child
de vez en cuando	from time to time
despacio	slowly
menos	less
mientras	while
muchas veces	a lot; many times
poco	little
por lo menos	at least
pronto	soon
rápido	quickly
todos los días	every day

Expresiones útiles	See page 313.

recursos

LM p. 60

panorama.vhlcentral.com
Lección 10

La tecnología

Communicative Goals

You will learn how to:

- Talk about using technology and electronic products
- Use common expressions on the telephone
- Talk about car trouble

A PRIMERA VISTA

- ¿Se llevan ellos bien o mal?
- ¿Crees que hace mucho tiempo que se conocen?
- ¿Son saludables?
- ¿Qué partes del cuerpo se ven en la foto?

La tecnología

Más vocabulario

la calculadora	calculator
la cámara de video, digital	video, digital camera
el canal	(TV) channel
la contestadora	answering machine
el estéreo	stereo
el *fax*	fax (machine)
la televisión por cable	cable television
el tocadiscos compacto	compact disc player
el video(casete)	video(cassette)
el archivo	file
arroba	@ symbol
la dirección electrónica	e-mail address
Internet	Internet
el mensaje de texto	text message
la página principal	home page
el programa de computación	software
la red	network; Web
el sitio web	website
apagar	to turn off
borrar	to erase
descargar	to download
funcionar	to work
grabar	to record
guardar	to save
imprimir	to print
llamar	to call
navegar (en Internet)	to surf (the Internet)
poner, prender	to turn on
quemar	to burn (a CD)
sonar (o:ue)	to ring
descompuesto/a	not working; out of order
lento/a	slow
lleno/a	full

Variación léxica

computadora ←→ ordenador (*Esp.*),
computador (*Col.*)

descargar ←→ bajar (*Esp., Col., Arg., Ven.*)

el televisor

la pantalla

el reproductor de DVD

la videocasetera

la impresora

la computadora (portátil)

el monitor

el (teléfono) celular

el ratón

el teclado

el cederrón

recursos

WB
pp. 125–126

LM
p. 61

SUPERSITE
panorama.vhlcentral.com
Lección 11

Práctica

1 Escuchar 🎧 Escucha la conversación entre dos amigas. Después completa las oraciones.

1. María y Ana están en _____.
   a. una tienda   b. un cibercafé   c. un restaurante
2. A María le encantan _____.
   a. los celulares   b. las cámaras digitales   c. los cibercafés
3. Ana prefiere guardar las fotos en _____.
   a. la pantalla   b. un archivo   c. un cederrón
4. María quiere tomar un café y _____.
   a. poner la computadora   b. sacar fotos digitales
   c. navegar en Internet
5. Ana paga por el café y _____.
   a. el uso de Internet   b. la impresora   c. el cederrón

2 ¿Cierto o falso? 🎧 Escucha las oraciones e indica si lo que dice cada una es **cierto** o **falso**, según el dibujo.

1 _____   5. _____
2. _____   6. _____
3. _____   7. _____
4. _____   8. _____

3 Oraciones Escribe oraciones usando estos elementos. Usa el pretérito y añade las palabras necesarias.

1. yo / descargar / fotos digitales / Internet

2. tú / apagar / televisor / diez / noche

3. Daniel y su esposa / comprar / computadora portátil / ayer

4. Sara y yo / ir / cibercafé / para / navegar en Internet

5. Jaime / decidir / comprar / reproductor de MP3

6. teléfono celular / sonar / pero / yo / no contestar

4 Preguntas Mira el dibujo y contesta las preguntas.

1. ¿Qué tipo de café es?
2. ¿Cuántas impresoras hay? ¿Cuántos ratones?
3. ¿Por qué vinieron estas personas al café?
4. ¿Qué hace el camarero?
5. ¿Qué hace la mujer en la computadora? ¿Y el hombre?
6. ¿Qué máquinas están cerca del televisor?
7. ¿Dónde hay un cibercafé en tu comunidad?
8. ¿Por qué puedes tú necesitar un cibercafé?

Cibercafé CORRIENTES

el control remoto

el reproductor de MP3

el disco compacto

En la gasolinera

Más vocabulario

la autopista, la carretera	*highway*
la calle	*street*
la circulación, el tráfico	*traffic*
el garaje, el taller (mecánico)	*(mechanic's) garage; repair shop*
la licencia de conducir	*driver's license*
el/la mecánico/a	*mechanic*
la policía	*police (force)*
la velocidad máxima	*speed limit*
arrancar	*to start*
arreglar	*to fix; to arrange*
bajar(se) de	*to get off of/out of (a vehicle)*
conducir, manejar	*to drive*
estacionar	*to park*
parar	*to stop*
subir(se) a	*to get on/into (a vehicle)*

5 **Completar** Completa estas oraciones con las palabras correctas.
1. Para poder conducir legalmente, necesitas…
2. Puedes poner las maletas en…
3. Si tu carro no funciona, debes llevarlo a…
4. Para llenar el tanque de tu coche, necesitas ir a…
5. Antes de un viaje largo, es importante revisar…
6. Otra palabra para autopista es…
7. Mientras hablas por teléfono celular, no es buena idea…
8. Otra palabra para coche es…

6 **Conversación** Completa la conversación con las palabras de la lista.

el aceite	la gasolina	llenar	revisar	el taller
el baúl	las llantas	manejar	el parabrisas	el volante

EMPLEADO   Bienvenido al (1)_____ mecánico *Óscar*. ¿En qué le puedo servir?

JUAN   Buenos días. Quiero (2)_____ el tanque y revisar (3)_____, por favor.

EMPLEADO   Con mucho gusto. Si quiere, también le limpio (4)_____.

JUAN   Sí, gracias. Está un poquito sucio. La próxima semana tengo que (5)_____ hasta Buenos Aires. ¿Puede cambiar (6)_____? Están gastadas (*worn*).

EMPLEADO   Claro que sí, pero voy a tardar (*it will take me*) un par de horas.

JUAN   Mejor regreso mañana. Ahora no tengo tiempo. ¿Cuánto le debo por (7)_____?

EMPLEADO   Sesenta pesos. Y veinticinco por (8)_____ y cambiar el aceite.

¡LENGUA VIVA!

Aunque **carro** es el término que se usa en la mayoría de países hispanos, no es el único. En España, por ejemplo, se dice **coche**, y en Argentina, Chile y Uruguay se dice **auto**.

CONSULTA

For more information about **Buenos Aires**, see **Panorama**, p. 370.

Comunicación

7

Preguntas Trabajen en grupos para contestar estas preguntas. Después compartan sus respuestas con la clase.

1. a. ¿Tienes un teléfono celular? ¿Para qué lo usas?
   b. ¿Qué utilizas más: el teléfono o el correo electrónico? ¿Por qué?
   c. En tu opinión, ¿cuáles son las ventajas (*advantages*) y desventajas de los diferentes modos de comunicación?

2. a. ¿Con qué frecuencia usas la computadora?
   b. ¿Para qué usas Internet?
   ▶ c. ¿Tienes tu propio sitio web? ¿Cómo es?

3. a. ¿Miras la televisión con frecuencia? ¿Qué programas ves?
   b. ¿Tienes televisión por cable? ¿Por qué?
   c. ¿Tienes una videocasetera? ¿Un reproductor de DVD? ¿Un reproductor de DVD en la computadora?
   d. ¿A través de (*By*) qué medio escuchas música? ¿Radio, estéreo, tocadiscos compacto, reproductor de MP3 o computadora?

4. a. ¿Tienes licencia de conducir?
   ▶ b. ¿Cuánto tiempo hace que la conseguiste?
   c. ¿Tienes carro? Descríbelo.
   d. ¿Llevas tu carro al taller? ¿Para qué?

NOTA CULTURAL

Algunos sitios web utilizan códigos para identificar su país de origen. Éstos son los códigos para algunos países hispanohablantes.

Argentina .ar
Colombia .co
España .es
México .mx
Venezuela .ve

CONSULTA

To review expressions like **hace…que**, see **Lección 10, Expresiones útiles**, p. 313.

8

Postal En parejas, lean la tarjeta postal. Después contesten las preguntas.

19 julio de 1979

Hola, Paco:

¡Saludos! Estamos de viaje por unas semanas. La Costa del Sol es muy bonita. No hemos encontrado (*we haven't found*) a tus amigos porque nunca están en casa cuando llamamos. El teléfono suena y suena y nadie contesta. Vamos a seguir llamando.

Sacamos muchas fotos muy divertidas. Cuando regresemos y las revelemos (*get them developed*), te las voy a enseñar. Las playas son preciosas. Hasta ahora el único problema fue que la oficina en la cual reservamos un carro perdió nuestros papeles y tuvimos que esperar mucho tiempo.

También tuvimos un pequeño problema con el hotel. La agencia de viajes nos reservó una habitación en un hotel que está muy lejos de todo. No podemos cambiarla, pero no me importa mucho. A pesar de eso, estamos contentos.

Tu hermana, Gabriela

Francisco Jiménez
San Lorenzo 3250
Rosario, Argentina 2000

1. ¿Cuáles son los problemas que ocurren en el viaje de Gabriela?
2. Con la tecnología de hoy, ¿existen los mismos problemas cuando se viaja? ¿Por qué?
3. Hagan una comparación entre la tecnología de los años 70 y 80 y la de hoy.
4. Imaginen que la hija de Gabriela escribe un correo electrónico sobre el mismo tema con fecha de hoy. Escriban ese correo, incorporando la tecnología de hoy (teléfonos celulares, Internet, cámaras digitales, etc.). Inventen nuevos problemas.

Tecnohombre, ¡mi héroe!

El autobús se daña.

PERSONAJES

MAITE

INÉS

DON FRANCISCO

ÁLEX

JAVIER

SR. FONSECA

ÁLEX ¿Bueno? ... Con él habla... Ah, ¿cómo estás? ... Aquí, yo muy bien. Vamos para Ibarra. ¿Sabes lo que pasó? Esta tarde íbamos para Ibarra cuando Javier tuvo un accidente en el autobús. Se cayó y tuvimos que llevarlo a una clínica.

JAVIER Episodio veintiuno: Tecnohombre y los superamigos suyos salvan el mundo una vez más.

INÉS Oh, Tecnohombre, ¡mi héroe!

MAITE ¡Qué cómicos! Un día de éstos, ya van a ver...

ÁLEX Van a ver quién es realmente Tecnohombre. Mis superamigos y yo nos hablamos todos los días por el teléfono Internet, trabajando para salvar el mundo. Pero ahora, con su permiso, quiero escribirle un mensaje electrónico a mi mamá y navegar en la red un ratito.

INÉS Pues... no sé... creo que es el alternador. A ver... sí... Mire, don Francisco... está quemado el alternador.

DON FRANCISCO Ah, sí. Pero aquí no podemos arreglarlo. Conozco a un mecánico pero está en Ibarra, a veinte kilómetros de aquí.

ÁLEX ¡Tecnohombre, a sus órdenes!

DON FRANCISCO ¡Eres la salvación, Álex! Llama al Sr. Fonseca al cinco, treinta y dos, cuarenta y siete, noventa y uno. Nos conocemos muy bien. Seguro que nos ayuda.

ÁLEX Buenas tardes. ¿Con el Sr. Fonseca por favor? ... Soy Álex Morales, cliente de Ecuatur. Le hablo de parte del señor Francisco Castillo... Es que íbamos para Ibarra y se nos dañó el autobús. ... Pensamos que es el... el alternador... Estamos a veinte kilómetros de la ciudad...

recursos

VM pp. 215–216

panorama.vhlcentral.com Lección 11

4

DON FRANCISCO Chicos, creo que tenemos un problema con el autobús. ¿Por qué no se bajan?

5

DON FRANCISCO Mmm, no veo el problema.

INÉS Cuando estaba en la escuela secundaria, trabajé en el taller de mi tío. Me enseñó mucho sobre mecánica. Por suerte, arreglé unos autobuses como éste.

DON FRANCISCO ¡No me digas!

9

SR. FONSECA Creo que va a ser mejor arreglar el autobús allí mismo. Tranquilo, enseguida salgo.

10

ÁLEX Buenas noticias. El señor Fonseca viene enseguida. Piensa que puede arreglar el autobús aquí mismo.

MAITE ¡La Mujer Mecánica y Tecnohombre, mis héroes!

DON FRANCISCO ¡Y los míos también!

Expresiones útiles

Talking on the telephone

- Aló (¿Bueno?/Diga
  Hello.
- **¿Quién habla?**
  Who is speaking?
- **¿De parte de quién?**
  Who is calling?
  Con él/ella habla.
  This is he/she.
  Le hablo de parte de Francisco Castillo.
  I'm speaking to you on behalf of Francisco Castillo.
- **¿Puedo dejar un recado?**
  May I leave a message?
  Está bien. Llamo más tarde.
  That's fine. I'll call later.

Talking about bus or car problems

- **¿Qué pasó?**
  What happened?
  Se nos dañó el autobús.
  The bus broke down.
  Se nos pinchó una llanta.
  We had a flat tire.
  Está quemado el alternador.
  The alternator is burned out.

Saying how far away things are

- **Está a veinte kilómetros de aquí.**
  It's twenty kilometers from here.
- **Estamos a veinte millas de la ciudad.**
  We're twenty miles from the city.

Expressing surprise

- **¡No me digas!**
  You don't say! (fam.)
- **¡No me diga!**
  You don't say! (form.)

Offering assistance

- **A sus órdenes.**
  At your service.

Additional vocabulary

- **aquí mismo**
  right here

¿Qué pasó?

 1 Seleccionar Selecciona las respuestas que completan correctamente estas oraciones.

1. Álex quiere____.
   a. llamar a su mamá por teléfono celular b. escribirle a su mamá y navegar en la red
   c. hablar por teléfono Internet y navegar en la red
2. Se les dañó el autobús. Inés dice que ____.
   a. el alternador está quemado b. se pinchó una llanta c. el taller está lejos
3. Álex llama al mecánico, el señor ____.
   a. Castillo b. Ibarra c. Fonseca
4. Maite llama a Inés la "Mujer Mecánica" porque antes ____.
   a. trabajaba en el taller de su tío b. arreglaba computadoras
   c. conocía a muchos mecánicos
5. El grupo está a ____ de la ciudad.
   a. veinte millas b. veinte grados centígrados c. veinte kilómetros

2 Identificar Identifica quién puede decir estas oraciones.

1. Gracias a mi tío tengo un poco de experiencia arreglando autobuses.
2. Sé manejar un autobús pero no sé arreglarlo. ¿Por qué no llamamos a mi amigo?
3. Sabes, admiro mucho a la Mujer Mecánica y a Tecnohombre.
4. Aló... Sí, ¿de parte de quién?
5. El nombre de Tecnohombre fue idea mía. ¡Qué cómico!, ¿no?

JAVIER ÁLEX MAITE INÉS DON FRANCISCO

 3 Problema mecánico Trabajen en parejas para representar los papeles de un(a) mecánico/a y un(a) cliente/a que está llamando al taller porque su carro está descompuesto. Usen las instrucciones como guía.

Mecánico/a
Contesta el teléfono con un saludo y el nombre del taller.
Pregunta qué tipo de problema tiene exactamente.
Di que debe traer el carro al taller.
Ofrece una hora para revisar el carro.
Da las gracias y despídete.

Cliente/a
Saluda y explica que tu carro está descompuesto.
Explica que tu carro no arranca cuando hace frío.
Pregunta cuándo puedes llevarlo.
Acepta la hora que ofrece el/la mecánico/a.
Despídete y cuelga (*hang up*) el teléfono.

Ahora cambien los papeles y representen otra conversación. Ustedes son un(a) técnico/a y un(a) cliente/a. Usen estas ideas:

el celular no guarda mensajes   la impresora imprime muy lentamente
la computadora no descarga fotos   el reproductor de DVD está descompuesto

Ortografía

La acentuación de palabras similares

Although accent marks usually indicate which syllable in a word is stressed, they are also used to distinguish between words that have the same or similar spellings.

Él maneja el coche.   **Sí, voy si quieres.**

Although one-syllable words do not usually carry written accents, some *do* have accent marks to distinguish them from words that have the same spelling but different meanings.

Sé cocinar.   Se baña.   ¿Tomas té?   Te duermes.

Sé (*I know*) and **té** (*tea*) have accent marks to distinguish them from the pronouns **se** and **te**.

---

para mí   mi cámara   Tú lees.   tu estéreo

Mí (*Me*) and **tú** (*you*) have accent marks to distinguish them from the possessive adjectives **mi** and **tu**.

¿Por qué vas?   **Voy porque quiero.**

Several words of more than one syllable also have accent marks to distinguish them from words that have the same or similar spellings.

Éste es rápido.   **Este módem es rápido.**

Demonstrative pronouns have accent marks to distinguish them from demonstrative adjectives.

¿Cuándo fuiste?   **Fui cuando me llamó.**
¿Dónde trabajas?   **Voy al taller donde trabajo.**

Adverbs have accent marks when they are used to convey a question.

Práctica Marca los acentos en las palabras que los necesitan.

ANA   Alo, soy Ana. ¿Que tal?
JUAN Hola, pero... ¿por que me llamas tan tarde?
ANA   Porque mañana tienes que llevarme a la universidad. Mi auto esta dañado.
JUAN ¿Como se daño?
ANA   Se daño el sabado. Un vecino (*neighbor*) choco con (*crashed into*) el.

Crucigrama Utiliza las siguientes pistas (*clues*) para completar el crucigrama. ¡Ojo con los acentos!

Horizontales

1. Él _____ levanta.
4. No voy _____ no puedo.
7. Tú _____ acuestas.
9. ¿_____ es el examen?
10. Quiero este video y _____.

Verticales

2. ¿Cómo _____ usted?
3. Eres _____ mi hermano.
5. ¿_____ tal?
6. Me gusta _____ suéter.
8. Navego _____ la red.

recursos

LM
p. 62

panorama.vhlcentral.com
Lección 11

EN DETALLE

El teléfono
celular

¿Cómo te comunicas con tus amigos y familia? En países como Argentina y España, el servicio de teléfono común° es bastante caro, por lo que **el teléfono celular**, más accesible y barato, es el favorito de mucha gente.

El servicio más popular entre los jóvenes es el sistema de tarjetas prepagadas°, porque no requiere de un contrato ni de cuotas° extras. En muchas ciudades puedes encontrar estas tarjetas en cualquier° tienda. Para tener un servicio todavía más económico, mucha gente usa el mensaje de texto en sus teléfonos celulares. Un mensaje típico de un joven frugal podría° ser, por ejemplo: **N LLMS X TL. ¡S MY KRO!** (No llames por teléfono. ¡Es muy caro!)

Los celulares de la década de 1980 eran grandes e incómodos, y estaban limitados al uso de la voz°. Los celulares de hoy tienen muchas funciones más. Se pueden usar como despertadores, como cámara de fotos y hasta para leer y escribir correo electrónico. Sin embargo°, la función favorita de muchos jóvenes es la de poder descargar música de Internet en sus teléfonos para poder escucharla cuando lo deseen°, es decir, ¡casi todo el tiempo!

Mensajes de texto en español			
¿K TL?	¿Qué tal?	CONT, XFA	Contesta, por favor.
STY S3A2	Estoy estresado°.	TB	también
TQ MXO.	Te quiero mucho.	¿A K ORA S	¿A qué hora es
A2	Adiós.	L FSTA?	la fiesta?
¿XQ?	¿Por qué?	M DBS $	Me debes dinero.
GNL	genial	5MNTRIOS	Sin comentarios.
¡K RSA!	¡Qué risa!°	¿K ACS?	¿Qué haces?
¡QT 1 BD!	¡Que tengas un	STY N L BBLIOTK	Estoy en la biblioteca.
	buen día!°	1 BSO	Un beso.
SALU2, PP	Saludos, Pepe.	NS VMS + TRD	Nos vemos más tarde.

común *ordinary* prepagadas *prepaid* cuotas *fees* cualquier *any* podría *could* voz *voice* Sin embargo *However* cuando lo deseen *whenever they wish* estresado *stressed out* ¡Qué risa! *So funny!* ¡Que tengas un buen día! *Have a nice day!*

ACTIVIDADES

1 **¿Cierto o falso?** Indica si lo que dicen estas oraciones es **cierto** o **falso**. Corrige la información falsa.

1. El teléfono común es un servicio caro en Argentina.

2. Muchas personas usan más el teléfono celular que el teléfono común.

3. Es difícil encontrar tarjetas prepagadas en las ciudades hispanas.

4. Los jóvenes suelen (*tend to*) usar el mensaje de texto para pagar menos por el servicio de teléfono celular.

5. Los primeros teléfonos celulares eran muy cómodos y pequeños.

6. En la década de 1980, los teléfonos celulares tenían muchas funciones.

7. **STY S3A2** significa "Te quiero mucho".

ASÍ SE DICE

La tecnología

los audífonos (Méx., Col.), los auriculares (Arg.), los cascos (Esp.)	*headset; earphones*
el móvil (Esp.)	el celular
(teléfono) deslizable	*slider (phone)*
inalámbrico/a	*cordless; wireless*
el manos libres (Amér. S.)	*free-hands system*
(teléfono) plegable	*flip (phone)*

EL MUNDO HISPANO

Las bicimotos

○ **Argentina** El ciclomotor se usa mayormente° para repartir a domicilio° comidas y medicinas.

○ **Perú** La motito se usa mucho para el reparto a domicilio de pan fresco todos los días.

○ **México** La *Vespa* se usa para evitar° el tráfico en grandes ciudades.

○ **España** La población usa el *Vespino* para ir y volver al trabajo cada día.

○ **Puerto Rico** Una *scooter* es el medio de transporte favorito en las zonas rurales.

○ **República Dominicana** Las moto-taxis son el medio de transporte más económico, ¡pero no olvides el casco°!

mayormente *mainly* repartir a domicilio *home delivery of* evitar *to avoid* casco *helmet*

PERFIL

Los cibercafés

Hoy día, en casi cualquier ciudad grande latinoamericana lo puedes encontrar en cada esquina° un nuevo tipo de café: **el cibercafé**. Allí uno puede disfrutar de° un refresco o un café mientras navega en Internet, escribe correo electrónico o chatea° en múltiples foros virtuales.

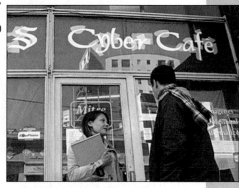

De hecho°, el negocio° del cibercafé está mucho más desarrollado° en Latinoamérica que en los Estados Unidos. En una ciudad hispana, es común ver varios en una misma cuadra°. Los extranjeros piensan que no puede haber suficientes clientes para todos, pero los cibercafés ofrecen servicios especializados que permiten su coexistencia. Por ejemplo, mientras que el cibercafé Videomax atrae° a los niños con videojuegos, el Conécta-T ofrece servicio de chat con cámara para jóvenes, y el Mundo° Ejecutivo atrae a profesionales, todo en la misma calle.

esquina *corner* disfrutar de *enjoy* chatea *chat (from the English verb to chat)* De hecho *In fact* negocio *business* desarrollado *developed* cuadra *(city) block* atrae *attracts* Mundo *World*

 SUPERSITE **Conexión Internet**

¿Qué sitios web son populares entre los jóvenes hispanos?

Go to **panorama.vhlcentral.com** to find more cultural information related to this Cultura section.

ACTIVIDADES

2 **Comprensión** Responde a las preguntas.

1. ¿Cuáles son tres formas de decir *headset*?
2. ¿Para qué se usan las bicimotos en Argentina?
3. ¿Qué puedes hacer mientras tomas un refresco en un cibercafé?
4. ¿Qué tienen de especial los cibercafés en Latinoamérica?

3 **¿Cómo te comunicas?** Escribe un párrafo breve en donde expliques qué utilizas para comunicarte con tus amigos/as (correo electrónico, teléfono, etc.) y de qué hablan cuando se llaman por teléfono.

recursos

SUPERSITE

panorama.vhlcentral.com
Lección 11

11.1 Familiar commands

ANTE TODO In Spanish, the command forms are used to give orders or advice. You use **tú** commands (**mandatos familiares**) when you want to give an order or advice to someone you normally address with the familiar **tú**.

Affirmative tú commands

Infinitive	Present tense él/ella form	Affirmative tú command
hablar	habla	**habla** (tú)
guardar	guarda	**guarda** (tú)
prender	prende	**prende** (tú)
volver	vuelve	**vuelve** (tú)
pedir	pide	**pide** (tú)
imprimir	imprime	**imprime** (tú)

▶ Affirmative **tú** commands usually have the same form as the **él/ella** form of the present indicative.

Guarda el documento antes de cerrarlo.
Save the document before closing it.

Imprime tu tarea para la clase de inglés.
Print your homework for English class.

▶ There are eight irregular affirmative **tú** commands.

Irregular affirmative tú commands

decir	**di**	salir	**sal**
hacer	**haz**	ser	**sé**
ir	**ve**	tener	**ten**
poner	**pon**	venir	**ven**

¡**Sal** de aquí ahora mismo!
Leave here at once!

Haz los ejercicios.
Do the exercises.

▶ Since **ir** and **ver** have the same **tú** command (**ve**), context will determine the meaning.

Ve al cibercafé con Yolanda.
Go to the cybercafé with Yolanda.

Ve ese programa... es muy interesante.
See that program... it's very interesting.

Apaga ese walkman y contesta el teléfono.

¡No me digas!

Negative **tú** commands

Infinitive	Present tense yo form	Negative **tú** command
hablar	hablo	**no hables** (tú)
guardar	guardo	**no guardes** (tú)
prender	prendo	**no prendas** (tú)
volver	vuelvo	**no vuelvas** (tú)
pedir	pido	**no pidas** (tú)

▶ The negative **tú** commands are formed by dropping the final **-o** of the **yo** form of the present tense. For **-ar** verbs, add **-es**. For **-er** and **-ir** verbs, add **-as**.

> Héctor, **no pares** el carro aquí.
> *Héctor, don't stop the car here.*

> **No prendas** la computadora todavía.
> *Don't turn on the computer yet.*

▶ Verbs with irregular **yo** forms maintain the same irregularity in their negative **tú** commands. These verbs include **conducir, conocer, decir, hacer, ofrecer, oír, poner, salir, tener, traducir, traer, venir,** and **ver**.

> **No pongas** el cederrón en la computadora.
> *Don't put the CD-ROM in the computer.*

> **No conduzcas** tan rápido.
> *Don't drive so fast.*

▶ Note also that stem-changing verbs keep their stem changes in negative **tú** commands.

> No p**ie**rdas tu celular.
> *Don't lose your cell phone.*

> No v**ue**lvas a esa gasolinera.
> *Don't go back to that gas station.*

> No rep**i**tas las instrucciones.
> *Don't repeat the instructions.*

▶ Verbs ending in **-car, -gar,** and **-zar** have a spelling change in the negative **tú** commands.

sa**car**	c ⟶ **qu**	no sa**qu**es
apa**gar**	g ⟶ **gu**	no apa**gu**es
almor**zar**	z ⟶ **c**	no almuer**c**es

▶ The following verbs have irregular negative **tú** commands.

Irregular negative **tú** commands

dar	no des
estar	no estés
ir	no vayas
saber	no sepas
ser	no seas

¡ATENCIÓN!

In affirmative commands, reflexive, indirect, and direct object pronouns are always attached to the end of the verb. In negative commands, these pronouns always precede the verb.

Bórralos./No los borres.

Escríbeles un correo electrónico./**No les escribas** un correo electrónico.

• • •

When a pronoun is attached to an affirmative command that has two or more syllables, an accent mark is added to maintain the original stress:

borra → **bórralos**
prende → **préndela**
imprime → **imprímelo**

recursos

WB
pp. 127–128

LM
p. 63

SUPERSITE
panorama.
vhlcentral.com
Lección 11

¡INTÉNTALO! Indica los mandatos familiares afirmativos y negativos de estos verbos.

1. correr — _Corre_ más rápido. — No _corras_ más rápido.
2. llenar — _____ el tanque. — No _____ el tanque.
3. salir — _____ ahora. — No _____ ahora.
4. descargar — _____ ese documento. — No _____ ese documento.
5. levantarse — _____ temprano. — No _____ temprano.
6. hacerlo — _____ ya. — No _____ ahora.

Práctica SUPERSITE

1 **Completar** Tu mejor amigo no entiende nada de tecnología y te pide ayuda. Completa los comentarios de tu amigo con el mandato de cada verbo.

1. No _____ en una hora. _____ ahora mismo. (venir)
2. _____ tu tarea después. No la _____ ahora. (hacer)
3. No _____ a la tienda a comprar papel para la impresora. _____ a la cafetería a comprarme algo de comer. (ir)
4. No _____ que no puedes abrir un archivo. _____ que el programa de computación funciona sin problemas. (decirme)
5. _____ generoso con tu tiempo, y no _____ antipático si no entiendo fácilmente. (ser)
6. _____ mucha paciencia y no _____ prisa. (tener)
7. _____ tu teléfono celular, pero no _____ la computadora. (apagar)

2 **Cambiar** Pedro y Marina no pueden ponerse de acuerdo (*agree*) cuando viajan en su carro. Cuando Pedro dice que algo es necesario, Marina expresa una opinión diferente. Usa la información entre paréntesis para formar las órdenes que Marina le da a Pedro.

> **modelo**
>
> **Pedro:** Necesito revisar el aceite del carro. (seguir hasta el próximo pueblo)
> **Marina:** *No revises el aceite del carro. Sigue hasta el próximo pueblo.*

1. Necesito conducir más rápido. (parar el carro)
2. Necesito poner el radio. (hablarme)
3. Necesito almorzar ahora. (comer más tarde)
4. Necesito sacar los discos compactos. (manejar con cuidado)
5. Necesito estacionar el carro en esta calle. (pensar en otra opción)
6. Necesito volver a esa gasolinera. (arreglar el carro en un taller)
7. Necesito leer el mapa. (pedirle ayuda a aquella señora)
8. Necesito dormir en el carro. (acostarse en una cama)

3 **Problemas** Tú y tu compañero/a trabajan en el centro de computadoras de la universidad. Muchos estudiantes están llamando con problemas. Denles órdenes para ayudarlos a resolverlos.

> **modelo**
>
> **Problema:** *No veo nada en la pantalla.*
> **Tu respuesta:** *Prende la pantalla de tu computadora.*

apagar...	descargar...	grabar...	imprimir...	prender...
borrar...	funcionar...	guardar...	navegar...	quemar...

1. No me gusta este programa de computación.
2. Tengo miedo de perder mi documento.
3. Prefiero leer este sitio web en papel.
4. Mi correo electrónico funciona muy lentamente.
5. Busco información sobre los gauchos de Argentina.
6. Tengo demasiados archivos en mi computadora.
7. Mi computadora se congeló (*froze*).
8. Quiero ver las fotos del cumpleaños de mi hermana.

NOTA CULTURAL

Los gauchos (*nomadic cowboys*), conocidos por su habilidad (*skill*) para montar caballos y utilizar lazos, viven en la región más extensa de Argentina, la Patagonia. Esta región ocupa casi la mitad (*half*) de la superficie (*land area*) del país.

Comunicación

4

Órdenes Circula por la clase e intercambia mandatos negativos y afirmativos con tus compañeros/as. Debes seguir las órdenes que ellos te dan o reaccionar apropiadamente.

> **modelo**
>
> **Estudiante 1:** Dame todo tu dinero.
> **Estudiante 2:** No, no quiero dártelo. Muéstrame tu cuaderno.
> **Estudiante 1:** Aquí está.
> **Estudiante 3:** Ve a la pizarra y escribe tu nombre.
> **Estudiante 4:** No quiero. Hazlo tú.

5

Anuncios Miren este anuncio. Luego, en grupos pequeños, preparen tres anuncios adicionales para tres escuelas que compiten (*compete*) con ésta.

INFORMÁTICA ARGENTINA

Toma nuestros cursos y aprende a usar la computadora

abre y lee tus archivos

imprime tus documentos

entra al campo de la tecnología

¡Ponte en contacto con nosotros llamando al **11-4-129-1508** HOY!

Síntesis

6

¡Tanto que hacer! Tu profesor(a) te va a dar una lista de diligencias (*errands*). Algunas las hiciste tú y algunas las hizo tu compañero/a. Las diligencias que ya hicieron tienen esta marca ✔. Pero quedan cuatro diligencias por hacer. Dale mandatos a tu compañero/a, y él/ella responde para confirmar si hay que hacerla o si ya la hizo.

> **modelo**
>
> **Estudiante 1:** Llena el tanque.
> **Estudiante 2:** Ya llené el tanque. / ¡Ay, no! Tenemos que llenar el tanque.

11.2 Por and para (SUPERSITE)

ANTE TODO   Unlike English, Spanish has two words that mean *for*: **por** and **para**. These two prepositions are not interchangeable. Study the following charts to see how they are used.

Es para usted. Es un cliente de don Paco.

Álex habla por teléfono.

Por is used to indicate...

1. Motion or a general location . . . .
(around, through, along, by)

La excursión nos llevó **por** el centro.
The tour took us through downtown.

Pasamos **por** el parque y **por** el río.
We passed by the park and along the river.

2. Duration of an action . . . .
(for, during, in)

Estuve en la Patagonia **por** un mes.
I was in Patagonia for a month.

Ana navegó la red **por** la tarde.
Ana surfed the net in the afternoon.

3. Reason or motive for an action . . . .
(because of, on account of, on behalf of)

Lo hizo **por** su familia.
She did it on behalf of her family.

Papá llegó a casa tarde **por** el tráfico.
Dad arrived home late because of the traffic.

4. Object of a search . . . .
(for, in search of)

Vengo **por** ti a las ocho.
I'm coming for you at eight.

Javier fue **por** su cámara digital.
Javier went in search of his digital camera.

5. Means by which something is done . . .
(by, by way of, by means of)

Ellos viajan **por** la autopista.
They travel by (by way of) the highway.

¿Hablaste con la policía **por** teléfono?
Did you talk to the police by (on the) phone?

6. Exchange or substitution . . . .
(for, in exchange for)

Le di dinero **por** la videocasetera.
I gave him money for the VCR.

Muchas gracias **por** el cederrón.
Thank you very much for the CD-ROM.

7. Unit of measure . . . .
(per, by)

José manejaba a 120 kilómetros **por** hora.
José was driving 120 kilometers per hour.

Para is used to indicate…

1. **Destination** . . . .
   (*toward, in the direction of*)

   Salimos **para** Córdoba el sábado.
   We are leaving for Córdoba on Saturday.

2. **Deadline or a specific time in the future** . . .
   (*by, for*)

   Él va a arreglar el carro **para** el viernes.
   He will fix the car by Friday.

3. **Purpose or goal** + [*infinitive*] . . . .
   (*in order to*)

   Juan estudia **para** (ser) mecánico.
   Juan is studying to be a mechanic.

4. **Purpose** + [*noun*] . . . .
   (*for, used for*)

   Es una llanta **para** el carro.
   It's a tire for the car.

5. **The recipient of something** . . . .
   (*for*)

   Compré una impresora **para** mi hijo.
   I bought a printer for my son.

6. **Comparison with others or an opinion** . .
   (*for, considering*)

   Para un joven, es demasiado serio.
   For a young person, he is too serious.

   Para mí, esta lección no es difícil.
   For me, this lesson isn't difficult.

7. **In the employ of** . . . .
   (*for*)

   Sara trabaja **para** Telecom Argentina.
   Sara works for Telecom Argentina.

▶ In many cases it is grammatically correct to use either **por** or **para** in a sentence. The meaning of the sentence is different, however, depending on which preposition is used.

Caminé **por** el parque.	Caminé **para** el parque.
I walked through the park.	*I walked to (toward) the park.*
Trabajó **por** su padre.	Trabajó **para** su padre.
He worked for (in place of) his father.	*He worked for his father('s company).*

¡INTÉNTALO! Completa estas oraciones con las preposiciones **por** o **para.**

1. Fuimos al cibercafé __por__ la tarde.
2. Necesitas un módem _____ navegar en la red.
3. Entraron _____ la puerta.
4. Quiero un pasaje _____ Buenos Aires.
5. _____ arrancar el carro, necesito la llave.
6. Arreglé el televisor _____ mi amigo.
7. Estuvieron nerviosos _____ el examen.
8. ¿No hay una gasolinera _____ aquí?
9. El reproductor de MP3 es _____ usted.
10. Juan está enfermo. Tengo que trabajar _____ él.
11. Estuvimos en Canadá _____ dos meses.
12. _____ mí, el español es fácil.
13. Tengo que estudiar la lección _____ el lunes.
14. Voy a ir _____ la carretera.
15. Compré dulces _____ mi novia.
16. Compramos el auto _____ un buen precio.

recursos

WB
pp. 129–130

LM
p. 64

panorama.
vhlcentral.com
Lección 11

Práctica SUPERSITE

1 **Completar** Completa este párrafo con las preposiciones **por** o **para**.

El mes pasado mi esposo y yo hicimos un viaje a Buenos Aires y sólo pagamos dos mil dólares (1)_____ los pasajes. Estuvimos en Buenos Aires (2)_____ una semana y paseamos por toda la ciudad. Durante el día caminamos (3)_____ la plaza San Martín, el microcentro y el barrio de La Boca, donde viven muchos artistas. (4)_____ la noche fuimos a una tanguería, que es una especie de teatro, (5)_____ mirar a la gente bailar tango. Dos días después decidimos hacer una excursión (6)_____ las pampas (7)_____ ver el paisaje y un rodeo con gauchos. Alquilamos (*We rented*) un carro y manejamos (8)_____ todas partes y pasamos unos días muy agradables. El último día que estuvimos en Buenos Aires fuimos a Galerías Pacífico (9)_____ comprar recuerdos (*souvenirs*) (10)_____ nuestros hijos y nietos. Compramos tantos regalos que tuvimos que pagar impuestos (*duties*) en la aduana al regresar.

NOTA CULTURAL

Mar del Plata es un centro turístico en la costa de Argentina. La ciudad es conocida como "la perla del Atlántico" y todos los años muchos turistas visitan sus playas y casinos.

2 **Oraciones** Crea oraciones originales con los elementos de las columnas. Une los elementos usando **por** o **para**.

> **modelo**
> Fuimos a Mar del Plata por razones de salud para visitar a un especialista. ◄

(no) fuimos al mercado	por/para	comprar frutas	por/para	¿?
(no) fuimos a las montañas	por/para	tres días	por/para	¿?
(no) fuiste a Mar del Plata	por/para	razones de salud	por/para	¿?
(no) fueron a Buenos Aires	por/para	tomar el sol	por/para	¿?

3 **Describir** Usa **por** o **para** y el tiempo presente para describir estos dibujos.

1. _____

2. _____

3. _____

4. _____

5. _____

6. _____

Comunicación

4

Descripciones Usa **por** o **para** y completa estas frases de manera lógica. Luego, compara tus respuestas con las de un(a) compañero/a.

1. En casa, hablo con mis amigos…
2. Mi padre/madre trabaja…
3. Ayer fui al taller…
4. Los miércoles tengo clases…
5. A veces voy a la biblioteca…

6. Esta noche tengo que estudiar…
7. Necesito… dólares…
8. Compré un regalo…
9. Mi mejor amigo/a estudia…
10. Necesito hacer la tarea…

5

Situación En parejas, dramaticen esta situación. Utilicen muchos ejemplos de **por** y **para**.

Hijo/a	**Padre/Madre**
Pídele dinero a tu padre/madre.	⊐→ Pregúntale a tu hijo/a para qué lo necesita.
Dile que quieres comprar un carro.	⊐→ Pregúntale por qué necesita un carro.
Explica tres razones por las que necesitas un carro.	⊐→ Explica por qué sus razones son buenas o malas.
Dile que por no tener un carro tu vida es muy difícil.	⊐→ Decide si vas a darle el dinero y explica por qué.

Síntesis

6

Una subasta (*auction*) Cada estudiante debe traer a la clase un objeto o una foto del objeto para vender. En grupos, túrnense para ser el/la vendedor(a) y los postores (*bidders*). Para empezar, el/la vendedor(a) describe el objeto y explica para qué se usa y por qué alguien debe comprarlo.

> **modelo**
>
> **Vendedora:** Aquí tengo una videocasetera Sony. Pueden usar esta videocasetera para ver películas en su casa o para grabar sus programas favoritos. Sólo hace un año que la compré y todavía funciona perfectamente. ¿Quién ofrece $ 1.500 para empezar?
>
> **Postor(a) 1:** Pero las videocaseteras son anticuadas y no tienen buena imagen. Te doy $ 5,00.
>
> **Vendedora:** Ah, pero ésta es muy especial porque viene con el video de mi fiesta de quinceañera.
>
> **Postor(a) 2:** ¡Yo te doy $ 2.000!

11.3 Reciprocal reflexives SUPERSITE

ANTE TODO   In **Lección 7**, you learned that reflexive verbs indicate that the subject of a sentence does the action to itself. Reciprocal reflexives, on the other hand, express a shared or reciprocal action between two or more people or things. In this context, the pronoun means *(to) each other* or *(to) one another.*

Luis y Marta **se** miran en el espejo.
Luis and Marta look at themselves in the mirror.

Luis y Marta **se** miran.
Luis and Marta look at each other.

▶ Only the plural forms of the reflexive pronouns (**nos, os, se**) are used to express reciprocal actions because the action must involve more than one person or thing.

Cuando **nos vimos** en la calle, **nos abrazamos**.
When we saw each other on the street, we hugged one another.

Nos ayudamos cuando usamos la computadora.
We help each other when we use the computer.

Ustedes **se** van a **encontrar** en el cibercafé, ¿no?
You are meeting each other at the cybercafé, right?

Las amigas **se saludaron** y **se besaron**.
The friends greeted each other and kissed one another.

¡INTÉNTALO!   Indica el reflexivo recíproco adecuado y el presente o el pretérito de estos verbos.

presente

1. (escribir) Los novios _se escriben_.
   Nosotros _____.
   Ana y Ernesto _____.
2. (escuchar) Mis tíos _____.
   Nosotros _____.
   Ellos _____.
3. (ver) Nosotros _____.
   Fernando y Tomás _____.
   Ustedes _____.
4. (llamar) Ellas _____.
   Mis hermanos _____.
   Pepa y yo _____.

pretérito

1. (saludar) Nicolás y tú _se saludaron_.
   Nuestros vecinos _____.
   Nosotros _____.
2. (hablar) Los amigos _____.
   Elena y yo _____.
   Nosotras _____.
3. (conocer) Alberto y yo _____.
   Ustedes _____.
   Ellos _____.
4. (encontrar) Ana y Javier _____.
   Los primos _____.
   Mi hermana y yo _____.

Práctica

1 **Un amor recíproco** Describe a Laura y a Elián usando los verbos recíprocos.

> **modelo**
>
> Laura veía a Elián todos los días. Elián veía a Laura todos los días.
> Laura y Elián *se veían todos los días.*

1. Laura conocía bien a Elián. Elián conocía bien a Laura.

2. Laura miraba a Elián con amor. Elián la miraba con amor también.

3. Laura entendía bien a Elián. Elián entendía bien a Laura.

4. Laura hablaba con Elián todas las noches por teléfono. Elián hablaba con Laura todas las noches por teléfono.

5. Laura ayudaba a Elián con sus problemas. Elián la ayudaba también con sus problemas.

2 **Describir** Mira los dibujos y describe lo que estas personas hicieron.

1. Las hermanas _____.

2. Ellos _____.

3. Gilberto y Mercedes _____ / _____ / _____.

4. Tú y yo _____ / _____.

Comunicación

3 **Preguntas** En parejas, túrnense para hacerse estas preguntas.

1. ¿Se vieron tú y tu mejor amigo/a ayer? ¿Cuándo se ven ustedes normalmente?
2. ¿Dónde se encuentran tú y tus amigos?
3. ¿Se ayudan tú y tu mejor amigo/a con sus problemas?
4. ¿Se entienden bien tú y tu novio/a?
5. ¿Dónde se conocieron tú y tu novio/a? ¿Cuánto tiempo hace que se conocen ustedes?
6. ¿Cuándo se dan regalos tú y tu novio/a?
7. ¿Se escriben tú y tus amigos mensajes de texto o prefieren llamarse por teléfono?
8. ¿Siempre se llevan bien tú y tu compañero/a de cuarto? Explica.

11.4 # Stressed possessive adjectives and pronouns SUPERSITE

ANTE TODO Spanish has two types of possessive adjectives: the unstressed (or short) forms you learned in **Lección 3** and the stressed (or long) forms. The stressed forms are used for emphasis or to express *of mine, of yours,* and so on.

Stressed possessive adjectives				
Masculine singular	Feminine singular	Masculine plural	Feminine plural	
mío	mía	míos	mías	*my; (of) mine*
tuyo	tuya	tuyos	tuyas	*your; (of) yours (fam.)*
suyo	suya	suyos	suyas	*your; (of) yours (form.); his; (of) his; her; (of) hers; its*
nuestro	nuestra	nuestros	nuestras	*our; (of) ours*
vuestro	vuestra	vuestros	vuestras	*your; (of) yours (fam.)*
suyo	suya	suyos	suyas	*your; (of) yours (form.); their; (of) theirs*

▶ **¡Atención!** Used with **un/una**, these possessives are similar in meaning to the English expression *of mine/yours/etc.*

> Juancho es **un** amigo **mío.**
> *Juancho is a friend of mine.*

> Ella es **una** compañera **nuestra**.
> *She is a classmate of ours.*

▶ Stressed possessive adjectives agree in gender and number with the nouns they modify. Stressed possessive adjectives are placed after the noun they modify, while unstressed possessive adjectives are placed before the noun.

> **su** impresora
> *her printer*

> **nuestros** televisores
> *our television sets*

> la impresora **suya**
> *her printer*

> los televisores **nuestros**
> *our television sets*

▶ A definite article, an indefinite article, or a demonstrative adjective usually precedes a noun modified by a stressed possessive adjective.

Me encantan { **unos** discos compactos **tuyos**. *I love some of your CDs.*
{ **los** discos compactos **tuyos**. *I love your CDs.*
{ **estos** discos compactos **tuyos**. *I love these CDs of yours.*

▶ Since **suyo, suya, suyos,** and **suyas** have more than one meaning, you can avoid confusion by using the construction: [*article*] + [*noun*] + **de** + [*subject pronoun*].

> **el** teclado **suyo**

> el teclado **de él/ella** *his/her keyboard*
> el teclado **de ustedes** *your keyboard*

CONSULTA

This is the same construction you learned in **Lección 3** for clarifying **su** and **sus**. To review unstressed possessive adjectives, see **Estructura 3.2**, p. 85.

Possessive pronouns

▶ Possessive pronouns are used to replace a noun + [*possessive adjective*]. In Spanish, the possessive pronouns have the same forms as the stressed possessive adjectives, and they are preceded by a definite article.

la calculadora **nuestra**	**la nuestra**
el *fax* **tuyo**	**el tuyo**
los archivos **suyos**	los suyos

▶ A possessive pronoun agrees in number and gender with the noun it replaces.

—Aquí está **mi coche**. ¿Dónde está **el tuyo**?
Here's my car. Where is yours?

—**El mío** está en el taller de mi hermano.
Mine is at my brother's garage.

—¿Tienes **las revistas** de Carlos?
Do you have Carlos' magazines?

—No, pero tengo **las nuestras**.
No, but I have ours.

Episodio veintiuno: Tecnohombre y los superamigos suyos salvan el mundo una vez más.

La Mujer Mecánica y Tecnohombre, ¡mis héroes!

¡Y los míos también!

¡INTÉNTALO! Indica las formas tónicas (*stressed*) de estos adjetivos posesivos y los pronombres posesivos correspondientes.

	adjetivos	pronombres
1. su videocasetera	la videocasetera suya	la suya
2. mi televisor		
3. nuestros discos compactos		
4. tus calculadoras		
5. su monitor		
6. mis videos		
7. nuestra impresora		
8. tu estéreo		
9. nuestro cederrón		
10. mi computadora		

recursos

WB pp. 133–134

LM p. 66

SUPERSITE panorama.vhlcentral.com Lección 11

Práctica (SUPERSITE)

1 **Oraciones** Forma oraciones con estas palabras. Usa el presente y haz los cambios necesarios.

1. un / amiga / suyo / vivir / Mendoza
2. ¿me / prestar / calculadora / tuyo?
3. el / coche / suyo / nunca / funcionar / bien
4. no / nos / interesar / problemas / suyo
5. yo / querer / cámara digital / mío / ahora mismo
6. un / amigos / nuestro / manejar / como / loco

2 **¿Es suyo?** Un policía ha capturado (*has captured*) al hombre que robó (*robbed*) en tu casa. Ahora quiere saber qué cosas son tuyas. Túrnate con un(a) compañero/a para hacer el papel del policía y usa las pistas para contestar las preguntas.

> **modelo**
> no/viejo
> **Policía:** Esta calculadora, ¿es suya?
> **Estudiante:** No, no es mía. La mía era más vieja.

1. sí

2. sí

3. sí

4. no/grande

5. no/pequeño

6. no/de Shakira

3 **Conversaciones** Completa estas conversaciones con las formas adecuadas de los pronombres posesivos.

1. —La casa de ellos estaba en la Avenida Borges. ¿Dónde estaba la casa de ustedes?
   —_____ estaba en la calle Bolívar.
2. —A Carmen le encanta su monitor nuevo.
   —¿Sí? A José no le gusta _____.
3. —Puse mis discos aquí. ¿Dónde pusiste _____, Alfonso?
   —Puse _____ en el escritorio.
4. —Se me olvidó traer mis llaves. ¿Trajeron ustedes _____?
   —No, dejamos _____ en casa.
5. —Yo compré mi computadora en una tienda y Marta compró _____
   en Internet. Y _____, ¿dónde la compraste?
   —_____ es de Cíbermax.

Comunicación

4 **Identificar** Trabajen en grupos. Cada estudiante da tres objetos. Pongan todos los objetos juntos. Luego, un(a) estudiante escoge uno o dos objetos y le pregunta a otro/a si esos objetos son suyos. Usen los adjetivos posesivos en sus preguntas.

> **modelo**
>
> **Estudiante 1:** Felipe, ¿son tuyos estos discos compactos?
> **Estudiante 2:** Sí, son míos.
> No, no son míos. Son los discos compactos de Bárbara.

5   **Comparar** Trabaja con un(a) compañero/a. Intenta (*Try to*) convencerlo/la de que algo que tú tienes es mejor que el que él/ella tiene. Pueden hablar de sus carros, estéreos, discos compactos, clases, horarios o trabajos.

> **modelo**
>
> **Estudiante 1:** Mi computadora tiene una pantalla de quince pulgadas (*inches*). ¿Y la tuya?
> **Estudiante 2:** La mía es mejor porque tiene una pantalla de diecisiete pulgadas.
> **Estudiante 1:** Pues la mía...

Síntesis

6 **Inventos locos** En grupos pequeños, lean la descripción de este invento fantástico. Después diseñen su propio invento y expliquen por qué es mejor que el de los demás grupos. Utilicen los posesivos, **por** y **para** y el vocabulario de **Contextos**.

Nuestro celular tiene conexión a Internet, ¿y el tuyo?

Este teléfono celular es mucho mejor que el tuyo por estas razones:

- El nuestro tiene capacidad para guardar un millón de mensajes electrónicos.
- El celular nuestro toma video.
- Da la temperatura.
- Funciona como control remoto para la tele.
- También arranca el coche y tiene reproductor de MP3.

Sirve para todo.

Oferta: $45 dólares por mes (con un contrato mínimo de dos años)

Para más información, llama al 607-362-1990 o visita nuestro sitio web www.telefonoloco.com

Recapitulación

SUPERSITE   For self-scoring and diagnostics, go to **panorama.vhlcentral.com**.

Completa estas actividades para repasar los conceptos de gramática que aprendiste en esta lección.

1 **Completar** Completa la tabla con las formas de los mandatos familiares. **8 pts.**

Infinitivo	Mandato	
	Afirmativo	**Negativo**
comer	come	no comas
hacer		
sacar		
venir		
ir		

2 **Por y para** Completa el diálogo con **por** o **para**. **10 pts.**

MARIO   Hola, yo trabajo (1) _____ el periódico de la universidad. ¿Puedo hacerte unas preguntas?

INÉS   Sí, claro.

MARIO   ¿Navegas mucho (2) _____ la red?

INÉS   Sí, todos los días me conecto a Internet (3) _____ leer mi correo y navego (4) _____ una hora. También me gusta hablar (5) _____ el *messenger* con mis amigos. Es barato y, (6) _____ mí, es divertido.

MARIO   ¿Y qué piensas sobre hacer la tarea en la computadora?

INÉS   En general, me parece bien, pero (7) _____ ejemplo, anoche hice unos ejercicios (8) _____ la clase de álgebra y al final me dolieron los ojos. (9) _____ eso a veces prefiero hacer la tarea a mano.

MARIO   Muy bien. Muchas gracias (10) _____ tu ayuda.

3 **Posesivos** Completa las oraciones y confirma de quién son las cosas. **6 pts.**

1. —¿Éste es mi bolígrafo? —Sí, es el _____ (*fam.*).
2. —¿Ésta es la cámara de tu papá? —Sí, es la _____.
3. —¿Ese teléfono es de Pilar? —Sí, es el _____.
4. —¿Éstos son los cederrones de ustedes? —No, no son _____.
5. —¿Ésta es tu computadora portátil? —No, no es _____.
6. —¿Ésas son mis calculadoras? —Sí, son las _____ (*form.*).

RESUMEN GRAMATICAL

11.1   **Familiar commands**   *pp. 352–353*

tú commands		
Infinitive	**Affirmative**	**Negative**
guardar	guarda	no guardes
volver	vuelve	no vuelvas
imprimir	imprime	no imprimas

Irregular **tú** command forms

dar → **no des**	saber → **no sepas**
decir → **di**	salir → **sal**
estar → **no estés**	ser → **sé, no seas**
hacer → **haz**	tener → **ten**
ir → **ve, no vayas**	venir → **ven**
poner → **pon**	

▶ Verbs ending in **-car, -gar, -zar** have a spelling change in the negative **tú** commands:

sa**car** → no sa**ques**
apa**gar** → no apa**gues**
almor**zar** → no almuer**ces**

11.2   **Por and para**   *pp. 356–357*

▶ Uses of **por**:

motion or general location; duration; reason or motive; object of a search; means by which something is done; exchange or substitution; unit of measure

▶ Uses of **para**:

destination; deadline; purpose or goal; recipient of something; comparison or opinion; in the employ of

11.3   **Reciprocal reflexives**   *p. 360*

▶ Reciprocal reflexives express a shared or reciprocal action between two or more people or things. Only the plural forms (**nos, os, se**) are used.

Cuando **nos vimos** en la calle, **nos abrazamos.**

▶ Common verbs that can express reciprocal actions:

abrazar(se), ayudar(se), besar(se), conocer(se), encontrar(se), escribir(se), escuchar(se), hablar(se), llamar(se), mirar(se), saludar(se), ver(se)

4 **Ángel y diablito** A Juan le gusta pedir consejos a su ángel y a su diablito imaginarios. Completa las respuestas con mandatos familiares desde las dos perspectivas. **8 pts.**

11.4 Stressed possessive adjectives and pronouns

pp. 362–363

Stressed possessive adjectives	
Masculine	Feminine
mío(s)	mía(s)
tuyo(s)	tuya(s)
suyo(s)	suya(s)
nuestro(s)	nuestra(s)
vuestro(s)	vuestra(s)
suyo(s)	suya(s)

la impresora **suya** → **la suya**

las llaves **mías** → **las mías**

1. Estoy manejando. ¿Voy más rápido?
   Á No, no _____ más rápido.
   D Sí, _____ más rápido.
2. Es el disco compacto favorito de mi hermana. ¿Lo pongo en mi mochila?
   Á No, no _____ en tu mochila.
   D Sí, _____ en tu mochila.
3. Necesito estirar (*to stretch*) las piernas. ¿Doy un paseo?
   Á Sí, _____ un paseo.
   D No, no _____ un paseo.
4. Mi amigo necesita imprimir algo. ¿Apago la impresora?
   Á No, no _____ la impresora.
   D Sí, _____ la impresora.

5 **Oraciones** Forma oraciones para expresar acciones recíprocas con el tiempo indicado. **6 pts.**

> **modelo**
>
> tú y yo / conocer / bien (presente) *Tú y yo nos conocemos bien.*

1. José y Paco / llamar / una vez por semana (imperfecto)
2. mi novia y yo / ver / todos los días (presente)
3. los compañeros de clase / ayudar / con la tarea (pretérito)
4. tú y tu mamá / escribir / por correo electrónico / cada semana (imperfecto)
5. mis hermanas y yo / entender / perfectamente (presente)
6. los profesores / saludar / con mucho respeto (pretérito)

6 **La tecnología** Escribe al menos seis oraciones diciéndole a un(a) amigo/a qué hacer para tener "una buena relación" con la tecnología. Usa mandatos familiares afirmativos y negativos. **12 pts.**

7 **Saber compartir** Completa la expresión con los dos pronombres posesivos que faltan.
¡2 puntos EXTRA!

   “Lo que° es _____ es _____.**”**

Lo que *What*

Lectura

Antes de leer

Estrategia
Recognizing borrowed words

One way languages grow is by borrowing words from each other. English words that relate to technology often are borrowed by Spanish and other languages throughout the world. Sometimes the words are modified slightly to fit the sounds of the languages that borrow them. When reading in Spanish, you can often increase your understanding by looking for words borrowed from English or other languages you know.

Examinar el texto
Mira brevemente (*briefly*) la selección. ¿De qué trata (*What is it about?*)? ¿Cómo lo sabes?

Buscar
Esta lectura contiene varias palabras tomadas (*taken*) del inglés. Trabaja con un(a) compañero/a para encontrarlas.

Predecir
Trabaja con un(a) compañero/a para contestar estas preguntas.

1. En la foto, ¿quiénes participan en el juego?
2. ¿Jugabas en una computadora cuando eras niño/a? ¿Juegas ahora?
3. ¿Cómo cambiaron las computadoras y la tecnología en los años 80? ¿En los años 90? ¿En los principios del siglo XXI?
4. ¿Qué tipo de "inteligencia" tiene una computadora?
5. ¿Qué significa "inteligencia artificial" para ti?

recursos

panorama.vhlcentral.com
Lección 11

Inteligencia y memoria: la inteligencia artificial por Alfonso Santamaría

Una de las principales características de la película de ciencia ficción *2001: una odisea del espacio*, es la gran inteligencia de su protagonista no humano, la computadora HAL-9000. Para muchas personas, la genial película de Stanley Kubrick es una reflexión sobre la evolución de la inteligencia, desde que el hombre utilizó por primera vez un hueso como herramienta° hasta la llegada de la inteligencia artificial (I.A.).

Ahora que vivimos en el siglo XXI, un mundo en el que Internet y el *fax* son ya comunes, podemos preguntarnos: ¿consiguieron los científicos especialistas en I.A. crear una computadora como HAL? La respuesta es no. Hoy día no existe una computadora con las capacidades intelectuales de HAL porque todavía no existen *inteligencias*

herramienta *tool*

Después de leer

¿Cierto o falso?
Indica si cada oración es **cierta** o **falsa**. Corrige las falsas.

_____ 1. La computadora HAL-9000 era muy inteligente.

_____ 2. Deep Blue es un buen ejemplo de la inteligencia artificial general.

_____ 3. El maestro de ajedrez Garry Kasparov le ganó a Deep Blue en 1997.

_____ 4. Las computadoras no tienen la creatividad de Mozart o Picasso.

_____ 5. Hoy hay computadoras como HAL-9000.

Thomas J. Watson de Nueva York para desarrollar Deep Blue, la computadora que en 1997 derrotó° al campeón mundial de ajedrez, Garry Kasparov. Esta extraordinaria computadora pudo ganarle al maestro ruso de ajedrez porque estaba diseñada para procesar 200 millones de jugadas° por segundo. Además, Deep Blue guardaba en su memoria una recopilación de los movimientos de ajedrez más brillantes de toda la historia, entre ellos los que Kasparov efectuó en sus competiciones anteriores.

artificiales generales que demuestren lo que llamamos "sentido común"°. Sin embargo, la I.A. está progresando mucho en el desarrollo° de las inteligencias especializadas. El ejemplo más famoso es Deep Blue, la computadora de IBM especializada en jugar al ajedrez°.

La idea de crear una máquina con capacidad para jugar al ajedrez se originó en 1950. En esa década, el científico Claude Shannon desarrolló una teoría que se convirtió en realidad en 1967, cuando apareció el primer programa que permitió a una computadora competir, aunque sin éxito°, en un campeonato° de ajedrez. Más de veinte años después, un grupo de expertos en I.A. fue al centro de investigación

Para muchas personas, la victoria de Deep Blue sobre Kasparov simbolizó la victoria de la inteligencia artificial sobre la del ser humano°. Debemos reconocer los grandes avances científicos en el área de las computadoras y las ventajas° que pueden traernos en un futuro, pero también tenemos que entender sus limitaciones. Las computadoras generan nuevos modelos con conocimientos° muy definidos, pero todavía no tienen sentido común: una computadora como Deep Blue puede ganar una partida° de ajedrez, pero no puede explicar la diferencia entre una reina° y un peón°. Tampoco puede crear algo nuevo y original a partir de lo establecido, como hicieron Mozart o Picasso.

Las inteligencias artificiales especializadas son una realidad. ¿Pero una inteligencia como la de HAL-9000? Pura ciencia ficción. ■

---

sentido común *common sense* **desarrollo** *development* **ajedrez** *chess* **éxito** *success* **campeonato** *championship* **derrotó** *defeated* **jugadas** *moves* **la del ser humano** *that of the human being* **ventajas** *advantages* **conocimientos** *knowledge* **partida** *match* **reina** *queen* **peón** *pawn*

Preguntas

Contesta las preguntas.

1. ¿Qué tipo de inteligencia se relaciona con HAL-9000?

2. ¿Qué tipo de inteligencia tienen las computadoras como Deep Blue?

3. ¿Cuándo se originó la idea de crear una máquina para jugar al ajedrez?

4. ¿Qué compañía inventó Deep Blue?

5. ¿Por qué Deep Blue le pudo ganar a Garry Kasparov?

Conversar

En grupos pequeños, hablen de estos temas.

1. ¿Son las computadoras más inteligentes que los seres humanos?

2. ¿Para qué cosas son mejores las computadoras, y para qué cosas son mejores los seres humanos? ¿Por qué?

3. En el futuro, ¿van a tener las computadoras la inteligencia de los seres humanos? ¿Cuándo?

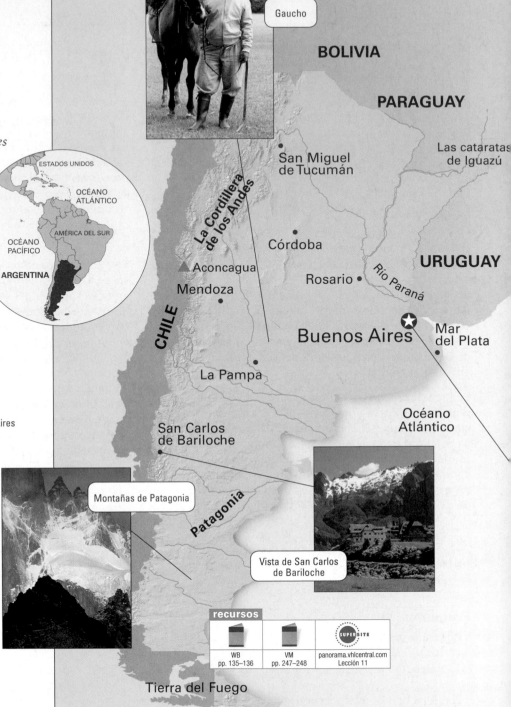

Gaucho

BOLIVIA

PARAGUAY

Las cataratas de Iguazú

San Miguel de Tucumán

La Cordillera de los Andes

Córdoba

URUGUAY

Río Paraná

Aconcagua

CHILE

Mendoza

Rosario

Buenos Aires

Mar del Plata

La Pampa

Océano Atlántico

San Carlos de Bariloche

Montañas de Patagonia

Patagonia

Vista de San Carlos de Bariloche

Tierra del Fuego

Argentina

El país en cifras

▶ **Área:** 2.780.400 km^2 (1.074.000 millas^2)
Argentina es el país de habla española más grande del mundo. Su territorio es dos veces el tamaño° de Alaska.

▶ **Población:** 40.738.000

▶ **Capital:** Buenos Aires —13.067.000
En Buenos Aires vive más del treinta por ciento de la población total del país. La ciudad es conocida° como el "París de Suramérica" por el estilo parisino° de muchas de sus calles y edificios.

Buenos Aires

▶ **Ciudades principales:** Córdoba —1.492.000, Rosario —1.231.000, Mendoza —917.000

SOURCE: Population Division, UN Secretariat

▶ **Moneda:** peso argentino

▶ **Idiomas:** español (oficial), guaraní

Bandera de Argentina

Argentinos célebres

▶ **Jorge Luis Borges,** escritor (1899–1986)

▶ **María Eva Duarte de Perón ("Evita"),** primera dama° (1919–1952)

▶ **Mercedes Sosa,** cantante (1935–)

▶ **Gato Barbieri,** saxofonista (1935–)

tamaño *size*   conocida *known*   parisino *Parisian*   primera dama *First Lady*
ancha *wide*   mide *it measures*   campo *field*

recursos

| WB pp. 135–136 | VM pp. 247–248 | SUPERSITE panorama.vhlcentral.com Lección 11 |

¡Increíble pero cierto!

La Avenida 9 de Julio en Buenos Aires es la calle más ancha° del mundo. De lado a lado mide° cerca de 140 metros, lo que es equivalente a un campo° y medio de fútbol. Su nombre conmemora el Día de la Independencia de Argentina.

BRASIL

Historia • Inmigración europea

Se dice que Argentina es el país más "europeo" de toda Latinoamérica. Después del año 1880, inmigrantes italianos, alemanes, españoles e ingleses llegaron para establecerse en esta nación. Esta diversidad cultural ha dejado° una profunda huella° en la música, el cine y la arquitectura argentinos.

Artes • El tango

El tango es uno de los símbolos culturales más importantes de Argentina. Este género° musical es una mezcla de ritmos de origen africano, italiano y español, y se originó a finales del siglo XIX entre los porteños°. Poco después se hizo popular entre el resto de los argentinos y su fama llegó hasta París. Como baile, el tango en un principio° era provocativo y violento, pero se hizo más romántico durante los años 30. Hoy día, este estilo musical es popular en muchas partes del mundo°.

Lugares • Las cataratas de Iguazú

Las famosas cataratas° de Iguazú se encuentran entre las fronteras de Argentina, Paraguay y Brasil, al norte de Buenos Aires. Cerca de ellas confluyen° los ríos Iguazú y Paraná. Estas extensas caídas de agua tienen unos 70 metros (230 pies) de altura° y en época° de lluvias llegan a medir 4 kilómetros (2,5 millas) de ancho. Situadas en el Parque Nacional Iguazú, las cataratas son un destino° turístico muy visitado.

Artesano en Buenos Aires

¿Qué aprendiste? Responde a cada pregunta con una oración completa.

1. ¿Qué porcentaje de la población de Argentina vive en la capital?

2. ¿Quién es Mercedes Sosa?

3. Se dice que Argentina es el país más europeo de Latinoamérica. ¿Por qué?

4. ¿Qué tipo de baile es uno de los símbolos culturales más importantes de Argentina?

5. ¿Dónde y cuándo se originó el tango?

6. ¿Cómo era el tango originalmente?

7. ¿En qué parque nacional están las cataratas de Iguazú?

Conexión Internet Investiga estos temas en **panorama.vhlcentral.com**.

1. Busca información sobre el tango. ¿Te gustan los ritmos y sonidos del tango? ¿Por qué? ¿Se baila el tango en tu comunidad?

2. ¿Quiénes fueron Juan y Eva Perón y qué importancia tienen en la historia de Argentina?

....

ha dejado *has left* huella *mark* género *genre* porteños *people of Buenos Aires* en un principio *at first* mundo *world*
cataratas *waterfalls* confluyen *converge* altura *height* época *season* destino *destination*

Uruguay

El país en cifras

▸ **Área:** 176.220 km² (68.039 millas²),
el tamaño° del estado de Washington

▸ **Población:** 3.575.000

▸ **Capital:** Montevideo—1.260.000

*Casi la mitad° de la población de Uruguay vive
en Montevideo. Situada en la desembocadura° del
famoso Río de la Plata, esta ciudad cosmopolita
e intelectual es también un destino popular para
las vacaciones, debido a sus numerosas playas de
arena° blanca que se extienden hasta la ciudad de
Punta del Este.*

▸ **Ciudades principales:** Salto, Paysandú,
Las Piedras, Rivera

SOURCE: Population Division, UN Secretariat

▸ **Moneda:** peso uruguayo

▸ **Idiomas:** español (oficial)

Bandera de Uruguay

Uruguayos célebres

▸ **Horacio Quiroga,** escritor (1878–1937)

▸ **Juana de Ibarbourou,** escritora (1895–1979)

▸ **Mario Benedetti,** escritor (1920–)

▸ **Cristina Peri Rossi,** escritora y profesora (1941–)

tamaño *size* mitad *half* desembocadura *mouth* arena *sand*
avestruz *ostrich* no voladora *flightless* medir *measure* cotizado *valued*

Gaucho uruguayo

BRASIL

Río Arapey

Rivera

Salto

Cuchilla de Haedo

Río Uruguay

Paysandú

Río Negro

Embalse del Río Negro

Río Negro

Cuchilla Grande

Laguna Merín

Río Yí

Cuchilla Grande Inferior

Colonia

Las Piedras

Río de la Plata

★

Montevideo

Punta del Este

Entrada a la Ciudad Vieja,
Colonia del Sacramento

recursos

WB pp. 137–138	VM pp. 249–250	SUPERSITE panorama.vhlcentral.com Lección 11

ESTADOS UNIDOS

OCÉANO PACÍFICO

OCÉANO ATLÁNTICO

AMÉRICA DEL SUR

URUGUAY

¡Increíble pero cierto!

En Uruguay hay muchos animales curiosos,
entre ellos el ñandú. De la misma familia del
avestruz°, el ñandú es el ave no voladora° más
grande del hemisferio occidental. Puede llegar a
medir° dos metros. Normalmente, va en grupos
de veinte o treinta y vive en el campo. Es muy
cotizado° por su carne, sus plumas y sus huevos.

Costumbres • La carne y el mate

En Uruguay y Argentina, la carne es un elemento esencial de la dieta diaria. Algunos platillos representativos de estas naciones son el asado°, la parrillada° y el chivito°. El mate, una infusión similar al té, también es típico de la región. Esta bebida de origen indígena está muy presente en la vida social y familiar de estos países aunque, curiosamente, no se puede consumir en bares o restaurante.

Deportes • El fútbol

El fútbol es el deporte nacional de Uruguay. El primer equipo de balompié° uruguayo se formó en 1891 y en 1930 el país suramericano fue la sede° de la primera Copa Mundial de esta disciplina. El equipo nacional ha conseguido° grandes éxitos a lo largo de los años: dos campeonatos olímpicos, en 1923 y 1928, y dos campeonatos mundiales, en 1930 y 1950. De hecho, los uruguayos están trabajando para que la Copa Mundial de Fútbol de 2030 se celebre en su país.

Costumbres • El Carnaval

El Carnaval de Montevideo es el de mayor duración en el mundo. A lo largo de 40 días, los uruguayos disfrutan° de los desfiles° y la música que inundan las calles de su capital. La celebración más conocida es el Desfile de las Llamadas, en el que participan bailarines al ritmo del candombe, una danza° de tradición africana.

¿Qué aprendiste? Responde a cada pregunta con una oración completa.

1. ¿Qué tienen en común los uruguayos célebres mencionados en la página 372?

2. ¿Cuál es el elemento esencial de la dieta uruguaya?

3. ¿En qué países es importante la producción ganadera?

4. ¿Qué es el mate?

5. ¿Cuándo se formó el primer equipo uruguayo de fútbol?

6. ¿Cuándo se celebró la primera Copa Mundial de fútbol?

7. ¿Cómo se llama la celebración más conocida del Carnaval de Montevideo?

8. ¿De qué origen es el candombe?

Edificio del Parlamento en Montevideo

Conexión Internet Investiga estos temas en **panorama.vhlcentral.com**.

1. Uruguay es conocido como un país de muchos escritores. Busca información sobre uno de ellos y escribe una biografía.

2. Investiga cuáles son las comidas y bebidas favoritas de los uruguayos. Descríbelas e indica cuáles te gustaría probar y por qué.

....

asado *barbecued beef*   parrillada *barbecue*   chivito *goat*   balompié *soccer*   sede *site*   ha conseguido *has achieved*
disfrutan *enjoy*   desfiles *parades*   danza *dance*

La tecnología

la calculadora	calculator
la cámara digital, de video	digital, video camera
el canal	(TV) channel
el cibercafé	cybercafé
la contestadora	answering machine
el control remoto	remote control
el disco compacto	compact disc
el estéreo	stereo
el *fax*	fax (machine)
el radio	radio (set)
el reproductor de MP3	MP3 player
el (teléfono) celular	(cell) telephone
la televisión por cable	cable television
el televisor	televison set
el tocadiscos compacto	compact disc player
el video(casete)	video(cassette)
la videocasetera	VCR
apagar	to turn off
funcionar	to work
llamar	to call
poner, prender	to turn on
sonar (o:ue)	to ring
descompuesto/a	not working; out of order
lento/a	slow
lleno/a	full

La computadora

el archivo	file
arroba	@ symbol
el cederrón	CD-ROM
la computadora (portátil)	(portable) computer; (laptop)
la dirección electrónica	e-mail address
el disco compacto	compact disc
la impresora	printer
Internet	Internet
el mensaje de texto	text message
el monitor	(computer) monitor
la página principal	home page
la pantalla	screen
el programa de computación	software
el ratón	mouse
la red	network; Web
el reproductor de DVD	DVD player
el sitio web	website
el teclado	keyboard
borrar	to erase
descargar	to download
grabar	to record
guardar	to save
imprimir	to print
navegar (en Internet)	to surf (the Internet)
quemar	to burn (a CD)

El carro

la autopista, la carretera	highway
el baúl	trunk
la calle	street
el capó, el cofre	hood
el carro, el coche	car
la circulación, el tráfico	traffic
el garaje, el taller (mecánico)	garage; (mechanic's) repair shop
la gasolina	gasoline
la gasolinera	gas station
la licencia de conducir	driver's license
la llanta	tire
el/la mecánico/a	mechanic
el parabrisas	windshield
la policía	police (force)
la velocidad máxima	speed limit
el volante	steering wheel
arrancar	to start
arreglar	to fix; to arrange
bajar(se) de	to get off of/out of (a vehicle)
conducir, manejar	to drive
estacionar	to park
llenar (el tanque)	to fill (the tank)
parar	to stop
revisar (el aceite)	to check (the oil)
subir(se) a	to get on/into (a vehicle)

Verbos

abrazar(se)	to hug; to embrace (each other)
ayudar(se)	to help (each other)
besar(se)	to kiss (each other)
encontrar(se) (o:ue)	to meet (each other); to run into (each other)
saludar(se)	to greet (each other)

Otras palabras y expresiones

por aquí	around here
por ejemplo	for example
por eso	that's why; therefore
por fin	finally

Por and **para**	See pages 356–357.
Stressed possessive adjectives and pronouns	See pages 362–363.
Expresiones útiles	See page 347.

recursos

LM p. 66

panorama.vhlcentral.com
Lección 11

La vivienda

Communicative Goals

You will learn how to:

- Welcome people to your home
- Describe your house or apartment
- Talk about household chores
- Give instructions

A PRIMERA VISTA
- ¿Están los chicos en casa?
- ¿Viven en una casa o en un apartamento?
- ¿Ya comieron o van a comer?
- ¿Están ellos de buen humor o de mal humor?

La vivienda

Más vocabulario

las afueras	*suburbs; outskirts*
el alquiler	*rent (payment)*
el ama (m., f.) de casa	*housekeeper; caretaker*
el barrio	*neighborhood*
el edificio de apartamentos	*apartment building*
el/la vecino/a	*neighbor*
la vivienda	*housing*
el balcón	*balcony*
la entrada	*entrance*
la escalera	*stairs; stairway*
el garaje	*garage*
el jardín	*garden; yard*
el patio	*patio; yard*
el sótano	*basement; cellar*
la cafetera	*coffee maker*
el electrodoméstico	*electrical appliance*
el horno (de microondas)	*(microwave) oven*
la lavadora	*washing machine*
la luz	*light; electricity*
la secadora	*clothes dryer*
la tostadora	*toaster*
el cartel	*poster*
la mesita de noche	*night stand*
los muebles	*furniture*
alquilar	*to rent*
mudarse	*to move (from one house to another)*

Variación léxica

dormitorio ⟷ aposento (*Rep. Dom.*); recámara (*Méx.*)

apartamento ⟷ departamento (*Arg., Chile*); piso (*Esp.*)

lavar los platos ⟷ lavar/fregar los trastes (*Amér. C., Rep. Dom.*)

recursos

WB pp. 139-140

LM p. 67

SUPERSITE panorama.vhlcentral.com Lección 12

el altillo

el dormitorio

la cómoda

el armario

el cuadro/ la pintura

Hace la cama. (hacer)

la almohada

la manta

Los quehaceres domésticos

arreglar	*to neaten; to straighten up*
barrer el suelo	*to sweep the floor*
cocinar	*to cook*
ensuciar	*to get (something) dirty*
hacer quehaceres domésticos	*to do household chores*
lavar (el suelo, los platos)	*to wash (the floor, the dishes)*
limpiar la casa	*to clean the house*
planchar la ropa	*to iron the clothes*
quitar la mesa	*to clear the table*
quitar el polvo	*to dust*

la sala

las cortinas

la lámpara

la mesita

el sofá

Pasa la aspiradora. (pasar)

la alfombra

la oficina

el sillón

la pared

el estante

Sacude los muebles.
(sacudir)

la cocina

el refrigerador

el congelador

la cocina, la estufa

el horno

el lavaplatos

Saca la basura.
(sacar)

Práctica

1 **Escuchar** 🎧 Escucha la conversación y completa las oraciones.

1. Pedro va a limpiar primero _____.
2. Paula va a comenzar en _____.
3. Pedro va a _____ en el sótano.
4. Pedro también va a limpiar _____.
5. Ellos están limpiando la casa porque
_____.

2 **Respuestas** 🎧 Escucha las preguntas y selecciona la respuesta más adecuada. Una respuesta no se va a usar.

____ a. Sí, la alfombra estaba muy sucia.
____ b. No, porque todavía se están mudando.
____ c. Sí, sacudí la mesa y el estante.
____ d. Sí, puse el pollo en el horno.
____ e. Hice la cama, pero no limpié los muebles.
____ f. Sí, después de sacarla de la secadora.

3 **Escoger** Escoge la letra de la respuesta correcta.

1. Cuando quieres tener una lámpara y un despertador cerca de tu cama, puedes ponerlos en _____.
   a. el barrio b. el cuadro c. la mesita de noche
2. Si no quieres vivir en el centro de la ciudad, puedes mudarte _____.
   a. al alquiler b. a las afueras c. a la vivienda
3. Guardamos (*We keep*) los pantalones, las camisas y los zapatos en _____.
   a. la secadora b. el armario c. el patio
4. Para subir de la planta baja al primer piso, usamos _____.
   a. la entrada b. el cartel c. la escalera
5. Ponemos cuadros y pinturas en _____.
   a. las paredes b. los quehaceres c. los jardines

4 **Definiciones** En parejas, identifiquen cada cosa que se describe. Luego inventen sus propias descripciones de algunas palabras y expresiones de **Contextos**.

> **modelo**
> **Estudiante 1:** Es donde pones los libros.
> **Estudiante 2:** el estante

1. Es donde pones la cabeza cuando duermes.
2. Es el quehacer doméstico que haces después de comer.
3. Algunos de ellos son las cómodas y los sillones.
4. Son las personas que viven en tu barrio.

- el vaso
- la taza
- la copa
- Pone la mesa. (poner)
- la cuchara
- la servilleta
- el plato
- el tenedor
- el cuchillo
- el comedor

SUPERSITE

5 **Completar** Completa estas frases con la palabra más adecuada.

1. Para tomar vino necesitas...
2. Para comer una ensalada necesitas...
3. Para tomar café necesitas...
4. Para poner la comida en la mesa necesitas...
5. Para limpiarte la boca después de comer necesitas...
6. Para cortar (*to cut*) un bistec necesitas...
7. Para tomar agua necesitas...
8. Para tomar sopa necesitas...

6 **Los quehaceres** Trabajen en grupos para indicar quién hace estos quehaceres domésticos en sus casas. Luego contesten las preguntas.

modelo

Estudiante 1: ¿Quién pasa la aspiradora en tu casa?
Estudiante 2: Mi hermano y yo pasamos la aspiradora.

barrer el suelo	lavar los platos	planchar la ropa
cocinar	lavar la ropa	sacar la basura
hacer las camas	pasar la aspiradora	sacudir los muebles

1. ¿Quién hace más quehaceres, tú o tus compañeros/as?
2. ¿Quiénes hacen la mayoría de los quehaceres, los hombres o las mujeres?
3. ¿Piensas que debes hacer más quehaceres? ¿Por qué?

Comunicación

7

La vida doméstica En parejas, describan las habitaciones que ven en estas fotos. Identifiquen y describan cinco muebles o adornos (*accessories*) de cada foto y digan dos quehaceres que se pueden hacer en cada habitación.

8

Mi apartamento Dibuja el plano (*floor plan*) de un apartamento amueblado (*furnished*) imaginario y escribe los nombres de las habitaciones y de los muebles. En parejas, pónganse espalda contra espalda (*sit back to back*). Uno/a de ustedes describe su apartamento mientras su compañero/a lo dibuja según la descripción. Cuando terminen, miren el segundo dibujo. ¿Es similar al dibujo original? Hablen de los cambios que se necesitan hacer para mejorar el dibujo. Repitan la actividad intercambiando los papeles.

CONSULTA

To review bathroom-related vocabulary, see **Lección 7, Contextos,** p. 210.

9

¡Corre, corre! Tu profesor(a) va a darte una serie incompleta de dibujos que forman una historia. Tú y tu compañero/a tienen dos series diferentes. Descríbanse los dibujos para completar la historia.

> **modelo**
> **Estudiante 1:** Marta quita la mesa.
> **Estudiante 2:** Francisco...

SUPERSITE

¡Les va a encantar la casa!

Don Francisco y los estudiantes llegan a Ibarra.

PERSONAJES

INÉS

DON
FRANCISCO

ÁLEX

JAVIER

SRA. VIVES

1

2

3

SRA. VIVES ¡Hola, bienvenidos!

DON FRANCISCO Señora Vives, le presento a los chicos. Chicos, ésta es la señora Vives, el ama de casa.

SRA. VIVES Encantada. Síganme que quiero mostrarles la casa. ¡Les va a encantar!

SRA. VIVES Esta alcoba es para los chicos. Tienen dos camas, una mesita de noche, una cómoda... En el armario hay más mantas y almohadas por si las necesitan.

6

7

8

SRA. VIVES Ésta es la sala. El sofá y los sillones son muy cómodos. Pero, por favor, ¡no los ensucien!

SRA. VIVES Allí están la cocina y el comedor. Al fondo del pasillo hay un baño.

DON FRANCISCO Chicos, a ver... ¡atención! La señora Vives les va a preparar las comidas. Pero quiero que ustedes la ayuden con los quehaceres domésticos. Quiero que arreglen sus alcobas, que hagan las camas, que pongan la mesa... ¿entendido?

JAVIER No se preocupe... la vamos a ayudar en todo lo posible.

ÁLEX Sí, cuente con nosotros.

recursos

VM
pp. 217-218

SUPERSITE
panorama.vhlcentral.com
Lección 12

SRA. VIVES Javier, no ponga las maletas en la cama. Póngalas en el piso, por favor.

SRA. VIVES Tomen ustedes esta alcoba, chicas.

INÉS Insistimos en que nos deje ayudarla a preparar la comida.

SRA. VIVES No, chicos, no es para tanto, pero gracias por la oferta. Descansen un rato que seguramente están cansados.

ÁLEX Gracias. A mí me gustaría pasear por la ciudad.

INÉS Perdone, don Francisco, ¿a qué hora viene el guía mañana?

DON FRANCISCO ¿Martín? Viene temprano, a las siete de la mañana. Les aconsejo que se acuesten temprano esta noche. ¡Nada de televisión ni de conversaciones largas!

ESTUDIANTES ¡Ay, don Francisco!

Expresiones útiles

Welcoming people

- ¡Bienvenido(a)/(s)!
  Welcome!

Showing people around the house

- **Síganme... que quiero mostrarles la casa.**
  Follow me... I want to show you the house.
- **Esta alcoba es para los chicos.**
  This bedroom is for the guys.
- **Ésta es la sala.**
  This is the living room.
- **Allí están la cocina y el comedor.**
  The kitchen and dining room are over there.
- **Al fondo del pasillo hay un baño.**
  At the end of the hall there is a bathroom.

Telling people what to do

- **Quiero que la ayude(n) con los quehaceres domésticos.**
  I want you to help her with the household chores.
- **Quiero que arregle(n) su(s) alcoba(s).**
  I want you to straighten your room(s).
- **Quiero que haga(n) las camas.**
  I want you to make the beds.
- **Quiero que ponga(n) la mesa.**
  I want you to set the table.
- **Cuente con nosotros.**
  (You can) count on us.
- **Insistimos en que nos deje ayudarla a preparar la comida.**
  We insist that you let us help you make the food.
- **Le (Les) aconsejo que se acueste(n) temprano.**
  I recommend that you go to bed early.

Other expressions

- **No es para tanto.**
  It's not a big deal.
- **Gracias por la oferta.**
  Thanks for the offer.

¿Qué paso?

---

1 ¿Cierto o falso? Indica si lo que dicen estas oraciones es **cierto** o **falso**. Corrige las oraciones falsas.

	Cierto	Falso
1. Las alcobas de los estudiantes tienen dos camas, dos mesitas de noche y una cómoda.	○	○
2. La señora Vives no quiere que Javier ponga las maletas en la cama.	○	○
3. El sofá y los sillones están en la sala.	○	○
4. Los estudiantes tienen que sacudir los muebles y sacar la basura.	○	○
5. Los estudiantes van a preparar las comidas.	○	○

---

2 **Identificar** Identifica quién puede decir estas oraciones.

1. Nos gustaría preparar la comida esta noche. ¿Le parece bien a usted?
2. Miren, si quieren otra almohada o manta, hay más en el armario.
3. Tranquilo, tranquilo, que nosotros vamos a ayudarla muchísimo.
4. Tengo ganas de caminar un poco por la ciudad.
5. No quiero que nadie mire la televisión esta noche. ¡Tenemos que levantarnos temprano mañana!

ÁLEX

JAVIER

INÉS

DON FRANCISCO

SRA. VIVES

---

3 **Completar** Los estudiantes y la señora Vives están haciendo los quehaceres. Adivina en qué cuarto está cada uno de ellos.

1. Inés limpia el congelador. Inés está en _____.
2. Javier limpia el escritorio. Javier está en _____.
3. Álex pasa la aspiradora debajo de la mesa y las sillas. Álex está en _____.
4. La señora Vives sacude el sillón. La señora Vives está en _____.
5. Don Francisco no está haciendo nada. Él está dormido en _____.

---

4 **Mi casa** Dibuja el plano de una casa o de un apartamento. Puede ser el plano de la casa o del apartamento donde vives o de donde te gustaría (*you would like*) vivir. Después, trabajen en parejas y describan lo que se hace en cuatro de las habitaciones. Para terminar, pídanse (*ask for*) ayuda para hacer dos quehaceres domésticos. Pueden usar estas frases en su conversación.

Quiero mostrarte…	Al fondo hay…
Ésta es (la cocina).	Quiero que me ayudes a (sacar la basura).
Allí yo (preparo la comida).	Por favor, ayúdame con…

Ortografía

Mayúsculas y minúsculas

Here are some of the rules that govern the use of capital letters (**mayúsculas**) and lowercase letters (**minúsculas**) in Spanish.

Los estudiantes llegaron al aeropuerto a las dos. Luego fueron al hotel.

In both Spanish and English, the first letter of every sentence is capitalized.

Rubén Blades   Panamá   Colón   los Andes

The first letter of all proper nouns (names of people, countries, cities, geographical features, etc.) is capitalized.

Cien años de soledad   *Don Quijote de la Mancha*
El País   *Muy Interesante*

The first letter of the first word in titles of books, films, and works of art is generally capitalized, as well as the first letter of any proper names. In newspaper and magazine titles, as well as other short titles, the initial letter of each word is often capitalized.

---

la señora Ramos   **don Francisco**
el presidente   **Sra. Vives**

Titles associated with people are *not* capitalized unless they appear as the first word in a sentence. Note, however, that the first letter of an abbreviated title is capitalized.

Último   Álex   MENÚ   PERDÓN

Accent marks should be retained on capital letters. In practice, however, this rule is often ignored.

---

lunes   viernes   marzo   primavera

The first letter of days, months, and seasons is <u>not</u> capitalized.

---

español   estadounidense   japonés   panameños

The first letter of nationalities and languages is <u>not</u> capitalized.

Profesor Herrera, ¿es cierto que somos venenosas°?

Sí, Pepito. ¿Por qué lloras?

Práctica Corrige las mayúsculas y minúsculas incorrectas.

1. soy lourdes romero. Soy Colombiana.

2. éste Es mi Hermano álex.

3. somos De panamá.

4. ¿es ud. La sra. benavides?

5. ud. Llegó el Lunes, ¿no?

Palabras desordenadas Lee el diálogo de las serpientes. Ordena las letras para saber de qué palabras se trata. Después escribe las letras indicadas para descubrir por qué llora Pepito.

m n a a P á   ☐⬜⬜⬜⬜⬜

s t e m r a   ☐⬜⬜⬜⬜⬜

i g s l é n   ⬜⬜⬜☐⬜⬜

y a U r u g u   ⬜⬜⬜☐⬜⬜⬜

r o ñ e s a   ⬜⬜⬜⬜⬜☐

¡ ⬜orque ⬜e acabo de morder° la ⬜en ⬜u ⬜!

Respuestas: Panamá, martes, inglés, Uruguay, señora.
¡Porque me acabo de morder la lengua!

venenosas *venomous* morder *to bite*

EN DETALLE

El patio central

En las tardes cálidas° de Oaxaca, México; Córdoba, España, o Popayán, Colombia, es un placer sentarse en **el patio central** de una casa y tomar un refresco disfrutando de° una buena conversación. De influencia árabe, esta característica arquitectónica° fue traída° a las Américas por los españoles. En la época° colonial, se construyeron casas, palacios, monasterios, hospitales y escuelas con patio central. Éste es un espacio privado e íntimo en donde se puede disfrutar del sol y de la brisa° estando aislado° de la calle.

El centro del patio es un espacio abierto. Alrededor de° él, separado por columnas, hay un pasillo cubierto°. Así, en el patio hay zonas de sol y de sombra°. El patio es una parte importante de la vivienda familiar y su decoración se cuida° mucho. En el centro del patio muchas veces hay una fuente°, plantas e incluso árboles°. El agua es un elemento muy importante en la ideología islámica porque simboliza la purificación del cuerpo y del alma°. Por esta razón y para disminuir° la temperatura, el agua en estas construcciones es muy importante. El agua y la vegetación ayudan a mantener la temperatura fresca y el patio proporciona° luz y ventilación a todas las habitaciones.

La distribución

Las casas con patio central eran usualmente las viviendas de familias adineradas°. Son casas de dos o tres pisos. Los cuartos de la planta baja son las áreas comunes: cocina, comedor, sala, etc., y tienen puertas al patio. En los pisos superiores están las habitaciones privadas de la familia.

cálidas *hot* disfrutando de *enjoying* arquitectónica *architectural* traída *brought* época *era* brisa *breeze* aislado *isolated* Alrededor de *Surrounding* cubierto *covered* sombra *shade* se cuida *is looked after* fuente *fountain* árboles *trees* alma *soul* disminuir *lower* proporciona *provides* adineradas *wealthy*

ACTIVIDADES

1 **¿Cierto o falso?** Indica si lo que dicen estas oraciones es **cierto** o **falso**. Corrige la información falsa.

1. Los patios centrales de Latinoamérica tienen su origen en la tradición indígena.

2. En la época colonial las casas eran las únicas construcciones con patio central.

3. El patio es una parte importante en estas construcciones.

4. El patio central es un lugar de descanso que da luz y ventilación a las habitaciones.

5. Las casas con patio central eran para personas adineradas.

6. Los cuartos de la planta baja son privados.

7. Las fuentes en los patios tienen importancia por razones ideológicas y porque bajan la temperatura.

ASÍ SE DICE
La vivienda

el ático, el desván	el altillo
la cobija (Méx.), la frazada (Arg., Cuba, Ven.)	la manta
el escaparate (Cuba, Ven.), el ropero (Méx.)	el armario
el fregadero	*kitchen sink*
el frigidaire (Perú); el frigorífico (Esp.), la nevera	el refrigerador
el lavavajillas (Arg., Esp., Méx.)	el lavaplatos

EL MUNDO HISPANO
Los muebles

○ **Mecedora°** La mecedora es un mueble típico de Latinoamérica, especialmente de la zona del Caribe. A las personas les gusta relajarse mientras se mecen° en el patio.

○ **Mesa camilla** Era un mueble popular en España hasta hace algunos años. Es una mesa con un bastidor° en la parte interior° para poner un brasero°. En invierno, las personas se sentaban alrededor de la mesa camilla para conversar, jugar a las cartas o tomar café.

○ **Hamaca** Se cree que los taínos hicieron las primeras hamacas con fibras vegetales. Su uso es muy popular en toda Latinoamérica para dormir y descansar.

Mecedora *Rocking chair* se mecen *they rock themselves* bastidor *frame* inferior *bottom* brasero *container for hot coals*

PERFIL
Las islas flotantes del lago Titicaca

Bolivia y Perú comparten **el lago Titicaca**, donde viven **los uros**, uno de los pueblos indígenas más antiguos de América. Hace muchos años, los uros fueron a vivir al lago escapando de **los incas**.

Hoy en día, siguen viviendo allí en cuarenta **islas flotantes** que ellos mismos hacen con unos juncos° llamados **totora**. Primero tejen° grandes plataformas. Luego, con el mismo material, construyen sus casas sobre las plataformas. La totora es resistente, pero con el tiempo el agua la pudre°. Los habitantes de las islas

necesitan renovar continuamente las plataformas y las casas. Sus muebles y sus barcos también están hechos° de juncos. Los uros viven de la pesca y del turismo; en las islas hay unas tiendas donde venden artesanías° hechas con totora.

juncos *reeds* tejen *they weave* la pudre *rots it* hechos *made* artesanías *handcrafts*

Conexión Internet

¿Cómo son las casas modernas en los países hispanos?

Go to **panorama.vhlcentral.com** to find more cultural information related to this **Cultura** section.

ACTIVIDADES

2 Comprensión Responde a las preguntas.
1. Tu amigo mexicano te dice: "La **cobija** azul está en el **ropero**". ¿Qué quiere decir?
2. ¿Quiénes hicieron las primeras hamacas? ¿Qué material usaron?
3. ¿Qué grupo indígena vive en el lago Titicaca?
4. ¿Qué pueden comprar los turistas en las islas flotantes del lago Titicaca?

3 Viviendas tradicionales Escribe cuatro oraciones sobre una vivienda tradicional que conoces. Explica en qué lugar se encuentra, de qué materiales está hecha y cómo es.

recursos

panorama.vhlcentral.com
Lección 12

12.1 Relative pronouns

ANTE TODO In both English and Spanish, relative pronouns are used to combine two sentences or clauses that share a common element, such as a noun or pronoun. Study this diagram.

Mis padres me regalaron **la aspiradora**.
My parents gave me the vacuum cleaner.

La aspiradora funciona muy bien.
The vacuum cleaner works really well.

La aspiradora **que** me regalaron mis padres funciona muy bien.
The vacuum cleaner that my parents gave me works really well.

Lourdes es muy inteligente.
Lourdes is very intelligent.

Lourdes estudia español.
Lourdes is studying Spanish.

Lourdes, **quien** estudia español, es muy inteligente.
Lourdes, who studies Spanish, is very intelligent.

> Pueden usar las almohadas que están en el armario.

> Chicos, ésta es la señora Vives, quien les va a mostrar la casa.

▶ Spanish has three frequently-used relative pronouns. **¡Atención!** Interrogative words (**qué**, **quién**, etc.) always carry an accent. Relative pronouns, however, never carry a written accent.

que	*that; which; who*
quien(es)	*who; whom; that*
lo que	*that which; what*

▶ **Que** is the most frequently used relative pronoun. It can refer to things or to people. Unlike its English counterpart, *that*, **que** is never omitted.

¿Dónde está la cafetera **que** compré?
Where is the coffee maker (that) I bought?

El hombre **que** limpia es Pedro.
The man who is cleaning is Pedro.

▶ The relative pronoun **quien** refers only to people, and is often used after a preposition or the personal **a. Quien** has only two forms: **quien** (singular) and **quienes** (plural).

¿Son las chicas **de quienes** me hablaste la semana pasada?
Are they the girls (that) you told me about last week?

Eva, **a quien** conocí anoche, es mi nueva vecina.
Eva, whom I met last night, is my new neighbor.

¡LENGUA VIVA!

In English, it is generally recommended that *who(m)* be used to refer to people, and that *that* and *which* be used to refer to things. In Spanish, however, it is perfectly acceptable to use **que** when referring to people.

▶ **Quien(es)** is occasionally used in written Spanish instead of **que** in clauses set off by commas.

> Lola, **quien** es cubana, es médica.
> *Lola, who is Cuban, is a doctor.*

> Su tía, **que** es alemana, ya llegó.
> *His aunt, who is German, already arrived.*

▶ Unlike **que** and **quien(es)**, **lo que** doesn't refer to a specific noun. It refers to a specified or unspecified object, idea, situation, or past event and means *what*, *that which*, or *the thing that*.

Este mercado tiene todo lo que Inés necesita.

A la señora Vives no le gustó lo que hizo Javier.

> **Lo que** me molesta es el calor.
> *What bothers me is the heat.*

> **Lo que** quiero es una casa.
> *What I want is a house.*

¡INTÉNTALO! Completa estas oraciones con pronombres relativos.

1. Voy a utilizar los platos _____que_____ me regaló mi abuela.
2. Ana comparte un apartamento con la chica a _____ conocimos en la fiesta de Jorge.
3. Esta oficina tiene todo _____ necesitamos.
4. Puedes estudiar en el dormitorio _____ está a la derecha de la cocina.
5. Los señores _____ viven en esa casa acaban de llegar de Centroamérica.
6. Los niños a _____ viste en nuestro jardín son mis sobrinos.
7. La piscina _____ ves desde la ventana es la piscina de mis vecinos.
8. Fue Úrsula _____ ayudó a mamá a limpiar el refrigerador.
9. Ya te dije que fue mi padre _____ alquiló el apartamento.
10. _____ te dijo Pablo no es cierto.
11. Tengo que sacudir los muebles _____ están en el altillo una vez al mes.
12. No entiendo por qué no lavaste los vasos _____ te dije.
13. La mujer a _____ saludaste vive en las afueras.
14. ¿Sabes _____ necesita este dormitorio? ¡Unas cortinas!
15. No quiero volver a hacer _____ hice ayer.
16. No me gusta vivir con personas a _____ no conozco.

recursos

WB
pp. 141–142

LM
p. 69

SUPERSITE
panorama.
vhlcentral.com
Lección 12

Práctica (SUPERSITE)

NOTA CULTURAL

Rubén Blades es un cantante y actor panameño muy famoso. Para más información sobre este artista, ve a la página 409.

1

Combinar Combina elementos de la columna A y la columna B para formar oraciones lógicas.

A

1. Ése es el hombre _____.
2. Rubén Blades, _____.
3. No traje _____.
4. ¿Te gusta la manta _____?
5. ¿Cómo se llama el programa _____?
6. La mujer _____.

B

a. con quien bailaba es mi vecina
b. que te compró Cecilia
c. quien es de Panamá, es un cantante muy bueno
d. que arregló mi lavadora
e. lo que necesito para la clase de matemáticas
f. que comiste en el restaurante
g. que escuchaste en la radio anoche

2

Completar Completa la historia sobre la casa que Jaime y Tina quieren comprar, usando los pronombres relativos **que, quien, quienes** o **lo que**.

1. Jaime y Tina son los chicos a _____ conocí la semana pasada.
2. Quieren comprar una casa _____ está en las afueras de la ciudad.
3. Es una casa _____ era de una artista famosa.
4. La artista, a _____ yo conocía, murió el año pasado y no tenía hijos.
5. Ahora se vende la casa con todos los muebles _____ ella tenía.
6. La sala tiene una alfombra _____ ella trajo de Kuwait.
7. La casa tiene muchos estantes, _____ a Tina le encanta.

3

Oraciones Javier y Ana acaban de casarse y han comprado (*they have bought*) una casa y muchas otras cosas. Combina sus declaraciones para formar una sola oración con los pronombres relativos **que, quien(es)** y **lo que**.

> **modelo**
>
> Vamos a usar los vasos nuevos mañana. Los pusimos en el comedor.
> *Mañana vamos a usar los vasos nuevos que pusimos en el comedor.*

1. Tenemos una cafetera nueva. Mi prima nos la regaló.
2. Tenemos una cómoda nueva. Es bueno porque no hay espacio en el armario.
3. Esos platos no nos costaron mucho. Están encima del horno.
4. Esas copas me las regaló mi amiga Amalia. Ella viene a visitarme mañana.
5. La lavadora está casi nueva. Nos la regalaron mis suegros.
6. La vecina nos dio una manta de lana. Ella la compró en México.

Comunicación

4

Entrevista En parejas, túrnense para hacerse estas preguntas.

1. ¿Qué es lo que más te gusta de vivir en las afueras o en la ciudad?
2. ¿Cómo son las personas que viven en tu barrio?
3. ¿Cuál es el quehacer doméstico que menos te gusta? ¿Y el que más te gusta?
4. ¿Quién es la persona que hace los quehaceres domésticos en tu casa?
5. ¿Quiénes son las personas con quienes más sales los fines de semana? ¿Quién es la persona a quien más llamas por teléfono?
6. ¿Cuál es el deporte que más te gusta? ¿Cuál es el que menos te gusta?
7. ¿Cuál es el barrio de tu ciudad que más te gusta y por qué?
8. ¿Quién es la persona a quien más llamas cuando tienes problemas?
9. ¿Quién es la persona a quien más admiras? ¿Por qué?
10. ¿Qué es lo que más te gusta de tu casa?
11. ¿Qué es lo que más te molesta de tus amigos?
12. ¿Qué es lo que menos te gusta de tu barrio?

5

Adivinanza En grupos, túrnense para describir distintas partes de una vivienda usando pronombres relativos. Los demás compañeros tienen que hacer preguntas hasta que adivinen la palabra.

> **modelo**
>
> **Estudiante 1:** Es lo que tenemos en el dormitorio.
> **Estudiante 2:** ¿Es el mueble que usamos para dormir?
> **Estudiante 1:** No. Es lo que usamos para guardar la ropa.
> **Estudiante 3:** Lo sé. Es la cómoda.

Síntesis

6

Definir En parejas, definan las palabras. Usen los pronombres relativos **que, quien(es)** y **lo que.** Luego compartan sus definiciones con la clase.

> **modelo**
>
> lavadora Es lo que se usa para lavar la ropa.
> pastel Es un postre que comes en tu cumpleaños.

alquiler	flan	patio	tenedor
amigos	guantes	postre	termómetro
aspiradora	jabón	sillón	vaso
enfermera	manta	sótano	vecino

12.2 Formal commands

ANTE TODO As you learned in **Lección 11**, the command forms are used to give orders or advice. Formal commands are used with people you address as **usted** or **ustedes.** Observe these examples, then study the chart.

AYUDA

By learning formal commands, it will be easier for you to learn the subjunctive forms that are presented in **Estructura 12.3**, p. 394.

Hable con ellos, don Francisco.
Talk with them, Don Francisco.

Laven los platos ahora mismo.
Wash the dishes right now.

Coma frutas y verduras.
Eat fruits and vegetables.

Beban menos té y café.
Drink less tea and coffee.

Formal commands (Ud. and Uds.)

Infinitive	Present tense yo form	Ud. command	Uds. command
limpiar	limpi**o**	limpi**e**	limpi**en**
barrer	barr**o**	barr**a**	barr**an**
sacudir	sacud**o**	sacud**a**	sacud**an**
decir (e:i)	dig**o**	dig**a**	dig**an**
pensar (e:ie)	piens**o**	piens**e**	piens**en**
volver (o:ue)	vuelv**o**	vuelv**a**	vuelv**an**
servir (e:i)	sirv**o**	sirv**a**	sirv**an**

▶ The **usted** and **ustedes** commands, like the negative **tú** commands, are formed by dropping the final **-o** of the **yo** form of the present tense. For **-ar** verbs, add **-e** or **-en.** For **-er** and **-ir** verbs, add **-a** or **-an.**

No se preocupe... La vamos a ayudar en todo lo posible.

Sí, cuente con nosotros.

▶ Verbs with irregular **yo** forms maintain the same irregularity in their formal commands. These verbs include **conducir, conocer, decir, hacer, ofrecer, oír, poner, salir, tener, traducir, traer, venir,** and **ver.**

Oiga, don Francisco...
Listen, Don Francisco...

Ponga la mesa, por favor.
Set the table, please.

¡Salga inmediatamente!
Leave immediately!

Hagan la cama antes de salir.
Make the bed before leaving.

▶ Note also that verbs maintain their stem changes in **usted** and **ustedes** commands.

e:ie	o:ue	e:i
No **pierda** la llave.	**Vuelva** temprano, joven.	**Sirva** la sopa, por favor.
Cierren la puerta.	**Duerman** bien, chicos.	**Repitan** las frases.

AYUDA

These spelling changes are necessary to ensure that the words are pronounced correctly. See **Lección 8, Pronunciación,** p. 251, and **Lección 9, Pronunciación,** p.283.

• • •

It may help you to study the following five series of syllables. Note that, within each series, the consonant sound doesn't change.

ca que qui co cu

za ce ci zo zu

ga gue gui go gu

ja ge gi jo ju

▶ Verbs ending in **-car, -gar,** and **-zar** have a spelling change in the command forms.

sa**car**	**c** ⟶ **qu**	sa**que**, sa**qu**en
ju**gar**	**g** ⟶ **gu**	jue**gue**, jue**gu**en
almor**zar**	**z** ⟶ **c**	almuer**ce**, almuer**c**en

▶ These verbs have irregular formal commands.

Infinitive	Ud. command	Uds. command
dar	**dé**	**den**
estar	**esté**	**estén**
ir	**vaya**	**vayan**
saber	**sepa**	**sepan**
ser	**sea**	**sean**

▶ To make a formal command negative, simply place **no** before the verb.

No ponga las maletas en la cama.   **No ensucien** los sillones.
Don't put the suitcases on the bed.   *Don't dirty the armchairs.*

▶ In affirmative commands, reflexive, indirect and direct object pronouns are always attached to the end of the verb.

Siénten**se**, por favor.   Acuésten**se** ahora.
Síga**me**, Laura.   Póngan**las** en el suelo, por favor.

▶ **¡Atención!** When a pronoun is attached to an affirmative command that has two or more syllables, an accent mark is added to maintain the original stress.

limpie ⟶ **límpielo**   lean ⟶ **léanlo**
diga ⟶ **dígamelo**   sacudan ⟶ **sacúdanlos**

▶ In negative commands, these pronouns always precede the verb.

No **se** preocupe.   No **los** ensucien.
No **me lo** dé.   No **nos las** traigan.

▶ **Usted** and **ustedes** can be used with the command forms to strike a more formal tone. In such instances they follow the command form.

Muéstrele usted la foto a su amigo.   **Tomen ustedes** esta alcoba.
Show the photo to your friend.   *Take this bedroom.*

recursos

WB
pp. 143–144

LM
p. 70

SUPERSITE
panorama.
vhlcentral.com
Lección 12

¡INTÉNTALO! Indica los mandatos (*commands*) afirmativos y negativos correspondientes.

1. escucharlo (Ud.) ___Escúchelo___ . ___No lo escuche___ .
2. decírmelo (Uds.) _____ . _____ .
3. salir (Ud.) _____ . _____ .
4. servírnoslo (Uds.) _____ . _____ .
5. barrerla (Ud.) _____ . _____ .
6. hacerlo (Ud.) _____ . _____ .

Práctica

1

Completar La señora González quiere mudarse de casa. Ayúdala a organizarse. Indica el mandato formal de cada verbo.

1. _____ los anuncios del periódico y _____. (Leer, guardarlos)
2. _____ personalmente y _____ las casas usted misma. (Ir, ver)
3. Decida qué casa quiere y _____ al agente. _____ un contrato de alquiler. (llamar, Pedirle)
4. _____ un camión *(truck)* para ese día y _____ la hora exacta de llegada. (Contratar, preguntarles)
5. El día de la mudanza *(On moving day)* _____ tranquila. _____ a revisar su lista para completar todo lo que tiene que hacer. (estar, Volver)
6. Primero, _____ a todos en casa que usted va a estar ocupada. No _____ que usted va a hacerlo todo. (decirles, decirles)
7. _____ tiempo para hacer las maletas tranquilamente. No _____ las maletas a los niños más grandes. (Sacar, hacerles)
8. No _____. _____ que todo va a salir bien. (preocuparse, Saber)

2

¿Qué dicen? Mira los dibujos y escribe un mandato lógico para cada uno. Usa palabras que aprendiste en **Contextos**.

1. _____

2. _____

3. _____

4. _____

5. _____

6. _____

Comunicación

3

Solucionar Trabajen en parejas para presentar estos problemas. Un(a) estudiante presenta los problemas de la columna A y el/la otro/a los de la columna B. Usen mandatos formales y túrnense para ofrecer soluciones.

> **modelo**
>
> **Estudiante 1:** Vilma se torció un tobillo jugando al tenis. Es la tercera vez.
> **Estudiante 2:** No juegue más al tenis. / Vaya a ver a un especialista.

A

1. Se me perdió el libro de español con todas mis notas.
2. A Vicente se le cayó la botella de vino para la cena.
3. ¿Cómo? ¿Se le olvidó traer el traje de baño a la playa?
4. Se nos quedaron los boletos en la casa. El avión sale en una hora.

B

1. Mis hijas no se levantan temprano. Siempre llegan tarde a la escuela.
2. A mi abuela le robaron (*stole*) las maletas. Era su primer día de vacaciones.
3. Nuestra casa es demasiado pequeña para nuestra familia.
4. Me preocupo constantemente por Roberto. Trabaja demasiado.

4

Conversaciones En parejas, escojan dos situaciones y preparen conversaciones para presentar a la clase. Usen mandatos formales.

> **modelo**
>
> **Lupita:**   Señor Ramírez, siento mucho llegar tan tarde. Mi niño se enfermó. ¿Qué debo hacer?
> **Sr. Ramírez:** No se preocupe. Siéntese y descanse un poco.

SITUACIÓN 1 Profesor Rosado, no vine la semana pasada porque el equipo jugaba en Boquete. ¿Qué debo hacer para ponerme al día *(catch up)*?

SITUACIÓN 2 Los invitados de la boda llegan a las cuatro de la tarde, las mesas están sin poner y el champán sin servir. Los camareros apenas están llegando. ¿Qué deben hacer los camareros?

SITUACIÓN 3 Mi novio es un poco aburrido. No le gustan ni el cine, ni los deportes, ni salir a comer. Tampoco habla mucho. ¿Qué puedo hacer?

▶ **SITUACIÓN 4** Tengo que preparar una presentación para mañana sobre el Canal de Panamá. ¿Por dónde comienzo?

NOTA CULTURAL

El 31 de diciembre de 1999, los Estados Unidos cedió el control del **Canal de Panamá** al gobierno de Panamá, terminando así con casi 100 años de administración estadounidense.

Síntesis

5

Presentar En grupos, preparen un anuncio de televisión para presentar a la clase. El anuncio debe tratar de un detergente, un electrodoméstico o una agencia inmobiliaria (*real estate agency*). Usen mandatos, los pronombres relativos (**que, quien(es)** o **lo que**) y el **se** impersonal.

> **modelo**
>
> Compre el lavaplatos Siglo XXI. Tiene todo lo que usted desea. Es el lavaplatos que mejor funciona. Venga a verlo ahora mismo… No pierda ni un minuto más. Se aceptan tarjetas de crédito.

12.3 The present subjunctive (SUPERSITE)

ANTE TODO   With the exception of commands, all the verb forms you have been using have been in the indicative mood. The indicative is used to state facts and to express actions or states that the speaker considers to be real and definite. In contrast, the subjunctive mood expresses the speaker's attitudes toward events, as well as actions or states the speaker views as uncertain or hypothetical.

Quiero que ustedes ayuden con los quehaceres domésticos.

Insistimos en que nos deje ayudarla a preparar la comida.

Present subjunctive of regular verbs

		hablar	comer	escribir
SINGULAR FORMS	yo	habl**e**	com**a**	escrib**a**
	tú	habl**es**	com**as**	escrib**as**
	Ud./él/ella	habl**e**	com**a**	escrib**a**
PLURAL FORMS	nosotros/as	habl**emos**	com**amos**	escrib**amos**
	vosotros/as	habl**éis**	com**áis**	escrib**áis**
	Uds./ellos/ellas	habl**en**	com**an**	escrib**an**

¡LENGUA VIVA!

You may think that English has no subjunctive, but it does! While once common, it now survives mostly in set expressions such as *if I were you* and *be that as it may.*

▶ The present subjunctive is formed very much like **usted** and **ustedes** and *negative* **tú** commands. From the **yo** form of the present indicative, drop the **-o** ending, and replace it with the subjunctive endings.

INFINITIVE	PRESENT INDICATIVE	VERB STEM	PRESENT SUBJUNCTIVE
hablar	**hablo**	**habl-**	**hable**
comer	**como**	**com-**	**coma**
escribir	**escribo**	**escrib-**	**escriba**

AYUDA

Note that, in the present subjunctive, **-ar** verbs use endings normally associated with present tense **-er** and **-ir** verbs. Likewise, **-er** and **-ir** verbs in the present subjunctive use endings normally associated with **-ar** verbs in the present tense. Note also that, in the present subjunctive, the **yo** form is the same as the **Ud./él/ella** form.

▶ The present subjunctive endings are:

-ar verbs	
-e	-emos
-es	-éis
-e	-en

-er and -ir verbs	
-a	-amos
-as	-áis
-a	-an

▶ Verbs with irregular **yo** forms show the same irregularity in all forms of the present subjunctive.

Infinitive	Present indicative	Verb stem	Present subjunctive
conducir	conduzco	**conduzc-**	**conduzca**
conocer	conozco	**conozc-**	**conozca**
decir	digo	**dig**	**diga**
hacer	hago	**hag-**	**haga**
ofrecer	ofrezco	**ofrezc-**	**ofrezca**
oír	oigo	**oig-**	**oiga**
parecer	parezco	**parezc-**	**parezca**
poner	pongo	**pong-**	**ponga**
tener	tengo	**teng-**	**tenga**
traducir	traduzco	**traduzc-**	**traduzca**
traer	traigo	**traig-**	**traiga**
venir	vengo	**veng-**	**venga**
ver	veo	**ve-**	**vea**

▶ To maintain the **-c, -g,** and **-z** sounds, verbs ending in **-car, -gar,** and **-zar** have a spelling change in all forms of the present subjunctive.

sacar:	sa**que**, sa**que**s, sa**que**, sa**que**mos, sa**qué**is, sa**que**n
jugar:	jue**gue**, jue**gue**s, jue**gue**, ju**gue**mos, ju**gué**is, jue**gue**n
almorzar:	almuer**ce**, almuer**ce**s, almuer**ce**, almor**ce**mos, almor**cé**is, almuer**ce**n

Present subjunctive of stem-changing verbs

AYUDA

Note that stem-changing verbs and verbs that have a spelling change have the same ending as regular verbs in the present subjunctive.

▶ **-Ar** and **-er** stem-changing verbs have the same stem changes in the subjunctive as they do in the present indicative.

pensar (e:ie):	p**ie**nse, p**ie**nses, p**ie**nse, pensemos, penséis, p**ie**nsen
mostrar (o:ue):	m**ue**stre, m**ue**stres, m**ue**stre, mostremos, mostréis, m**ue**stren
entender (e:ie):	ent**ie**nda, ent**ie**ndas, ent**ie**nda, entendamos, entendáis, ent**ie**ndan
volver (o:ue):	v**ue**lva, v**ue**lvas, v**ue**lva, volvamos, volváis, v**ue**lvan

▶ **-Ir** stem-changing verbs have the same stem changes in the subjunctive as they do in the present indicative, but in addition, the **nosotros/as** and **vosotros/as** forms undergo a stem change. The unstressed **e** changes to **i,** while the unstressed **o** changes to **u.**

pedir (e:i):	p**i**da, p**i**das, p**i**da, p**i**damos, p**i**dáis, p**i**dan
sentir (e:ie):	s**ie**nta, s**ie**ntas, s**ie**nta, s**i**ntamos, s**i**ntáis, s**ie**ntan
dormir (o:ue):	d**ue**rma, d**ue**rmas, d**ue**rma, d**u**rmamos, d**u**rmáis, d**ue**rman

Irregular verbs in the present subjunctive

▶ These five verbs are irregular in the present subjunctive.

		dar	estar	ir	saber	ser
SINGULAR FORMS	yo	dé	esté	vaya	sepa	sea
	tú	des	estés	vayas	sepas	seas
	Ud./él/ella	dé	esté	vaya	sepa	sea
PLURAL FORMS	nosotros/as	demos	estemos	vayamos	sepamos	seamos
	vosotros/as	deis	estéis	vayáis	sepáis	seáis
	Uds./ellos/ellas	den	estén	vayan	sepan	sean

▶ **¡Atención!** The subjunctive form of **hay** (*there is, there are*) is also irregular: **haya**.

General uses of the subjunctive

▶ The subjunctive is mainly used to express: 1) will and influence, 2) emotion, 3) doubt, disbelief, and denial, and 4) indefiniteness and nonexistence.

▶ The subjunctive is most often used in sentences that consist of a main clause and a subordinate clause. The main clause contains a verb or expression that triggers the use of the subjunctive. The conjunction **que** connects the subordinate clause to the main clause.

Main clause	Connector	Subordinate clause
Es muy importante	que	**vayas** al hotel ahora mismo.

▶ These impersonal expressions are always followed by clauses in the subjunctive:

Es bueno que...	**Es mejor que...**	**Es malo que...**
It's good that...	*It's better that...*	*It's bad that...*
Es importante que...	**Es necesario que...**	**Es urgente que...**
It's important that...	*It's necessary that...*	*It's urgent that...*

¡INTÉNTALO!   Indica el presente de subjuntivo de estos verbos.

1. (alquilar, beber, vivir)   que yo ___alquile, beba, viva___
2. (estudiar, aprender, asistir) que tú _____
3. (encontrar, poder, dormir)   que él _____
4. (hacer, tener, venir)   que nosotras _____
5. (dar, hablar, escribir)   que ellos _____
6. (pagar, empezar, buscar)   que ustedes _____
7. (ser, ir, saber)   que yo _____
8. (estar, dar, oír)   que tú _____

recursos

WB
pp. 145–146

LM
p. 71

panorama.
vhlcentral.com
Lección 12

Práctica

1

Completar Completa las oraciones con el presente de subjuntivo de los verbos entre paréntesis. Luego empareja las oraciones del primer grupo con las del segundo grupo.

A

1. Es mejor que _____ en casa. (nosotros, cenar)
2. Es importante que _____ las casas colgantes de Cuenca. (tú, visitar)
3. Señora, es urgente que le _____ el diente. Tiene una infección. (yo, sacar)
4. Es malo que Ana les _____ tantos dulces a los niños. (dar)
5. Es necesario que _____ a la una de la tarde. (ustedes, llegar)
6. Es importante que _____ temprano. (nosotros, acostarse)

B

a. Es importante que _____ más verduras. (ellos, comer)
b. No, es mejor que _____ a comer. (nosotros, salir)
c. Y yo creo que es bueno que _____ a Madrid después. (yo, ir)
d. En mi opinión, no es necesario que _____ tanto. (nosotros, dormir)
e. ¿Ah, sí? ¿Es necesario que me _____ un antibiótico también? (yo, tomar)
f. Para llegar a tiempo, es necesario que _____ temprano. (nosotros, almorzar)

NOTA CULTURAL

Las casas colgantes (*hanging*) de Cuenca, España, son muy famosas. Situadas en un acantilado (*cliff*), forman parte del paisaje de la ciudad.

Comunicación

2

Minidiálogos En parejas, completen los minidiálogos con expresiones impersonales de una manera lógica.

> **modelo**
>
> **Miguelito:** Mamá, no quiero arreglar mi cuarto.
> **Sra. Casas:** Es necesario que lo arregles. Y es importante que sacudas los muebles también.

1. **MIGUELITO** Mamá, no quiero estudiar. Quiero salir a jugar con mis amigos.
   SRA. CASAS _____

2. **MIGUELITO** Mamá, es que no me gustan las verduras. Prefiero comer pasteles.
   SRA. CASAS _____

3. **MIGUELITO** ¿Tengo que poner la mesa, mamá?
   SRA. CASAS _____

4. **MIGUELITO** No me siento bien, mamá. Me duele todo el cuerpo y tengo fiebre.
   SRA. CASAS _____

3

Entrevista Trabajen en parejas. Entrevístense usando estas preguntas. Expliquen sus respuestas.

1. ¿Es importante que los niños ayuden con los quehaceres domésticos?
2. ¿Es urgente que los norteamericanos aprendan otras lenguas?
3. Si un(a) norteamericano/a quiere aprender francés, ¿es mejor que lo aprenda en Francia?
4. En su universidad, ¿es necesario que los estudiantes vivan en residencias estudiantiles?
5. ¿Es importante que todas las personas asistan a la universidad?

12.4   Subjunctive with verbs of will and influence

ANTE TODO   You will now learn how to use the subjunctive with verbs and expressions of will and influence.

Quiero
que tengas
dientes
más blancos.

▶ Verbs of will and influence are often used when someone wants to affect the actions or behavior of other people.

> Enrique **quiere** que salgamos a cenar.   Paola **prefiere** que cenemos en casa.
> *Enrique wants us to go out to dinner.*   *Paola prefers that we have dinner at home.*

▶ Here is a list of widely used verbs of will and influence.

Verbs of will and influence

aconsejar	to advise	**pedir** (e:i)	to ask (for)
desear	to wish; to desire	**preferir** (e:ie)	to prefer
importar	to be important; to matter	**prohibir**	to prohibit
		querer (e:ie)	to want
insistir (en)	to insist (on)	**recomendar** (e:ie)	to recommend
mandar	to order	**rogar** (o:ue)	to beg; to plead
necesitar	to need	**sugerir** (e:ie)	to suggest

▶ Some impersonal expressions, such as **es necesario que, es importante que, es mejor que,** and **es urgente que,** are considered expressions of will or influence.

▶ When the main clause contains an expression of will or influence, the subjunctive is required in the subordinate clause, provided that the two clauses have different subjects.

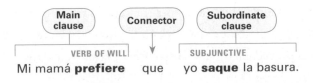

Main clause	Connector	Subordinate clause
VERB OF WILL	↓	SUBJUNCTIVE
Mi mamá **prefiere**	que	yo **saque** la basura.

Quiero que arreglen sus alcobas, que hagan las camas, que pongan la mesa…

…y les aconsejo que se acuesten temprano esta noche.

▶ Indirect object pronouns are often used with the verbs **aconsejar, importar, mandar, pedir, prohibir, recomendar, rogar,** and **sugerir.**

Te aconsejo que estudies.
I advise you to study.

Le sugiero que vaya a casa.
I suggest that he go home.

Les recomiendo que barran el suelo.
I recommend that you sweep the floor.

Le ruego que no venga.
I beg him not to come.

▶ Note that all the forms of **prohibir** in the present tense carry a written accent, except for the **nosotros/as** form: **prohíbo, prohíbes, prohíbe, prohibimos, prohibís, prohíben.**

Ella les **prohíbe** que miren la televisión.
She prohibits them from watching television.

Nos **prohíben** que nademos en la piscina.
They prohibit that we swim in the swimming pool.

▶ The infinitive is used with words or expressions of will and influence, if there is no change of subject in the sentence.

No quiero **sacudir** los muebles.
I don't want to dust the furniture.

Paco prefiere **descansar.**
Paco prefers to rest.

Es importante **sacar** la basura.
It's important to take out the trash.

No es necesario **quitar** la mesa.
It's not necessary to clear the table.

¡INTÉNTALO! Completa cada oración con la forma correcta del verbo entre paréntesis.

1. Te sugiero que _____vayas_____ (ir) con ella al supermercado.
2. Él necesita que yo le _____ (prestar) dinero.
3. No queremos que tú _____ (hacer) nada especial para nosotros.
4. Mis papás quieren que yo _____ (limpiar) mi cuarto.
5. Nos piden que la _____ (ayudar) a preparar la comida.
6. Quieren que tú _____ (sacar) la basura todos los días.
7. Quiero _____ (descansar) esta noche.
8. Es importante que ustedes _____ (limpiar) los estantes.
9. Su tía les manda que _____ (poner) la mesa.
10. Te aconsejo que no _____ (salir) con él.
11. Mi tío insiste en que mi prima _____ (hacer) la cama.
12. Prefiero _____ (ir) al cine.
13. Es necesario _____ (estudiar).
14. Recomiendo que ustedes _____ (pasar) la aspiradora.

Práctica

1 Completar Completa el diálogo con palabras de la lista.

cocina	haga	quiere	sea
comas	ponga	saber	ser
diga	prohíbe	sé	vaya

IRENE Tengo problemas con Vilma. Sé que debo hablar con ella. ¿Qué me recomiendas que le (1)_____?

JULIA Pues, necesito (2)_____ más antes de darte consejos.

IRENE Bueno, para empezar me (3)_____ que traiga dulces a la casa.

JULIA Pero chica, tiene razón. Es mejor que tú no (4)_____ cosas dulces.

IRENE Sí, ya lo sé. Pero quiero que (5)_____ más flexible. Además, insiste en que yo (6)_____ todo en la casa.

JULIA Yo (7)_____ que Vilma (8)_____ y hace los quehaceres todos los días.

IRENE Sí, pero siempre que hay fiesta me pide que (9)_____ los cubiertos y las copas en la mesa y que (10)_____ al sótano por las servilletas y los platos. ¡Es lo que más odio: ir al sótano!

JULIA Mujer, ¡Vilma sólo (11)_____ que ayudes en la casa!

2 Aconsejar En parejas, lean lo que dice cada persona. Luego den consejos lógicos usando verbos como **aconsejar, recomendar** y **prohibir**. Sus consejos deben ser diferentes de lo que la persona quiere hacer.

> **modelo**
>
> **Isabel:** Quiero conseguir un comedor con los muebles más caros del mundo.
>
> **Consejo:** *Te aconsejamos que consigas unos muebles menos caros.*

1. **DAVID** Pienso poner el cuadro del lago de Maracaibo en la cocina.
2. **SARA** Voy a ir a la gasolinera para comprar unas copas de cristal elegantes.
3. **SR. ALARCÓN** Insisto en comenzar a arreglar el jardín en marzo.
4. **SRA. VILLA** Quiero ver las tazas y los platos de la tienda El Ama de Casa Feliz.
5. **DOLORES** Voy a poner servilletas de tela (*cloth*) para los cuarenta invitados.
6. **SR. PARDO** Pienso poner todos mis muebles nuevos en el altillo.
7. **SRA. GONZÁLEZ** Hay una fiesta en casa esta noche pero no quiero limpiarla.
8. **CARLITOS** Hoy no tengo ganas de hacer las camas ni de quitar la mesa.

> **NOTA CULTURAL**
>
> En el **lago de Maracaibo,** en Venezuela, hay casas suspendidas sobre el agua que se llaman palafitos. Los palafitos son reminiscencias de Venecia, Italia, de donde viene el nombre "Venezuela", que significa "pequeña Venecia".

3 Preguntas En parejas, túrnense para contestar las preguntas. Usen el subjuntivo.

1. ¿Te dan consejos tus amigos/as? ¿Qué te aconsejan? ¿Aceptas sus consejos? ¿Por qué?
2. ¿Qué te sugieren tus profesores que hagas antes de terminar los cursos que tomas?
3. ¿Insisten tus amigos/as en que salgas mucho con ellos?
4. ¿Qué quieres que te regalen tu familia y tus amigos/as en tu cumpleaños?
5. ¿Qué le recomiendas tú a un(a) amigo/a que no quiere salir los sábados con su novio/a?
6. ¿Qué les aconsejas a los nuevos estudiantes de tu universidad?

Comunicación

4

Inventar En parejas, preparen una lista de seis personas famosas. Un(a) estudiante da el nombre de una persona famosa y el/la otro/a le da un consejo.

> **modelo**
>
> **Estudiante 1:** Judge Judy.
> **Estudiante 2:** Le recomiendo que sea más simpática con la gente.
> **Estudiante 2:** Orlando Bloom.
> **Estudiante 1:** Le aconsejo que haga más películas.

5

Hablar En parejas, miren la ilustración. Imaginen que Gerardo es su hermano y necesita ayuda para arreglar su casa y resolver sus problemas románticos y económicos. Usen expresiones impersonales y verbos como **aconsejar, sugerir** y **recomendar**.

> **modelo**
>
> Es mejor que arregles el apartamento más a menudo.
> Te aconsejo que no dejes para mañana lo que puedes hacer hoy.

Síntesis

6

La doctora Salvamórez Hernán tiene problemas con su novia y le escribe a la doctora Salvamórez, columnista del periódico *Panamá y su gente*. Ella responde a las cartas de personas con problemas románticos. En parejas, lean la carta de Hernán y después usen el subjuntivo para escribir los consejos de la doctora.

> Estimada doctora Salvamórez:
>
> Mi novia nunca quiere que yo salga de casa. No le molesta que vengan mis amigos a visitarme. Pero insiste en que nosotros sólo miremos los programas de televisión que ella quiere. Necesita saber dónde estoy en cada momento, y yo necesito que ella me dé un poco de independencia. ¿Qué hago?
>
> Hernán

Recapitulación

For self-scoring and diagnostics,
go to **panorama.vhlcentral.com**.

Completa estas actividades para repasar los conceptos de gramática que aprendiste en esta lección.

1 Completar Completa el cuadro con la forma correspondiente del presente de subjuntivo. **12 pts.**

yo/él/ella	tú	nosotros/as	Uds./ellos/ellas
limpie			
	vengas		
		queramos	
			ofrezcan

2 El apartamento ideal Completa este folleto (*brochure*) informativo con las formas correctas del presente de subjuntivo. **8 pts.**

> ### *A los jóvenes que buscan su primera vivienda, les ofrecemos estos consejos:*
>
> ■ Te sugiero que primero (tú) (1) _____ (escribir) una lista de las cosas que quieres en un apartamento.
>
> ■ Quiero que después (2) _____ (pensar) muy bien cuáles son tus prioridades. Es necesario que cada persona (3) _____ (tener) sus prioridades claras, porque el hogar (*home*) perfecto no existe.
>
> ■ Antes de decidir en qué área quieren vivir, les aconsejo a ti y a tu futuro/a compañero/a de apartamento que (4) _____ (salir) a ver la ciudad y que (5) _____ (conocer) los distintos barrios y las afueras.
>
> ■ Pidan que el agente les (6) _____ (mostrar) todas las partes de cada casa.
>
> ■ Finalmente, como consumidores, es importante que nosotros (7) _____ (saber) bien nuestros derechos (*rights*); por eso, deben insistir en que todos los puntos del contrato (8) _____ (estar) muy claros antes de firmarlo (*signing it*).
>
> ### *¡Buena suerte!*

RESUMEN GRAMATICAL

12.1 Relative pronouns *pp. 386–387*

Relative pronouns	
que	*that; which; who*
quien(es)	*who; whom; that*
lo que	*that which; what*

12.2 Formal commands *pp. 390–391*

Formal commands (Ud. and Uds.)		
Infinitive	Present tense yo form	Ud(s). command
limpiar	limpio	limpie(n)
barrer	barro	barra(n)
sacudir	sacudo	sacuda(n)

▶ Verbs with stem changes or irregular **yo** forms maintain the same irregularity in the formal commands:

hacer: yo **hago** → **Hagan** la cama.

Irregular formal commands	
dar	dé (Ud.); den (Uds.)
estar	esté(n)
ir	vaya(n)
saber	sepa(n)
ser	sea(n)

12.3 The present subjunctive *pp. 394–396*

Present subjunctive of regular verbs		
hablar	comer	escribir
hable	coma	escriba
hables	comas	escribas
hable	coma	escriba
hablemos	comamos	escribamos
habléis	comáis	escribáis
hablen	coman	escriban

Irregular verbs in the present subjunctive		
dar		dé, des, dé, demos, deis, den
estar	est- +	-é, -és, -é, -emos, -éis, -én
ir	vay- +	
saber	sep- +	-a, -as, -a, -amos, -áis, -an
ser	se- +	

3 **Relativos** Completa las oraciones con **lo que**, **que** o **quien**. **8 pts.**

1. Me encanta la alfombra _____ está en el comedor.
2. Mi amiga Tere, con _____ trabajo, me regaló este cuadro.
3. Todas las cosas _____ tenemos vienen de la casa de mis abuelos.
4. Hija, no compres más cosas. _____ debes hacer ahora es organizarlo todo.
5. La agencia de decoración de _____ le hablé se llama Casabella.
6. Esas flores las dejaron en la puerta mis nuevos vecinos, a _____ aún (*yet*) no conozco.
7. Leonor no compró nada, porque _____ le gustaba era muy caro.
8. Mi amigo Aldo, a _____ visité ayer, es un cocinero excelente.

12.4 Subjunctive with verbs of will and influence
pp. 398–399

► Verbs of will and influence: **aconsejar, desear, importar, insistir (en), mandar, necesitar, pedir** (e:i), **preferir** (e:ie), **prohibir, querer** (e:ie), **recomendar** (e:ie), **rogar** (o:ue), **sugerir** (e:ie)

4 **Preparando la casa** Martín y Ángela van a hacer un curso de verano en Costa Rica y una vecina va a cuidarles (*take care of*) la casa mientras ellos no están. Completa las instrucciones de la vecina con mandatos formales. Usa cada verbo una sola vez y agrega pronombres de objeto directo o indirecto si es necesario. **10 pts.**

arreglar	dejar	hacer	pedir	sacudir
barrer	ensuciar	limpiar	poner	tener

Primero, (1) _____ ustedes las maletas. Las cosas que no se llevan a Costa Rica, (2) _____ en el altillo. Ángela, (3) _____ las habitaciones y Martín, (4) _____ usted la cocina y el baño. Después, los dos (5) _____ el suelo y (6) _____ los muebles de toda la casa. Ángela, no (7) _____ sus joyas (*jewelry*) en el apartamento. (8) _____ cuidado ¡y (9) _____ nada antes de irse! Por último, (10) _____ a alguien que recoja (*pick up*) su correo.

5 **Los quehaceres** A tu compañero/a de cuarto no le gusta ayudar con los quehaceres. Escribe al menos seis oraciones dándole consejos para hacer los quehaceres más divertidos. **12 pts.**

> **modelo**
> Pon música mientras lavas los platos....

6 **El circo (*circus*)** Completa esta famosa frase que tiene su origen en el circo. **¡2 puntos EXTRA!**

" ¡_____ (Pasar) ustedes y _____ (ver)! El espectáculo va a comenzar. "

Lectura

Antes de leer

Estrategia
Locating the main parts of a sentence

Did you know that a text written in Spanish is an average of 15% longer than the same text written in English? Because the Spanish language tends to use more words to express ideas, you will often encounter long sentences when reading in Spanish. Of course, the length of sentences varies with genre and with authors' individual styles. To help you understand long sentences, identify the main parts of the sentence before trying to read it in its entirety. First locate the main verb of the sentence, along with its subject, ignoring any words or phrases set off by commas. Then reread the sentence, adding details like direct and indirect objects, transitional words, and prepositional phrases.

Examinar el texto

Mira el formato de la lectura. ¿Qué tipo de documento es? ¿Qué cognados encuentras en la lectura? ¿Qué te dicen sobre el tema de la selección?

¿Probable o improbable?

Mira brevemente el texto e indica si estas oraciones son probables o improbables.

1. Este folleto (*brochure*) es de interés turístico.
2. Describe un edificio moderno cubano.
3. Incluye algunas explicaciones de arquitectura.
4. Espera atraer (*to attract*) a visitantes al lugar.

Oraciones largas

Mira el texto y busca algunas oraciones largas. Con un(a) compañero/a, identifiquen las partes principales de la oración y después examinen las descripciones adicionales. ¿Qué significan las oraciones?

recursos

panorama.vhlcentral.com
Lección 12

Bienvenidos al
Palacio de Las Garzas

El palacio está abierto de martes a domingo.
Para más información,
llame al teléfono 507-226-7000.
También puede solicitar° un folleto
a la casilla° 3467,
Ciudad de Panamá, Panamá.

Después de leer

Ordenar

Pon estos eventos en el orden cronológico adecuado.

_____ El palacio se convirtió en residencia presidencial.

_____ Durante diferentes épocas (*time periods*), maestros, médicos y banqueros practicaron su profesión en el palacio.

_____ El Dr. Belisario Porras ocupó el palacio por primera vez.

_____ Los españoles construyeron el palacio.

_____ Se renovó el palacio.

_____ Los turistas pueden visitar el palacio de martes a domingo.

El Palacio de Las Garzas° es la residencia oficial del Presidente de Panamá desde 1903. Fue construido en 1673 para ser la casa de un gobernador español. Con el paso de los años fue almacén, escuela, hospital, aduana, banco y por último, palacio presidencial.

En la actualidad el edificio tiene tres pisos, pero los planos originales muestran una construcción de un piso con un gran patio en el centro. La restauración del palacio comenzó en el año 1922 y los trabajos fueron realizados por el arquitecto Villanueva-Myers y el pintor Roberto Lewis. El palacio, un monumento al estilo colonial, todavía conserva su elegancia y buen gusto, y es una de las principales atracciones turísticas del barrio Casco Viejo°.

Planta baja

El patio de las Garzas

Una antigua puerta de hierro° recibe a los visitantes. El patio interior todavía conserva los elementos originales de la construcción: piso de mármol°, columnas cubiertas° de nácar° y una magnífica fuente° de agua en el centro. Aquí están las nueve garzas que le dan el nombre al palacio y que representan las nueve provincias de Panamá.

Primer piso

El salón Amarillo

Aquí el turista puede visitar una galería de cuarenta y un retratos° de gobernadores y personajes ilustres de Panamá. La principal atracción de este salón es el sillón presidencial, que se usa especialmente cuando hay cambio de presidente. Otros atractivos de esta área son el comedor de Los Tamarindos, que se destaca° por la elegancia de sus muebles y sus lámparas de cristal, y el patio andaluz, con sus coloridos mosaicos que representan la unión de la cultura indígena y la española.

El salón Dr. Belisario Porras

Este elegante y majestuoso salón es uno de los lugares más importantes del Palacio de Las Garzas. Lleva su nombre en honor al Dr. Belisario Porras, quien fue tres veces presidente de Panamá (1912–1916, 1918–1920 y 1920–1924).

Segundo piso

Es el área residencial del palacio y el visitante no tiene acceso a ella. Los armarios, las cómodas y los espejos de la alcoba fueron comprados en Italia y Francia por el presidente Porras, mientras que las alfombras, cortinas y frazadas° son originarias de España.

solicitar *request* casilla *post office box* Garzas *Herons* Casco Viejo *Old Quarter* hierro *iron* mármol *marble* cubiertas *covered* nácar *mother-of-pearl* fuente *fountain* retratos *portraits* se destaca *stands out* frazadas *blankets*

Preguntas

Contesta las preguntas.

1. ¿Qué sala es notable por sus muebles elegantes y sus lámparas de cristal?
2. ¿En qué parte del palacio se encuentra la residencia del presidente?
3. ¿Dónde empiezan los turistas su visita al palacio?
4. ¿En qué lugar se representa artísticamente la rica herencia cultural de Panamá?
5. ¿Qué salón honra la memoria de un gran panameño?
6. ¿Qué partes del palacio te gustaría (*would you like*) más visitar? ¿Por qué? Explica tu respuesta.

Conversación

En grupos de tres o cuatro estudiantes, hablen sobre lo siguiente:

1. ¿Qué tiene en común el Palacio de Las Garzas con otras residencias presidenciales u otras casas muy grandes?
2. ¿Te gustaría vivir en el Palacio de Las Garzas? ¿Por qué?
3. Imagina que puedes diseñar tu palacio ideal. Describe los planos para cada piso del palacio.

Escritura SUPERSITE

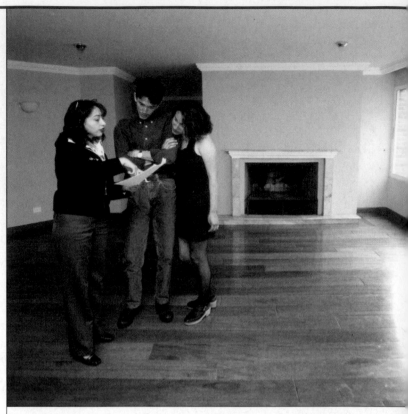

Estrategia
Using linking words

You can make your writing sound more sophisticated by using linking words to connect simple sentences or ideas and create more complex sentences. Consider these passages, which illustrate this effect:

(Without linking words)

En la actualidad el edificio tiene tres pisos. Los planos originales muestran una construcción de un piso con un gran patio en el centro. La restauración del palacio comenzó en el año 1922. Los trabajos fueron realizados por el arquitecto Villanueva-Myers y el pintor Roberto Lewis.

(With linking words)

En la actualidad el edificio tiene tres pisos, pero los planos originales muestran una construcción de un piso con un gran patio en el centro. La restauración del palacio comenzó en el año 1922 y los trabajos fueron realizados por el arquitecto Villanueva-Myers y el pintor Roberto Lewis.

(Linking words)

cuando	*when*
mientras	*while*
o	*or*
pero	*but*
porque	*because*
pues	*since*
que	*that; who; which*
quien	*who*
sino	*but (rather)*
y	*and*

Tema

Escribir un contrato de arrendamiento°

Eres el/la administrador(a)° de un edificio de apartamentos. Prepara un contrato de arrendamiento para los nuevos inquilinos°. El contrato debe incluir estos detalles:

- ▶ la dirección° del apartamento y del/de la administrador(a)
- ▶ las fechas del contrato
- ▶ el precio del alquiler y el día que se debe pagar
- ▶ el precio del depósito
- ▶ información y reglas° acerca de:
  - la basura
  - el correo
  - los animales domésticos
  - el ruido°
  - los servicios de electricidad y agua
  - el uso de electrodomésticos
- ▶ otros aspectos importantes de la vida comunitaria

recursos
SUPERSITE
panorama.vhlcentral.com
Lección 12

contrato de arrendamiento *lease*   administrador(a) *manager*   inquilinos *tenants*
dirección *address*   reglas *rules*   ruido *noise*

Escuchar

Estrategia
Using visual cues

Visual cues like illustrations and headings provide useful clues about what you will hear.

 To practice this strategy, you will listen to a passage related to the following photo. Jot down the clues the photo gives you as you listen.

Preparación

Mira el dibujo. ¿Qué pistas te da para comprender la conversación que vas a escuchar? ¿Qué significa *bienes raíces*?

Ahora escucha

Mira los anuncios de esta página y escucha la conversación entre el señor Núñez, Adriana y Felipe. Luego indica si cada descripción se refiere a la casa ideal de Adriana y Felipe, a la casa del anuncio o al apartamento del anuncio.

Frases	La casa ideal	La casa del anuncio	El apartamento del anuncio
Es barato.	___	___	___
Tiene cuatro alcobas.	___	___	___
Tiene una oficina.	___	___	___
Tiene un balcón.	___	___	___
Tiene una cocina moderna.	___	___	___
Tiene un jardín muy grande.	___	___	___
Tiene un patio.	___	___	___

18G

Bienes raíces

Se vende.
4 alcobas, 3 baños, cocina moderna, jardín con árboles frutales.
B/. 225.000

Se alquila.
2 alcobas, 1 baño.
Balcón.
Urbanización Las Brisas. B/. 525

Comprensión

Preguntas

1. ¿Cuál es la relación entre el señor Núñez, Adriana y Felipe? ¿Cómo lo sabes?

2. ¿Qué diferencia de opinión hay entre Adriana y Felipe sobre dónde quieren vivir?

3. Usa la información de los dibujos y la conversación para entender lo que dice Adriana al final. ¿Qué significa "todo a su debido tiempo"?

Conversación En parejas, túrnense para hacer y responder a las preguntas.

1. ¿Qué tienen en común el apartamento y la casa del anuncio con el lugar donde tú vives?
2. ¿Qué piensas de la recomendación del señor Núñez?
3. ¿Qué tipo de sugerencias te da tu familia sobre dónde vivir?
4. ¿Dónde prefieres vivir tú, en un apartamento o en una casa? Explica por qué.

En pantalla

En los países hispanos el costo del servicio de electricidad y de los electrodomésticos es muy caro. Es por esto que no es muy común tener muchos electrodomésticos. Por ejemplo, en los lugares donde hace mucho calor, mucha gente no tiene aire acondicionado°; utiliza los ventiladores°, que usan menos electricidad. Muchas personas lavan los platos a mano o barren el suelo en vez de usar un lavaplatos o una aspiradora.

Vocabulario útil	
fabrica	*manufactures*
lavavajillas	**lavaplatos**
aislante	*insulation*
campanas	*hoods*

Identificar

Indica lo que veas en el anuncio.

_____ 1. llaves
_____ 2. sofá
_____ 3. puerta
_____ 4. oficina
_____ 5. bebé (*baby*)
_____ 6. calle
_____ 7. despertador
_____ 8. altillo

El apartamento

Trabajen en grupos pequeños. Imaginen que terminaron la universidad, consiguieron el trabajo (*job*) de sus sueños (*dreams*) y comparten un apartamento en el centro de una gran ciudad. Describan el apartamento, los muebles y los electrodomésticos y digan qué quehaceres hace cada quien.

aire acondicionado *air conditioning* ventiladores *fans*
se agradece *it's appreciated*

Sabemos lo mucho que se agradece°...

...en algunos momentos...

...un poco de silencio.

recursos

SUPERSITE

panorama.vhlcentral.com
Lección 12

SUPERSITE Conexión Internet

Go to **panorama.vhlcentral.com** to watch the TV clip featured in this **En pantalla** section.

Oye cómo va

Rubén Blades

Rubén Blades es uno de los vocalistas con más éxito° en la historia de la música panameña. En 1974 se graduó en Derecho° en la Universidad Nacional de Panamá y diez años más tarde hizo un máster de Derecho en la Universidad de Harvard. Ha sido compositor, cantante y también actor de cine. Ha grabado° más de veinte álbumes y ha actuado° en más de treinta películas. En sus canciones expresa su amor por la literatura y la política. En el año 2000 fue nombrado° embajador mundial° contra° el racismo por las Naciones Unidas. Desde el año 2004 es ministro del Instituto Panameño de Turismo.

Tu profesor(a) va a poner la canción en la clase. Escúchala y completa las actividades.

Completar

Completa las oraciones con la opción correcta.

1. En _____, Rubén Blades se graduó en Derecho.
   a. 1979   b. 1974   c. 1971
2. Le interesan la literatura y _____.
   a. la política   b. los deportes   c. la tecnología
3. Desde _____ es ministro de Turismo de Panamá.
   a. 2002   b. 2003   c. 2004
4. Trabajó en la película _____.
   a. *Brick*   b. *Spin*   c. *Elf*

Preguntas

En parejas, respondan a las preguntas.

1. ¿Esta canción tiene un mensaje positivo o negativo? ¿Cómo lo saben?
2. ¿Qué actitud creen que se debe tomar al final de una etapa (*phase*) o en una despedida importante?
3. ¿Cuáles son las seis cosas más importantes que se van a llevar con ustedes cuando se gradúen?

La canción del final del mundo

Prepárense ciudadanos°:
se acabó lo que se daba°;
a darse el último trago°.
No se me pueden quejar;
el *show* fue bueno y barato.
Ante el dolor, buen humor es esencial.
Por eso saca a tu pareja y ponte a bailar
la canción del final del mundo°;
la canción del final del mundo.

Rubén Blades en el cine

Una de las facetas artísticas de Rubén Blades es la de actor de cine y televisión en varios países. Algunas de las películas en las que ha participado° son *All the Pretty Horses* (2000), *Once Upon a Time in Mexico* (2003, véase la foto), *Imagining Argentina* (2003) y *Spin* (2005), entre muchas otras.

éxito *success* Derecho *Law* Ha grabado *He has recorded* ha actuado *he has acted* nombrado *appointed* embajador mundial *world ambassador* contra *against* ciudadanos *citizens* se acabó lo que se daba *what was being given has come to an end* trago *sip* mundo *world* ha participado *has taken part*

SUPERSITE **Conexión Internet**

Go to **panorama.vhlcentral.com** to learn more about the artist featured in this **Oye cómo va** section.

Panamá

El país en cifras

▶ **Área:** 78.200 km² (30.193 millas²), *aproximadamente el área de Carolina del Sur*

▶ **Población:** 3.509.000

▶ **Capital:** La Ciudad de Panamá —1.379.000

▶ **Ciudades principales:** Colón, David

SOURCE: Population Division, UN Secretariat

▶ **Moneda:** balboa; Es equivalente al dólar estadounidense.

En Panamá circulan los billetes de dólar estadounidense. El país centroamericano, sin embargo, acuña° sus propias monedas. "El peso" es una moneda grande equivalente a cincuenta centavos°. La moneda de cinco centavos es llamada frecuentemente "real".

▶ **Idiomas:** español (oficial), chibcha, inglés
La mayoría de los panameños es bilingüe. La lengua materna del 14% de los panameños es el inglés.

Bandera de Panamá

Panameños célebres

▶ **Rod Carew,** beisbolista (1945–)

▶ **Mireya Moscoso,** política (1947–)

▶ **Rubén Blades,** músico y político (1948–)

acuña *mints* centavos *cents*
Actualmente *Currently*
peaje *toll* promedio *average*

Mujer kuna lavando una mola

Un turista disfruta del bosque tropical colgado de un cable.

COSTA RICA

Lago Gatún

Canal de Panamá

Islas San Blas

Bocas del Toro

Mar Caribe

Colón

Cordillera de San Blas

Río Chepo

Serranía de Tabasará

Ciudad de Panamá

David

Río Cobre

Isla del Rey

Océano Pacífico

Golfo de Panamá

Isla de Coiba

ESTADOS UNIDOS

OCÉANO ATLÁNTICO

PANAMÁ

AMÉRICA DEL SUR

recursos

WB pp. 149–150	VM pp. 251–252	panorama.vhlcentral.com Lección 12

Ruinas de un fuerte panameño

¡Increíble pero cierto!

¿Conocías estos datos sobre el Canal de Panamá?

• Gracias al Canal de Panamá, el viaje en barco de Nueva York a Tokio es 3.000 millas más corto.

• Su construcción costó 639 millones de dólares.

• Actualmente° lo usan 38 barcos al día.

• El peaje° promedio° cuesta 40.000 dólares.

Tokio

Nueva York

PANAMÁ

Lugares • El Canal de Panamá

El Canal de Panamá conecta el océano Pacífico con el océano Atlántico. La construcción de este cauce° artificial empezó en 1903 y concluyó diez años después. Es la fuente° principal de ingresos° del país, gracias al dinero que aportan los más de 12.000 buques° que transitan anualmente por esta ruta.

Artes • La mola

La mola es una forma de arte textil de los kunas, una tribu indígena que vive en las islas San Blas. Esta pieza artesanal se confecciona con fragmentos de tela° de colores vivos. Algunos de sus diseños son abstractos, inspirados en las formas del coral, y otros son geométricos, como en las molas más tradicionales. Antiguamente, estos tejidos se usaban como ropa, pero hoy día también sirven para decorar las casas.

Naturaleza • El mar

Panamá, cuyo° nombre significa "lugar de muchos peces°", es un país muy frecuentado por los aficionados del buceo y la pesca. El territorio panameño cuenta con una gran variedad de playas en los dos lados del istmo°, con el mar Caribe a un lado y el océano Pacífico al otro. Algunas de las zonas costeras de esta nación están destinadas al turismo y otras son protegidas por la diversidad de su fauna marina, en la que abundan los arrecifes° de coral. En la playa Bluff, por ejemplo, se pueden observar cuatro especies de tortugas° en peligro° de extinción.

COLOMBIA

Vista de la Ciudad de Panamá

¿Qué aprendiste? Responde a cada pregunta con una oración completa.
1. ¿Cuál es la lengua materna del catorce por ciento de los panameños?
2. ¿A qué unidad monetaria (*monetary unit*) es equivalente el balboa?
3. ¿Qué océanos une el Canal de Panamá?
4. ¿Quién es Rod Carew?
5. ¿Qué son las molas?
6. ¿Cómo son los diseños de las molas?
7. ¿Para qué se usaban las molas antes?
8. ¿Cómo son las playas de Panamá?
9. ¿Qué significa "Panamá"?

Conexión Internet Investiga estos temas en **panorama.vhlcentral.com**.
1. Investiga la historia de las relaciones entre Panamá y los Estados Unidos y la decisión de devolver (*give back*) el Canal de Panamá. ¿Estás de acuerdo con la decisión? Explica tu opinión.
2. Investiga sobre los kunas u otro grupo indígena de Panamá. ¿En qué partes del país viven? ¿Qué lenguas hablan? ¿Cómo es su cultura?

cauce *channel* fuente *source* ingresos *income* buques *ships* tela *fabric* cuyo *whose* peces *fish* istmo *isthmus*
arrecifes *reefs* tortugas *turtles* peligro *danger*

El Salvador

El país en cifras

▸ **Área:** 21.040 km² (8.124 millas²),
el tamaño° de Massachusetts

▸ **Población:** 7.461.000

El Salvador es el país centroamericano más pequeño y el más densamente° poblado. Su población, al igual que la de Honduras, es muy homogénea: casi el 95 por ciento de la población es mestiza.

▸ **Capital:** San Salvador—1.662.000

▸ **Ciudades principales:** Soyapango, Santa Ana, San Miguel, Mejicanos

SOURCE: Population Division, UN Secretariat

▸ **Moneda:** dólar estadounidense

▸ **Idiomas:** español (oficial), náhuatl, lenca

Bandera de El Salvador

Salvadoreños célebres

▸ **Óscar Romero,** arzobispo° y activista por los derechos humanos° (1917–1980)

▸ **Claribel Alegría,** poeta, novelista y cuentista (1924–)

▸ **Roque Dalton,** poeta, ensayista y novelista (1935–1975)

▸ **María Eugenia Brizuela,** política (1956–)

Óscar Romero

tamaño *size* densamente *densely* arzobispo *archbishop* derechos humanos *human rights* laguna *lagoon* sirena *mermaid*

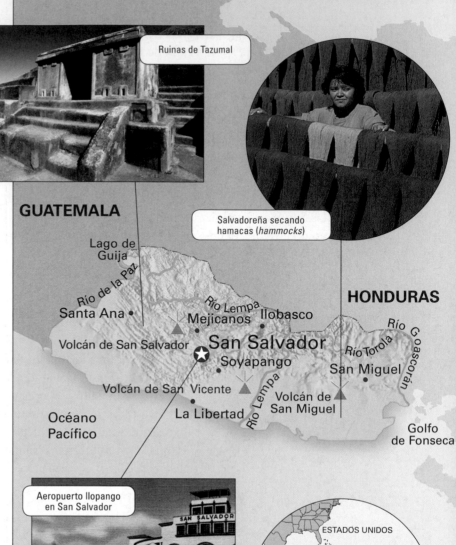

Ruinas de Tazumal

Salvadoreña secando hamacas (*hammocks*)

GUATEMALA

Lago de Guija

Río de la Paz

Santa Ana •

Río Lempa

Volcán de San Salvador

Mejicanos   Ilobasco

HONDURAS

Río Torola

Río Goascorán

San Salvador

Soyapango

San Miguel

Volcán de San Vicente

Río Lempa

Volcán de San Miguel

La Libertad

Océano Pacífico

Golfo de Fonseca

Aeropuerto Ilopango en San Salvador

ESTADOS UNIDOS

OCÉANO ATLÁNTICO

EL SALVADOR

OCÉANO PACÍFICO

AMÉRICA DEL SUR

recursos		
WB pp. 151–152	VM pp. 253–254	panorama.vhlcentral.com Lección 12

¡Increíble pero cierto!

El rico folklore salvadoreño se basa sobre todo en sus extraordinarios recursos naturales. Por ejemplo, según una leyenda, las muertes que se producen en la laguna° de Alegría tienen su explicación en la existencia de una sirena° solitaria que vive en el lago y captura a los jóvenes atractivos.

Deportes • El surfing

El Salvador es uno de los destinos favoritos en Latinoamérica para la práctica del surfing. Cuenta con 300 kilómetros de costa a lo largo del océano Pacífico y sus olas° altas son ideales para quienes practican este deporte. De sus playas, La Libertad es la más visitada por surfistas de todo el mundo, gracias a que está muy cerca de la capital salvadoreña. Sin embargo°, los fines de semana muchos visitantes prefieren viajar a la Costa del Bálsamo, donde se concentra menos gente.

Naturaleza • El Parque Nacional Montecristo

El Parque Nacional Montecristo se encuentra en la región norte del país. Se le conoce también como El Trifinio porque se ubica° en el punto donde se unen° Guatemala, Honduras y El Salvador. En este bosque hay muchas especies vegetales y animales, como orquídeas, monos araña°, pumas, quetzales y tucanes. Además, las copas de sus enormes árboles forman una bóveda° que impide° el paso de la luz solar. Este espacio natural se encuentra a una altitud de 2.400 metros (7.900 pies) sobre el nivel del mar y recibe 200 centímetros (80 pulgadas°) de lluvia al año.

Artes • La artesanía de Ilobasco

Ilobasco es un pueblo conocido por sus artesanías°. En él se elaboran objetos con arcilla° y cerámica pintada a mano, como juguetes°, adornos° y utensilios de cocina. Además, son famosas sus "sorpresas", que son pequeñas piezas° de cerámica en cuyo interior se representan escenas de la vida diaria. Los turistas realizan excursiones para conocer paso a paso° la fabricación de estos productos.

 ¿Qué aprendiste? Responde a cada pregunta con una oración completa.

1. ¿Qué tienen en común las poblaciones de El Salvador y Honduras?

2. ¿Qué es el náhuatl?

3. ¿Quién es María Eugenia Brizuela?

4. Hay muchos lugares ideales para el surfing en El Salvador. ¿Por qué?

5. ¿A qué altitud se encuentra el Parque Nacional Montecristo?

6. ¿Cuáles son algunos de los animales y las plantas que viven en este parque?

7. ¿Por qué al Parque Nacional Montecristo se le llama también El Trifinio?

8. ¿Por qué es famoso el pueblo de Ilobasco?

9. ¿Qué se puede ver en un viaje a Ilobasco?

10. ¿Qué son las "sorpresas" de Ilobasco?

 Conexión Internet Investiga estos temas en **panorama.vhlcentral.com.**

1. El Parque Nacional Montecristo es una reserva natural; busca información sobre otros parques o zonas protegidas en El Salvador. ¿Cómo son estos lugares? ¿Qué tipos de plantas y animales se encuentran allí?

2. Busca información sobre museos u otros lugares turísticos en San Salvador (u otra ciudad de El Salvador).

....

olas *waves* Sin embargo *However* se ubica *it is located* se unen *come together* monos araña *spider monkeys* bóveda *canopy* impide *blocks* pulgadas *inches* artesanías *crafts* arcilla *clay* juguetes *toys* adornos *ornaments* piezas *pieces* paso a paso *step by step*

Las viviendas

las afueras	*suburbs; outskirts*
el alquiler	*rent (payment)*
el ama (m., f.) de casa	*housekeeper; caretaker*
el barrio	*neighborhood*
el edificio de apartamentos	*apartment building*
el/la vecino/a	*neighbor*
la vivienda	*housing*
alquilar	*to rent*
mudarse	*to move (from one house to another)*

Los cuartos y otros lugares

el altillo	*attic*
el balcón	*balcony*
la cocina	*kitchen*
el comedor	*dining room*
el dormitorio	*bedroom*
la entrada	*entrance*
la escalera	*stairs; stairway*
el garaje	*garage*
el jardín	*garden; yard*
la oficina	*office*
el pasillo	*hallway*
el patio	*patio; yard*
la sala	*living room*
el sótano	*basement; cellar*

Los muebles y otras cosas

la alfombra	*carpet; rug*
la almohada	*pillow*
el armario	*closet*
el cartel	*poster*
la cómoda	*chest of drawers*
las cortinas	*curtains*
el cuadro	*picture*
el estante	*bookcase; bookshelves*
la lámpara	*lamp*
la luz	*light; electricity*
la manta	*blanket*
la mesita	*end table*
la mesita de noche	*night stand*
los muebles	*furniture*
la pared	*wall*
la pintura	*painting; picture*
el sillón	*armchair*
el sofá	*couch; sofa*

Los electrodomésticos

la cafetera	*coffee maker*
la cocina, la estufa	*stove*
el congelador	*freezer*
el electrodoméstico	*electric appliance*
el horno (de microondas)	*(microwave) oven*
la lavadora	*washing machine*
el lavaplatos	*dishwasher*
el refrigerador	*refrigerator*
la secadora	*clothes dryer*
la tostadora	*toaster*

La mesa

la copa	*wineglass; goblet*
la cuchara	*(table or large) spoon*
el cuchillo	*knife*
el plato	*plate*
la servilleta	*napkin*
la taza	*cup*
el tenedor	*fork*
el vaso	*glass*

Los quehaceres domésticos

arreglar	*to neaten; to straighten up*
barrer el suelo	*to sweep the floor*
cocinar	*to cook*
ensuciar	*to get (something) dirty*
hacer la cama	*to make the bed*
hacer quehaceres domésticos	*to do household chores*
lavar (el suelo, los platos)	*to wash (the floor, the dishes)*
limpiar la casa	*to clean the house*
pasar la aspiradora	*to vacuum*
planchar la ropa	*to iron the clothes*
poner la mesa	*to set the table*
quitar la mesa	*to clear the table*
quitar el polvo	*to dust*
sacar la basura	*to take out the trash*
sacudir los muebles	*to dust the furniture*

Verbos y expresiones verbales

aconsejar	*to advise*
insistir (en)	*to insist (on)*
mandar	*to order*
recomendar (e:ie)	*to recommend*
rogar (o:ue)	*to beg; to plead*
sugerir (e:ie)	*to suggest*
Es bueno que…	*It's good that…*
Es importante que…	*It's important that…*
Es malo que…	*It's bad that…*
Es mejor que…	*It's better that…*
Es necesario que…	*It's necessary that…*
Es urgente que…	*It's urgent that…*

Expresiones útiles	*See page 381.*
Relative pronouns	*See page 386.*

La naturaleza

13

Communicative Goals

You will learn how to:

- **Talk about and discuss the environment**
- **Express your beliefs and opinions about issues**

A PRIMERA VISTA

- ¿Son estas personas excursionistas?
- ¿Es importante que usen zapatos deportivos?
- ¿Se llevan bien o mal?
- ¿Se divierten o no?

La naturaleza

Más vocabulario

el animal	animal
el bosque (tropical)	(tropical; rain) forest
el desierto	desert
la naturaleza	nature
la planta	plant
la selva, la jungla	jungle
la tierra	land; soil
el cielo	sky
la estrella	star
la luna	moon
la conservación	conservation
la contaminación (del aire; del agua)	(air; water) pollution
la deforestación	deforestation
la ecología	ecology
el ecoturismo	ecotourism
la energía (nuclear; solar)	(nuclear; solar) energy
la extinción	extinction
la lluvia (ácida)	(acid) rain
el medio ambiente	environment
el peligro	danger
el recurso natural	natural resource
la solución	solution
el gobierno	government
la ley	law
la población	population
puro/a	pure

Variación léxica

hierba ←→ pasto (*Perú*); grama (*Venez., Col.*); zacate (*Méx.*)

la nube

el sol

el valle

el sendero

el lago

la piedra

el río

la flor

Práctica

1 **Escuchar** Mientras escuchas estas oraciones, anota los sustantivos (*nouns*) que se refieren a las plantas, los animales, la tierra y el cielo.

Plantas	Animales	Tierra	Cielo
_____	_____	_____	_____
_____	_____	_____	_____

2 **¿Cierto o falso?** Escucha las oraciones e indica si lo que dice cada una es **cierto** o **falso**, según el dibujo.

1. _____   4. _____
2. _____   5. _____
3. _____   6. _____

3 **Seleccionar** Selecciona la palabra que no está relacionada.

1. estrella • gobierno • luna • sol
2. lago • río • mar • peligro
3. vaca • gato • pájaro • población
4. cielo • cráter • aire • nube
5. desierto • solución • selva • bosque
6. flor • hierba • sendero • árbol

4 **Definir** Trabaja con un(a) compañero/a para definir o describir cada palabra. Sigue el modelo.

> **modelo**
> **Estudiante 1:** ¿Qué es el cielo?
> **Estudiante 2:** El cielo está sobre la tierra y tiene nubes.

1. la población   4. la naturaleza   7. la ecología
2. un valle   5. un desierto   8. un sendero
3. la lluvia   6. la extinción

5 **Describir** Trabajen en parejas para describir estas fotos.

SUPERSITE

Recicla la lata
de aluminio.
(reciclar)

el envase
de plástico

Recoge la
botella de vidrio.
(recoger)

SUPERSITE

El reciclaje

Más vocabulario	
cazar	to hunt
conservar	to conserve
contaminar	to pollute
controlar	to control
cuidar	to take care of
dejar de (+ *inf.*)	to stop (doing something)
desarrollar	to develop
descubrir	to discover
destruir	to destroy
estar afectado/a (por)	to be affected (by)
estar contaminado/a	to be polluted
evitar	to avoid
mejorar	to improve
proteger	to protect
reducir	to reduce
resolver (o:ue)	to resolve; to solve
respirar	to breathe

6

Completar Selecciona la palabra o la expresión adecuada para completar cada oración.

contaminar	destruyen	reciclamos
controlan	están afectadas	recoger
cuidan	mejoramos	resolver
descubrir	proteger	se desarrollaron

1. Si vemos basura en las calles, la debemos _____.
2. Los científicos trabajan para _____ nuevas soluciones.
3. Es necesario que todos trabajemos juntos para _____ los problemas del medio ambiente.
4. Debemos _____ el medio ambiente porque hoy día está en peligro.
5. Muchas leyes nuevas _____ el número de árboles que se puede cortar (*cut down*).
6. Las primeras civilizaciones _____ cerca de los ríos y los mares.
7. Todas las personas _____ por la contaminación.
8. Los turistas deben tener cuidado de no _____ los lugares que visitan.
9. Podemos conservar los recursos si _____ el aluminio, el vidrio y el plástico.
10. La lluvia ácida, la contaminación y la deforestación _____ el medio ambiente.

Comunicación

7

¿Es importante?   Lee este párrafo y, en parejas, contesta las preguntas.

Los problemas del medio ambiente

importantísimo
muy importante
importante
poco importante
no es importante

la deforestación | los animales en peligro de extinción | la contaminación del aire | la contaminación del agua | la basura en las ciudades

Para celebrar El día de la tierra, una estación de radio colombiana hizo una pequeña encuesta entre estudiantes universitarios, donde les preguntaron sobre los problemas del medio ambiente. Se les preguntó cuáles creían que eran los cinco problemas más importantes del medio ambiente. Ellos también tenían que decidir el orden de importancia de estos problemas, del uno al cinco.

Los resultados probaron (*proved*) que la mayoría de los estudiantes están preocupados por la contaminación del aire. Muchos mencionaron que no hay aire puro en las ciudades. El problema número dos para los estudiantes es que los ríos y los lagos están afectados por la contaminación. La deforestación quedó como el problema número tres, la basura en las ciudades como el número cuatro y los animales en peligro de extinción como el número cinco.

1. ¿Según la encuesta, qué problema consideran más grave? ¿Qué problema consideran menos grave?

2. ¿Cómo creen que se puede evitar o resolver el problema más importante?

3. ¿Es necesario resolver el problema menos importante? ¿Por qué?

4. ¿Consideran ustedes que existen los mismos problemas en su comunidad? Den algunos ejemplos.

8

Situaciones Trabajen en grupos pequeños para representar estas situaciones.

1. Unos/as representantes de una agencia ambiental (*environmental*) hablan con el/la presidente/a de una compañía industrial que está contaminando un río o el aire.

2. Un(a) guía de ecoturismo habla con un grupo sobre cómo disfrutar (*enjoy*) de la naturaleza y conservar el medio ambiente.

3. Un(a) representante de la universidad habla con un grupo de nuevos estudiantes sobre la campaña (*campaign*) ambiental de la universidad y trata de reclutar (*tries to recruit*) miembros para un club que trabaja para la protección del medio ambiente.

9

Escribir una carta Trabajen en parejas para escribir una carta a una empresa real o imaginaria que esté contaminando el medio ambiente. Expliquen las consecuencias que sus acciones van a tener para el medio ambiente. Sugiéranle algunas ideas para que solucione el problema. Utilicen por lo menos diez palabras de **Contextos**.

¡Qué paisaje más hermoso!

Martín y los estudiantes visitan el sendero en las montañas.

MAITE

INÉS

DON FRANCISCO

ÁLEX

JAVIER

MARTÍN

DON FRANCISCO Chicos, les presento a Martín Dávalos, el guía de la excursión. Martín, nuestros pasajeros: Maite, Javier, Inés y Álex.

MARTÍN Mucho gusto. Voy a llevarlos al área donde vamos a ir de excursión mañana. ¿Qué les parece?

ESTUDIANTES ¡Sí! ¡Vamos!

MAITE ¡Qué paisaje más hermoso!

INÉS No creo que haya lugares más bonitos en el mundo.

JAVIER Entiendo que mañana vamos a cruzar un río. ¿Está contaminado?

MARTÍN En las montañas el río no parece estar afectado por la contaminación. Cerca de las ciudades, sin embargo, el río tiene bastante contaminación.

ÁLEX ¡Qué aire tan puro se respira aquí! No es como en la Ciudad de México... Tenemos un problema gravísimo de contaminación.

MARTÍN A menos que resuelvan ese problema, los habitantes van a sufrir muchas enfermedades en el futuro.

INÉS Creo que todos debemos hacer algo para proteger el medio ambiente.

MAITE Yo creo que todos los países deben establecer leyes que controlen el uso de automóviles.

recursos

VM pp. 219–220

panorama.vhlcentral.com Lección 13

MARTÍN Esperamos que ustedes se diviertan mucho, pero es necesario que cuiden la naturaleza.

JAVIER Se pueden tomar fotos, ¿verdad?

MARTÍN Sí, con tal de que no toques las flores o las plantas.

ÁLEX ¿Hay problemas de contaminación en esta región?

MARTÍN La contaminación es un problema en todo el mundo. Pero aquí tenemos un programa de reciclaje. Si ves por el sendero botellas, papeles o latas, recógelos.

JAVIER Pero Maite, ¿tú vas a dejar de usar tu carro en Madrid?

MAITE Pues voy a tener que usar el metro... Pero tú sabes que mi coche es tan pequeñito... casi no contamina nada.

INÉS ¡Ven, Javier!

JAVIER ¡¡Ya voy!!

Expresiones útiles

Talking about the environment

- ¿Hay problemas de contaminación en esta región?
  Are there problems with pollution in this region/area?
  La contaminación es un problema en todo el mundo.
  Pollution is a problem throughout the world.

- ¿Está contaminado el río?
  Is the river polluted?
  En las montañas el río no parece estar afectado por la contaminación.
  In the mountains, the river does not seem to be affected by pollution.
  Cerca de las ciudades el río tiene bastante contaminación.
  Near the cities, the river is pretty polluted.

- ¡Qué aire tan puro se respira aquí!
  The air you breathe here is so pure!
- Puedes tomar fotos, con tal de que no toques las plantas.
  You can take pictures, provided that you don't touch the plants.
- Es necesario que cuiden la naturaleza.
  It's necessary that you take care of nature/respect the environment.
- Tenemos un problema gravísimo de contaminación.
  We have an extremely serious problem with pollution.
- A menos que resuelvan el problema, los habitantes van a sufrir muchas enfermedades.
  Unless they solve the problem, the inhabitants are going to suffer many illnesses.
- Tenemos un programa de reciclaje.
  We have a recycling program.
- Si ves por el sendero botellas, papeles o latas, recógelos.
  If you see bottles, papers, or cans along the trail, pick them up.

¿Qué pasó?

1

Seleccionar Selecciona la respuesta más lógica para completar cada oración.

1. Martín va a llevar a los estudiantes al lugar donde van a _____.
   a. contaminar el río   b. bailar   c. ir de excursión

2. El río está más afectado por la contaminación _____.
   a. cerca de los bosques   b. en las ciudades   c. en las montañas

3. Martín quiere que los estudiantes _____.
   a. limpien los senderos   b. descubran nuevos senderos   c. no usen sus autos

4. La naturaleza está formada por _____.
   a. los ríos, las montañas y las leyes   b. los animales, las latas y los ríos
   c. los lagos, los animales y las plantas

5. La contaminación del aire puede producir _____.
   a. problemas del estómago   b. enfermedades respiratorias   c. enfermedades mentales

2

Identificar Identifica quién puede decir estas oraciones.
Puedes usar algunos nombres más de una vez.

ÁLEX   **INÉS**

1. Es necesario que hagamos algo por el medio
   ambiente, ¿pero qué?
2. En mi ciudad es imposible respirar aire limpio.
   ¡Está muy contaminado!
3. En el futuro, a causa del problema de la contaminación,
   las personas van a tener problemas de salud.

MAITE

4. El metro es una excelente alternativa al coche.
5. ¿Está limpio o contaminado el río?
6. Es importante reciclar latas y botellas.

7. De todos los lugares del mundo, me parece que éste
   es el mejor.
8. Como todo el mundo usa automóviles, debemos establecer leyes para controlar
   cómo y cuándo usarlos. ◀

MARTÍN   **JAVIER**

NOTA CULTURAL

En la capital de México existe la ley de "Hoy no circula", la cual controla el uso de **los automóviles**. Las personas no deben manejar su carro un día a la semana. Por ejemplo, los automóviles con placas (*plates*) que terminan en 5 y 6 no deben circular los lunes.

3

Preguntas Responde a estas preguntas usando la información de **Fotonovela**.

1. Según Martín, ¿qué es necesario que hagan los estudiantes? ¿Qué no pueden hacer?

2. ¿Qué problemas del medio ambiente mencionan Martín y los estudiantes?

3. ¿Qué cree Maite que deben hacer los países?

4. ¿Qué cosas se pueden reciclar? Menciona tres.

5. ¿Qué otro medio de transporte importante dice Maite que hay en Madrid?

4

El medio ambiente En parejas, discutan algunos problemas ambientales y sus
posibles soluciones. Usen estas preguntas y frases en su conversación.

- ¿Hay problemas de contaminación donde vives?
- Tenemos un problema muy grave de contaminación de...
- ¿Cómo podemos resolver los problemas de la contaminación?

Ortografía

Los signos de puntuación

In Spanish, as in English, punctuation marks are important because they help you express your ideas in a clear, organized way.

> **No podía ver las llaves. Las buscó por los estantes, las mesas, las sillas, el suelo; minutos después, decidió mirar por la ventana. Allí estaban…**

The **punto y coma (;)**, the **tres puntos (…)**, and the **punto (.)** are used in very similar ways in Spanish and English.

> **Argentina, Brasil, Paraguay y Uruguay son miembros de Mercosur.**

In Spanish, the **coma (,)** is not used before **y** or **o** in a series.

> **13,5%   29,2°   3.000.000 $2.999,99**

In numbers, Spanish uses a **coma** where English uses a decimal point and a **punto** where English uses a comma.

 Cómo te llamas   **¿Dónde está?**   **¡Ven aquí!**   **Hola**

Questions in Spanish are preceded and followed by **signos de interrogación (¿ ?)**, and exclamations are preceded and followed by **signos de exclamación (¡ !)**.

Práctica Lee el párrafo e indica los signos de puntuación necesarios.

Ayer recibí la invitación de boda de Marta mi amiga colombiana inmediatamente empecé a pensar en un posible regalo fui al almacén donde Marta y su novio tenían una lista de regalos había de todo copas cafeteras tostadoras finalmente decidí regalarles un perro ya sé que es un regalo extraño pero espero que les guste a los dos

¿Palabras de amor? El siguiente diálogo tiene diferentes significados (*meanings*) dependiendo de los signos de puntuación que utilices y el lugar donde los pongas. Intenta encontrar los diferentes significados.

JULIÁN	me quieres
MARISOL	no puedo vivir sin ti
JULIÁN	me quieres dejar
MARISOL	no me parece mala idea
JULIÁN	no eres feliz conmigo
MARISOL	no soy feliz

EN DETALLE

¡Los Andes se mueven!

Los Andes, la cadena° de montañas más extensa de las Américas, son conocidos como "la espina dorsal° de Suramérica". Sus 7.240 kilómetros (4.500 millas) van desde el norte° de la región entre Venezuela y Colombia, hasta el extremo sur°, entre Argentina y Chile, y pasan por casi todos los países suramericanos. La cordillera° de los Andes, formada hace 27 millones de años, es la segunda más alta del mundo, después de los Himalayas (aunque° ésta última es mucho más "joven", ya que se formó hace apenas cinco millones de años).

Para poder atravesar° de un lado a otro de los Andes, existen varios pasos o puertos° de montaña. Situados a grandes alturas°, son generalmente estrechos° y peligrosos. En algunos de ellos hay, también, vías ferroviarias°.

De acuerdo con° varias instituciones científicas, la cordillera de los Andes se eleva° y se hace más angosta° cada año. La capital de Chile se acerca° a la capital de Argentina a un ritmo° de 19,4 milímetros por año. Si ese ritmo se mantiene°, Santiago y Buenos Aires podrían unirse° en unos... ¡63 millones de años, casi el mismo tiempo que ha transcurrido° desde la extinción de los dinosaurios!

cadena *range* espina dorsal *spine* norte *north* sur *south* cordillera *mountain range* aunque *although* atravesar *to cross* puertos *passes* alturas *heights* estrechos *narrow* vías ferroviarias *railroad tracks* De acuerdo con *According to* se eleva *rises* angosta *narrow* se acerca *gets closer* ritmo *rate* se mantiene *keeps going* podrían unirse *could join together* ha transcurrido *has gone by* A.C. *Before Christ* desarrollo *development* pico *peak*

Arequipa, Perú

Los Andes en números

3 Cordilleras que forman los Andes: Las cordilleras Central, Occidental y Oriental

900 (A.C.°) Año aproximado en que empezó el desarrollo° de la cultura chavín, en los Andes peruanos

600 Número aproximado de volcanes que hay en los Andes

6.960 Metros (**22.835** pies) de altura del Aconcagua (Argentina), el pico° más alto de los Andes

---

ACTIVIDADES

1 **Escoger** Escoge la opción que completa mejor cada oración.

1. "La espina dorsal de Suramérica" es...
   a. los Andes.   b. los Himalayas.   c. el Aconcagua.

2. La cordillera de los Andes se extiende...
   a. de este a oeste.   b. de sur a oeste.   c. de norte a sur.

3. Los Himalayas y los Andes tienen...
   a. diferente altura.   b. la misma altura.   c. el mismo color.

4. Los Andes es la cadena montañosa más extensa del...
   a. mundo.   b. continente americano.   c. hemisferio norte.

5. En 63 millones de años, Buenos Aires y Santiago podrían...
   a. separarse.   b. desarrollarse.   c. unirse.

6. El Aconcagua es...
   a. una montaña.   b. un grupo indígena.   c. un volcán.

7. En algunos de los puertos de montaña de los Andes hay...
   a. puertas.   b. vías ferroviarias.   c. cordilleras.

ASÍ SE DICE

La naturaleza

el arco iris	rainbow
la cascada; la catarata	waterfall
el cerro; la colina; la loma	hill, hillock
la cima; la cumbre; el tope (Col.)	summit; mountain top
la maleza; los rastrojos (Col.); la yerba mala (Cuba); los hierbajos (Méx.); los yuyos (Arg.)	weeds
la niebla	fog

EL MUNDO HISPANO

Lagos importantes

○ **Lago de Maracaibo** es el único lago de agua dulce° en el mundo que tiene una conexión directa y natural con el mar. Además, es el lago más grande de Suramérica.

○ **Lago Titicaca** es el lago navegable más alto del mundo. Se encuentra a más de 3.000 metros de altitud.

○ **Lago de Nicaragua** tiene los únicos tiburones° de agua dulce del mundo y es el mayor lago de Centroamérica.

agua dulce *fresh water* tiburones *sharks*

PERFIL

La Sierra Nevada de Santa Marta

La Sierra Nevada de Santa Marta es una cadena de montañas en la costa norte de Colombia. Se eleva abruptamente desde las costas del mar Caribe y en apenas 42 kilómetros llega a una altura de 5.775 metros (18.947 pies) en sus picos nevados°. Tiene las montañas más altas de Colombia y es la formación montañosa costera° más alta del mundo.

Los pueblos indígenas que habitan esta zona lograron° mantener los frágiles ecosistemas de estas montañas a través de° un sofisticado sistema de terrazas° y senderos

empedrados° que permitieron° el control de las aguas en una región de muchas lluvias, evitando° así la erosión de la tierra.

nevados *snowcapped* costera *coastal* lograron *managed* a través de *by means of* terrazas *terraces* empedrados *cobblestone* permitieron *allowed* evitando *avoiding*

SUPERSITE Conexión Internet

¿Dónde se puede hacer ecoturismo en Latinoamérica?

Go to **panorama.vhlcentral.com** to find more cultural information related to this **Cultura** section.

ACTIVIDADES

2 Comprensión Indica si lo que dice cada oración es **cierto** o **falso**. Corrige la información falsa.
1. En Colombia, *weeds* se dice hierbajos.
2. El lago Titicaca es el más grande del mundo.
3. La Sierra Nevada de Santa Marta es la formación montañosa costera más alta del mundo.
4. Los indígenas destruyeron el ecosistema de Santa Marta.

3 Maravillas de la naturaleza Escribe un párrafo breve donde describas alguna maravilla de la naturaleza que has (*you have*) visitado y que te impresionó. Puede ser cualquier (*any*) sitio natural: un río, una montaña, una selva, etc.

recursos

panorama.vhlcentral.com
Lección 13

13.1 The subjunctive with verbs of emotion

SUPERSITE

ANTE TODO In the previous lesson, you learned how to use the subjunctive with expressions of will and influence. You will now learn how to use the subjunctive with verbs and expressions of emotion.

Main clause | Subordinate clause

Marta **espera** (que) yo **vaya** al lago este fin de semana.

▶ When the verb in the main clause of a sentence expresses an emotion or feeling such as hope, fear, joy, pity, surprise, etc., the subjunctive is required in the subordinate clause.

Nos alegramos de que te **gusten** las flores.
We are happy that you like the flowers.

Siento que tú no **puedas** venir mañana.
I'm sorry that you can't come tomorrow.

Temo que Ana no **pueda** ir mañana con nosotros.
I'm afraid that Ana won't be able to go with us tomorrow.

Le **sorprende** que Juan **sea** tan joven.
It surprises him that Juan is so young.

Esperamos que ustedes se diviertan mucho en la excursión.

Es triste que tengamos un problema grave de contaminación en la Ciudad de México.

Common verbs and expressions of emotion

alegrarse (de)	*to be happy*	**tener miedo (de)**	*to be afraid (of)*
esperar	*to hope; to wish*	**es extraño**	*it's strange*
gustar	*to be pleasing; to like*	**es una lástima**	*it's a shame*
molestar	*to bother*	**es ridículo**	*it's ridiculous*
sentir (e:ie)	*to be sorry; to regret*	**es terrible**	*it's terrible*
sorprender	*to surprise*	**es triste**	*it's sad*
temer	*to be afraid; to fear*	**ojalá (que)**	*I hope (that); I wish (that)*

CONSULTA

Certain verbs of emotion, like **gustar**, **molestar**, and **sorprender**, require indirect object pronouns. For more examples, see **Estructura 7.4**, pp. 230-231.

Me molesta que la gente no **recicle** el plástico.
It bothers me that people don't recycle plastic.

Es triste que **tengamos** problemas con la deforestación.
It's sad that we have problems with deforestation.

▶ As with expressions of will and influence, the infinitive, not the subjunctive, is used after an expression of emotion when there is no change of subject from the main clause to the subordinate clause. Compare these sentences.

Temo **llegar** tarde.
I'm afraid I'll arrive late.

Temo que mi novio **llegue** tarde.
I'm afraid my boyfriend will arrive late.

▶ The expression **ojalá (que)** means *I hope* or *I wish,* and it is always followed by the subjunctive. Note that the use of *que* with this expression is optional.

Ojalá **(que) se conserven**
nuestros recursos naturales.
*I hope (that) our natural resources
will be conserved.*

Ojalá **(que) recojan** la
basura hoy.
*I hope (that) they collect the
garbage today.*

Ojalá que
su aseguradora escuche
sus necesidades con la
misma atención.

COLMENA
salud - medicina
Con su familia, por su futuro.

Por fin usted se puede poner en manos
de una compañía confiable.

¡INTÉNTALO! Completa las oraciones con las formas correctas de los verbos.

1. Ojalá que ellos __descubran__ (descubrir) nuevas formas de energía.
2. Espero que Ana nos _____ (ayudar) a recoger la basura en la carretera.
3. Es una lástima que la gente no _____ (reciclar) más.
4. Esperamos _____ (proteger) el aire de nuestra comunidad.
5. Me alegro de que mis amigos _____ (querer) conservar la naturaleza.
6. Espero que tú _____ (venir) a la reunión (*meeting*) del Club de Ecología.
7. Es malo _____ (contaminar) el medio ambiente.
8. A mis padres les gusta que nosotros _____ (participar) en las reuniones.
9. Siento que nuestras ciudades _____ (estar) afectadas por la contaminación.
10. Ojalá que yo _____ (poder) hacer algo para reducir la contaminación.

Práctica

1

Completar Completa el diálogo con palabras de la lista. Compara tus respuestas con las de un(a) compañero/a.

Bogotá, Colombia

alegro	molesta	salga
encuentren	ojalá	tengo miedo de
estén	puedan	vayan
lleguen	reduzcan	visitar

OLGA   Me alegro de que Adriana y Raquel (1)_____ a Colombia. ¿Van a estudiar?

SARA   Sí. Es una lástima que (2)_____ una semana tarde. Ojalá que la universidad las ayude a buscar casa. (3)_____ que no consigan dónde vivir.

OLGA   Me (4)_____ que seas tan pesimista, pero sí, yo también espero que (5)_____ gente simpática y que hablen mucho español.

SARA   Sí, ojalá. Van a hacer un estudio sobre la deforestación en las costas. Es triste que en tantos países los recursos naturales (6)_____ en peligro.

OLGA   Pues, me (7)_____ de que no se queden mucho en la capital por la contaminación. (8)_____ tengan tiempo de viajar por el país.

SARA   Sí, espero que (9)_____ por lo menos ir a la costa. Sé que también esperan (10)_____ la Catedral de Sal de Zipaquirá.

2

Transformar Transforma estos elementos en oraciones completas para formar un diálogo entre Juan y la madre de Raquel. Añade palabras si es necesario. Luego, con un(a) compañero/a, presenta el diálogo a la clase.

1. Juan, / esperar / (tú) escribirle / Raquel. / Ser / tu / novia. / Ojalá / no / sentirse / sola

2. molestarme / (usted) decirme / lo que / tener / hacer. / Ahora / mismo / le / estar / escribiendo

3. alegrarme / oírte / decir / eso. / Ser / terrible / estar / lejos / cuando / nadie / recordarte

4. señora, / ¡yo / tener / miedo / (ella) no recordarme / mí! / Ser / triste / estar / sin / novia

5. ser / ridículo / (tú) sentirte / así. / Tú / saber / ella / querer / casarse / contigo

6. ridículo / o / no, / sorprenderme / (todos) preocuparse / ella / y / (nadie) acordarse / mí

Comunicación

3 **Comentar** En parejas, túrnense para formar oraciones sobre su ciudad, sus clases, su gobierno o algún otro tema, usando expresiones como **me alegro de que, temo que** y **es extraño que.** Luego reaccionen a los comentarios de su compañero/a.

> modelo
>
> **Estudiante 1:** Me alegro de que vayan a limpiar el río.
>
> **Estudiante 2:** Yo también. Me preocupa que el agua del río esté tan sucia.

4 **Contestar** Lee el mensaje electrónico que Raquel le escribió a su novio Juan. Luego, en parejas, contesten el mensaje usando expresiones como **me sorprende que, me molesta que** y **es una lástima que.**

Para: Juan | De: Raquel

Hola, Juan:

Mi amor, siento no escribirte más frecuentemente. La verdad es que estoy muy ocupada todo el tiempo. No sabes cuánto me estoy divirtiendo en Colombia. Me sorprende haber podido adaptarme tan bien. Es bueno tener tanto trabajo. Aprendo mucho más aquí que en el laboratorio de la universidad. Me encanta que me den responsabilidades y que compartan sus muchos conocimientos conmigo. Ay, pero pienso mucho en ti. Qué triste es que no podamos estar juntos por tanto tiempo. Ojalá que los días pasen rápido. Bueno, querido, es todo por ahora. Escríbeme pronto.

Te quiero y te extraño mucho,

Raquel

AYUDA

Echar de menos (a alguien) and **extrañar (a alguien)** are two ways of saying *to miss (someone).*

Síntesis

5 **No te preocupes** Estás muy preocupado/a por los problemas del medio ambiente y le comentas a tu compañero/a todas tus preocupaciones. Él/Ella va a darte la solución adecuada para tus preocupaciones. Su profesor(a) les va a dar una hoja distinta a cada uno/a con la información necesaria para completar la actividad.

> modelo
>
> **Estudiante 1:** Me molesta que las personas tiren basura en las calles.
> **Estudiante 2:** Por eso es muy importante que los políticos hagan leyes
> para conservar las ciudades limpias.

13.2 The subjunctive with doubt, disbelief, and denial

SUPERSITE

ANTE TODO Just as the subjunctive is required with expressions of emotion, influence, and will, it is also used with expressions of doubt, disbelief, and denial.

Main clause		Subordinate clause
Dudan	que	su hijo les **diga** la verdad.

▶ The subjunctive is always used in a subordinate clause when there is a change of subject and the expression in the main clause implies negation or uncertainty.

No creo que haya lugares más bonitos en el mundo.

Dudo que el río esté contaminado aquí en las montañas.

▶ Here is a list of some common expressions of doubt, disbelief, or denial.

Expressions of doubt, disbelief, or denial

dudar	to doubt	**no es seguro**	it's not certain
negar (e:ie)	to deny	**no es verdad**	it's not true
no creer	not to believe	**es imposible**	it's impossible
no estar seguro/a (de)	not to be sure	**es improbable**	it's improbable
no es cierto	it's not true; it's not certain	**(no) es posible**	it's (not) possible
		(no) es probable	it's (not) probable

El gobierno **niega** que el agua **esté** contaminada.
The government denies that the water is contaminated.

Dudo que el gobierno **resuelva** el problema.
I doubt that the government will solve the problem.

Es probable que **haya** menos bosques y selvas en el futuro.
It's probable that there will be fewer forests and jungles in the future.

No es verdad que mi hermano **estudie** ecología.
It's not true that my brother studies ecology.

▶ The indicative is used in a subordinate clause when there is no doubt or uncertainty in the main clause. Here is a list of some expressions of certainty.

Expressions of certainty

no dudar	*not to doubt*	**estar seguro/a (de)**	*to be sure*
no cabe duda de	*there is no doubt*	**es cierto**	*it's true; it's certain*
no hay duda de	*there is no doubt*	**es seguro**	*it's certain*
no negar (e:ie)	*not to deny*	**es verdad**	*it's true*
creer	*to believe*	**es obvio**	*it's obvious*

No negamos que **hay** demasiados carros en las carreteras.
We don't deny that there are too many cars on the highways.

Es verdad que Colombia **es** un país bonito.
It's true that Colombia is a beautiful country.

No hay duda de que el Amazonas **es** uno de los ríos más largos.
There is no doubt that the Amazon is one of the longest rivers.

Es obvio que los tigres **están** en peligro de extinción.
It's obvious that tigers are in danger of extinction.

▶ In affirmative sentences, the verb **creer** expresses belief or certainty, so it is followed by the indicative. In negative sentences, however, when doubt is implied, **creer** is followed by the subjunctive.

No creo que **haya** vida en el planeta Marte.
I don't believe that there is life on the planet Mars.

Creo que **debemos** usar exclusivamente la energía solar.
I believe we should use solar energy exclusively.

▶ The expressions **quizás** and **tal vez** are usually followed by the subjunctive because they imply doubt about something.

Quizás haga sol mañana.
Perhaps it will be sunny tomorrow.

Tal vez veamos la luna esta noche.
Perhaps we will see the moon tonight.

¡INTÉNTALO! Completa estas oraciones con la forma correcta del verbo.

recursos

WB
pp. 159-160

LM
p. 76

panorama.
vhlcentral.com
Lección 13

1. Dudo que ellos __trabajen__ (trabajar).
2. Es cierto que él _____ (comer) mucho.
3. Es imposible que ellos _____ (salir).
4. Es probable que ustedes _____ (ganar).
5. No creo que ella _____ (volver).
6. Es posible que nosotros _____ (ir).
7. Dudamos que tú _____ (reciclar).
8. Creo que ellos _____ (jugar) al fútbol.
9. No niego que ustedes _____ (estudiar).
10. Es posible que ella no _____ (venir) a casa.
11. Es probable que Lucio y Carmen _____ (dormir).
12. Es posible que mi prima Marta _____ (llamar).
13. Tal vez Juan no nos _____ (oír).
14. No es cierto que Paco y Daniel nos _____ (ayudar).

Práctica

1 **Escoger** Escoge las respuestas correctas para completar el diálogo. Luego dramatiza el diálogo con un(a) compañero/a.

RAÚL Ustedes dudan que yo realmente (1)_____ (estudio/estudie). No niego que a veces me (2)_____ (divierto/divierta) demasiado, pero no cabe duda de que (3)_____ (tomo/tome) mis estudios en serio. Estoy seguro de que cuando me vean graduarme van a pensar de manera diferente. Creo que no (4)_____ (tienen/tengan) razón con sus críticas.

PAPÁ Es posible que tu mamá y yo no (5)_____ (tenemos/tengamos) razón. Es cierto que a veces (6)_____ (dudamos/dudemos) de ti. Pero no hay duda de que te (7)_____ (pasas/pases) toda la noche en Internet y oyendo música. No es nada seguro que (8)_____ (estás/estés) estudiando.

RAÚL Es verdad que (9)_____ (uso/use) mucho la computadora pero, ¡piensen! ¿No es posible que (10)_____ (es/sea) para buscar información para mis clases? ¡No hay duda de que Internet (11)_____ (es/sea) el mejor recurso del mundo! Es obvio que ustedes (12)_____ (piensan/piensen) que no hago nada, pero no es cierto.

PAPÁ No dudo que esta conversación nos (13)_____ (va/vaya) a ayudar. Pero tal vez esta noche (14)_____ (puedes/puedas) trabajar sin música. ¿Está bien?

2 **Dudas** Carolina es una chica que siempre miente. Expresa tus dudas sobre lo que Carolina está diciendo ahora. Usa las expresiones entre paréntesis para tus respuestas.

> **modelo**
>
> El próximo año Marta y yo vamos de vacaciones por diez meses. (dudar)
> ¡Ja! Dudo que vayan de vacaciones por ese tiempo. ¡Ustedes no son ricas!

1. Estoy escribiendo una novela en español. (no creer)

2. Mi tía es la directora del *Sierra Club*. (no ser verdad)

3. Dos profesores míos juegan para los Osos *(Bears)* de Chicago. (ser imposible)

4. Mi mejor amiga conoce al chef Emeril. (no ser cierto)

5. Mi padre es dueño del Centro Rockefeller. (no ser posible)

6. Yo ya tengo un doctorado *(doctorate)* en lenguas. (ser improbable)

AYUDA

Here are some useful expressions to say that you don't believe someone.
¡Qué va!
¡Imposible!
¡No te creo!
¡Es mentira!

Comunicación

3

Entrevista En parejas, imaginen que trabajan para un periódico y que tienen que hacerle una entrevista a la conservacionista Mary Axtmann, quien colaboró en la fundación del programa Ciudadanos Pro Bosque San Patricio, en Puerto Rico. Escriban seis preguntas para la entrevista después de leer las declaraciones de Mary Axtmann. Al final, inventen las respuestas de Axtmann.

NOTA CULTURAL

La asociación de **Mary Axtmann** trabaja para la conservación del bosque San Patricio. También ofrece conferencias sobre temas ambientales, hace un censo anual de pájaros y tiene un grupo de guías voluntarios. La comunidad hace todo el trabajo; la asociación no recibe ninguna ayuda del gobierno.

Declaraciones de Mary Axtmann:

"...que el bosque es un recurso ecológico educativo para la comunidad."

"El bosque San Patricio es un pulmón (*lung*) que produce oxígeno para la ciudad."

"El bosque San Patricio está en medio de la ciudad de San Juan. Por eso digo que este bosque es una esmeralda (*emerald*) en un mar de concreto."

"El bosque pertenece (*belongs*) a la comunidad."

"Nosotros salvamos este bosque mediante la propuesta (*proposal*) y no la protesta."

4

Adivinar Escribe cinco oraciones sobre tu vida presente y futura. Cuatro deben ser falsas y sólo una debe ser cierta. Presenta tus oraciones al grupo. El grupo adivina cuál es la oración cierta y expresa sus dudas sobre las oraciones falsas.

AYUDA

Here are some useful verbs for talking about plans.

esperar → to hope

querer → to want

pretender → to intend

pensar → to plan

Note that **pretender** and *pretend* are false cognates. To express *to pretend*, use the verb **fingir**.

modelo

Estudiante 1: Quiero irme un año a la selva a trabajar.

Estudiante 2: Dudo que te guste vivir en la selva.

Estudiante 3: En cinco años voy a ser presidente de los Estados Unidos.

Estudiante 2: No creo que seas presidente de los Estados Unidos en cinco años. ¡Tal vez en treinta!

Síntesis

5

Intercambiar En grupos, escriban un párrafo sobre los problemas del medio ambiente en su estado o en su comunidad. Compartan su párrafo con otro grupo, que va a ofrecer opiniones y soluciones. Luego presenten su párrafo, con las opiniones y soluciones del otro grupo, a la clase.

13.3 # The subjunctive with conjunctions

ANTE TODO Conjunctions are words or phrases that connect other words and clauses in sentences. Certain conjunctions commonly introduce adverbial clauses, which describe *how, why, when,* and *where* an action takes place.

Main clause	Conjunction	Adverbial clause
Vamos a visitar a Carlos	**antes de que**	**regrese** a California.

Se pueden tomar fotos, ¿verdad?

Sí, con tal de que no toques ni las flores ni las plantas.

A menos que resuelvan el problema de la contaminación, los habitantes van a sufrir muchas enfermedades en el futuro.

▶ The subjunctive is used to express a hypothetical situation, uncertainty as to whether an action or event will take place, or a condition that may or may not be fulfilled.

Voy a dejar un recado **en caso de que Gustavo me llame.**
I'm going to leave a message in case Gustavo calls me.

Voy al supermercado **para que tengas** algo de comer.
I'm going to the store so that you'll have something to eat.

▶ Here is a list of the conjunctions that always require the subjunctive.

Conjunctions that require the subjunctive

a menos que	*unless*	**en caso (de) que**	*in case (that)*
antes (de) que	*before*	**para que**	*so that*
con tal (de) que	*provided that*	**sin que**	*without*

Algunos animales van a morir **a menos que** haya leyes para protegerlos.
Some animals are going to die unless there are laws to protect them.

Ellos nos llevan a la selva **para que** veamos las plantas tropicales.
They are taking us to the jungle so that we may see the tropical plants.

▶ The infinitive is used after the prepositions **antes de, para,** and **sin** when there is no change of subject; the subjunctive is used when there is. **¡Atención!** Note that, while you may use a present participle with the English equivalent of these conjunctions, in Spanish you cannot.

Te llamamos **antes de salir** de la casa.
We will call you before leaving the house.

Te llamamos mañana **antes de que salgas.**
We will call you tomorrow before you leave.

Conjunctions with subjunctive or indicative

Voy a formar un club de ecología tan pronto como vuelva a España.

Cuando veo basura, la recojo.

Conjunctions used with subjunctive or indicative

cuando	*when*	**hasta que**	*until*
después de que	*after*	**tan pronto como**	*as soon as*
en cuanto	*as soon as*		

▶ With the conjunctions above, use the subjunctive in the subordinate clause if the main clause expresses a future action or command.

Vamos a resolver el problema **cuando desarrollemos** nuevas tecnologías.
We are going to solve the problem when we develop new technologies.

Después de que ustedes **tomen** sus refrescos, reciclen las botellas.
After you drink your soft drinks, recycle the bottles.

▶ With these conjunctions, the indicative is used in the subordinate clause if the verb in the main clause expresses an action that habitually happens, or that happened in the past.

Contaminan los ríos **cuando construyen** nuevos edificios.
They pollute the rivers when they build new buildings.

Contaminaron el río **cuando construyeron** ese edificio.
They polluted the river when they built that building.

¡INTÉNTALO!   Completa las oraciones con las formas correctas de los verbos.

1. Voy a estudiar ecología cuando _____vuelva_____ (volver) a la universidad.
2. No podemos evitar la lluvia ácida a menos que todos _____ (trabajar) juntos.
3. No podemos conducir sin _____ (contaminar) el aire.
4. Siempre recogemos mucha basura cuando _____ (ir) al parque.
5. Elisa habló con el presidente del Club de Ecología después de que _____ (terminar) la reunión.
6. Vamos de excursión para _____ (observar) los animales y las plantas.
7. La contaminación va a ser un problema muy serio hasta que nosotros _____ (cambiar) nuestros sistemas de producción y transporte.
8. El gobierno debe crear más parques nacionales antes de que los bosques y ríos _____ (estar) completamente contaminados.
9. La gente recicla con tal de que no _____ (ser) difícil.

recursos

WB
pp. 161-162

LM
p. 77

SUPERSITE

panorama.
vhlcentral.com
Lección 13

Práctica

1   **Completar** La señora Montero habla de una excursión que quiere hacer con su familia. Completa las oraciones con la forma correcta de cada verbo.

1. Voy a llevar a mis hijos al parque para que _____ (aprender) sobre la naturaleza.
2. Voy a pasar todo el día allí a menos que _____ (hacer) mucho frío.
3. En bicicleta podemos explorar el parque sin _____ (caminar) demasiado.
4. Vamos a bajar al cráter con tal de que no se _____ (prohibir).
5. Siempre llevamos al perro cuando _____ (ir) al parque.
6. No pensamos ir muy lejos en caso de que _____ (llover).
7. Vamos a almorzar a la orilla (*shore*) del río cuando nosotros _____ (terminar) de preparar la comida.
8. Mis hijos van a dejar todo limpio antes de _____ (salir) del parque.

2   **Frases** Completa estas frases de una manera lógica.

1. No podemos controlar la contaminación del aire a menos que…
2. Voy a reciclar los productos de papel y de vidrio en cuanto…
3. Debemos comprar coches eléctricos tan pronto como…
4. Protegemos los animales en peligro de extinción para que…
5. Mis amigos y yo vamos a recoger la basura de la universidad después de que…
6. No podemos desarrollar nuevas fuentes (*sources*) de energía sin…
7. Hay que eliminar la contaminación del agua para…
8. No podemos proteger la naturaleza sin que…

3   **Organizaciones** En parejas, lean las descripciones de las organizaciones de conservación. Luego expresen en sus propias (*own*) palabras las opiniones de cada organización.

Organización:
Fundación Río Orinoco

Problema:
La destrucción de
los ríos

Solución:
Programa para limpiar las
orillas de los ríos y reducir
la erosión y así proteger
los ríos

Organización:
**Oficina de Turismo
Internacional**

Problema:
Necesidad de mejorar
la imagen del país en
el mercado turístico
internacional

Solución:
Plan para promover el
ecoturismo en los 33
parques nacionales, usando
agencias de publicidad e
implementando un plan
agresivo de conservación

Organización:
**Asociación
Nabusimake-Pico Colón**

Problema:
Un lugar turístico popular
en la Sierra Nevada de
Santa Marta necesita
mejor mantenimiento

Solución:
Programa de voluntarios
para limpiar y mejorar
los senderos

AYUDA

Here are some
expressions you can
use as you complete
Actividad 3.

**Se puede evitar…
con tal de que…**

**Es necesario…
para que…**

**Debemos prohibir…
antes de que…**

**No es posible…
sin que…**

**Vamos a… tan
pronto como…**

**A menos que… no
vamos a…**

Comunicación

4

Preguntas En parejas, túrnense para hacerse estas preguntas.

1. ¿Qué haces cada noche antes de acostarte?
2. ¿Qué haces después de salir de la universidad?
3. ¿Qué hace tu familia para que puedas asistir a la universidad?
4. ¿Qué piensas hacer tan pronto como te gradúes?
5. ¿Qué quieres hacer mañana, a menos que haga mal tiempo?
6. ¿Qué haces en tus clases sin que los profesores lo sepan?

5

Comparar En parejas, comparen una actividad rutinaria que ustedes hacen con algo que van a hacer en el futuro. Usen palabras de la lista.

antes de	después de que	hasta que	sin (que)
antes de que	en caso de que	para (que)	tan pronto como

modelo

Estudiante 1: El sábado vamos al lago. Tan pronto como volvamos, vamos a estudiar para el examen.
Estudiante 2: Todos los sábados llevo a mi primo al parque para que juegue. Pero el sábado que viene, con tal de que no llueva, lo voy a llevar a las montañas.

Síntesis

6

Tres en raya (_Tic-Tac-Toe_) Formen dos equipos. Una persona comienza una frase y otra persona de su equipo la termina usando palabras de la gráfica. El primer equipo que forme tres oraciones seguidas _(in a row)_ gana el tres en raya. Hay que usar la conjunción o la preposición y el verbo correctamente. Si no, ¡no cuenta!

¡LENGUA VIVA!

Tic-Tac-Toe has various names in the Spanish-speaking world, including **tres en raya, tres en línea, ta-te-ti, gato, la vieja,** and **triqui-triqui**.

modelo

Equipo 1
Estudiante 1: Dudo que podamos eliminar la deforestación...
Estudiante 2: sin que nos ayude el gobierno.
Equipo 2
Estudiante 1: Creo que podemos conservar nuestros recursos naturales...
Estudiante 2: con tal de que todos hagamos algo para ayudar.

cuando	con tal de que	para que
antes de que	para	sin que
hasta que	en caso de que	antes de

13.4   Past participles used as adjectives

ANTE TODO   In **Lección 5**, you learned about present participles (**estudiando**). Both Spanish and English have past participles. The past participles of English verbs often end in **–ed** (*to turn* → *turned*), but many are also irregular (*to buy* → *bought*; *to drive* → *driven*).

▶ In Spanish, regular **–ar** verbs form the past participle with **–ado**. Regular **–er** and **–ir** verbs form the past participle with **–ido**.

INFINITIVE	STEM	PAST PARTICIPLE
bailar	bail-	**bailado**
comer	com-	**comido**
vivir	viv-	**vivido**

▶ **¡Atención!** The past participles of **–er** and **–ir** verbs whose stems end in **–a, –e,** or **–o** carry a written accent mark on the **i** of the **–ido** ending.

caer	**caído**	reír	**reído**
creer	**creído**	sonreír	**sonreído**
leer	**leído**	traer	**traído**
oír	**oído**		

Irregular past participles

abrir	**abierto**	morir	**muerto**
decir	**dicho**	poner	**puesto**
describir	**descrito**	resolver	**resuelto**
descubrir	**descubierto**	romper	**roto**
escribir	**escrito**	ver	**visto**
hacer	**hecho**	volver	**vuelto**

▶ In Spanish, as in English, past participles can be used as adjectives. They are often used with the verb **estar** to describe a condition or state that results from an action. Like other Spanish adjectives, they must agree in gender and number with the nouns they modify.

Me gusta usar papel
reciclado.
I like to use recycled paper.

Tenemos la mesa **puesta** y la
cena **hecha.**
We have the table set and dinner made.

AYUDA

You already know several past participles used as adjectives:
aburrido, interesado, nublado, perdido, etc.
• • •
Note that all irregular past participles except **dicho** and **hecho** end in **–to.**

¡INTÉNTALO!   Indica la forma correcta del participio pasado de estos verbos.

1. hablar ___hablado___
2. beber _____
3. decidir _____
4. romper _____

5. escribir _____
6. cantar _____
7. oír _____
8. traer _____

9. correr _____
10. leer _____
11. ver _____
12. hacer _____

recursos

WB
pp. 163-164

LM
p. 78

panorama.
vhlcentral.com
Lección 13

Práctica

1

Completar Completa las oraciones con la forma adecuada del participio pasado del verbo que está entre paréntesis.

1. Nuestra excursión a la selva ya está _____ (preparar).
2. Todos los detalles están _____ (escribir) en español.
3. Tenemos que comprar los pasajes, pero Sara no encuentra el mapa. ¡Oh no! Creo que estamos _____ (perder).
4. Sabemos que la agencia de viajes está en una plaza muy _____ (conocer), la Plaza Bolívar. Está _____ (abrir) de nueve a tres.
5. El nombre de la agencia está _____ (escribir) en el letrero y en la acera (*sidewalk*).
6. Pero ya son las tres y diez.... que mala suerte. Seguramente la oficina ya está _____ (cerrar).

> **NOTA CULTURAL**
>
> **Simón Bolívar** (1783–1830) es considerado el "libertador" de cinco países de Suramérica: Venezuela, Perú, Bolivia, Colombia y Ecuador. Su apellido se ve en nombres como Bolivia, Ciudad Bolívar, la Universidad Simón Bolívar, el bolívar (la moneda venezolana) y en los nombres de plazas y calles.

2

Preparativos Tú y tu compañero/a van a hacer un viaje. Túrnense para hacerse estas preguntas sobre los preparativos (preparations). Usen el participio pasado en sus respuestas.

> **modelo**
>
> **Estudiante 1:** ¿Compraste los pasajes del avión?
> **Estudiante 2:** Sí, los pasajes ya están comprados.

1. ¿Hiciste las maletas?
2. ¿Confirmaste las reservaciones para el hotel?
3. ¿Compraste tus medicinas?
4. ¿Lavaste la ropa?
5. ¿Apagaste todas las luces?
6. ¿Cerraste bien la puerta?

Comunicación

3

Describir Tú y un(a) compañero/a son agentes de policía y tienen que investigar un crimen. Miren el dibujo y describan lo que encontraron en la habitación del señor Villalonga. Usen el participio pasado en la descripción. Luego, comparen su descripción con la de otra pareja.

> **modelo**
>
> La puerta del baño no estaba cerrada.

> **AYUDA**
>
> You may want to use the past participles of these verbs to describe the illustration:
>
> **abrir, desordenar** (*to make untidy*), **hacer, poner, tirar** (*to throw*)

Recapitulación

For self-scoring and diagnostics, go to **panorama.vhlcentral.com**.

Completa estas actividades para repasar los conceptos de gramática que aprendiste en esta lección.

1 Completar Completa la tabla con la forma correcta de los verbos. **6 pts.**

Infinitivo	Participio (f.)	Infinitivo	Participio (m.)
completar	completada	hacer	
cubrir		pagar	pagado
decir		perder	
escribir		poner	

2 Subjuntivo con conjunciones Escoge la forma correcta del verbo para completar las oraciones. **6 pts.**

1. En cuanto (empiecen/empiezan) las vacaciones, vamos a viajar.
2. Por favor, llámeme a las siete y media en caso de que no (me despierto/me despierte).
3. Toni va a usar su bicicleta hasta que los coches híbridos (cuesten/cuestan) menos dinero.
4. Estudiantes, pueden entrar al parque natural con tal de que (van/vayan) todos juntos.
5. Debemos conservar el agua antes de que no (queda/quede) nada para beber.
6. Siempre quiero vender mi coche cuando (yo) (piense/pienso) en la contaminación.

3 Creer o no creer Completa esta conversación con la forma correcta del presente de indicativo o de subjuntivo, según el contexto. **6 pts.**

CAROLA Creo que (1) _____ (nosotras, deber) escribir nuestra presentación sobre el reciclaje.

MÓNICA Hmm, no estoy segura de que el reciclaje (2) _____ (ser) un buen tema. No hay duda de que la gente ya (3) _____ (saber) reciclar.

CAROLA Sí, pero dudo que todos lo (4) _____ (practicar).

MÓNICA ¿Sabes, Néstor? El sábado vamos a ir a limpiar la playa con un grupo de voluntarios. ¿Quieres venir?

NÉSTOR No creo que (5) _____ (yo, poder) ir, tengo que estudiar.

CAROLA ¿Estás seguro? ¡Es imposible que (6) _____ (tú, ir) a estudiar todo el fin de semana!

NÉSTOR Bueno, sí, tengo un par de horas en la tarde para ir a la playa...

RESUMEN GRAMATICAL

13.1 The subjunctive with verbs of emotion
pp. 426-427

Verbs and expressions of emotion	
alegrarse (de)	tener miedo (de)
esperar	es extraño
gustar	es una lástima
molestar	es ridículo
sentir (e:ie)	es terrible
sorprender	es triste
temer	ojalá (que)

Main clause		Subordinate clause
Marta **espera**	que	yo **vaya** al lago mañana.
Ojalá		**comamos** en casa.

13.2 The subjunctive with doubt, disbelief, and denial
pp. 430-431

Expressions of doubt, disbelief, or denial (used with subjunctive)	
dudar	no es verdad
negar (e:ie)	es imposible
no creer	es improbable
no estar seguro/a (de)	(no) es posible
no es cierto	(no) es probable
no es seguro	

Expressions of certainty (used with indicative)	
no dudar	estar seguro/a (de)
no cabe duda de	es cierto
no hay duda de	es seguro
no negar (e:ie)	es verdad
creer	es obvio

► The infinitive is used after these expressions when there is no change of subject.

13.3 The subjunctive with conjunctions
pp. 434-435

Conjunctions that require the subjunctive	
a menos que	en caso (de) que
antes (de) que	para que
con tal (de) que	sin que

4 **Oraciones** Escribe oraciones con estos elementos. Usa el subjuntivo y el participio de pasado cuando sea necesario. **20 pts.**

1. ser ridículo / los coches / contaminar tanto

2. el gobierno / ir a proteger / las ciudades / afectar / por la lluvia ácida

3. no caber duda de / tú y yo / poder / hacer mucho más

4. los ecologistas / temer / los recursos naturales / desaparecer / poco a poco

5. (yo) no estar seguro / los niños / poder ir / porque / el parque / estar / cerrar

6. (yo) alegrarse de / en mi ciudad / reciclarse / el plástico y el vidrio

7. (nosotros) no creer que / la casa / estar / abrir

8. estar prohibido / tocar o dar de comer a / estos animales / proteger

9. es improbable / existir / leyes / contra la deforestación

10. ojalá que / la situación / mejorar / día a día

5 **Escribir** Escribe un diálogo de al menos seis oraciones en el que un(a) amigo/a hace comentarios pesimistas sobre la situación del medio ambiente en tu ciudad o región y tú respondes con comentarios y reacciones optimistas. Usa verbos y expresiones de esta lección. **12 pts.**

6 **Canción** Completa estos versos de una canción de Juan Luis Guerra. **¡2 puntos EXTRA!**

> ▶ The infinitive is used after the prepositions **antes de**, **para**, and **sin** when there is no change of subject.

Te llamamos **antes de salir** de casa.

Te llamamos mañana **antes de que salgas**.

Conjunctions used with subjunctive or indicative	
cuando	hasta que
después de que	tan pronto como
en cuanto	

13.4 **Past participles used as adjectives** *p. 438*

Past participles		
Infinitive	Stem	Past participle
bailar	bail-	**bailado**
comer	com-	**comido**
vivir	viv-	**vivido**

Irregular past participles			
abrir	**abierto**	morir	**muerto**
decir	**dicho**	poner	**puesto**
describir	**descrito**	resolver	**resuelto**
descubrir	**descubierto**	romper	**roto**
escribir	**escrito**	ver	**visto**
hacer	**hecho**	volver	**vuelto**

> ▶ Like common adjectives, past participles must agree with the noun they modify.

Hay unos letreros **escritos** en español.

❝ Ojalá que _____ (llover) café en el campo. Pa'° que todos los niños _____ (cantar) en el campo. ❞

Pa' *short for* **Para**

Lectura

Antes de leer

Estrategia

Recognizing the purpose of a text

When you are faced with an unfamiliar text, it is important to determine the writer's purpose. If you are reading an editorial in a newspaper, for example, you know that the journalist's objective is to persuade you of his or her point of view. Identifying the purpose of a text will help you better comprehend its meaning.

Examinar los textos

Primero, utiliza la estrategia de lectura para familiarizarte con los textos. Después contesta estas preguntas y compara tus respuestas con las de un(a) compañero/a.

- ¿De qué tratan los textos (*What are the texts about?*)?
- ¿Son fábulas (*fables*), poemas, artículos de periódico…?
- ¿Cómo lo sabes?

Predicciones

Lee estas predicciones sobre la lectura e indica si estás de acuerdo (*you agree*) con ellas. Después compara tus opiniones con las de un(a) compañero/a.

1. Los textos son del género (*genre*) de ficción.
2. Los personajes son animales.
3. La acción de los textos tiene lugar en un zoológico.
4. Hay alguna moraleja (*moral*).

Determinar el propósito

Con un(a) compañero/a, hablen de los posibles propósitos (*purposes*) de los textos. Consideren estas preguntas:

- ¿Qué te dice el género de los textos sobre los posibles propósitos de los textos?
- ¿Piensas que los textos pueden tener más de un propósito? ¿Por que?

recursos

panorama.vhlcentral.com
Lección 13

Sobre los autores

Félix María Samaniego (1745–1801) nació en España y escribió las *Fábulas morales* que ilustran de manera humorística el carácter humano. Los protagonistas de muchas de sus fábulas son animales que hablan.

El perro y el cocodrilo

Bebiendo un perro en el Nilo°,
al mismo tiempo corría.
"Bebe quieto°", le decía
un taimado° cocodrilo.

Díjole° el perro prudente:
"Dañoso° es beber y andar°;
pero ¿es sano el aguardar
a que me claves el diente°? "

¡Oh qué docto° perro viejo!
Yo venero° su sentir°
en esto de no seguir
del enemigo el consejo.

Tomás de Iriarte (1750–1791) nació en las islas Canarias y tuvo gran éxito° con su libro *Fábulas literarias*. Su tendencia a representar la lógica a través de° símbolos de la naturaleza fue de gran influencia para muchos autores de su época°.

El pato° y la serpiente

A orillas° de un estanque°,
diciendo estaba un pato:
"¿A qué animal dio el cielo°
los dones que me ha dado°?

"Soy de agua, tierra y aire:
cuando de andar me canso°,
si se me antoja, vuelo°;
si se me antoja, nado".

Una serpiente astuta
que le estaba escuchando,
le llamó con un silbo°,
y le dijo "¡Seo° guapo!

"No hay que echar tantas plantas°;
pues ni anda como el gamo°,
ni vuela como el sacre°,
ni nada como el barbo°;

"y así tenga sabido
que lo importante y raro°
no es entender de todo,
sino ser diestro° en algo.

Nilo *Nile* quieto *in peace* taimado *sly* Díjole *Said to him* Dañoso *Harmful* andar *to walk* ¿es sano... diente? *Is it good for me to wait for you to sink your teeth into me?* docto *wise* venero *revere* sentir *wisdom* éxito *success* a través de *through* época *time* pato *duck* orillas *banks* estanque *pond* cielo *heaven* los dones... dado *the gifts that it has given me* me canso *I get tired* si se... vuelo *if I feel like it, I fly* silbo *hiss* Seo *Señor* No hay... plantas *There's no reason to boast* gamo *deer* sacre *falcon* barbo *barbel (a type of fish)* raro *rare* diestro *skillful*

Después de leer

Comprensión

Escoge la mejor opción para completar cada oración.

1. El cocodrilo _____ perro.
   a. está preocupado por el   b. quiere comerse al
   c. tiene miedo del
2. El perro _____ cocodrilo.
   a. tiene miedo del   b. es amigo del
   c. quiere quedarse con el
3. El pato cree que es un animal _____.
   a. muy famoso   b. muy hermoso
   c. de muchos talentos
4. La serpiente cree que el pato es _____.
   a. muy inteligente   b. muy tonto   c. muy feo

Preguntas

Responde a las preguntas.

1. ¿Qué representa el cocodrilo?
   _____

2. ¿Qué representa el pato?
   _____

3. ¿Cuál es la moraleja (*moral*) de "El perro y el cocodrilo"?
   _____

4. ¿Cuál es la moraleja de "El pato y la serpiente"?
   _____

Coméntalo

En parejas, túrnense para hacerse estas preguntas. ¿Estás de acuerdo con las moralejas de estas fábulas? ¿Por qué? ¿Cuál de estas fábulas te gusta más? ¿Por qué? ¿Conoces otras fábulas? ¿Cuál es su propósito?

Escribir

Escribe una fábula para compartir con la clase. Puedes escoger algunos animales de la lista o escoger tus propios (*own*). ¿Qué características deben tener estos animales?

- una abeja (*bee*)
- un gato
- un burro
- un perro
- un águila (*eagle*)
- un pavo real (*peacock*)

Colombia

El país en cifras

▶ **Área:** 1.138.910 km² (439.734 millas²),
tres veces el área de Montana

▶ **Población:** 48.930.000
*De todos los países de habla hispana, sólo México
tiene más habitantes que Colombia. Casi toda la
población colombiana vive en las áreas montañosas
y la costa occidental° del país. Aproximadamente el
55% de la superficie° del país está sin poblar°.*

▶ **Capital:** Santa Fe de Bogotá —8.416.000

▶ **Ciudades principales:** Medellín —3.304.000,
Cali —2.767.000, Barranquilla —2.042.000,
Cartagena —1.067.000

SOURCE: Population Division, UN Secretariat

Medellín

▶ **Moneda:** peso colombiano

▶ **Idiomas:** español (oficial)

Bandera de Colombia

Colombianos célebres

▶ **Edgar Negret,** escultor°, pintor (1920–)

▶ **Gabriel García Márquez,** escritor (1928–)

▶ **Juan Pablo Montoya,** automovilista (1975–)

▶ **Fernando Botero,** pintor, escultor (1932–)

▶ **Shakira,** cantante (1977–)

occidental *western* superficie *surface* sin poblar *unpopulated*
escultor *sculptor* dioses *gods* arrojaban *threw* oro *gold*
cacique *chief* llevó *led*

Baile típico de
Barranquilla

Plaza
Bolívar, Bogotá

Barranquilla
Cartagena
Mar Caribe

PANAMÁ

Sierra Nevada
de Santa Marta

VENEZUELA

Cordillera Occidental de los Andes

Río Magdalena

ESTADOS UNIDOS

OCÉANO
ATLÁNTICO

COLOMBIA

OCÉANO
PACÍFICO

AMÉRICA DEL SUR

Medellín

Río Meta

Cali

Cordillera Central de los Andes

Volcán
Nevado
del Huíla

Bogotá

Océano
Pacífico

Cordillera Oriental
de los Andes

Cultivo de caña de
azúcar cerca de Cali

ECUADOR

PERÚ

recursos

WB
pp. 165–166

VM
pp. 255–256

SUPERSITE
panorama.vhlcentral.com
Lección 13

Laguna de Guatavita

¡Increíble pero cierto!

En el siglo XVI los exploradores españoles oyeron
la leyenda de El Dorado. Esta leyenda cuenta que
los indios, como parte de un ritual en honor a los
dioses°, arrojaban° oro° a la laguna de Guatavita
y el cacique° se sumergía en sus aguas cubierto
de oro. Aunque esto era cierto, muy pronto la
exageración llevó° al mito de una ciudad de oro.

Lugares • El Museo del Oro

El famoso Museo del Oro del Banco de la República fue fundado° en Bogotá en 1939 para preservar las piezas de orfebrería° de la época precolombina. En el museo, que tiene más de 30.000 piezas de oro, se pueden ver joyas°, ornamentos religiosos y figuras que sirvieron de ídolos. El cuidado con el que se hicieron los objetos de oro refleja la creencia° de las tribus indígenas de que el oro era la expresión física de la energía creadora° de los dioses.

Literatura • Gabriel García Márquez (1928–)

Gabriel García Márquez, ganador del Premio Nobel de Literatura en 1982, es uno de los escritores contemporáneos más importantes del mundo. García Márquez publicó su primer cuento° en 1947, cuando era estudiante universitario. Su libro más conocido, *Cien años de soledad*, está escrito en el estilo° literario llamado "realismo mágico", un estilo que mezcla° la realidad con lo irreal y lo mítico°.

Historia • Cartagena de Indias

Los españoles fundaron la ciudad de Cartagena de Indias en 1533 y construyeron a su lado la fortaleza° más grande de las Américas, el Castillo de San Felipe de Barajas. En la ciudad de Cartagena se conservan muchos edificios de la época colonial, como iglesias, monasterios, palacios y mansiones. Cartagena es conocida también por el Festival de Música del Caribe y su prestigioso Festival Internacional de Cine.

Costumbres • El Carnaval

Durante el Carnaval de Barranquilla, la ciudad vive casi exclusivamente para esta fiesta. Este festival es una fusión de las culturas que han llegado° a las costas caribeñas de Colombia y de sus grupos autóctonos°. El evento más importante es la Batalla° de las Flores, un desfile° de carrozas° decoradas con flores. En 2003, la UNESCO declaró este carnaval como Patrimonio de la Humanidad°.

 ¿Qué aprendiste? Responde a cada pregunta con una oración completa.

1. ¿Cuáles son las principales ciudades de Colombia?
2. ¿Qué país de habla hispana tiene más habitantes que Colombia?
3. ¿Quién es Edgar Negret?
4. ¿Cuándo oyeron los españoles la leyenda de El Dorado?
5. ¿Para qué fue fundado el Museo del Oro?
6. ¿Quién ganó el Premio Nobel de Literatura en 1982?
7. ¿Qué construyeron los españoles al lado de la ciudad de Cartagena de Indias?
8. ¿Cuál es el evento más importante del Carnaval de Barranquilla?

 Conexión Internet Investiga estos temas en **panorama.vhlcentral.com**.

1. Busca información sobre las ciudades más grandes de Colombia. ¿Qué lugares de interés hay en estas ciudades? ¿Qué puede hacer un(a) turista en estas ciudades?
2. Busca información sobre pintores y escultores colombianos como Edgar Negret, Débora Arango o Fernando Botero. ¿Cuáles son algunas de sus obras más conocidas? ¿Cuáles son sus temas?

fundado *founded* orfebrería *goldsmithing* joyas *jewels* creencia *belief* creadora *creative* cuento *story* estilo *style* mezcla *mixes* mítico *mythical* fortaleza *fortress* han llegado *have arrived* autóctonos *indigenous* Batalla *Battle* desfile *parade* carrozas *floats* Patrimonio de la Humanidad *World Heritage*

RASIL

Honduras

El país en cifras

▶ **Área:** 112.492 km² (43.870 millas²),
un poco más grande que Tennessee

▶ **Población:** 7.997.000

Cerca del 90 por ciento de la población de Honduras es mestiza. Todavía hay pequeños grupos indígenas como los jicaque, los miskito y los paya, que han mantenido su cultura sin influencias exteriores y que no hablan español.

▶ **Capital:** Tegucigalpa—1.075.000

Tegucigalpa

▶ **Ciudades principales:** San Pedro Sula,
El Progreso, La Ceiba

SOURCE: Population Division, UN Secretariat

▶ **Moneda:** lempira

▶ **Idiomas:** español (oficial), miskito, garífuna

Bandera de Honduras

Hondureños célebres

▶ **José Antonio Velásquez,** pintor (1906–1983)

▶ **Argentina Díaz Lozano,** escritora (1917–1999)

▶ **Carlos Roberto Reina,** juez° y presidente
del país (1926–2003)

▶ **Roberto Sosa,** escritor (1930–)

juez *judge*   presos *prisoners*   madera *wood*   hamacas *hammocks*
artesanías *crafts*

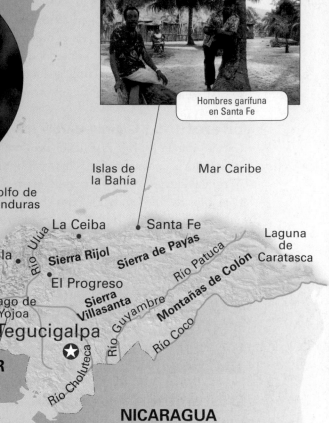

Guacamayo

Hombres garífuna
en Santa Fe

Islas de
la Bahía   Mar Caribe

Golfo de
Honduras

GUATEMALA   Río Ulúa   La Ceiba   Santa Fe   Laguna
de
San Pedro Sula   **Sierra Rijol**   **Sierra de Payas**   Caratasca

**Sierra Espíritu
Santo**   Sierra Grita   El Progreso   Río Patuca

Lago de
Yojoa   **Sierra
Villasanta**   **Montañas de Colón**

Tegucigalpa   Río Guyambre   Río Coco

EL SALVADOR   Río Choluteca

Océano
Pacífico   **NICARAGUA**

Niños pescando
en el lago de Yojoa

ESTADOS UNIDOS

OCÉANO
ATLÁNTICO

HONDURAS

OCÉANO
PACÍFICO   AMÉRICA DEL SUR

recursos

WB pp. 167–168	VM pp. 257–258	SUPERSITE panorama.vhlcentral.com Lección 13

¡Increíble pero cierto!

Los presos° de la Penitenciaría Central de Tegucigalpa hacen objetos de madera°, hamacas° y hasta instrumentos musicales. Sus artesanías° son tan populares que los funcionarios de la prisión han abierto una pequeña tienda donde los turistas pueden regatear con este especial grupo de artesanos.

Lugares • Copán

Copán es una zona arqueológica muy importante de Honduras. Fue construida por los mayas y se calcula que en el año 400 d.C. albergaba a° una ciudad con más de 150 edificios y una gran cantidad de plazas, patios, templos y canchas° para el juego de pelota°. Las ruinas más famosas del lugar son los edificios adornados con esculturas pintadas a mano, los cetros° ceremoniales de piedra y el templo Rosalila.

Economía • Las plantaciones de bananas

Desde hace más de cien años, las bananas son la exportación principal de Honduras y han tenido un papel fundamental en su historia. En 1889, la Standard Fruit Company empezó a exportar bananas del país centroamericano hacia Nueva Orleans. Esta fruta resultó tan popular en los Estados Unidos que generó grandes beneficios° para esta compañía y para la United Fruit Company, otra empresa norteamericana. Estas trasnacionales intervinieron muchas veces en la política hondureña gracias al enorme poder° económico que alcanzaron° en la nación.

San Antonio de Oriente, 1957,
José Antonio Velásquez

Artes • José Antonio Velásquez (1906–1983)

José Antonio Velásquez fue un famoso pintor hondureño. Es catalogado como primitivista° porque sus obras° representan aspectos de la vida cotidiana. En la pintura° de Velásquez es notorio el énfasis en los detalles°, la falta casi total de los juegos de perspectiva y la pureza en el uso del color. Por todo ello, el artista ha sido comparado con importantes pintores europeos del mismo género° como Paul Gauguin o Emil Nolde.

¿Qué aprendiste? Responde a cada pregunta con una oración completa.

1. ¿Qué es el lempira?

2. ¿Por qué es famoso Copán?

3. ¿Dónde está el templo Rosalila?

4. ¿Cuál es la exportación principal de Honduras?

5. ¿Qué es la Standard Fruit Company?

6. ¿Cómo es el estilo de José Antonio Velásquez?

Conexión Internet Investiga estos temas en **panorama.vhlcentral.com**.

1. ¿Cuáles son algunas de las exportaciones principales de Honduras, además de las bananas? ¿A qué países exporta Honduras sus productos?

2. Busca información sobre Copán u otro sitio arqueológico en Honduras. En tu opinión, ¿cuáles son los aspectos más interesantes del sitio?

albergaba a *was home for*   canchas *courts*   juego de pelota *pre-Columbian ceremonial ball game*   cetros *scepters*   beneficios *profits*   poder *power*   alcanzaron *reached*   primitivista *primitivist*   obras *works*   pintura *painting*   detalles *details*   género *genre*

La naturaleza

el árbol	tree
el bosque (tropical)	(tropical; rain) forest
el cielo	sky
el cráter	crater
el desierto	desert
la estrella	star
la flor	flower
la hierba	grass
el lago	lake
la luna	moon
la naturaleza	nature
la nube	cloud
la piedra	stone
la planta	plant
el río	river
la selva, la jungla	jungle
el sendero	trail; trailhead
el sol	sun
la tierra	land; soil
el valle	valley
el volcán	volcano

Los animales

el animal	animal
el ave, el pájaro	bird
el gato	cat
el perro	dog
el pez	fish
la vaca	cow

El medio ambiente

la conservación	conservation
la contaminación (del aire; del agua)	(air; water) pollution
la deforestación	deforestation
la ecología	ecology
el ecoturismo	ecotourism
la energía (nuclear, solar)	(nuclear, solar) energy
el envase	container
la extinción	extinction
el gobierno	government
la lata	(tin) can
la ley	law
la lluvia (ácida)	(acid) rain
el medio ambiente	environment
el peligro	danger
la población	population
el reciclaje	recycling
el recurso natural	natural resource
la solución	solution
cazar	to hunt
conservar	to conserve
contaminar	to pollute
controlar	to control
cuidar	to take care of
dejar de (+ *inf.*)	to stop (doing something)
desarrollar	to develop
descubrir	to discover
destruir	to destroy
estar afectado/a (por)	to be affected (by)
estar contaminado/a	to be polluted
evitar	to avoid
mejorar	to improve
proteger	to protect
reciclar	to recycle
recoger	to pick up
reducir	to reduce
resolver (o:ue)	to resolve; to solve
respirar	to breathe
de aluminio	(made) of aluminum
de plástico	(made) of plastic
de vidrio	(made) of glass
puro/a	pure

Las emociones

alegrarse (de)	to be happy
esperar	to hope; to wish
sentir (e:ie)	to be sorry; to regret
temer	to fear
es extraño	it's strange
es una lástima	it's a shame
es ridículo	it's ridiculous
es terrible	it's terrible
es triste	it's sad
ojalá (que)	I hope (that); I wish (that)

Las dudas y certezas

(no) creer	(not) to believe
(no) dudar	(not) to doubt
(no) negar (e:ie)	(not) to deny
es imposible	it's impossible
es improbable	it's improbable
es obvio	it's obvious
No cabe duda de	There is no doubt that…
No hay duda de	There is no doubt that…
(no) es cierto	it's (not) certain
(no) es posible	it's (not) possible
(no) es probable	it's (not) probable
(no) es seguro	it's (not) certain
(no) es verdad	it's (not) true

Conjunciones

a menos que	unless
antes (de) que	before
con tal (de) que	provided (that)
cuando	when
después de que	after
en caso (de) que	in case (that)
en cuanto	as soon as
hasta que	until
para que	so that
sin que	without
tan pronto como	as soon as

Expresiones útiles	See page 421.
Past participles used as adjectives	See page 438.

En la ciudad

Communicative Goals

You will learn how to:

- Give advice to others
- Give and receive directions
- Discuss daily errands and city life

A PRIMERA VISTA

- ¿Viven estas personas en un bosque, un pueblo o una ciudad?
- ¿Dónde están, en una calle o en un sendero?
- ¿Es posible que estén afectadas por la contaminación?
- ¿Está limpio o sucio el lugar donde están?

En la ciudad

Más vocabulario

la frutería	*fruit store*
la heladería	*ice cream shop*
la pastelería	*pastry shop*
la pescadería	*fish market*
la cuadra	*(city) block*
la dirección	*address*
la esquina	*corner*
el estacionamiento	*parking lot*
derecho	*straight (ahead)*
enfrente de	*opposite; facing*
hacia	*toward*
cruzar	*to cross*
doblar	*to turn*
hacer diligencias	*to run errands*
quedar	*to be located*
el cheque (de viajero)	*(traveler's) check*
la cuenta corriente	*checking account*
la cuenta de ahorros	*savings account*
ahorrar	*to save (money)*
cobrar	*to cash (a check)*
depositar	*to deposit*
firmar	*to sign*
llenar (un formulario)	*to fill out (a form)*
pagar a plazos	*to pay in installments*
pagar al contado, en efectivo	*to pay in cash*
pedir prestado/a	*to borrow*
pedir un préstamo	*to apply for a loan*
ser gratis	*to be free of charge*

Variación léxica

cuadra ⟷ manzana (*Esp.*)

direcciones ⟷ indicaciones (*Esp.*)

doblar ⟷ girar; virar; voltear

hacer diligencias ⟷ hacer mandados

recursos

WB pp. 169–170

LM p. 79

SUPERSITE panorama.vhlcentral.com Lección 14

la peluquería, el salón de belleza

el banco

el supermercado

la panadería

la joyería

el cajero automático

Da direcciones. (dar)

Está perdida. (estar)

Práctica

el letrero

la carnicería

la zapatería

la lavandería

1 **Escuchar** 🎧 Mira el dibujo. Luego escucha las oraciones e indica si lo que dice cada una es **cierto** o **falso**.

	Cierto	Falso			Cierto	Falso
1.	○	○		6.	○	○
2.	○	○		7.	○	○
3.	○	○		8.	○	○
4.	○	○		9.	○	○
5.	○	○		10.	○	○

2 **¿Quién la hizo?** 🎧 Escucha la conversación entre Telma y Armando. Escribe el nombre de la persona que hizo cada diligencia o una **X** si nadie la hizo. Una diligencia la hicieron los dos.

1. abrir una cuenta corriente
2. abrir una cuenta de ahorros
3. ir al banco
4. ir a la panadería
5. ir a la peluquería
6. ir al supermercado

3 **Seleccionar** Selecciona los lugares de la lista en los que haces estas diligencias.

banco	joyería	pescadería
carnicería	lavandería	salón de belleza
frutería	pastelería	zapatería

1. comprar galletas
2. comprar manzanas
3. lavar la ropa
4. comprar mariscos
5. comprar pollo
6. comprar sandalias

4 **Completar** Completa las oraciones con las palabras más adecuadas.

1. El banco me regaló un reloj. Fue _____.
2. Me gusta _____ dinero, pero no me molesta gastarlo.
3. La cajera me dijo que tenía que _____ el cheque en el dorso (*on the back*) para cobrarlo.
4. Para pagar con un cheque, necesito tener dinero en mi _____.
5. Mi madre va a un _____ para obtener dinero en efectivo cuando el banco está cerrado.
6. Cada viernes, Julio lleva su cheque al banco y lo _____ para tener dinero en efectivo.
7. Ana _____ su cheque en su cuenta de ahorros.
8. Cuando viajas, es buena idea llevar cheques _____.

SUPERSITE

Manda/Envía un paquete.
(mandar, enviar)

la estampilla,
el sello

Hacen cola.
(hacer)

Echa una carta al
buzón. (echar)

el sobre

el cartero

el correo

SELLOS

SUPERSITE

En el correo

5   **Conversación** Completa la conversación entre Juanita y el cartero con las palabras más adecuadas.

CARTERO Buenas tardes, ¿es usted la señorita Ramírez? Le traigo un (1) _____.

JUANITA Sí, soy yo. ¿Quién lo envía?

CARTERO La señora Ramírez. Y también tiene dos (2) _____.

JUANITA Ay, pero ¡ninguna es de mi novio! ¿No llegó nada de Manuel Fuentes?

CARTERO Sí, pero él echó la carta al (3) _____ sin poner un (4) _____ en el sobre.

JUANITA Entonces, ¿qué recomienda usted que haga?

CARTERO Sugiero que vaya al (5) _____. Con tal de que pague el costo del sello, se le puede dar la carta sin ningún problema.

JUANITA Uy, otra diligencia, y no tengo mucho tiempo esta tarde para (6) _____ cola en el correo, pero voy enseguida. ¡Ojalá que sea una carta de amor!

6   **En el banco** Tú eres un(a) empleado/a de banco y tu compañero/a es un(a) estudiante universitario/a que necesita abrir una cuenta corriente. En parejas, hagan una lista de las palabras que pueden necesitar para la conversación. Después lean estas situaciones y modifiquen su lista original según la situación.

- una pareja de recién casados quiere pedir un préstamo para comprar una casa
- una persona quiere información de los servicios que ofrece el banco
- un(a) estudiante va a estudiar al extranjero (*abroad*) y quiere saber qué tiene que hacer para llevar su dinero de una forma segura
- una persona acaba de ganar 50 millones de dólares en la lotería y quiere saber cómo invertirlos (*invest it*)

Ahora, escojan una de las cuatro situaciones y represéntenla para la clase.

Comunicación

7

Diligencias En parejas, decidan quién va a hacer cada diligencia y cuál es la manera más rápida
de llegar a los diferentes lugares desde el campus.

modelo

cobrar unos cheques
Estudiante 1: *Yo voy a cobrar unos cheques. ¿Cómo llego al banco?*
Estudiante 2: *Conduce hacia el norte hasta cruzar la calle Oak.
El banco queda en la esquina a la izquierda.*

1. enviar un paquete
2. comprar botas nuevas
3. comprar un pastel de cumpleaños
4. lavar unas camisas
5. comprar helado
6. cortarte (*to cut*) el pelo

8

El Hatillo Trabajen en parejas para representar los papeles de un(a) turista que está
perdido/a en El Hatillo y de un(a) residente de la ciudad que quiere ayudarlo/la.

Plaza Bolívar
Plaza Sucre
banco
Casa de la Cultura
farmacia
iglesia
terminal
escuela
E estacionamiento
joyería
zapatería
café Primavera

modelo

Plaza Sucre, café Primavera
Estudiante 1: *Perdón, ¿por dónde queda la Plaza Sucre?*
Estudiante 2: *Del café Primavera, camine derecho por la calle Sucre
hasta cruzar la calle Comercio...*

1. Plaza Bolívar, farmacia
2. Casa de la Cultura, Plaza Sucre
3. banco, terminal
4. estacionamiento (este), escuela
5. Plaza Sucre, estacionamiento (oeste)
6. joyería, banco
7. farmacia, joyería
8. zapatería, iglesia

9

Direcciones En grupos, escriban un minidrama en el que unos/as turistas están
preguntando cómo llegar a diferentes sitios de la comunidad en la que ustedes viven.

Estamos perdidos.

Maite y Álex hacen diligencias en el centro.

MARTÍN Y DON FRANCISCO Buenas tardes.

JAVIER Hola. ¿Qué tal? Estamos conversando sobre la excursión de mañana.

DON FRANCISCO ¿Ya tienen todo lo que necesitan? A todos los excursionistas yo siempre les recomiendo llevar zapatos cómodos, una mochila, gafas oscuras y un suéter por si hace frío.

JAVIER Todo listo, don Francisco.

MARTÍN Les aconsejo que traigan algo de comer.

ÁLEX Mmm... no pensamos en eso.

MAITE ¡Deja de preocuparte tanto, Álex! Podemos comprar algo en el supermercado ahora mismo. ¿Vamos?

JOVEN ¡Hola! ¿Puedo ayudarte en algo?

MAITE Sí, estamos perdidos. ¿Hay un banco por aquí con cajero automático?

JOVEN Mmm... no hay ningún banco en esta calle que tenga cajero automático.

JOVEN Pero conozco uno en la calle Pedro Moncayo que sí tiene cajero automático. Cruzas esta calle y luego doblas a la izquierda. Sigues todo derecho y antes de que lleguen a la Joyería Crespo van a ver un letrero grande del Banco del Pacífico.

MAITE También buscamos un supermercado.

JOVEN Pues, allí mismo enfrente del banco hay un supermercado pequeño. Fácil, ¿no?

MAITE Creo que sí. Muchas gracias por su ayuda.

recursos

VM pp. 221–222

panorama.vhlcentral.com Lección 14

ÁLEX ¡Excelente idea! En cuanto termine mi café te acompaño.

MAITE Necesito pasar por el banco y por el correo para mandar unas cartas.

ÁLEX Está bien.

ÁLEX ¿Necesitan algo del centro?

INÉS ¡Sí! Cuando vayan al correo, ¿pueden echar estas postales al buzón? Además necesito unas estampillas.

ÁLEX Por supuesto.

MAITE Ten, guapa, tus sellos.

INÉS Gracias, Maite. ¿Qué tal les fue en el centro?

MAITE ¡Súper bien! Fuimos al banco y al correo. Luego en el supermercado compramos comida para la excursión. Y antes de regresar, paramos en una heladería.

MAITE ¡Ah! Y otra cosa. Cuando llegamos al centro conocimos a un joven muy simpático que nos dio direcciones. Era muy amable... ¡y muy guapo!

Expresiones útiles

Giving advice

- **Les recomiendo/Hay que llevar zapatos cómodos.**
  I recommend that you/It's necessary to wear comfortable shoes.
- **Les aconsejo que traigan algo de comer.**
  I advise you to bring something to eat.

Talking about errands

- **Necesito pasar por el banco.**
  I need to go by the bank.
  En cuanto termine mi café te acompaño.
  As soon as I finish my coffee, I'll go with you.

Getting directions

- **Estamos perdidos.**
  We're lost.

- **¿Hay un banco por aquí con cajero automático?**
  Is there a bank around here with an ATM?
  Crucen esta calle y luego doblen a la izquierda/derecha.
  Cross this street and then turn to the left/right.
  Sigan todo derecho.
  Go straight ahead.
  Antes de que lleguen a la joyería van a ver un letrero grande.
  Before you get to the jewelry store, you're going to see a big sign.

- **¿Por dónde queda el supermercado?**
  Where is the supermarket?
  Está a dos cuadras de aquí.
  It's two blocks from here.
  Queda en la calle Flores.
  It's on Flores Street.
  Pues, allí mismo enfrente del banco hay un supermercado.
  Well, right in front of the bank there is a supermarket.

¿Qué pasó?

1

¿Cierto o falso? Decide si lo que dicen estas oraciones es **cierto** o **falso**. Corrige las oraciones falsas.

	Cierto	Falso
1. Don Francisco insiste en que los chicos lleven una cámara.	○	○
2. Inés escribió unas postales y ahora necesita mandarlas por correo.	○	○
3. El joven dice que el Banco del Atlántico tiene un cajero automático.	○	○
4. Enfrente del banco hay una heladería.	○	○

◀ **CONSULTA**

To review the use of verbs like **insistir**, see **Estructura 12.4**, p. 398.

2

Ordenar Pon los eventos de la **Fotonovela** en el orden correcto.

a. Un joven ayuda a Álex y a Maite a encontrar el banco porque están perdidos. _____

b. Álex y Maite comen un helado. _____

c. Inés les da unas postales a Maite y a Álex para echar al buzón. _____

d. Maite y Álex van al banco y al correo. _____

e. Álex termina su café. _____

f. Maite y Álex van al supermercado y compran comida. _____

3

Otras diligencias En parejas, hagan una lista de las diligencias que Maite, Álex, Inés y Javier necesitan hacer para completar estas actividades.

1. ir de excursión
2. pedir una beca (*scholarship*)
3. visitar una nueva ciudad
4. abrir una cuenta corriente
5. celebrar el cumpleaños de Maite
6. comprar una nueva computadora portátil

JAVIER

ÁLEX

MAITE

INÉS

4

Conversación Un(a) compañero/a y tú son vecinos/as. Uno/a de ustedes acaba de mudarse y necesita ayuda porque no conoce la ciudad. Los/Las dos tienen que hacer algunas diligencias y deciden hacerlas juntos/as. Preparen una conversación breve incluyendo planes para ir a estos lugares.

> **modelo**
>
> **Estudiante 1:** Necesito lavar mi ropa. ¿Sabes dónde queda una lavandería?
> **Estudiante 2:** Sí. Aquí a dos cuadras hay una. También tengo que lavar mi ropa. ¿Qué te parece si vamos juntos?

▶ un banco

▶ una lavandería

▶ un supermercado

▶ una heladería

▶ una panadería

◀ **AYUDA**

primero *first*
luego *then*
¿Sabes dónde queda…?
Do you know where…is?
¿Qué te parece?
What do you think?
¡Cómo no!
But of course!

Ortografía

Las abreviaturas

In Spanish, as in English, abbreviations are often used in order to save space and time while writing. Here are some of the most commonly used abbreviations in Spanish.

usted ⟶ Ud.   ustedes ⟶ Uds.

As you have already learned, the subject pronouns **usted** and **ustedes** are often abbreviated.

don ⟶ D.   doña ⟶ Dña.   doctor(a) ⟶ Dr(a).
señor ⟶ Sr.   señora ⟶ Sra.   señorita ⟶ Srta.

These titles are frequently abbreviated.

centímetro ⟶ cm   metro ⟶ m   kilómetro ⟶ km
litro ⟶ l   gramo ⟶ g, gr   kilogramo ⟶ kg

The abbreviations for these units of measurement are often used, but without periods.

por ejemplo ⟶ p. ej.   página(s) ⟶ pág(s).

These abbreviations are often seen in books.

derecha ⟶ dcha.   izquierda ⟶ izq., izqda.
código postal ⟶ C.P.   número ⟶ n.°

These abbreviations are often used in mailing addresses.

Banco ⟶ Bco.   Compañía ⟶ Cía.
cuenta corriente ⟶ c/c. Sociedad Anónima (*Inc.*) ⟶ S.A.

These abbreviations are frequently used in the business world.

Práctica Escribe otra vez esta información usando las abreviaturas adecuadas.

1. doña María
2. señora Pérez
3. Compañía Mexicana de Inversiones
4. usted
5. Banco de Santander
6. doctor Medina
7. Código Postal 03697
8. cuenta corriente número 20-453

Emparejar En la tabla hay nueve abreviaturas. Empareja los cuadros necesarios para formarlas.

S.	c.	C.	c	co.	U
B	c/	Sr	A.	D	dc
ta.	P.	ña.	ha.	m	d.

recursos
LM p. 80
panorama.vhlcentral.com Lección 14

Paseando en metro

Hoy es el primer día de Teresa en la Ciudad de México. Debe tomar el metro para ir del centro de la ciudad a Coyoacán, en el sur. Llega a la estación Zócalo y compra un pasaje por el equivalente a dieciocho centavos° de dólar, ¡qué ganga! Con este pasaje puede ir a cualquier° parte de la ciudad o del área metropolitana.

No sólo en México, sino también en ciudades de Venezuela, Chile, Argentina y España, hay sistemas de transporte público eficientes y muy económicos. También suele haber° varios tipos de transporte: autobús, metro, tranvía°, microbús y tren. Generalmente se pueden comprar abonos° de uno o varios días para un determinado tipo de transporte.

Metro de Barcelona

En algunas ciudades también existen abonos de transporte combinados que permiten usar, por ejemplo, el metro y el autobús o el autobús y el tren. En estas ciudades, los metros, autobuses y trenes pasan con mucha frecuencia. Las paradas° y estaciones están bien señalizadas°.

Vaya°, Teresa ya está llegando a Coyoacán. Con lo que ahorró en el pasaje del metro, puede comprarse un helado de mango y unos esquites° en el jardín Centenario.

centavos *cents* cualquier *any* suele haber *there usually are* tranvía *streetcar* abonos *passes* paradas *stops* señalizadas *labeled* Vaya *Well* esquites *toasted corn kernels*

El metro

El primer metro de Suramérica que se abrió al público fue el de Buenos Aires, Argentina (1° de diciembre de 1913); el último, el de Valparaíso, Chile (23 de noviembre de 2005).

Ciudad	Pasajeros/Día (aprox.)
México D.F., México	4.406.300
Madrid, España	2.400.000
Buenos Aires, Argentina	1.500.000
Santiago, Chile	1.500.000
Caracas, Venezuela	1.400.000
Medellín, Colombia	350.000
Guadalajara, México	161.910

1 **¿Cierto o falso?** Indica si lo que dice cada oración es **cierto** o **falso**. Corrige la información falsa.

1. En la Ciudad de México, el pasaje de metro cuesta 18 dólares.

2. En México, un pasaje se puede usar sólo para ir al centro de la ciudad.

3. Los trenes, autobuses y metros pasan con mucha frecuencia.

4. En Venezuela, Chile, Argentina y España hay varios tipos de transporte.

5. En ningún caso los abonos de transporte sirven para más de un tipo de transporte.

6. Hay pocos letreros en las paradas y estaciones.

7. Los dos metros en los que viaja más gente cada día están en México y España.

8. El metro que lleva menos tiempo en servicio es el de Medellín, Colombia.

ASÍ SE DICE

En la ciudad

el aparcamiento (Esp.); el parqueadero (Col., Pan.); el parqueo (Bol., Cuba, Amer. C.)	el estacionamiento
dar un aventón (Méx.); dar botella (Cuba); dar un chance (Col.)	to give (someone) a ride
el subterráneo, el subte (Arg.)	el metro

EL MUNDO HISPANO

Apodos° de ciudades

Así como Nueva York es la Gran Manzana, muchas ciudades hispanas tienen un apodo.

○ **La tacita de plata°** A Cádiz, España, se le llama así por sus edificios blancos de estilo árabe.

○ **Ciudad de la eterna primavera** Arica, Chile; Cuernavaca, México, y Medellín, Colombia, llevan este sobrenombre por su clima templado° durante todo el año.

○ **La docta°** Así se conoce a la ciudad argentina de Córdoba por su gran tradición universitaria.

○ **La ciudad de los reyes** Así se conoce Lima, Perú, porque fue la capital del Virreinato° del Perú y allí vivían los virreyes°.

○ **Curramba la Bella** A Barranquilla, Colombia, se le llama así por su gente alegre y espíritu carnavalesco.

Apodos *Nicknames* plata *silver* templado *mild* docta *erudite* Virreinato *Viceroyalty* virreyes *viceroys*

PERFIL

Luis Barragán: arquitectura y emoción

Para el arquitecto mexicano **Luis Barragán** (1902–1988) los sentimientos° y emociones que despiertan sus diseños eran muy importantes. Afirmaba° que la arquitectura tiene una dimensión espiritual. Para él, era belleza, inspiración, magia°, serenidad, misterio, silencio, privacidad, asombro°...

Las obras de Barragán muestran un suave° equilibrio entre la naturaleza y la creación humana. Su estilo también combina características de la arquitectura tradicional mexicana con conceptos modernos. Una

característica de sus casas son las paredes envolventes° de diferentes colores con muy pocas ventanas.

En 1980, Barragán obtuvo° el Premio Pritzker, algo así como el Premio Nobel de Arquitectura. Está claro que este artista logró° que sus casas transmitieran sentimientos especiales.

Casa Barragán, Ciudad de México, 1947-1948

sentimientos *feelings* Afirmaba *He stated* magia *magic* asombro *amazement* suave *smooth* envolventes *enveloping* obtuvo *received* logró *managed*

Conexión Internet

¿Qué otros arquitectos combinan las construcciones con la naturaleza?

Go to **panorama.vhlcentral.com** to find more cultural information related to this **Cultura** section.

ACTIVIDADES

2 **Comprensión** Responde a las preguntas.

1. ¿En qué país estás si te dicen "Dame un chance al parqueadero"?
2. ¿Qué ciudades tienen clima templado todo el año?
3. ¿Qué es más importante en los diseños de Barragán: la naturaleza o la creación humana?
4. ¿Qué premio obtuvo Barragán y cuándo?

3 **¿Qué ciudad te gusta?** Escribe un párrafo breve sobre el sentimiento que despiertan las construcciones que hay en una ciudad o un pueblo que te guste mucho. Explica cómo es el lugar y cómo te sientes cuando estás allí. Inventa un apodo para este lugar.

recursos

panorama.vhlcentral.com
Lección 14

14.1 The subjunctive in adjective clauses SUPERSITE

ANTE TODO In **Lección 13**, you learned that the subjunctive is used in adverbial clauses after certain conjunctions. You will now learn how the subjunctive can be used in adjective clauses to express that the existence of someone or something is uncertain or indefinite.

¿Hay un banco por aquí que tenga cajero automático?

No hay ningún banco en esta calle que tenga cajero automático.

▶ The subjunctive is used in an adjective (or subordinate) clause that refers to a person, place, thing, or idea that either does not exist or whose existence is uncertain or indefinite. In the examples below, compare the differences in meaning between the statements using the indicative and those using the subjunctive.

¡ATENCIÓN!

Adjective clauses are subordinate clauses that modify a noun or pronoun in the main clause of a sentence. That noun or pronoun is called the *antecedent*.

Indicative	Subjunctive
Necesito **el libro** que **tiene** información sobre Venezuela. *I need **the book** that has information about Venezuela.*	Necesito **un libro** que **tenga** información sobre Venezuela. *I need **a book** that has information about Venezuela.*
Quiero vivir en **esta casa** que **tiene** jardín. *I want to live in **this house** that has a garden.*	Quiero vivir en **una casa** que **tenga** jardín. *I want to live in **a house** that has a garden.*
En mi barrio, hay **una heladería** que **vende** helado de mango. *In my neighborhood, **there's an ice cream store** that sells mango ice cream.*	En mi barrio no hay **ninguna heladería** que **venda** helado de mango. *In my neighborhood, **there are no ice cream stores** that sell mango ice cream.*

▶ When the adjective clause refers to a person, place, thing, or idea that is clearly known, certain, or definite, the indicative is used.

Quiero ir **al supermercado** que **vende** productos venezolanos.
I want to go to the supermarket that sells Venezuelan products.

Busco **al profesor** que **enseña** japonés.
I'm looking for the professor who teaches Japanese.

Conozco **a alguien** que **va** a esa peluquería.
I know someone who goes to that beauty salon.

Tengo **un amigo** que **vive** cerca de mi casa.
I have a friend who lives near my house.

▶ The personal **a** is not used with direct objects that are hypothetical people. However, as you learned in **Lección 7**, **alguien** and **nadie** are always preceded by the personal **a** when they function as direct objects.

Necesitamos **un empleado** que **sepa** usar computadoras.
We need an employee who knows how to use computers.

Necesitamos **al empleado** que **sabe** usar computadoras.
We need the employee who knows how to use computers.

Buscamos **a alguien** que **pueda** cocinar.
We're looking for someone who can cook.

No conocemos **a nadie** que **pueda** cocinar.
We don't know anyone who can cook.

▶ The subjunctive is commonly used in questions with adjective clauses when the speaker is trying to find out information about which he or she is uncertain. However, if the person who responds to the question knows the information, the indicative is used.

—¿Hay un parque que **esté** cerca de nuestro hotel?
Is there a park that's near our hotel?

—Sí, hay un parque que **está** muy cerca del hotel.
Yes, there's a park that's very near the hotel.

▶ **¡Atención!** Here are some verbs which are commonly followed by adjective clauses in the subjunctive:

Words commonly used with subjunctive

buscar	haber
conocer	necesitar
encontrar	querer

SECCIÓN AMARILLA
Busque cualquier información que necesite

recursos

WB
pp. 171–172

LM
p. 81

SUPERSITE
panorama.
vhlcentral.com
Lección 14

¡INTÉNTALO! Escoge entre el subjuntivo y el indicativo para completar cada oración.

1. Necesito una persona que ___pueda___ (puede/pueda) cantar bien.
2. Buscamos a alguien que _____ (tiene/tenga) paciencia.
3. ¿Hay restaurantes aquí que _____ (sirven/sirvan) comida japonesa?
4. Tengo una amiga que _____ (saca/saque) fotografías muy bonitas.
5. Hay una carnicería que _____ (está/esté) cerca de aquí.
6. No vemos ningún apartamento que nos _____ (interesa/interese).
7. Conozco a un estudiante que _____ (come/coma) hamburguesas todos los días.
8. ¿Hay alguien que _____ (dice/diga) la verdad?

Práctica

1

Completar Completa estas oraciones con la forma correcta del indicativo o del subjuntivo de los verbos entre paréntesis.

1. Buscamos un hotel que _____ (tener) piscina.
2. ¿Sabe usted dónde _____ (quedar) el Correo Central?
3. ¿Hay algún buzón por aquí donde yo _____ (poder) echar una carta?
4. Ana quiere ir a la carnicería que _____ (estar) en la avenida Lecuna.
5. Encontramos un restaurante que _____ (servir) comida venezolana típica.
6. ¿Conoces a alguien que _____ (saber) mandar un *fax* por computadora?
7. Necesitas al empleado que _____ (entender) este nuevo programa de computación.
8. No hay nada en este mundo que _____ (ser) gratis.

2

Oraciones Marta está haciendo diligencias en Caracas con una amiga. Forma oraciones con estos elementos, usando el presente del indicativo o del subjuntivo. Haz los cambios que sean necesarios.

1. yo / conocer / un / panadería / que / vender / pan / cubano
2. ¿hay / alguien / que / saber / dirección / de / un / buen / carnicería?
3. yo / querer / comprarle / mi / hija / un / zapatos / que / gustar
4. ella / no / encontrar / nada / que / gustar / en / ese / zapatería
5. ¿tener / dependientas / algo / que / ser / más / barato?
6. ¿conocer / tú / alguno / banco / que / ofrecer / cuentas / corrientes / gratis?
7. nosotras / no / conocer / nadie / que / hacer / tanto / diligencias / como / nosotras
8. nosotras / necesitar / un / línea / de / metro / que / nos / llevar / a / casa

3

Anuncios clasificados En parejas, lean estos anuncios y luego describan el tipo de persona u objeto que se busca.

CLASIFICADOS

VENDEDOR(A) Se necesita persona dinámica y responsable con buena presencia. Experiencia mínima de un año. Horario de trabajo flexible. Llamar a Joyería Aurora de 10 a 13h y de 16 a 18h. Tel: 263-7553

PELUQUERÍA UNISEX Se busca persona con experiencia en peluquería y maquillaje para trabajar tiempo completo. Llamar de 9 a 13:30h. Tel: 261-3548

COMPARTIR APARTAMENTO Se necesita compañera para compartir apartamento de 2 alcobas en el Chaco. Alquiler $500 por mes. No fumar. Llamar al 951-3642 entre 19 y 22h.

CLASES DE INGLÉS Profesor de Inglaterra con diez años de experiencia ofrece clases para grupos o instrucción privada para individuos. Llamar al 933-4110 de 16:30 a 18:30.

SE BUSCA CONDOMINIO Se busca condominio en Sabana Grande con 3 alcobas, 2 baños, sala, comedor y aire acondicionado. Tel: 977-2018.

EJECUTIVO DE CUENTAS Se requiere joven profesional con al menos dos años de experiencia en el sector financiero. Se ofrecen beneficios excelentes. Enviar currículum vitae al Banco Unión, Avda. Urdaneta 263, Caracas.

Comunicación

4

Subjuntivo Completa estas frases de una manera lógica. Luego, compara tus respuestas con las de un(a) compañero/a.

1. Deseo un trabajo (*job*) que…
2. Algún día espero tener un apartamento (una casa) que…
3. Mis padres buscan un carro que…, pero yo quiero un carro que…
4. Tengo un(a) novio/a que…
5. Un(a) consejero/a (*advisor*) debe ser una persona que…
6. Me gustaría (*I would like*) conocer a alguien que…
7. En esta clase no hay nadie que…
8. No tengo ningún profesor que…

5

Encuesta Tu profesor(a) va a darte una hoja de actividades. Circula por la clase y pregúntales a tus compañeros/as si conocen a alguien que haga cada actividad de la lista. Si responden que sí, pregúntales quién es y anota sus respuestas. Luego informa a la clase de los resultados de tu encuesta.

> **modelo**
>
> trabajar en un supermercado
> **Estudiante 1:** ¿Conoces a alguien que trabaje en un supermercado?
> **Estudiante 2:** Sí, conozco a alguien que trabaja en un supermercado.
> Es mi hermano menor.

Actividades	Nombres	Respuestas
1. dar direcciones buenas		
2. hablar japonés		
3. graduarse este año		
4. necesitar un préstamo		
5. pedir prestado un carro		
6. odiar ir de compras		
7. ser venezolano/a		
8. manejar una motocicleta		
9. trabajar en una zapatería		
10. no tener tarjeta de crédito		

Síntesis

6

Busca los cuatro Tu profesor(a) te va a dar una hoja con ocho anuncios clasificados y a tu compañero/a otra hoja con ocho anuncios distintos a los tuyos. Háganse preguntas para encontrar los cuatro anuncios de cada hoja que tienen su respuesta en la otra.

> **modelo**
>
> **Estudiante 1:** ¿Hay alguien que necesite una alfombra?
> **Estudiante 2:** No, no hay nadie que necesite una alfombra.

14.2 Nosotros/as commands

ANTE TODO You have already learned familiar (**tú**) commands and formal (**usted/ ustedes**) commands. You will now learn **nosotros/as** commands, which are used to give orders or suggestions that include yourself and other people.

▶ **Nosotros/as** commands correspond to the English *Let's*.

Nosotros/as commands

Infinitive	Nosotros/as form of present subjunctive	Nosotros/as command
cruzar	crucemos	(no) crucemos
comer	comamos	(no) comamos
escribir	escribamos	(no) escribamos
pedir	pidamos	(no) pidamos
salir	salgamos	(no) salgamos
volver	volvamos	(no) volvamos

▶ As the chart shows, both affirmative and negative **nosotros/as** commands are generally formed by using the first-person plural form of the present subjunctive.

     Crucemos la calle.   **No crucemos** la calle.
     Let's cross the street.   *Let's not cross the street.*

▶ The affirmative *Let's* + [*verb*] command may also be expressed with **vamos a** + [*infinitive*]. Remember, however, that **vamos a** + [*infinitive*] can also mean *we are going to (do something)*. Context and tone of voice determine which meaning is being expressed.

     Vamos a cruzar la calle.   **Vamos a trabajar** mucho.
     Let's cross the street.   *We're going to work a lot.*

▶ To express *Let's go*, the present indicative form of **ir** (**vamos**) is used, not the subjunctive. For the negative command, however, the subjunctive is used.

     Vamos a la pescadería.   No **vayamos** a la pescadería.
     Let's go to the fishmarket.   *Let's not go to the fish market.*

CONSULTA

Remember that stem-changing –**ir** verbs have an additional stem change in the **nosotros/as** and **vosotros/as** forms of the present subjunctive. To review these forms, see **Estructura 12.3**, p. 395.

¿Quieres ir al supermercado?

¡Excelente idea! ¡Vamos!

▶ Object pronouns are always attached to affirmative **nosotros/as** commands. A written accent is added to maintain the original stress.

Firmemos el cheque. ⟶ **Firmémoslo.**
Let's sign the check.   *Let's sign it.*

Escribamos a Ana y Raúl. ⟶ **Escribámosles.**
Let's write Ana and Raúl.   *Let's write them.*

▶ Object pronouns are placed in front of negative **nosotros/as** commands.

No **les paguemos** el préstamo.   No **se lo digamos** a ellos.
Let's not pay them the loan.   *Let's not tell them.*

No **lo compremos.**   No **se la presentemos.**
Let's not buy it.   *Let's not introduce her.*

▶ When **nos** or **se** is attached to an affirmative **nosotros/as** command, the final **–s** is dropped from the verb ending.

Sentémonos allí.   **Démoselo** a ella.
Let's sit there.   *Let's give it to her.*

▶ The **nosotros/as** command form of **irse** (*to go away*) is **vámonos**. Its negative form is **no nos vayamos**.

¡**Vámonos** de vacaciones!   **No nos vayamos** de aquí.
Let's go away on vacation!   *Let's not go away from here.*

BANCOSUR. LLÁMANOS.

 ¡INTÉNTALO! Indica los mandatos afirmativos y negativos de la primera persona del plural (**nosotros/as**) de estos verbos.

1. estudiar *estudiemos, no estudiemos*
2. cenar _____
3. leer _____
4. decidir _____
5. decir _____
6. cerrar _____

7. levantarse _____
8. irse _____
9. depositar _____
10. quedarse _____
11. pedir _____
12. vestirse _____

Práctica

1 **Completar** Completa esta conversación con mandatos usando **nosotros/as.** Luego, representa la conversación con un(a) compañero/a.

MARÍA Sergio, ¿quieres hacer diligencias ahora o por la tarde?

SERGIO No (1)_____ (dejarlas) para más tarde. (2)_____ (Hacerlas) ahora. ¿Qué tenemos que hacer?

MARÍA Necesito comprar sellos.

SERGIO Yo también. (3)_____ (Ir) al correo.

MARÍA Pues, antes de ir al correo, necesito sacar dinero de mi cuenta corriente.

SERGIO Bueno, (4)_____ (buscar) un cajero automático.

MARÍA ¿Tienes hambre?

SERGIO Sí. (5)_____ (Cruzar) la calle y (6)_____ (entrar) en ese café.

MARÍA Buena idea.

SERGIO ¿Nos sentamos aquí?

MARÍA No, no (7)_____ (sentarse) aquí; (8)_____ (sentarse) enfrente de la ventana.

SERGIO ¿Qué pedimos?

MARÍA (9)_____ (Pedir) café y pan dulce.

2 **Responder** Responde a cada mandato usando **nosotros/as** según las indicaciones. Sustituye los sustantivos por los objetos directos e indirectos.

> **modelo**
> Vamos a vender el carro.
> Sí, vendámoslo.
> No, no los vendamos.

1. Vamos a levantarnos a las seis. (Sí)

2. Vamos a enviar los paquetes. (No)

3. Vamos a depositar el cheque. (Sí)

4. Vamos al supermercado. (No)

5. Vamos a mandar esta tarjeta postal a nuestros amigos. (No)

6. Vamos a limpiar la habitación. (Sí)

7. Vamos a mirar la televisión. (No)

8. Vamos a bailar. (Sí)

9. Vamos a pintar la sala. (No)

10. Vamos a comprar estampillas. (Sí)

Comunicación

3

Preguntar Tú y tu compañero/a están de vacaciones en Caracas y se hacen sugerencias para resolver las situaciones que se presentan. Inventen mandatos afirmativos o negativos de **nosotros/as**.

 modelo
> Se nos olvidaron las tarjetas de crédito.
> Paguemos en efectivo./No compremos más regalos.

A
1. El museo está a sólo una cuadra de aquí.
2. Tenemos hambre.
3. Hay mucha cola en el cine.

B
1. Tenemos muchos cheques de viajero.
2. Tenemos prisa para llegar al cine.
3. Estamos cansados y queremos dormir.

4

Decisiones Trabajen en grupos pequeños. Ustedes están en Caracas por dos días. Lean esta página de una guía turística sobre la ciudad y decidan qué van a hacer hoy por la mañana, por la tarde y por la noche. Hagan oraciones con mandatos afirmativos o negativos de **nosotros/as**.

 modelo
> Visitemos el Museo de Arte Contemporáneo Sofía Imber esta tarde. Quiero ver las esculturas de Jesús Rafael Soto.

GUÍA DE Caracas

MUSEOS
- **Museo de Arte Colonial** Avenida Panteón
- **Museo de Arte Contemporáneo Sofía Imber** Parque Central. Esculturas de Jesús Rafael Soto y pinturas de Miró, Chagall y Picasso.
- **Galería de Arte Nacional** Parque Central. Colección de más de 4000 obras de arte venezolano.

SITIOS DE INTERÉS
- **Plaza Bolívar**
- **Jardín Botánico** Avenida Interna UCV. De 8:00 a 5:00.
- **Parque del Este** Avenida Francisco de Miranda Parque más grande de la ciudad con terrario.
- **Casa Natal de Simón Bolívar** Esquina de Sociedad de la avenida Universitaria. Casa colonial donde nació El Libertador.

RESTAURANTES
- **El Barquero** Avenida Luis Roche
- **Restaurante El Coyuco** Avenida Urdaneta
- **Restaurante Sorrento** Avenida Francisco Solano
- **Café Tonino** Avenida Andrés Bello

Síntesis

5

Situación Tú y un(a) compañero/a viven juntos/as en un apartamento y tienen problemas económicos. Describan los problemas y sugieran algunas soluciones. Hagan oraciones con mandatos afirmativos o negativos de **nosotros/as**.

modelo
> Es importante que reduzcamos nuestros gastos (*expenses*).
> Hagamos un presupuesto (*budget*).

14.3 The future

ANTE TODO You have already learned ways of expressing the near future in Spanish. You will now learn how to form and use the future tense. Compare the different ways of expressing the future in Spanish and English.

Present indicative	Present subjunctive
Voy al cine mañana.	Ojalá **vaya al cine** mañana.
I'm going to the movies tomorrow.	*I hope I will go to the movies tomorrow.*

ir a + [*infinitive*]	Future
Voy a ir al cine.	**Iré** al cine.
I'm going to go to the movies.	*I will go to the movies.*

CONSULTA

To review **ir a** + [*infinitive*], see **Estructura 4.1**, p. 118.

Future tense

		estudiar	aprender	recibir
SINGULAR FORMS	yo	estudiar**é**	aprender**é**	recibir**é**
	tú	estudiar**ás**	aprender**ás**	recibir**ás**
	Ud./él/ella	estudiar**á**	aprender**á**	recibir**á**
PLURAL FORMS	nosotros/as	estudiar**emos**	aprender**emos**	recibir**emos**
	vosotros/as	estudiar**éis**	aprender**éis**	recibir**éis**
	Uds./ellos/ellas	estudiar**án**	aprender**án**	recibir**án**

▶ In Spanish, the future is a simple tense that consists of one word, whereas in English it is made up of the auxiliary verb *will* or *shall*, and the main verb. **¡Atención!** Note that all of the future endings have a written accent except the **nosotros/as** form.

¿Cuándo **recibirás** la carta?
When will you receive the letter?

Mañana **aprenderemos** más.
Tomorrow we will learn more.

▶ The future endings are the same for regular and irregular verbs. For regular verbs, simply add the endings to the infinitive. For irregular verbs, add the endings to the irregular stem.

Irregular verbs in the future

INFINITIVE	STEM	FUTURE FORMS
decir	dir-	dir**é**
hacer	har-	har**é**
poder	podr-	podr**é**
poner	pondr-	pondr**é**
querer	querr-	querr**é**
saber	sabr-	sabr**é**
salir	saldr-	saldr**é**
tener	tendr-	tendr**é**
venir	vendr-	vendr**é**

▶ The future of **hay** (*inf.* **haber**) is **habrá** (*there will be*).

La próxima semana **habrá** un nuevo director.
Next week there will be a new director.

Habrá más formularios en el correo.
There will be more forms at the post office.

▶ Although the English word *will* can refer to future time, it also refers to someone's willingness to do something. In this case, Spanish uses **querer** + [*infinitive*], not the future tense.

¿Quieres llamarme, por favor?
Will you please call me?

¿Quieren ustedes escucharnos, por favor?
Will you please listen to us?

COMPARE & CONTRAST

In Spanish, the future tense has an additional use: expressing conjecture or probability. English sentences involving expressions such as *I wonder, I bet, must be, may, might,* and *probably* are often translated into Spanish using the *future of probability*.

—¿Dónde **estarán** mis llaves?
I wonder where my keys are.

—¿Qué hora **será**?
What time can it be? (I wonder what time it is.)

—**Estarán** en la cocina.
They're probably in the kitchen.

—**Serán** las once o las doce.
It must be (It's probably) eleven or twelve.

Note that although the future tense is used, these verbs express conjecture about *present* conditions, events, or actions.

CONSULTA

To review these conjunctions of time, see **Estructura 13.3,** p. 435.

▶ The future may also be used in the main clause of sentences in which the present subjunctive follows a conjunction of time such as **cuando, después (de) que, en cuanto, hasta que,** and **tan pronto como.**

Cuando llegues a casa, **hablaremos.**
When you get home, we will talk.

Nos verás en cuanto entres en la cafetería.
You'll see us as soon as you enter the cafeteria.

¡INTÉNTALO! Conjuga los verbos entre paréntesis en futuro.

1. (dejar, correr, pedir) yo ___ *dejaré, correré, pediré*
2. (cobrar, beber, vivir) tú ___
3. (hacer, poner, venir) Lola ___
4. (tener, decir, querer) nosotros ___
5. (ir, ser, estar) ustedes ___
6. (firmar, comer, repetir) usted ___
7. (saber, salir, poder) yo ___
8. (encontrar, jugar, servir) tú ___

recursos

WB pp. 175–176

LM p. 83

panorama. vhlcentral.com Lección 14

Práctica

1

Planes Celia está hablando de sus planes. Repite lo que dice, usando el tiempo futuro.

> **modelo**
>
> Hoy voy a hacer unas compras.
> Hoy haré unas compras.

1. Voy a pasar por el banco a cobrar un cheque.
2. Mi hermana va a venir conmigo al supermercado.
3. Vamos a buscar las mejores rebajas.
4. Voy a comprarme unas botas.
5. Después voy a volver a casa y me voy a duchar.
6. Seguramente mis amigos me van a llamar para salir esta noche.

2

¿Quién será? En parejas, imaginen que están en un café y ven entrar a un hombre o una mujer. Imaginen cómo será su vida y utilicen el futuro de probabilidad en su conversación. Usen estas preguntas como guía y después lean su conversación delante de la clase.

> **modelo**
>
> **Estudiante 1:** ¿Será simpático?
> **Estudiante 2:** Creo que no, está muy serio. Será antipático.

- ¿Estará soltero/a?
- ¿Cuántos años tendrá?
- ¿Vivirá por aquí cerca?
- ¿Será famoso/a?

- ¿Será de otro país?
- ¿Con quién vivirá?
- ¿Estará esperando a alguien? ¿A quién?

3

¿Qué pasará? Imagina que tienes que adivinar (to predict) el futuro de tu compañero/a. En parejas, túrnense para hablar sobre cada una de estas categorías usando el futuro.

> **modelo**
>
> **Estudiante 1:** ¿Seré rico? ¿Tendré una casa grande?
> **Estudiante 2:** Mmm... tendrás muy poco dinero durante los próximos cinco años, pero después serás muy, muy rico con una casa enorme. Luego te mudarás a una isla desierta (deserted) donde conocerás a...

- ▶ Amor
- ▶ Dinero
- ▶ Salud
- ▶ Trabajo
- ▶ Vivienda

Comunicación

4

Conversar Tú y tu compañero/a viajarán a la República Dominicana por siete días. En parejas, indiquen lo que harán y no harán. Digan dónde, cómo, con quién o en qué fechas lo harán, usando el anuncio (ad) como guía. Pueden usar sus propias ideas también.

> **modelo**
>
> **Estudiante 1:** ¿Qué haremos el martes?
> **Estudiante 2:** Visitaremos el Jardín Botánico.
> **Estudiante 1:** Pues, tú visitarás el Jardín Botánico y yo caminaré por el Mercado Modelo.

¡Bienvenido a la República Dominicana!

Se divertirá desde el momento en que llegue al **Aeropuerto Internacional de las Américas**.

• Visite la ciudad colonial de **Santo Domingo** con su interesante arquitectura.
• Vaya al **Jardín Botánico** y disfrute de nuestra abundante naturaleza.
• En el **Mercado Modelo** no va a

poder resistir la tentación de comprar artesanías.
• No deje de escalar la montaña del **Pico Duarte** (se recomiendan 3 días).
• ¿Le gusta bucear? **Cabarete** tiene todo el equipo que usted necesita.
• ¿Desea nadar? **Punta Cana** le ofrece hermosas playas.

5

Planear En grupos pequeños, imaginen que están haciendo planes para empezar un negocio (*business*). Elijan una de las opciones y usen las preguntas como guía. Finalmente, presenten su plan a la clase.

> un supermercado   un salón de belleza   una heladería

1. ¿Cómo se llamará?
2. ¿Cuánta gente trabajará en este lugar? ¿Qué hará cada persona?
3. ¿En qué parte de la ciudad estará? ¿Cómo llegará la gente?
4. ¿Quién será el/la director(a)? ¿Por qué?
5. ¿Van a necesitar un préstamo? ¿Cómo lo pedirán?
6. Este supermercado / salón de belleza / heladería será el/la mejor de la ciudad porque...

Síntesis

6

El futuro de Cristina Tu profesor(a) va a darte una serie incompleta de dibujos sobre el futuro de Cristina. Tú y tu compañero/a tienen dos series diferentes. Háganse preguntas y respondan de acuerdo a los dibujos para completar la historia.

> **modelo**
>
> **Estudiante 1:** ¿Qué hará Cristina en el año 2015?
> **Estudiante 2:** Ella se graduará en el año 2015.

Recapitulación

SUPERSITE   For self-scoring and diagnostics, go to **panorama.vhlcentral.com**.

Completa estas actividades para repasar los conceptos de gramática que aprendiste en esta lección.

1   **Completar** Completa el cuadro con la forma correspondiente del futuro. **10 pts.**

Infinitive	yo	ella	nosotros
ahorrar	ahorraré		
decir		dirá	
poner			pondremos
querer	querré		
salir		saldrá	

2   **Los novios** Completa este diálogo entre dos novios con mandatos en la forma de **nosotros/as**. **10 pts.**

SIMÓN   ¿Quieres ir al cine mañana?

CARLA   Sí, ¡qué buena idea! (1) _____ (Comprar) los boletos (*tickets*) por teléfono.

SIMÓN   No, mejor (2) _____ (pedírselos) gratis a mi prima, quien trabaja en el cine.

CARLA   ¡Fantástico!

SIMÓN   Y también quiero visitar la nueva galería de arte el fin de semana que viene.

CARLA   ¿Por qué esperar? (3) _____ (Visitarla) esta tarde.

SIMÓN   Bueno, pero primero tengo que limpiar mi apartamento.

CARLA   No hay problema. (4) _____ (Limpiarlo) juntos.

SIMÓN   Muy bien. ¿Y tú no tienes que hacer diligencias hoy? (5) _____ (Hacerlas) también.

CARLA   Sí, tengo que ir al correo y al banco. (6) _____ (Ir) al banco hoy, pero no (7) _____ (ir) al correo todavía. Antes tengo que escribir una carta.

SIMÓN   ¿Una carta misteriosa? (8) _____ (Escribirla) ahora.

CARLA   No, mejor no (9) _____ (escribirla) hasta que regresemos de la galería donde venden un papel reciclado muy lindo (*cute*).

SIMÓN   ¿Papel lindo? ¿Pues para quién es la carta?

CARLA   No importa. (10) _____ (Empezar) a limpiar.

RESUMEN GRAMATICAL

14.1   **The subjunctive in adjective clauses**   *pp. 460–461*

► When adjective clauses refer to something that is known, certain, or definite, the indicative is used.

Necesito **el libro** que **tiene** fotos.

► When adjective clauses refer to something that is uncertain or indefinite, the subjunctive is used.

Necesito **un libro** que **tenga** fotos.

14.2   **Nosotros/as commands**   *pp. 464–465*

► Same as **nosotros/as** form of present subjunctive.

Affirmative	Negative
Démosle un libro a Lola.	No le demos un libro a Lola.
Démoselo.	No se lo demos.

► While the subjunctive form of the verb **ir** is used for the negative **nosotros/as** command, the indicative is used for the affirmative command.

Vamos a la plaza.   No **vayamos** a la plaza.

14.3   **The future**   *pp. 468–469*

Future tense of **estudiar***	
estudiaré	estudiaremos
estudiarás	estudiaréis
estudiará	estudiarán

*Same ending for **-ar**, **-er**, and **-ir** verbs.

► The future of **hay** is **habrá** (*there will be*).

► The future can also express conjecture or probability.

Irregular verbs in the future		
Infinitive	**Stem**	**Future forms**
decir	dir-	diré
hacer	har-	haré
poder	podr-	podré
poner	pondr-	pondré
querer	querr-	querré
saber	sabr-	sabré
salir	saldr-	saldré
tener	tendr-	tendré
venir	vendr-	vendré

3

Frases Escribe oraciones con los elementos que se dan. Usa el tiempo futuro. **10 pts.**

1. Lorenzo y yo / ir / al banco / mañana / y / pedir / un préstamo

2. la empleada del banco / hacernos / muchas preguntas / y / también / darnos / un formulario

3. Lorenzo / llenar / el formulario / y / yo / firmarlo

4. nosotros / salir / del banco / contentos / porque el dinero / llegar / a nuestra cuenta / muy pronto

5. los dos / tener / que trabajar mucho / para pagar el préstamo / pero nuestros padres / ayudarnos

4

Verbos Escribe los verbos en el presente de indicativo o de subjuntivo. **10 pts.**

1. —¿Sabes dónde hay un restaurante donde nosotros (1) _____ (poder) comer paella valenciana? —No, no conozco ninguno que (2) _____ (servir) paella, pero conozco uno que (3) _____ (especializarse) en tapas españolas.

2. Busco vendedores que (4) _____ (ser) educados. No estoy seguro de conocer a alguien que (5) _____ (tener) esa característica. Pero ahora que lo pienso, ¡sí! Tengo dos amigos que (6) _____ (trabajar) en el almacén Excelencia. Los voy a llamar. Y debo decirles que necesitamos que (ellos) (7) _____ (saber) hablar inglés.

3. Se busca apartamento que (8) _____ (estar) bien situado, que (9) _____ (costar) menos de $800 al mes y que (10) _____ (permitir) tener perros.

5

La ciudad ideal Escribe un párrafo de al menos cinco oraciones describiendo cómo es la comunidad ideal donde te gustaría (*you would like*) vivir en el futuro y compárala con la comunidad donde vives ahora. Usa cláusulas adjetivas y el vocabulario de esta lección. **10 pts.**

6

Adivinanza Completa la adivinanza y adivina la respuesta. **¡2 puntos EXTRA!**

❝Me llegan las cartas y no sé _____ (*to read*) y, aunque° me las como, no mancho° el papel.❞ ¿Quién soy? _____

aunque *although*   no mancho *I don't stain*

Lectura

Antes de leer

Estrategia
Identifying point of view

You can understand a narrative more completely if you identify the point of view of the narrator. You can do this by simply asking yourself from whose perspective the story is being told. Some stories are narrated in the first person. That is, the narrator is a character in the story, and everything you read is filtered through that person's thoughts, emotions, and opinions. Other stories have an omniscient narrator who is not one of the story's characters and who reports the thoughts and actions of all the characters.

Examinar el texto

Lee brevemente el texto. ¿De qué trata (*What is it about?*)? ¿Cómo lo sabes? ¿Se narra en primera persona o tiene un narrador omnisciente? ¿Cómo lo sabes?

Seleccionar

Completa cada oración con la opción correcta.
1. La narradora de *Nada* es _____.
   a. una abuela   b. una joven   c. una doctora
2. La protagonista describe su llegada a _____.
   a. Madrid   b. Francia   c. Barcelona
3. Ella viajó _____.
   a. en avión   b. en tren   c. en barco
4. Su maleta es pesada (*heavy*) porque lleva muchos _____.
   a. libros   b. zapatos   c. pantalones
5. Ella se va a quedar en Barcelona con _____.
   a. unos parientes   b. una amiga
   c. sus compañeras de clase

Nada (fragmento)
Carmen Laforet

Carmen Laforet nació en Barcelona en 1921. Estudió Filosofía y Letras° y Derecho°. Escribió novelas, relatos y ensayos. Vivió apartada° de las letras las últimas décadas de su vida y murió en el año 2004 tras una larga enfermedad. Aquí presentamos un fragmento de su novela *Nada*, que en 1944 ganó el Premio Nadal, el más importante y antiguo° de España.

Por dificultades en el último momento para adquirir billetes°, llegué a Barcelona a medianoche, en un tren distinto del que había anunciado, y no me esperaba nadie.

Era la primera noche que viajaba sola°, pero no estaba asustada°; por el contrario, [...] parecía una aventura agradable° y excitante aquella profunda libertad en la noche. La sangre°, después del viaje largo y cansado, me empezaba a circular en las piernas entumecidas° y con una sonrisa de asombro° miraba la gran estación de Francia y los grupos que estaban aguardando el expreso y los que llegábamos con tres horas de retraso°.

El olor° especial, el gran rumor de la gente, las luces siempre tristes, tenían para mí un gran encanto, ya que envolvía° todas mis impresiones en la maravilla de haber llegado por fin a una ciudad grande, adorada en mis ensueños° por desconocida°.

Empecé a seguir —una gota° entre la corriente°— el rumbo° de la masa humana que, cargada de maletas, se volcaba en° la salida. Mi equipaje era un maletón muy pesado —porque estaba casi lleno de libros— y lo llevaba yo misma con toda la fuerza° de mi juventud y de mi ansiosa expectación.

Después de leer
Completar

Completa cada oración con la información adecuada.
1. La protagonista llega a Barcelona a las _____ de la noche.
2. Ella llegó a la _____ de Francia.
3. Siguió a la gente hacia la _____.
4. Las personas tomaban taxis, _____ y coches de caballos.
5. El _____ que ella tomó era viejo.
6. Sus parientes vivían en la calle de _____.

Un aire marino, pesado y fresco, entró en mis pulmones°
con la primera sensación confusa de la ciudad: una masa de
casas dormidas; de establecimientos cerrados; de faroles°
como centinelas borrachos de soledad°. Una respiración
grande, dificultosa, venía con el cuchicheo° de la madrugada°.
Muy cerca, a mi espalda°, enfrente de las callejuelas
misteriosas que conducen al Borne, sobre mi corazón excitado,
estaba el mar.

Debía parecer una figura extraña con mi aspecto risueño°
y mi viejo abrigo que, a impulsos de la brisa, me azotaba°
las piernas, defendiendo mi maleta, desconfiada° de los
obsequiosos «camàlics»°.

Recuerdo que, en pocos minutos, me quedé sola en la
gran acera°, porque la gente corría a coger los escasos taxis o luchaba por arracimarse° en el tranvía°.

Uno de esos viejos coches de caballos que han vuelto a surgir después de la guerra° se detuvo° delante de mí y lo
tomé sin titubear°, causando la envidia de un señor que se lanzaba° detrás de él desesperado, agitando° el sombrero.

Corrí aquella noche, en el desvencijado° vehículo, por anchas calles vacías° y atravesé° el corazón de la ciudad lleno
de luz a toda hora, como yo quería que estuviese, en un viaje que me pareció corto y que para mí se cargaba de° belleza.

El coche dio vuelta a la plaza de la Universidad y recuerdo que el bello edificio me conmovió° como un grave
saludo de bienvenida.

Enfilamos° la calle de Aribau, donde vivían mis parientes, con sus plátanos llenos aquel octubre de espeso verdor°
y su silencio vívido de la respiración de mil almas° detrás de los balcones apagados. Las ruedas del coche levantaban
una estela° de ruido°, que repercutía° en mi cerebro°. De improviso° sentí crujir° y balancearse todo el armatoste°.
Luego quedó inmóvil.

—Aquí es —dijo el cochero.

Filosofía y Letras *Arts* Derecho *Law* apartada *isolated* antiguo *old* adquirir billetes *buy tickets* sola *alone* asustada *afraid* agradable *pleasant* sangre *blood*
entumecidas *stiff* asombro *astonishment* retraso *delay* olor *smell* envolvía *it encompassed* ensueños *fantasies* desconocida *unknown* gota *drop* corriente
current rumbo *direction* se volcaba en *was throwing itself towards* fuerza *strength* pulmones *lungs* faroles *streetlights* borrachos de soledad *drunk with
loneliness* cuchicheo *whispering* madrugada *dawn* espalda *back* risueño *smiling* azotaba *was lashing* desconfiada *distrustful* camàlics *porters (in Catalan)*
acera *sidewalk* arracimarse *cluster together* tranvía *streetcar* guerra *war* se detuvo *stopped* titubear *hesitating* se lanzaba *was throwing himself* agitando
waving desvencijado *beat-up* vacías *empty* atravesé *I crossed* se cargaba de *was full of* me conmovió *moved me* Enfilamos *We took* espeso verdor *thick
greenery* almas *souls* estela *trail* ruido *noise* repercutía *reverberated* cerebro *brain* De improviso *Unexpectedly* crujir *creak* armatoste *bulky thing*

Interpretación 🖱

Responde a las preguntas.

1. ¿Cómo se siente la protagonista cuando descubre que nadie fue a recogerla a la estación? Busca algunas palabras que describan las sensaciones de ella.
2. Sabiendo que la protagonista es una chica joven, ¿qué significado pueden tener las palabras "aventura agradable" y "profunda libertad" en este contexto?
3. ¿Qué impresión crees que siente ella ante la gran ciudad y qué expectativas tiene para el futuro?
4. ¿Qué significa la expresión "una gota entre la corriente" en el cuarto párrafo? ¿Qué idea nos da esto del individuo ante la "masa humana" de la gran ciudad?
5. ¿Qué edificio le gustó especialmente a la protagonista y qué tiene que ver esto con su viaje?

Sensaciones

Trabaja con un(a) compañero/a. Descríbele tus sensaciones, ideas e impresiones de la primera vez que llegaste a un lugar desconocido. Comparen sus experiencias.

Debate

Trabajen en grupos. La mitad (*half*) del grupo debe defender los beneficios (*benefits*) de vivir en una gran ciudad y la otra mitad debe exponer sus inconvenientes.

SUPERSITE

Venezuela

El país en cifras

▶ **Área:** 912.050 km² (352.144 millas²),
aproximadamente dos veces el área de California

▶ **Población:** 29.076.000

▶ **Capital:** Caracas —2.988.000

▶ **Ciudades principales:** Valencia —3.090.000,
Maracaibo —2.639.000, Maracay —1.333.000,
Barquisimeto —1.143.000

SOURCE: Population Division, UN Secretariat

▶ **Moneda:** bolívar

▶ **Idiomas:** español (oficial), arahuaco, caribe
*El yanomami es uno de los idiomas indígenas
que se habla en Venezuela. La cultura de los
yanomami tiene su centro en el sur de Venezuela,
en el bosque tropical. Son cazadores° y agricultores
y viven en comunidades de hasta 400 miembros.*

Bandera de Venezuela

Venezolanos célebres

▶ **Teresa Carreño,** compositora° y pianista
(1853–1917)

▶ **Rómulo Gallegos,** escritor y político
(1884–1979)

▶ **Andrés Eloy Blanco,** poeta (1897–1955)

▶ **Baruj Benacerraf,** científico (1920–)
*En 1980, Baruj Benacerraf, junto con dos de
sus colegas, recibió el Premio Nobel por sus
investigaciones en el campo° de la inmunología y
las enfermedades autoinmunes. Nacido en Caracas,
Benacerraf también vivió en París y reside ahora en
los Estados Unidos.*

cazadores *hunters* compositora *composer* campo *field*
caída *drop* Salto Ángel *Angel Falls* catarata *waterfall*

Vista central de Caracas

Maracaibo •
Lago de Maracaibo
Valencia • ☆ Caracas
Cordillera Central de la Costa
Río Orinoco
COLOMBIA
Macizo de las Guayanas
GUYAN
Río Orinoco
BRASIL

Llanero de la zona central de Venezuela

Una piragua

ESTADOS UNIDOS
OCÉANO ATLÁNTICO
OCÉANO PACÍFICO
VENEZUELA

recursos

WB pp. 177–178	VM pp. 259–260	panorama.vhlcentral.com Lección 14

¡Increíble pero cierto!

Con una caída° de 979 metros (3.212 pies)
desde la meseta de Auyan Tepuy, Salto
Ángel°, en Venezuela, es la catarata° más alta
del mundo, ¡diecisiete veces más alta que
las cataratas del Niágara! James C. Angel la
descubrió en 1935. Los indígenas de la zona la
denominan Churún Merú.

Economía • El petróleo

La industria petrolera° es muy importante para la economía venezolana. La mayor concentración de petróleo del país se encuentra debajo del lago Maracaibo. En 1976 se nacionalizaron las empresas° petroleras y pasaron a ser propiedad° del estado con el nombre de *Petróleos de Venezuela*. Este producto representa más del 70% de las exportaciones del país, siendo los Estados Unidos su principal comprador°.

Actualidades • Caracas

El *boom* petrolero de los años cincuenta transformó a Caracas en una ciudad cosmopolita. Sus rascacielos° y excelentes sistemas de transporte la hacen una de las ciudades más modernas de Latinoamérica. El metro, construido en 1983, es uno de los más modernos del mundo y sus extensas carreteras y autopistas conectan la ciudad con el interior del país. El corazón de la ciudad es el Parque Central, una zona de centros comerciales, tiendas, restaurantes y clubes.

Historia • Simón Bolívar (1783–1830)

A finales del siglo° XVIII, Venezuela, al igual que otros países suramericanos, todavía estaba bajo el dominio de la corona° española. El general Simón Bolívar, nacido en Caracas, es llamado "El Libertador" porque fue el líder del movimiento independentista suramericano en el área que hoy es Venezuela, Colombia, Ecuador, Perú y Bolivia.

 ¿Qué aprendiste? Responde a cada pregunta con una oración completa.

1. ¿Cuál es la moneda de Venezuela?
2. ¿Quién fue Rómulo Gallegos?
3. ¿Cuándo fue descubierto el Salto Ángel?
4. ¿Cuál es el producto más exportado de Venezuela?
5. ¿Qué ocurrió en 1976 con las empresas petroleras?
6. ¿Cómo se llama la capital de Venezuela?
7. ¿Qué hay en el Parque Central de Caracas?
8. ¿Por qué es conocido Simón Bolívar como "El Libertador"?

Tejedor° en Los Aleros, aldea° en los Andes de Venezuela

 Conexión Internet Investiga estos temas en **panorama.vhlcentral.com**.

1. Busca información sobre Simón Bolívar. ¿Cuáles son algunos de los episodios más importantes de su vida? ¿Crees que Bolívar fue un estadista (*statesman*) de primera categoría? ¿Por qué?
2. Prepara un plan para un viaje de ecoturismo por el Orinoco. ¿Qué quieres ver y hacer durante la excursión? ¿Por qué?

....

industria petrolera *oil industry*   empresas *companies*   propiedad *property*   comprador *buyer*   rascacielos *skyscrapers*
siglo *century*   corona *crown*   Tejedor *Weaver*   aldea *village*

La República Dominicana

El país en cifras

► **Área:** 48.730 km^2 (18.815 millas^2), *el área combinada de New Hampshire y Vermont*

► **Población:** 9.522.000

La isla La Española, llamada así tras° el primer viaje de Cristóbal Colón, estuvo bajo el completo dominio de la corona° española hasta 1697, cuando la parte oeste de la isla pasó a ser propiedad° francesa. Hoy día está dividida políticamente en dos países, la República Dominicana en la zona este y Haití en el oeste.

SOURCE: Population Division, UN Secretariat

► **Capital:** Santo Domingo—2.240.000

► **Ciudades principales:** Santiago de los Caballeros, La Vega, Puerto Plata, San Pedro de Macorís

► **Moneda:** peso dominicano

► **Idiomas:** español (oficial)

Bandera de la
República Dominicana

Dominicanos célebres

► **Juan Pablo Duarte,** político y padre de la patria° (1808–1876)

► **Celeste Woss y Gil,** pintora (1891–1985)

► **Juan Luis Guerra,** compositor y cantante de merengue (1956–)

tras *after* corona *crown* propiedad *property*
padre de la patria *founding father* fortaleza *fortress*
se construyó *was built* naufragó *was shipwrecked*
Aunque *Although* enterrado *buried*

Hombres tocando los palos
en una misa en Nochebuena

Catedral de Santa María
la Menor

Océano
Atlántico

La Española

• Puerto Plata

Santiago •

HAITÍ

Pico Duarte ▲

Río Yuna

Bahía
Escocesa

La Vega •

Cordillera
Central
Río San Juan

Sierra de
Neiba

San Pedro
de Macorís

★ Santo Domingo

Sierra de
Baoruco

Bahía de
Ocoa

Mar
Caribe

ESTADOS UNIDOS

**LA REPÚBLICA
DOMINICANA**

OCÉANO
PACÍFICO

OCÉANO
ATLÁNTICO

AMÉRICA DEL SUR

Trabajadores del campo
recogen la cosecha de ajos

recursos

| WB pp. 179–180 | VM pp. 261–262 | panorama.vhlcentral.com Lección 14 |

¡Increíble pero cierto!

La primera fortaleza° del Nuevo Mundo se construyó° en la República Dominicana en 1492 cuando la Santa María, uno de los tres barcos de Cristóbal Colón, naufragó° allí. Aunque° la fortaleza, hecha con los restos del barco, fue destruida por tribus indígenas, el amor de Colón por la isla nunca murió. Colón insistió en ser enterrado° allí.

Ciudades • Santo Domingo

La zona colonial de Santo Domingo, fundada en 1496, posee° algunas de las construcciones más antiguas del hemisferio. Gracias a las restauraciones°, la arquitectura de la ciudad es famosa no sólo por su belleza sino también por el buen estado de sus edificios. Entre sus sitios más visitados se cuentan° la Calle de las Damas, llamada así porque allí paseaban las señoras de la corte del Virrey; el Alcázar de Colón, un palacio construido en 1509 por Diego Colón, hijo de Cristóbal; y la Fortaleza Ozama, la más vieja de las Américas, construida en 1503.

Deportes • El béisbol

El béisbol es un deporte muy practicado en el Caribe. Los primeros países hispanos en tener una liga fueron Cuba y México, donde se empezó a jugar al béisbol en el siglo° XIX. Hoy día este deporte es una afición° nacional en la República Dominicana. Pedro Martínez (foto, derecha) y David Ortiz son sólo dos de los muchísimos beisbolistas dominicanos que han alcanzado° enorme éxito° e inmensa popularidad entre los aficionados.

Artes • El merengue

El merengue, un ritmo originario de la República Dominicana, tiene sus raíces° en el campo. Tradicionalmente las canciones° hablaban de los problemas sociales de los campesinos°. Sus instrumentos eran el acordeón, el saxofón, el bajo°, el guayano° y la tambora, un tambor° característico del lugar. Entre 1930 y 1960, el merengue se popularizó en las ciudades y adoptó un tono más urbano. En este período empezaron a formarse grandes orquestas°. Uno de los cantantes y compositores de merengue más famosos es Juan Luis Guerra.

 ¿Qué aprendiste? Responde a cada pregunta con una oración completa.

1. ¿Cuál es la moneda de la República Dominicana?

2. ¿Cuándo se fundó la ciudad de Santo Domingo?

3. ¿Qué es el Alcázar de Colón?

4. Nombra dos beisbolistas famosos de la República Dominicana.

5. ¿De qué hablaban las canciones de merengue tradicionales?

6. ¿Qué instrumentos se utilizaban para tocar (*play*) el merengue?

7. ¿Cuándo se transformó el merengue en un estilo urbano?

8. ¿Quién es Juan Luis Guerra?

 Conexión Internet Investiga estos temas en **panorama.vhlcentral.com**.

1. Busca más información sobre la isla La Española. ¿Cómo son las relaciones entre la República Dominicana y Haití?

2. Busca más información sobre la zona colonial de Santo Domingo: la Catedral de Santa María, la Casa de Bastidas o el Panteón Nacional. ¿Cómo son estos edificios? ¿Te gustan? Explica tus respuestas.

....

posee *possesses*   restauraciones *restorations*   se cuentan *are included*   siglo *century*   afición *love*   han alcanzado *have reached*   éxito *success*   raíces *roots*   canciones *songs*   campesinos *rural people*   bajo *bass*   guayano *metal scraper*   tambor *drum*   orquestas *orchestras*

En la ciudad

el banco	bank
la carnicería	butcher shop
el correo	post office
el estacionamiento	parking lot
la frutería	fruit store
la heladería	ice cream shop
la joyería	jewelry store
la lavandería	laundromat
la panadería	bakery
la pastelería	pastry shop
la peluquería, el salón de belleza	beauty salon
la pescadería	fish market
el supermercado	supermarket
la zapatería	shoe store
hacer cola	to stand in line
hacer diligencias	to run errands

En el banco

el cajero automático	ATM
el cheque (de viajero)	(traveler's) check
la cuenta corriente	checking account
la cuenta de ahorros	savings account
ahorrar	to save (money)
cobrar	to cash (a check)
depositar	to deposit
firmar	to sign
llenar (un formulario)	to fill out (a form)
pagar a plazos	to pay in installments
pagar al contado, en efectivo	to pay in cash
pedir prestado/a	to borrow
pedir un préstamo	to apply for a loan
ser gratis	to be free of charge

Las direcciones

la cuadra	(city) block
la dirección	address
la esquina	corner
el letrero	sign
cruzar	to cross
dar direcciones	to give directions
doblar	to turn
estar perdidó/a	to be lost
quedar	to be located
(al) este	(to the) east
(al) norte	(to the) north
(al) oeste	(to the) west
(al) sur	(to the) south
derecho	straight (ahead)
enfrente de	opposite; facing
hacia	toward

Expresiones útiles	See page 455.

En el correo

el cartero	mail carrier
el correo	mail/post office
el paquete	package
la estampilla, el sello	stamp
el sobre	envelope
echar (una carta) al buzón	to put (a letter) in the mailbox; to mail
enviar, mandar	to send; to mail

El bienestar

15

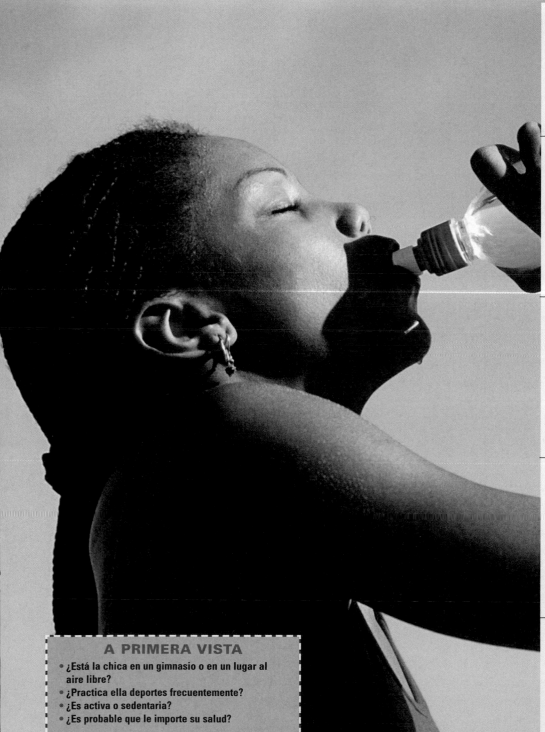

A PRIMERA VISTA

• ¿Está la chica en un gimnasio o en un lugar al aire libre?
• ¿Practica ella deportes frecuentemente?
• ¿Es activa o sedentaria?
• ¿Es probable que le importe su salud?

El bienestar

Más vocabulario

adelgazar	to lose weight; to slim down
aliviar el estrés	to reduce stress
aliviar la tensión	to reduce tension
apurarse, darse prisa	to hurry; to rush
aumentar de peso, engordar	to gain weight
calentarse (e:ie)	to warm up
disfrutar (de)	to enjoy; to reap the benefits (of)
entrenarse	to practice; to train
estar a dieta	to be on a diet
estar en buena forma	to be in good shape
hacer gimnasia	to work out
llevar una vida sana	to lead a healthy lifestyle
mantenerse en forma	to stay in shape
sufrir muchas presiones	to be under a lot of pressure
tratar de (+ *inf.*)	to try (to do something)
la droga	drug
el/la drogadicto/a	drug addict
activo/a	active
débil	weak
en exceso	in excess; too much
flexible	flexible
fuerte	strong
sedentario/a	sedentary; related to sitting
tranquilo/a	calm; quiet
el bienestar	well-being

Variación léxica

hacer ejercicios ⟷ hacer aeróbic (*Esp.*)
aeróbicos

entrenador ⟷ monitor

GIMNASIO SUCRE

el teleadicto

Hace ejercicios de estiramiento. (hacer)

la clase de ejercicios aeróbicos

Suda. (sudar)

Hace ejercicio. (hacer)

el entrenador

el músculo

la cinta caminadora

el masaje

No fumar.

Hacen ejercicios aeróbicos.
(hacer)

Levanta pesas.
(levantar)

Práctica

1 **Escuchar** 🎧 Mira el dibujo. Luego escucha las oraciones e indica si lo que se dice en cada oración es **cierto** o **falso**.

	Cierto	Falso		Cierto	Falso
1.	○	○	6.	○	○
2.	○	○	7.	○	○
3.	○	○	8.	○	○
4.	○	○	9.	○	○
5.	○	○	10.	○	○

2 **Seleccionar** 🎧 Escucha el anuncio del gimnasio Sucre. Marca con una **X** los servicios que se ofrecen.

_____ 1. dietas para adelgazar

_____ 2. programa para aumentar de peso

_____ 3. clases de gimnasia

_____ 4. entrenador personal

_____ 5. masajes

_____ 6. programa para dejar de fumar

3 **Identificar** Identifica el opuesto (*opposite*) de cada palabra.

apurarse	fuerte
disfrutar	mantenerse en forma
engordar	sedentario
estar enfermo	sufrir muchas presiones
flexible	tranquilo

1. activo
2. adelgazar
3. aliviar el estrés
4. débil

5. ir despacio
6. estar sano
7. nervioso
8. ser teleadicto

4 **Combinar** Combina palabras de cada columna para formar ocho oraciones lógicas sobre el bienestar.

1. David levanta pesas
2. Estás en buena forma
3. Felipe se lastimó
4. José y Rafael
5. Mi hermano
6. Sara hace ejercicios de
7. Mis primas están a dieta
8. Para llevar una vida sana,

a. aumentó de peso.
b. estiramiento.
c. porque quieren adelgazar.
d. porque haces ejercicio.
e. sudan mucho en el gimnasio.
f. un músculo de la pierna.
g. no se debe fumar.
h. y corre mucho.

SUPERSITE

la proteína

la grasa

el colesterol

los minerales

las vitaminas

La nutrición

Más vocabulario

la bebida alcohólica	alcoholic beverage
la cafeína	caffeine
la caloría	calorie
la merienda	afternoon snack
la nutrición	nutrition
el/la nutricionista	nutritionist
comer una dieta equilibrada	to eat a balanced diet
consumir alcohol	to consume alcohol
descafeinado/a	decaffeinated

5 **Completar** Completa cada oración con la palabra adecuada.

1. Despúes de hacer ejercicio, como pollo o bistec porque contienen _____.
   a. drogas b. proteínas c. grasa
2. Para _____, es necesario consumir comidas de todos los grupos alimenticios (*nutrition groups*).
   a. aliviar el estrés b. correr c. comer una dieta equilibrada
3. Mis primas _____ una buena comida.
   a. disfrutan de b. tratan de c. sudan
4. Mi entrenador no come chocolate ni papas fritas porque contienen _____.
   a. dietas b. vitaminas c. mucha grasa
5. Mi padre no come mantequilla porque él necesita reducir _____.
   a. la nutrición b. el colesterol c. el bienestar
6. Mi novio cuenta _____ porque está a dieta.
   a. las pesas b. los músculos c. las calorías

CONSULTA

To review what you have learned about nutrition and food groups, see **Contextos, Lección 8**, pp. 242–245.

6 **La nutrición** En parejas, hablen de los tipos de comida que comen y las consecuencias que tienen para su salud. Luego compartan la información con la clase.

1. ¿Cuántas comidas con mucha grasa comes regularmente? ¿Piensas que debes comer menos comidas de este tipo? ¿Por qué?
2. ¿Compras comidas con muchos minerales y vitaminas? ¿Necesitas consumir más comidas que los contienen? ¿Por qué?
3. ¿Tiene algún miembro de tu familia problemas con el colesterol? ¿Qué haces para evitar problemas con el colesterol?
4. ¿Eres vegetariano/a? ¿Conoces a alguien que sea vegetariano/a? ¿Qué piensas de la idea de no comer carne u otros productos animales? ¿Es posible comer una dieta equilibrada sin comer carne? Explica.
5. ¿Tomas cafeína en exceso? ¿Qué ventajas (*advantages*) y desventajas tiene la cafeína? Da ejemplos de productos que contienen cafeína y de productos descafeinados.
6. ¿Llevas una vida sana? ¿Y tus amigos? ¿Crees que, en general, los estudiantes llevan una vida sana? ¿Por qué?

AYUDA

Some useful words:

sano = saludable

en general = por lo general

estricto

normalmente

muchas veces

a veces

de vez en cuando

Comunicación

7

Un anuncio En grupos de cuatro, imaginen que son dueños/as de un gimnasio con un equipo (*equipment*) moderno, entrenadores calificados y un(a) nutricionista. Preparen y presenten un anuncio para la televisión que hable del gimnasio y atraiga (*attracts*) a una gran variedad de nuevos clientes. No se olviden de presentar esta información:

▶ las ventajas de estar en buena forma
▶ el equipo que tienen
▶ los servicios y clases que ofrecen
▶ las características únicas del gimnasio
▶ la dirección y el teléfono del gimnasio
▶ el precio para los socios (*members*) del gimnasio

8

Recomendaciones para la salud En parejas, imaginen que están preocupados/as por los malos hábitos de un(a) amigo/a que no está bien últimamente (*lately*). Escriban y representen una conversación en la cual hablen de lo que está pasando en la vida de su amigo/a y los cambios que necesita hacer para llevar una vida sana.

9

El teleadicto Con un(a) compañero/a, representen los papeles de un(a) nutricionista y un(a) teleadicto/a. La persona sedentaria habla de sus malos hábitos en las comidas y de que no hace ejercicio. También dice que toma demasiado café y que siente mucho estrés. El/La nutricionista le sugiere una dieta equilibrada con bebidas descafeinadas y una rutina para mantenerse en buena forma. El/La teleadicto/a le da las gracias por su ayuda.

10

El gimnasio perfecto Tú y tu compañero/a quieren encontrar el gimnasio perfecto. Tú tienes el anuncio del gimnasio Bienestar y tu compañero/a tiene el del gimnasio Músculos. Hazle preguntas a tu compañero/a sobre las actividades que se ofrecen en el otro gimnasio. Tu profesor(a) le va a dar a cada uno de ustedes una hoja distinta con la información necesaria para completar la actividad.

> **modelo**
>
> **Estudiante 1:** *¿Se ofrecen clases para levantar pesas?*
> **Estudiante 2:** *Sí, para levantar pesas se ofrecen clases todos los lunes a las seis de la tarde.*

¡Qué buena excursión!

Martín y los estudiantes van de excursión a las montañas.

MARTÍN Buenos días, don Francisco.

DON FRANCISCO ¡Hola, Martín!

MARTÍN Ya veo que han traído lo que necesitan. ¡Todos han venido muy bien equipados!

MARTÍN Muy bien. ¡Atención, chicos! Primero hagamos algunos ejercicios de estiramiento...

MARTÍN Es bueno que se hayan mantenido en buena forma. Entonces, jóvenes, ¿ya están listos?

JAVIER ¡Sí, listísimos! No puedo creer que finalmente haya llegado el gran día.

DON FRANCISCO ¡Hola! ¡Qué alegría verlos! ¿Cómo les fue en la excursión?

JAVIER Increíble, don Efe. Nunca había visto un paisaje tan espectacular. Es un lugar estupendo. Saqué mil fotos y tengo montones de escenas para dibujar.

MAITE Nunca había hecho una excursión. ¡Me encantó! Cuando vuelva a España, voy a tener mucho que contarle a mi familia.

INÉS Ha sido la mejor excursión de mi vida. Amigos, Martín, don Efe, mil gracias.

MARTÍN ¡Fabuloso! ¡En marcha, pues!

DON FRANCISCO ¡Adiós! ¡Cuídense!

Martín y los estudiantes pasan ocho horas caminando en las montañas. Hablan, sacan fotos y disfrutan del paisaje. Se divierten muchísimo.

ÁLEX Sí, gracias, Martín. Gracias por todo.

MARTÍN No hay de qué. Ha sido un placer.

DON FRANCISCO Chicos, pues, es hora de volver. Creo que la señora Vives nos ha preparado una cena muy especial.

Expresiones útiles

Getting ready to start a hike

- **Ya veo que han traído lo que necesitan.**
I see that you have brought what you need.
- **¡Todos han venido muy bien equipados!**
Everyone has come very well equipped!
- **Primero hagamos algunos ejercicios de estiramiento.**
First let's do some stretching exercises.
- **No puedo creer que finalmente haya llegado el gran día.**
I can't believe that the big day has finally arrived.
- **¿(Están) listos?**
(Are you) ready?
¡En marcha, pues!
Let's get going, then!

Talking about a hike

- **¿Cómo les fue en la excursión?**
How did the hike go?
- **Nunca había visto un paisaje tan espectacular.**
I had never seen such spectacular scenery.
- **Nunca había hecho una excursión. ¡Me encantó!**
I had never gone on a hike before. I loved it!
- **Ha sido la mejor excursión de mi vida.**
It's been the best hike of my life.

Courtesy expressions

- **Gracias por todo.**
Thanks for everything.
- **Ha sido un placer.**
It's been a pleasure.
- **¡Cuídense!**
Take care!

¿Qué pasó?

1

Seleccionar Selecciona la respuesta que mejor completa cada oración.

1. Antes de salir, Martín les recomienda a los estudiantes que hagan _____.
   a. ejercicios de estiramiento b. ejercicios aeróbicos c. gimnasia
2. Los excursionistas hablaron, _____ en las montañas.
   a. levantaron pesas y se divirtieron b. caminaron y dibujaron
   c. sacaron fotos y disfrutaron del paisaje
3. Inés dice que ha sido la mejor excursión _____.
   a. del viaje b. del año c. de su vida
4. Cuando Maite vuelva a España, va a _____.
   a. tener montones de escenas para dibujar b. tener mucho que contarle a su familia
   c. tener muchas fotos que enseñarle a su familia
5. La señora Vives les ha preparado _____.
   a. una cena especial b. un día en las montañas muy especial
   c. una excursión espectacular

2

Identificar Identifica quién puede decir estas oraciones.

1. Oye, muchísimas gracias por el mejor día de mi vida. ¡Fue divertidísimo!
2. Parece que están todos preparados, ¿no? ¡Perfecto! Bueno, ¡vamos!
3. Cuando vea a mis papás y a mis hermanos voy a tener mucho que contarles.
4. Debemos volver ahora para comer. ¡Vamos a tener una cena especial!
5. El lugar fue fenomenal, uno de los más bonitos que he visto. ¡Qué bueno que traje mi cámara!
6. ¡Gracias por todo, Martín!

 JAVIER
 INÉS
 ÁLEX
 MAITE
DON FRANCISCO
MARTÍN

3 Inventar En parejas, hagan descripciones de los personajes de la **Fotonovela**. Utilicen las oraciones, la lista de palabras y otras expresiones que sepan.

aliviar el estrés	hacer ejercicios de estiramiento	masaje
bienestar	llevar una vida sana	teleadicto/a
grasa	mantenerse en forma	vitamina

modelo

Estudiante 1: Martín es activo, flexible y fuerte.
Estudiante 2: Martín siempre hace ejercicios de estiramiento. Está en buena forma y lleva una vida muy sana...

1. A Javier le duelen los músculos después de hacer gimnasia.
2. Don Francisco a veces sufre presiones y estrés en su trabajo.
3. A Inés le encanta salir con amigos o leer un buen libro.
4. Álex trata de comer una dieta equilibrada.
5. Maite no es muy flexible.

Ortografía

Las letras **b** y **v**

Since there is no difference in pronunciation between the Spanish letters **b** and **v**, spelling words that contain these letters can be tricky. Here are some tips.

nombre	**blusa**	**absoluto**	**descubrir**

The letter **b** is always used before consonants.

bonita	**botella**	**buscar**	**bienestar**

At the beginning of words, the letter **b** is usually used when it is followed by the letter combinations -**on**, -**or**, -**ot**, -**u**, -**ur**, -**us**, -**ien**, and -**ene**.

adelgazaba	**disfrutaban**	**ibas**	**íbamos**

The letter **b** is used in the verb endings of the imperfect tense for -**ar** verbs and the verb **ir**.

voy	**vamos**	**estuvo**	**tuvieron**

The letter **v** is used in the present tense forms of **ir** and in the preterite forms of **estar** and **tener**.

octavo	**huevo**	**activa**	**grave**

The letter **v** is used in these noun and adjective endings: -**avo/a**, -**evo/a**, -**ivo/a**, -**ave**, -**eve**.

Práctica Completa las palabras con las letras **b** o **v**.

1. Una __ez me lastimé el __razo cuando esta__a __uceando.
2. Manuela se ol__idó sus li__ros en el auto__ús.
3. Ernesto tomó el __orrador y se puso todo __lanco de tiza.
4. Para tener una __ida sana y saluda__le, necesitas tomar __itaminas.
5. En mi pue__lo hay un __ule__ar que tiene muchos ár__oles.

El ahorcado (*Hangman*) Juega al ahorcado para adivinar las palabras.

1. __ __ u __ __ __ s   Están en el cielo.
2. __ __ u __ __ __ n   Relacionado con el correo
3. __ __ o __ e __ __ a   Está llena de líquido.
4. __ __ i __ __ e   Fenómeno meteorológico
5. __ __ e __ __ __ __ __ s   Los "ojos" de la casa

EN DETALLE

Spas naturales

¿Hay algo mejor que un buen baño° para descansar y aliviar la tensión? Y si el baño se toma en una terma°, el beneficio° es mayor. Los tratamientos con agua y lodo° para mejorar la salud y el bienestar son populares en las Américas desde hace muchos siglos°. Las termas son manantiales° naturales de agua caliente. La temperatura facilita la absorción de minerales y otros elementos que el agua contiene y que son buenos para la salud. El agua de las termas se usa en piscinas, baños y duchas o en el sitio natural en el que surge° el agua: pozas°, estanques° o cuevas°.

Ecotermales en Arenal, Costa Rica

Volcán de lodo El Totumo, Colombia

En Baños de San Vicente, en Ecuador, son muy populares los tratamientos° con lodo volcánico. El lodo caliente se extiende por el cuerpo; así la piel° absorbe los minerales beneficiosos para la salud; también se usa para dar masajes. La lodoterapia es útil para tratar varias enfermedades, además hace que la piel se vea radiante.

En Costa Rica, la actividad volcánica también ha dado° origen a fuentes° y pozas termales. Si te gusta cuidarte y amas la naturaleza, recuerda estos nombres: Las Hornillas y Las Pailas. Son pozas naturales de aguas termales que están cerca del volcán Rincón de la Vieja. ¡Un baño termal en medio de un paisaje tan hermoso es una experiencia única!

Otros balnearios°

Todos ofrecen piscinas, baños, pozas y duchas de aguas termales y además...

Lugar	Servicios
El Edén y Yanasara, Curgos (Perú)	cascadas° de aguas termales
Montbrió del Camp, Tarragona (España)	baños de algas°
Puyuhuapi (Chile)	duchas de agua de mar; baños de algas
Termas de Río Hondo, Santiago del Estero (Argentina)	baños de lodo
Tepoztlán, Morelos (México)	temazcales° aztecas
Uyuni, Potosí (Bolivia)	baños de sal

baño *bath* terma *hot spring* beneficio *benefit* lodo *mud* siglos *centuries* manantiales *springs* surge *springs forth* pozas *small pools* estanques *ponds* cuevas *caves* tratamientos *treatments* piel *skin* ha dado *has given* fuentes *springs* balnearios *spas* cascadas *waterfalls* algas *seaweed* temazcales *steam and medicinal herb baths*

ACTIVIDADES

1 **¿Cierto o falso?** Indica si lo que dice cada oración es **cierto** o **falso**. Corrige la información falsa.

1. Los tratamientos con agua y lodo se conocen sólo desde hace pocos años.

2. Las termas son manantiales naturales de agua caliente.

3. La temperatura de las aguas termales no afecta la absorción de los minerales.

4. Las Hornillas y Las Pailas son pozas de aguas termales en Costa Rica.

5. Mucha gente va a Baños de San Vicente, Ecuador, por sus playas.

6. Montbrió del Camp ofrece baños de sal.

7. Es posible ver aguas termales en forma de cascadas.

8. Tepoztlán ofrece temazcales aztecas.

ASÍ SE DICE

El ejercicio

los abdominales	*sit-ups*
la bicicleta estática	*stationary bicycle*
el calambre muscular	*(muscular) cramp*
el (fisi)culturismo; la musculación (Esp.)	*bodybuilding*
las flexiones de pecho; las lagartijas (Méx.); las planchas (Esp.)	*push-ups*
la (cinta) trotadora (Arg.; Chile)	la cinta caminadora

EL MUNDO HISPANO

Creencias° sobre la salud

○ **Colombia** Como algunos suelos son de baldosas°, se cree que si uno anda descalzo° se enfrían° los pies y esto puede causar un resfriado o artritis.

○ **Cuba** Por la mañana, muchas madres sacan a sus bebés a los patios y a las puertas de las casas. La creencia es que unos cinco minutos de sol ayudan a fijar° el calcio en los huesos y aumentan la inmunidad contra las enfermedades.

○ **México** Muchas personas tienen la costumbre de tomar a diario un vaso de jugo del cactus conocido como nopal. Se dice que es bueno para reducir el colesterol y el azúcar en la sangre y que ayuda a adelgazar.

Creencias *Beliefs* baldosas *tiles* anda descalzo *walks barefoot* se enfrían *get cold* fijar *to set*

PERFIL

Las frutas y la salud

Desde hace muchos años se conocen las propiedades de la papaya para tratar problemas digestivos. Esta fruta contiene una enzima, la papaína, que actúa de forma semejante° a como lo hacen los jugos gástricos. Una porción de papaya o un vaso de jugo de esta fruta ayuda a la digestión. La papaya también es rica en vitaminas A y C.

Papayas

Otra fruta buena para la digestión es la piña°. La piña contiene bromelina, una enzima que, como la papaína, ayuda a digerir° las proteínas. Esta deliciosa fruta contiene también ácido cítrico, vitaminas y minerales. Además, tiene efectos diuréticos y antiinflamatorios que pueden aliviar las enfermedades reumáticas. La piña ofrece una ayuda fácil y sabrosa para perder peso por su contenido en fibra y su efecto diurético. Una rodaja°

de piña fresca o un vaso de jugo antes de comer puede ayudar en cualquier° dieta para adelgazar.

semejante *similar* piña *pineapple* digerir *to digest* rodaja *slice* cualquier *any*

 SUPERSITE **Conexión Internet**

¿Qué sistemas de ejercicio son más populares entre los hispanos?

Go to **panorama.vhlcentral.com** to find more cultural information related to this **Cultura** section.

ACTIVIDADES

2 **Comprensión** Responde a las preguntas.

1. Una argentina te dice: "Voy a usar la trotadora." ¿Qué va a hacer?
2. Según los colombianos, ¿qué efectos negativos tiene el no usar zapatos en casa?
3. ¿Cómo se llama la enzima de la papaya que ayuda a la digestión?
4. ¿Cómo se aconseja consumir la piña en dietas de adelgazamiento?

3 **Para sentirte mejor** Entrevista a un(a) compañero/a sobre las cosas que hace todos los días, las cosas que hace al menos una o dos veces a la semana y lo que le ayuda a sentirse mejor. Hablen sobre actividades deportivas, la alimentación y lo que hacen en sus ratos libres.

recursos
SUPERSITE
panorama.vhlcentral.com
Lección 15

15.1 The conditional SUPERSITE

ANTE TODO The conditional tense in Spanish expresses what you *would do* or what *would happen* under certain circumstances.

The conditional tense

		visitar	comer	escribir
SINGULAR FORMS	yo	visitar**ía**	comer**ía**	escribir**ía**
	tú	visitar**ías**	comer**ías**	escribir**ías**
	Ud./él/ella	visitar**ía**	comer**ía**	escribir**ía**
PLURAL FORMS	nosotros/as	visitar**íamos**	comer**íamos**	escribir**íamos**
	vosotros/as	visitar**íais**	comer**íais**	escribir**íais**
	Uds./ellos/ellas	visitar**ían**	comer**ían**	escribir**ían**

¿Volverías a este lugar?

Sí, me gustaría volver pronto a este lugar.

> ▶ The conditional tense is formed much like the future tense. The endings are the same for all verbs, both regular and irregular. For regular verbs, you simply add the appropriate endings to the infinitive. **¡Atención!** All forms of the conditional have an accent mark.

> ▶ For irregular verbs, add the conditional endings to the irregular stems.

INFINITIVE	STEM	CONDITIONAL		INFINITIVE	STEM	CONDITIONAL
decir	dir-	dir**ía**		querer	querr-	querr**ía**
hacer	har-	har**ía**		saber	sabr-	sabr**ía**
poder	podr-	podr**ía**		salir	saldr-	saldr**ía**
poner	pondr-	pondr**ía**		tener	tendr-	tendr**ía**
haber	habr-	habr**ía**		venir	vendr-	vendr**ía**

> ▶ While in English the conditional is a compound verb form made up of the auxiliary verb *would* and a main verb, in Spanish it is a simple verb form that consists of one word.

Yo no **iría** a ese gimnasio.
I would not go to that gym.

¿**Vendrías** conmigo a la clase de yoga?
Would you go with me to yoga class?

¡ATENCIÓN!

The polite expressions **Me gustaría...** (*I would like...*) and **Te gustaría** (*You would like...*) are commonly used examples of the conditional.

AYUDA

The infinitive of **hay** is **haber**, so its conditional form is **habría**.

▶ The conditional is commonly used to make polite requests.

¿Podrías abrir la ventana, por favor?
Would you open the window, please?

¿Sería tan amable de venir a mi oficina?
Would you be so kind as to come to my office?

▶ In Spanish, as in English, the conditional expresses the future in relation to a past action or state of being. In other words, the future indicates what *will happen* whereas the conditional indicates what *would happen*.

N............... ......
I think it will be sunny tomorrow.

Creía que hoy haría sol.
I thought it would be sunny today.

▶ The English *would* is often used with a verb to express the conditional, but it can also mean *used to*, in the sense of past habitual action. To express past habitual actions, Spanish uses the imperfect, not the conditional.

Íbamos al parque los sábados.
We would go to the park on Saturdays.

De adolescente, **entrenaba** todos los días.
As teenager, I used to work out every day.

Sin ti, no sé qué haría.

Sólo tú sabes ordenar mi vida.

Computadoras de Bolsillo Vargas   MM-3000

COMPARE & CONTRAST

In **Lección 14**, you learned the *future of probability*. Spanish also has the *conditional of probability*, which expresses conjecture or probability about a past condition, event, or action. Compare these Spanish and English sentences.

Serían las once de la noche cuando Elvira me llamó.
It must have been (It was probably) 11 p.m. when Elvira called me.

Sonó el teléfono. **¿Llamaría** Emilio para cancelar nuestra cita?
The phone rang. I wondered if it was Emilio calling to cancel our date.

Note that English conveys conjecture or probability with phrases such as *I wondered if*, *probably*, and *must have been*. In contrast, Spanish gets these same ideas across with conditional forms.

¡INTÉNTALO! Indica la forma apropiada del condicional de los verbos.

1. Yo _escucharía, leería, me apuraría_ (escuchar, leer, apurarse)
2. Tú _____ (mantenerse, comprender, compartir)
3. Marcos _____ (poner, venir, querer)
4. Nosotras _____ (ser, saber, ir)
5. Ustedes _____ (adelgazar, deber, sufrir)
6. Ella _____ (salir, poder, hacer)
7. Yo _____ (tener, tratar, fumar)
8. Tú _____ (decir, ver, engordar)

Práctica

1

Preparándose para el verano Un grupo de amigos está pensando en las vacaciones. En las siguientes oraciones nos cuentan sus planes. Complétalas con el condicional del verbo entre paréntesis.

1. Antes de las vacaciones Guillermo _____ (deber) adelgazar un poco porque está bastante gordo. _____ (ser) muy bueno para su salud comer una dieta más equilibrada.

2. Juan, sin embargo, está muy delgado porque es muy activo. Él _____ (disfrutar) mucho de un fin de semana tranquilo en el campo y _____ (tener) tiempo para practicar su pasatiempo favorito: pescar.

3. A mí _____ (gustarme) pasar un fin de semana en el Salar de Uyuni para ◄ relajarme. Estoy seguro/a de que me _____ (aliviar) el estrés de estos últimos meses. También (ellos) me _____ (dar) un buen masaje.

4. Susana y Marta _____ (ir) a la playa. A ellas les _____ (encantar) tomar un poco el sol.

> **NOTA CULTURAL**
>
> **El Salar de Uyuni** es un lago de sal muy conocido en Bolivia por ser un lugar de descanso y por sus efectos beneficiosos para la salud. En este lugar se pueden visitar los característicos hoteles de la región con paredes y muebles de sal.

2

¿Qué harías? En parejas, pregúntense qué harían en las siguientes situaciones.

> **modelo**
>
> Haría todo para ir a los premios Ariel. Primero, iría al médico y tomaría medicina para sentirme mejor. También, dormiría, descansaría y comería comida muy sana para estar bien el día de los premios.

◄

Estás invitado a los premios Ariel. Es posible que te vayan a dar un premio (*award*), pero ese día estás muy enfermo/a.

Vas al banco a depositar un cheque y te das cuenta de (*you realize*) que en tu cuenta hay por error un millón de dólares que no es tuyo.

Estás manejando por el desierto y te quedas sin gasolina.

Vuelves a tu apartamento después de tus clases y tu ex novio/a no te deja entrar.

> **NOTA CULTURAL**
>
> **Los Premios Ariel** de México son el equivalente a los Premios (*Awards*) Oscar en los Estados Unidos. Cada año los entrega (*presents*) la Academia Mexicana de Ciencias y Artes Cinematográficas.
>
> Algunas películas que han ganado un premio Ariel son *Amores perros* y *El laberinto del fauno*.

3

Presidente por un día Imagina que eres el/la presidente/a de tu universidad por un día. Escribe ocho cosas que harías en esa situación. Usa el condicional. Luego compara tus ideas con las de un(a) compañero/a.

> **modelo**
>
> Si yo fuera presidente, tendría un jet privado para mis viajes.

conocer	hacer	poner
dar	invertir en	sufrir
disfrutar	mejorar	tener

Comunicación

4

Conversaciones Tu profesor(a) te dará una hoja de actividades. En ella se presentan dos listas con diferentes problemas que supuestamente tienen los estudiantes. En parejas, túrnense para explicar los problemas de su lista; uno/a cuenta lo que le pasa y el/la otro/a dice lo que haría en esa situación usando la frase "Yo en tu lugar..." (*If I were you...*)

AYUDA

Here are two ways of saying *If I were you:*
Si yo fuera tú…
Yo en tu lugar…

▶

modelo

Estudiante 1: ¡Qué problema! Mi novio/a no me había dado el domingo.
Estudiante 2: Yo en tu lugar, no le diría nada por unos días para ver qué pasa.

5

Roberto en el gimnasio Roberto es una persona muy sedentaria. El médico le dice que tiene que adelgazar para mejorar su salud. Dile ocho cosas que tú harías si fueras él. Usa el condicional. Después, compara tus sugerencias con las del resto de la clase.

modelo

Si yo fuera tú, vería menos la televisión e iría a una clase de ejercicios aeróbicos.

Síntesis

6

Encuesta Tu profesor(a) te dará una hoja de actividades. Circula por la clase y pregúntales a tres compañeros/as qué actividad(es) de las que se describen les gustaría realizar. Usa el condicional de los verbos. Anota las respuestas e informa a la clase de los resultados de la encuesta.

modelo

Estudiante 1: ¿Dejarías de fumar?
Estudiante 2: Claro que sí. Sería difícil al principio, pero podría hacerlo.

Actividades	Nombre de tu compañero/a y su respuesta	Nombre de tu compañero/a y su respuesta	Nombre de tu compañero/a y su respuesta
1. escribir poesía			
2. bailar en un festival			
3. tocar en una banda			
4. hacer el papel principal en un drama			
5. participar en un concurso en la televisión			
6. cantar en un musical			

15.2 The present perfect SUPERSITE

ANTE TODO   In **Lección 13**, you learned how to form past participles. You will now learn how to form the present perfect indicative (**el pretérito perfecto de indicativo**), a compound tense that uses the past participle. The present perfect is used to talk about what someone *has done*. In Spanish, it is formed with the present tense of the auxiliary verb **haber** and a past participle.

Ya veo que han traído todo lo que necesitan.

Todos han venido muy bien equipados.

Present indicative of haber

Singular forms		Plural forms	
yo	**he**	nosotros/as	**hemos**
tú	**has**	vosotros/as	**habéis**
Ud./él/ella	**ha**	Uds./ellos/ellas	**han**

Tú no **has aumentado** de peso.
You haven't gained weight.

Yo ya **he leído** esos libros.
I've already read those books.

¿**Ha asistido** Juan a la clase de yoga?
Has Juan attended the yoga class?

Hemos conocido al entrenador.
We have met the trainer.

▶ The past participle does not change in form when it is part of the present perfect tense; it only changes in form when it is used as an adjective.

Clara **ha abierto** las ventanas.
Clara has opened the windows.

Yo **he cerrado** la puerta del gimnasio.
I've closed the door to the gym.

Las ventanas están **abiertas.**
The windows are open.

La puerta del gimnasio está **cerrada.**
The door to the gym is closed.

▶ In Spanish, the present perfect indicative generally is used just as in English: to talk about what someone has done or what has occurred. It usually refers to the recent past.

He trabajado cuarenta horas esta semana.
I have worked forty hours this week.

¿Cuál es el último libro que **has leído**?
What is the last book that you have read?

CONSULTA

To review what you have learned about participles, see **Estructura 13.4**, p. 438.

¡LENGUA VIVA!

Words like **ya**, **aún**, and **todavía** are very commonly used with the present perfect.

CONSULTA

Remember that the Spanish equivalent of the English to have just (done something) is **acabar de** + [infinitive]. Do not use the present perfect to express that English structure.
Juan acaba de llegar.
Juan has just arrived.
See **Estructura 6.3**, p. 191.

▶ In English, the auxiliary verb and the past participle are often separated. In Spanish, however, these two elements—**haber** and the past participle—cannot be separated by any word.

> Siempre **hemos vivido** en Bolivia.
> *We have always lived in Bolivia.*

> Usted nunca **ha venido** a mi oficina.
> *You have never come to my office.*

Creo que la señora Vives nos ha preparado una cena muy especial.

Gracias, Martín.

No hay de qué. Ha sido un placer.

▶ The word **no** and any object or reflexive pronouns are placed immediately before **haber**.

> Yo **no he comido** la merienda.
> *I haven't eaten the snack.*

> ¿Por qué **no la has comido**?
> *Why haven't you eaten it?*

> Susana ya **se ha entrenado**.
> *Susana has already practiced.*

> Ellos **no lo han terminado**.
> *They haven't finished it.*

▶ Note that *to have* can be either a main verb or an auxiliary verb in English. As a main verb, it corresponds to **tener,** while as an auxiliary, it corresponds to **haber.**

> **Tengo** muchos amigos.
> *I have a lot of friends.*

> **He tenido** mucho éxito.
> *I have had a lot of success.*

▶ To form the present perfect of **hay,** use the third-person singular of **haber (ha) + habido.**

> **Ha habido** muchos problemas con el nuevo profesor.
> *There have been a lot of problems with the new professor.*

> **Ha habido** un accidente en la calle Central.
> *There has been an accident on Central Street.*

¡INTÉNTALO! Indica el pretérito perfecto de indicativo de estos verbos.

1. (disfrutar, comer, vivir) yo _he disfrutado, he comido, he vivido_
2. (traer, adelgazar, compartir) tú _____
3. (venir, estar, correr) usted _____
4. (leer, resolver, poner) ella _____
5. (decir, romper, hacer) ellos _____
6. (mantenerse, dormirse) nosotros _____
7. (estar, escribir, ver) yo _____
8. (vivir, correr, morir) él _____

Práctica SUPERSITE

1 **Completar** Estas oraciones describen el bienestar o los problemas de unos estudiantes. Completa las oraciones con el pretérito perfecto de indicativo de los verbos de la lista.

adelgazar	comer	llevar
aumentar	hacer	sufrir

1. Luisa _____ muchas presiones este año.
2. Juan y Raúl _____ de peso porque no hacen ejercicio.
3. Pero María y yo _____ porque trabajamos en exceso y nos olvidamos de comer.
4. Desde siempre, yo _____ una vida muy sana.
5. Pero tú y yo no _____ gimnasia este semestre.

2 **¿Qué has hecho?** Indica si has hecho lo siguiente.

> **modelo**
> escalar una montaña
> Sí, he escalado varias montañas./No, no he escalado nunca una montaña.

1. jugar al baloncesto
2. viajar a Bolivia
3. conocer a una persona famosa
4. levantar pesas
5. comer un insecto
6. recibir un masaje
7. aprender varios idiomas
8. bailar salsa
9. ver una película en español
10. escuchar música latina
11. estar despierto/a 24 horas
12. bucear

AYUDA

You may use some of these expressions in your answers:
una vez *once*
un par de veces *a couple of times*
alguna vez *ever*
algunas veces *a few times*
varias veces *several times*
muchas veces *many times, often*

3 **La vida sana** En parejas, túrnense para hacer preguntas sobre el tema de la vida sana. Sean creativos.

> **modelo**
> encontrar un gimnasio
> **Estudiante 1:** ¿Has encontrado un buen gimnasio cerca de tu casa?
> **Estudiante 2:** Yo no he encontrado un gimnasio pero sé que debo buscar uno.

1. tratar de estar en forma
2. estar a dieta los últimos dos meses
3. dejar de tomar refrescos
4. hacerse una prueba del colesterol
5. entrenarse cinco días a la semana
6. cambiar de una vida sedentaria a una vida activa
7. tomar vitaminas por las noches y por las mañanas
8. hacer ejercicio para aliviar la tensión
9. consumir mucha proteína
10. dejar de fumar

Comunicación

4

Descripción En parejas, describan lo que han hecho y no han hecho estas personas. Usen la imaginación.

1. Jorge y Raúl

2. Luisa

3. Jacobo

4. Natalia y Diego

5. Ricardo

6. Carmen

5

Describir En parejas, identifiquen a una persona que lleva una vida muy sana. Puede ser una persona que conocen o un personaje que aparece en una película o programa de televisión. Entre los dos, escriban una descripción de lo que esta persona ha hecho para llevar una vida sana.

> **modelo**
>
> Pedro Penzini Fleury siempre ha hecho todo lo posible para mantenerse en forma. Él…

Síntesis

6

Situación Trabajen en parejas para representar los papeles de un(a) enfermero/a de la universidad y un(a) estudiante. El/La enfermero/a de la clínica de la universidad está conversando con el/la estudiante que no se siente nada bien. El/La enfermero/a debe averiguar de dónde viene el problema e investigar los hábitos del/de la estudiante. El/La estudiante le explica lo que ha hecho en los últimos meses y cómo se ha sentido. Luego el/la enfermero/a le da recomendaciones al/a la estudiante de cómo llevar una vida más sana.

15.3 # The past perfect

ANTE TODO The past perfect indicative (**el pretérito pluscuamperfecto de indicativo**) is used to talk about what someone *had done* or what *had occurred* before another past action, event, or state. Like the present perfect, the past perfect uses a form of **haber**—in this case, the imperfect—plus the past participle.

Nunca había visto un paisaje tan espectacular.

Nunca había hecho una excursión.

Past perfect indicative

		cerrar	perder	asistir
SINGULAR FORMS	yo	**había** cerrado	**había** perdido	**había** asistido
	tú	**habías** cerrado	**habías** perdido	**habías** asistido
	Ud./él/ella	**había** cerrado	**había** perdido	**había** asistido
PLURAL FORMS	nosotros/as	**habíamos** cerrado	**habíamos** perdido	**habíamos** asistido
	vosotros/as	**habíais** cerrado	**habíais** perdido	**habíais** asistido
	Uds./ellos/ellas	**habían** cerrado	**habían** perdido	**habían** asistido

Antes de 2005, **había vivido** en La Paz.
Before 2005, I had lived in La Paz.

Cuando llegamos a casa, Luis ya **había salido.**
When we arrived to the house, Luis had already left.

▶ The past perfect is often used with the word **ya** (*already*) to indicate that an action, event, or state had already occurred before another. Remember that, unlike its English equivalent, **ya** cannot be placed between **haber** and the past participle.

Ella **ya había salido** cuando llamaron.
She had already left when they called.

Cuando llegué, Raúl **ya se había acostado.**
When I arrived, Raúl had already gone to bed.

¡ATENCIÓN!

The past perfect is often used in conjunction with **antes de** + [*noun*] or **antes de** + [*infinitive*] to describe when the action(s) occurred.

Antes de este año, nunca había estudiado español.
Before this year, I had never studied Spanish.

Luis me había llamado antes de venir.
Luis had called me before he came.

¡INTÉNTALO! Indica el pretérito pluscuamperfecto de indicativo de cada verbo.

1. Nosotros ya _habíamos cenado_ (cenar) cuando nos llamaron.
2. Antes de tomar esta clase, yo no _____ (estudiar) nunca el español.
3. Antes de ir a México, ellos nunca _____ (ir) a otro país.
4. Eduardo nunca _____ (entrenarse) tanto en invierno.
5. Tú siempre _____ (llevar) una vida sana antes del año pasado.
6. Antes de conocerte, yo ya te _____ (ver) muchas veces.

recursos

WB
pp. 187–188

LM
p. 89

SUPERSITE
panorama.
vhlcentral.com
Lección 15

Práctica SUPERSITE

1

Completar Completa los minidiálogos con las formas correctas del pretérito pluscuamperfecto de indicativo.

1. **SARA**   Antes de cumplir los 15 años, ¿_____ (estudiar) tú otra lengua?
   JOSÉ   Sí,_____ (tomar) clases de inglés y de italiano.

▶ 2. **DOLORES**   Antes de ir a Argentina, ¿_____ (probar) tú y tu familia el mate?
   TOMÁS   Sí, ya_____ (tomar) mate muchas veces.

3. **ANTONIO**   Antes de este año, ¿_____ (correr) usted en un maratón?
   SRA. VERA   No, nunca lo_____ (hacer).

4. **SOFÍA**   Antes de su enfermedad, ¿_____ (sufrir) muchas presiones tu tío?
   IRENE   Sí… y él nunca_____ (mantenerse) en buena forma.

2

Tu vida Indica si ya habías hecho estas cosas antes de cumplir los 16 años.

1. hacer un viaje en avión
2. escribir un poema
3. enamorarte
4. tomar clases de aeróbicos
5. montar a caballo
6. escalar una montaña
7. manejar un carro
8. navegar en la red
9. ir de pesca

Comunicación

3

Gimnasio Olímpico En parejas, lean el anuncio y contesten las preguntas.

¡Acabo de descubrir una nueva vida!

Hasta el año pasado, siempre había mirado la tele sentado en el sofá durante mis ratos libres. ¡Era un sedentario y un teleadicto! Jamás había practicado ningún deporte y había aumentado mucho de peso.

Este año, he empezado a comer una dieta más sana y voy al gimnasio todos los días. He comenzado a ser una persona muy activa y he adelgazado. Disfruto de una vida sana. ¡Me siento muy feliz!

Manténgase en forma.

¡Venga al Gimnasio Olímpico hoy mismo!

1. Identifiquen los elementos del pretérito pluscuamperfecto de indicativo en el anuncio.
2. ¿Cómo era la vida del hombre cuando llevaba una vida sedentaria? ¿Cómo es ahora?
3. ¿Se identifican ustedes con algunos de los hábitos, presentes o pasados, de este hombre? ¿Con cuáles?
4. ¿Qué les recomienda el hombre del anuncio a los lectores? ¿Creen que les da buenos consejos?

Recapitulación

SUPERSITE   For self-scoring and diagnostics,
go to **panorama.vhlcentral.com**.

Completa estas actividades para repasar los conceptos de gramática que aprendiste en esta lección.

1

Verbos Completa el cuadro con la forma correcta de los verbos. **12 pts.**

Infinitivo	tú	nosotros	ellas
pintar		pintaríamos	
	querrías		querrían
		podríamos	
	habrías		habrían
vivir			

2

Completar Completa el cuadro con el pretérito perfecto de los verbos. **6 pts.**

Infinitivo	yo	él	ellas
tratar			
entrenarse			

3

Diálogo Completa la conversación con la forma adecuada del condicional de los verbos. **8 pts.**

> aconsejar   encantar   ir   poder
> dejar   gustar   llover   volver

OMAR   ¿Sabes? La demostración de yoga al aire libre fue un éxito. Yo creía que (1) _____, pero hizo sol.

NIDIA   Ah, me alegro. Te dije que Jaime y yo (2) _____, pero tuvimos un imprevisto (*something came up*) y no pudimos. Y a Laura, ¿la viste allí?

OMAR   Sí, ella vino. Al contrario que tú, al principio me dijo que ella y su marido no (3) _____ venir, pero al final aparecieron (*showed up*). Necesitaba relajarse un poco; está muy estresada con su trabajo.

NIDIA   Yo le (4) _____ que busque otra cosa. En su lugar, (5) _____ esa compañía y (6) _____ a escribir un libro.

OMAR   Estoy de acuerdo. Oye, esta noche voy a ir al gimnasio. ¿(7) _____ venir conmigo?

NIDIA   Sí, (8) _____. ¿A qué hora vamos?

OMAR   A las siete y media.

RESUMEN GRAMATICAL

15.1   **The conditional**   *pp. 492–493*

The conditional tense* of **disfrutar**	
disfrutaría	disfrutaríamos
disfrutarías	disfrutaríais
disfrutaría	disfrutarían

*Same ending for -**ar**, - **er**, and -**ir** verbs.

▶ Verbs with irregular conditional: **decir, haber, hacer, poder, poner, querer, saber, salir, tener, venir**

15.2   **The present perfect**   *pp. 496–497*

Present indicative of **haber**	
he	hemos
has	habéis
ha	han

Present perfect: present tense of **haber** + past participle

Present perfect indicative	
he empezado	**hemos** empezado
has empezado	**habéis** empezado
ha empezado	**han** empezado

He empezado a ir al gimnasio con regularidad.
I have begun to go to the gym regularly.

15.3   **The past perfect**   *p. 500*

Past perfect: imperfect tense of **haber** + past participle

Past perfect indicative	
había vivido	**habíamos** vivido
habías vivido	**habíais** vivido
había vivido	**habían** vivido

Antes de 2006, yo ya **había vivido** en tres países diferentes.
*Before 2006, I **had** already **lived** in three different countries.*

4 **Preguntas** Completa las preguntas para estas respuestas usando el pretérito perfecto de indicativo. **8 pts.**

> modelo
>
> —¿Has llamado a tus padres? —Sí, los llamé ayer.

1. —¿Tú _____ ejercicio esta mañana en el gimnasio? —No, hice ejercicio en el parque.
2. —Y ustedes, ¿_____ ya? —Sí, desayunamos en el hotel.
3. —Y Juan y Felipe, ¿adónde _____ ? —Fueron al cine.
4. —Paco, ¿(nosotros) _____ la cuenta del gimnasio? —Sí, la recibimos la semana pasada.
5. —Señor Martín, ¿_____ algo ya? —Sí, pesqué uno grande. Ya me puedo ir a casa contento.
6. —Inés, ¿_____ mi pelota de fútbol? —Sí, la vi esta mañana en el coche.
7. —Yo no _____ café todavía. ¿Alguien quiere acompañarme? —No, gracias. Yo ya tomé mi café en casa.
8. —¿Ya te _____ el doctor que puedes comer chocolate? —Sí, me lo dijo ayer.

5 **Antes de graduarse** Di lo que cada una de estas personas ya había hecho o no había hecho todavía antes de graduarse de la universidad. Sigue el modelo. **6 pts.**

> modelo
>
> yo / ya conocer a muchos amigos
> *Yo ya había conocido a muchos amigos.*

1. Margarita / ya dejar de fumar
2. tú / ya aprender a mantenerse en forma
3. Julio / ya casarse
4. Mabel y yo / ya practicar yoga
5. los hermanos Falsero / todavía no perder un partido de voleyball
6. yo / ya entrenarse para el maratón

6 **Manteniéndote en forma** Escribe al menos cinco oraciones para describir cómo te has mantenido en forma este semestre. Di qué cosas han cambiado este semestre en relación con el año pasado. Por ejemplo, ¿qué cosas has hecho o practicado este semestre que nunca habías probado antes? **10 pts.**

7 **Poema** Completa este fragmento de un poema de Nezahualcóyotl con el pretérito perfecto de indicativo de los verbos. **¡2 puntos EXTRA!**

> " _____ (Llegar) aquí,
> soy Yoyontzin.
> Sólo busco las flores
> sobre la tierra, _____ (venir)
> a cortarlas. "

Lectura

Antes de leer

Estrategia
Making inferences

For dramatic effect and to achieve a smoother writing style, authors often do not explicitly supply the reader with all the details of a story or poem. Clues in the text can help you infer those things the writer chooses not to state in a direct manner. You simply "read between the lines" to fill in the missing information and draw conclusions. To practice making inferences, read these statements:

A Liliana le encanta ir al gimnasio. Hace años que empezó a levantar pesas.

Based on this statement alone, what inferences can you draw about Liliana?

El autor

Ve a la página 445 de tu libro y lee la biografía de Gabriel García Márquez.

El título

Sin leer el texto del cuento (*story*), lee el título. Escribe cinco oraciones que empiecen con la frase "Un día de éstos".

El cuento

Éstas son algunas palabras que vas a encontrar al leer *Un día de éstos*. Busca su significado en el diccionario. Según estas palabras, ¿de qué piensas que trata (*is about*) el cuento?

alcalde	lágrimas
dentadura postiza	muela
displicente	pañuelo
enjuto	rencor
guerrera	teniente

Un día de éstos
Gabriel García Márquez

El lunes amaneció tibio° y sin lluvia. Don Aurelio Escovar, dentista sin título y buen madrugador°, abrió su gabinete° a las seis. Sacó de la vidriera° una dentadura postiza montada aún° en el molde de yeso° y puso sobre la mesa un puñado de instrumentos que ordenó de mayor a menor, como en una exposición. Llevaba una camisa a rayas, sin cuello, cerrada arriba con un botón dorado°, y los pantalones sostenidos con cargadores° elásticos. Era rígido, enjuto, con una mirada que raras veces correspondía a la situación, como la mirada de los sordos°.

Cuando tuvo las cosas dispuestas sobre la mesa rodó la fresa° hacia el sillón de resortes y se sentó a pulir° la dentadura postiza. Parecía no pensar en lo que hacía, pero trabajaba con obstinación, pedaleando en la fresa incluso cuando no se servía de ella.

Después de las ocho hizo una pausa para mirar el cielo por la ventana y vio dos gallinazos° pensativos que se secaban al sol en el caballete° de la casa vecina. Siguió trabajando con la idea de que antes del almuerzo volvería a llover°. La voz destemplada° de su hijo de once años lo sacó de su abstracción.

—Papá.

—Qué.

—Dice el alcalde que si le sacas una muela.

—Dile que no estoy aquí.

Estaba puliendo un diente de oro°. Lo retiró a la distancia del brazo y lo examinó con los ojos a medio cerrar. En la salita de espera volvió a gritar su hijo.

—Dice que sí estás porque te está oyendo.

El dentista siguió examinando el diente. Sólo cuando lo puso en la mesa con los trabajos terminados, dijo:

---

amaneció tibio *dawn broke warm* madrugador *early riser* gabinete *office* vidriera *glass cabinet* montada aún *still set* yeso *plaster* dorado *gold* sostenidos con cargadores *held by suspenders* sordos *deaf* rodó la fresa *he turned the drill* pulir *to polish* gallinazos *vultures* caballete *ridge* volvería a llover *it would rain again* voz destemplada *discordant voice* oro *gold* cajita de cartón *small cardboard box* puente *bridge* te pega un tiro *he will shoot you* Sin apresurarse *Without haste* gaveta *drawer* Hizo girar *He turned* apoyada *resting* umbral *threshold* mejilla *cheek* hinchada *swollen* barba *beard* marchitos *faded* hervían *were boiling* pomos de loza *china bottles* cancel de tela *cloth screen* se acercaba *was approaching* talones *heels* mandíbula *jaw* cautelosa *cautious* cacerola *saucepan* pinzas *pliers* escupidera *spittoon* aguamanil *washstand* cordal *wisdom tooth* gatillo *pliers* se aferró *clung* barras *arms* descargó *unloaded* vacío helado *icy hollowness* riñones *kidneys* no soltó un suspiro *he didn't let out a sigh* muñeca *wrist* amarga ternura *bitter tenderness* crujido *crunch* a través de *through* sudoroso *sweaty* jadeante *panting* se desabotonó *he unbuttoned* a tientas *blindly* bolsillo *pocket* trapo *cloth* cielorraso desfondado *ceiling with the paint sagging* telaraña polvorienta *dusty spiderweb* haga buches de *rinse your mouth out with* vaina *thing*

—Mejor.

Volvió a operar la fresa. De una cajita de cartón° donde guardaba las cosas por hacer, sacó un puente° de varias piezas y empezó a pulir el oro.

—Papá.

—Qué.

Aún no había cambiado de expresión.

—Dice que si no le sacas la muela te pega un tiro°.

Sin apresurarse°, con un movimiento extremadamente tranquilo, dejó de pedalear en la fresa, la retiró del sillón y abrió por completo la gaveta° inferior de la mesa. Allí estaba el revólver.

—Bueno —dijo—. Dile que venga a pegármelo.

Hizo girar° el sillón hasta quedar de frente a la puerta, la mano apoyada° en el borde de la gaveta. El alcalde apareció en el umbral°. Se había afeitado la mejilla° izquierda, pero en la otra, hinchada° y dolorida, tenía una barba° de cinco días. El dentista vio en sus ojos marchitos° muchas noches de desesperación. Cerró la gaveta con la punta de los dedos y dijo suavemente:

—Siéntese.

—Buenos días —dijo el alcalde.

—Buenos —dijo el dentista.

Mientras hervían° los instrumentos, el alcalde apoyó el cráneo en el cabezal de la silla y se sintió mejor. Respiraba un olor glacial. Era un gabinete pobre: una vieja silla de madera, la fresa de pedal y una vidriera con pomos de loza°. Frente a la silla, una ventana con un cancel de tela° hasta la altura de un hombre. Cuando sintió que el dentista se acercaba°, el alcalde afirmó los talones° y abrió la boca.

Don Aurelio Escovar le movió la cabeza hacia la luz. Después de observar la muela dañada, ajustó la mandíbula° con una presión cautelosa° de los dedos.

—Tiene que ser sin anestesia —dijo.

—¿Por qué?

—Porque tiene un absceso.

El alcalde lo miró en los ojos.

—Está bien —dijo, y trató de sonreír. El dentista no le correspondió. Llevó a la mesa de trabajo la cacerola° con los instrumentos hervidos y los sacó del agua con unas pinzas° frías, todavía sin apresurarse. Después rodó la escupidera° con la punta del zapato y fue a lavarse las manos en el aguamanil°. Hizo todo sin mirar al alcalde. Pero el alcalde no lo perdió de vista.

Era una cordal° inferior. El dentista abrió las piernas y apretó la muela con el gatillo° caliente. El alcalde se aferró a las barras° de la silla, descargó° toda su fuerza en los pies y sintió un vacío helado° en los riñones°, pero no soltó un suspiro°. El dentista sólo movió la muñeca°. Sin rencor, más bien con una amarga ternura°, dijo:

—Aquí nos paga veinte muertos, teniente.

El alcalde sintió un crujido° de huesos en la mandíbula y sus ojos se llenaron de lágrimas. Pero no suspiró hasta que no sintió salir la muela. Entonces la vio a través de° las lágrimas. Le pareció tan extraña a su dolor, que no pudo entender la tortura de sus cinco noches anteriores. Inclinado sobre la escupidera, sudoroso°, jadeante°, se desabotonó° la guerrera y buscó a tientas° el pañuelo en el bolsillo° del pantalón. El dentista le dio un trapo° limpio.

—Séquese las lágrimas —dijo.

El alcalde lo hizo. Estaba temblando. Mientras el dentista se lavaba las manos, vio el cielorraso desfondado° y una telaraña polvorienta° con huevos de araña e insectos muertos. El dentista regresó secándose. "Acuéstese —dijo— y haga buches de° agua de sal." El alcalde se puso de pie, se despidió con un displicente saludo militar, y se dirigió a la puerta estirando las piernas, sin abotonarse la guerrera.

—Me pasa la cuenta —dijo.

—¿A usted o al municipio?

El alcalde no lo miró. Cerró la puerta, y dijo, a través de la red metálica:

—Es la misma vaina°.

Después de leer

Comprensión

Completa las oraciones con la palabra o expresión correcta.

1. Don Aurelio Escovar es _____ sin título.
2. Al alcalde le duele _____.
3. Aurelio Escovar y el alcalde se llevan _____.
4. El alcalde amenaza (*threatens*) al dentista con pegarle un ____.
5. Finalmente, Aurelio Escovar _____ la muela al alcalde.
6. El alcalde llevaba varias noches sin _____.

Interpretación

En parejas, respondan a estas preguntas. Luego comparen sus respuestas con las de otra pareja.

1. ¿Cómo reacciona don Aurelio cuando escucha que el alcalde amenaza con pegarle un tiro? ¿Qué les dice esta actitud sobre las personalidades del dentista y del alcalde?
2. ¿Por qué creen que don Aurelio y el alcalde no se llevan bien?
3. ¿Creen que era realmente necesario no usar anestesia?
4. ¿Qué piensan que significa el comentario "aquí nos paga veinte muertos, teniente"? ¿Qué les dice esto del alcalde y su autoridad en el pueblo?
5. ¿Cómo se puede interpretar el saludo militar y la frase final del alcalde "es la misma vaina"?

Escritura

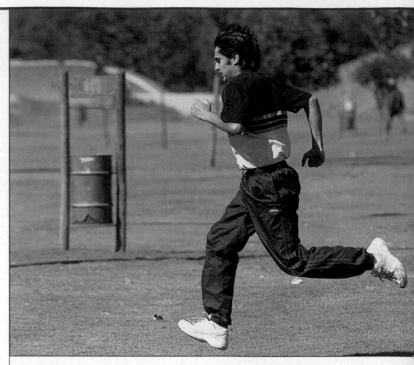

Estrategia
Organizing information logically

Many times a written piece may require you to include a great deal of information. You might want to organize your information in one of three different ways:

▶ chronologically (e.g., events in the history of a country)
▶ sequentially (e.g., steps in a recipe)
▶ in order of importance

Organizing your information in this manner will make both your writing and your message clearer to your readers. If you were writing a piece on weight reduction, for example, you would need to organize your ideas about two general areas: eating right and exercise. You would need to decide which of the two is more important according to your purpose in writing the piece. If your main idea is that eating right is the key to losing weight, you might want to start your piece with a discussion of good eating habits. You might want to discuss the following aspects of eating right in order of their importance:

▶ quantities of food
▶ selecting appropriate foods from the food pyramid
▶ healthful recipes
▶ percentage of fat in each meal
▶ calorie count
▶ percentage of carbohydrates in each meal
▶ frequency of meals

You would then complete the piece by following the same process to discuss the various aspects of the importance of getting exercise.

recursos

panorama.vhlcentral.com
Lección 15

Tema

Escribir un plan personal de bienestar

Desarrolla un plan personal para mejorar tu bienestar, tanto físico como emocional. Tu plan debe describir:

1. lo que has hecho para mejorar tu bienestar y llevar una vida sana
2. lo que no has podido hacer todavía
3. las actividades que debes hacer en los próximos meses

Considera también estas preguntas.

La nutrición

▶ ¿Comes una dieta equilibrada?
▶ ¿Consumes suficientes vitaminas y minerales? ¿Consumes demasiada grasa?
▶ ¿Quieres aumentar de peso o adelgazar?
▶ ¿Qué puedes hacer para mejorar tu dieta?

El ejercicio

▶ ¿Haces ejercicio? ¿Con qué frecuencia?
▶ ¿Vas al gimnasio? ¿Qué tipo de ejercicios haces allí?
▶ ¿Practicas algún deporte?
▶ ¿Qué puedes hacer para mejorar tu bienestar físico?

El estrés

▶ ¿Sufres muchas presiones?
▶ ¿Qué actividades o problemas te causan estrés?
▶ ¿Qué haces (o debes hacer) para aliviar el estrés y sentirte más tranquilo/a?
▶ ¿Qué puedes hacer para mejorar tu bienestar emocional?

Escuchar

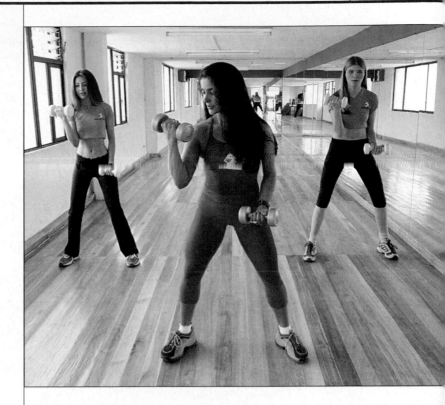

Estrategia

Listening for the gist/
Listening for cognates

Combining these two strategies is an easy way to get a good sense of what you hear. When you listen for the gist, you get the general idea of what you're hearing, which allows you to interpret cognates and other words in a meaningful context. Similarly, the cognates give you information about the details of the story that you might not have understood when listening for the gist.

 To practice these strategies, you will listen to a short paragraph. Write down the gist of what you hear and jot down a few cognates. Based on the gist and the cognates, what conclusions can you draw about what you heard?

Preparación

Mira la foto. ¿Qué pistas° te da de lo que vas a oír?

Ahora escucha 🎧

Escucha lo que dice Ofelia Cortez de Bauer. Anota algunos de los cognados que escuchas y también la idea general del discurso°.

_____

_____

_____

Idea general: _____

Ahora contesta las siguientes preguntas.

1. ¿Cuál es el género° del discurso?
2. ¿Cuál es el tema?
3. ¿Cuál es el propósito°?

pistas *clues* discurso *speech* género *genre* propósito *purpose*
público *audience* debía haber incluido *should have included*

Comprensión

¿Cierto o falso?

Indica si lo que dicen estas oraciones es **cierto** o **falso**. Corrige las oraciones que son falsas.

	Cierto	Falso
1. La señora Bauer habla de la importancia de estar en buena forma y de hacer ejercicio.	○	○
2. Según ella, lo más importante es que lleves el programa sugerido por los expertos.	○	○
3. La señora Bauer participa en actividades individuales y de grupo.	○	○
4. El único objetivo del tipo de **programa** que ella sugiere es adelgazar.	○	○

Preguntas

1. Imagina que el programa de radio sigue. Según las pistas que ella dio, ¿qué vas a oír en la segunda parte?
2. ¿A qué tipo de público° le interesa el tema del que habla la señora Bauer?
3. ¿Sigues los consejos de la señora Bauer? Explica tu respuesta.
4. ¿Qué piensas de los consejos que ella da? ¿Hay otra información que ella debía haber incluido°?

En pantalla

Georgina Bardach, nacida en Córdoba, Argentina, en 1983, es una versátil nadadora° que ha triunfado a nivel° internacional. En los Juegos Olímpicos de Atenas 2004, ganó la medalla de bronce en los 400 metros combinados°. En mayo de 2006, rompió el récord suramericano en los 200 metros de espalda°. Ella, como los niños de este reportaje° de televisión, aprendió a nadar desde pequeña y comenta que para triunfar en la natación o en cualquier° actividad deportiva, en primer lugar "te tiene que gustar. El segundo papel° lo juega la familia, que te apoya°."

Vocabulario útil	
cordón	cord
cloro	chlorine
por medio de	through
familiarizando	getting familiar
beneficios	benefits
sí mismos	themselves
chiquitos	little
reglas	rules
capacidad pulmonar	lung capacity

¿Cierto o falso?

Indica si lo que dice cada oración es **cierto** o **falso**.

1. Algunos bebés pueden empezar a nadar antes de los cuatro meses.
2. Los juegos les ayudan a familiarizarse con la tierra.
3. Las clases son buenas para aprender a socializar.
4. También hacen a los niños menos independientes.
5. El entrenador debe ser un profesional certificado.

Entrevista

En parejas, escriban una entrevista sobre el bienestar a un(a) atleta, un(a) entrenador(a) o un(a) doctor(a). Escriban las preguntas y lo que piensan que esa persona va a responder.

nadadora *swimmer* nivel *level* combinados *medley* de espalda *backstroke* reportaje *report* cualquier *any* papel *role* apoya *supports* bebés *babies* a partir de *from* juguetes *toys*

Reportaje sobre natación

La actividad acuática para bebés° se puede empezar...

...a partir de° los cuatro o cinco meses de edad...

...con canciones y juegos y juguetes°.

SUPERSITE **Conexión Internet**

Go to **panorama.vhlcentral.com** to watch the TV clip featured in this **En pantalla** section.

Oye cómo va

Los Kjarkas

El grupo folklórico **Los Kjarkas** fue fundado en el año de 1965 por los tres hermanos Wilson, Castel y Gonzalo Hermosa, junto con Edgar Villarroel. La idea era crear° una forma nueva y original de interpretar la música andina boliviana. A través de° los años, esta agrupación musical ha cambiado de integrantes°, pero mantienen la misma filosofía. Actualmente°, este grupo es conocido en Latinoamérica, Norteamérica, Europa y Asia. Los Kjarkas han fundado tres escuelas para el estudio de la música andina y sus instrumentos musicales, una en Bolivia, otra en Perú y otra en Ecuador. Algunas de sus canciones más famosas son *El amor y la libertad*, *Wa ya yay*, *Sueño de los Andes* y el éxito internacional *Llorando se fue*.

Tu profesor(a) va a poner la canción en la clase. Escúchala y completa las actividades.

Completar

Completa las frases.

1. Los hermanos Hermosa y Edgar Villarroel fundaron...
2. Los Kjarkas interpretan música...
3. Este grupo ha cambiado varias veces de...
4. Pero ha mantenido la misma...
5. La zampoña, la quena y el charango son...

Preguntas

En grupos pequeños, respondan a las preguntas.

1. ¿De que habla la canción?
2. ¿Qué consejos le da el autor de la canción a la chica?
3. ¿Creen ustedes en el amor a primera vista? ¿Por qué?
4. ¿Conoce alguno/a de ustedes a una pareja que se haya enamorado a primera vista? Describe su historia a tus compañeros/as.

crear *to create* A través de *Over* integrantes *members* Actualmente *Nowadays* labios *lips* madrugadas *dawns* golpear *knocking (on)* carmín *lipstick* tiernos *tender* camino *path* encuentro *meeting* flauta *flute* quena *reed flute* bombo *bass drum*

El hombre equivocado

Tengo quince años y no he vivido.
En mis labios° besos nunca he sentido.
Mis ojos vieron mil madrugadas°
y pasó el amor sin golpear° mi puerta.
Mis ojos vieron mil madrugadas
y pasó el amor sin golpear mi puerta.

Un día se puso el mejor vestido
y puso carmín° en sus labios tiernos°.
Forzó el camino° de su destino.
No quiso esperar y salió al encuentro°.
Forzó el camino de su destino.
No quiso esperar y salió al encuentro.

Instrumentos andinos

Los instrumentos que se utilizan en la interpretación de la música andina son la zampoña o flauta° de pan, la quena°, el arpa, el bombo°, la guitarra y el charango, que es una guitarra pequeña.

Quena

SUPERSITE **Conexión Internet**

Go to **panorama.vhlcentral.com** to learn more about the artist featured in this **Oye cómo va** section.

Bolivia

El país en cifras

► **Área:** 1.098.580 km² (424.162 millas²), *equivalente al área total de Francia y España*

► **Población:** 10.031.000

Los indígenas quechua y aimará constituyen más de la mitad° de la población de Bolivia. Estos grupos indígenas han mantenido sus culturas y lenguas tradicionales. Las personas de ascendencia° indígena y europea representan la tercera parte de la población. Los demás son de ascendencia europea nacida en Latinoamérica. Una gran mayoría de los bolivianos, más o menos el 70%, vive en el altiplano°.

► **Capital:** La Paz, sede° del gobierno, capital administrativa—1.692.000; Sucre, sede del Tribunal Supremo, capital constitucional y judicial

► **Ciudades principales:** Santa Cruz de la Sierra—1.551.000, Cochabamba, Oruro, Potosí

SOURCE: Population Division, UN Secretariat

► **Moneda:** peso boliviano

► **Idiomas:** español (oficial), aimará (oficial), quechua (oficial)

Bandera de Bolivia

Bolivianos célebres

► **Jesús Lara,** escritor (1898–1980)
► **Víctor Paz Estenssoro,** político y presidente (1907–2001)
► **María Luisa Pacheco,** pintora (1919–1982)
► **Matilde Casazola,** poeta (1942–)

mitad *half* ascendencia *descent* altiplano *high plateau* sede *seat*
paraguas *umbrella* cascada *waterfall*

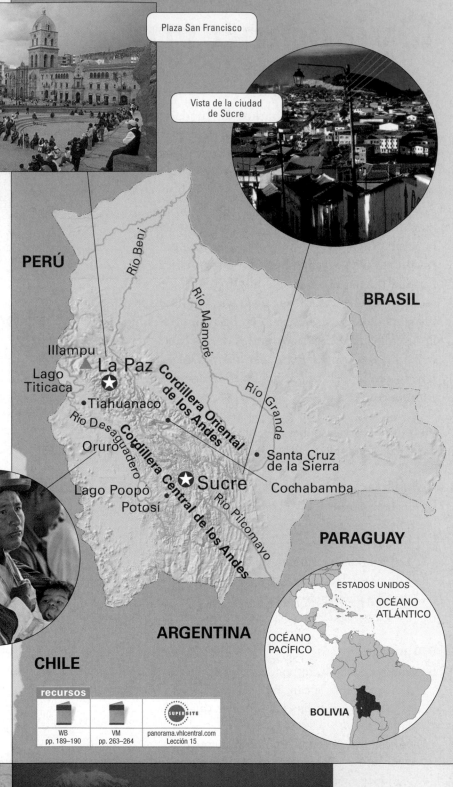

Plaza San Francisco

Vista de la ciudad de Sucre

PERÚ

BRASIL

Río Beni
Río Mamoré
Río Grande
Illampu
Lago Titicaca
La Paz
•Tiahuanaco
Cordillera Oriental de los Andes
Río Desaguadero
Oruro
Cordillera Central de los Andes
Lago Poopó
Potosí
Sucre
Santa Cruz de la Sierra
Río Pilcomayo
Cochabamba

PARAGUAY

ARGENTINA

CHILE

Mujer indígena con bebé

ESTADOS UNIDOS
OCÉANO ATLÁNTICO
OCÉANO PACÍFICO
BOLIVIA

recursos

WB pp. 189–190	VM pp. 263–264	SUPERSITE panorama.vhlcentral.com Lección 15

¡Increíble pero cierto!

La Paz es la capital más alta del mundo. Su aeropuerto está situado a una altitud de 3.600 metros (12.000 pies). Ah, y si viajas en carro hasta La Paz, ¡no te olvides del paraguas°! En la carretera, que cruza 9.000 metros de densa selva, te encontrarás con una cascada°.

Lugares • El lago Titicaca

Titicaca, situado en los Andes de Bolivia y Perú, es el lago navegable más alto del mundo, a una altitud de 3.815 metros (12.500 pies). Con un área de más de 8.000 kilómetros^2 (3.000 millas^2), también es el segundo lago más grande de Suramérica, después del lago de Maracaibo. La mitología inca cuenta que los hijos del dios° Sol emergieron de las profundas aguas del lago Titicaca para fundar su imperio°.

Artes • La música andina

La música andina, compartida por Bolivia, Perú, Ecuador, Chile y Argentina, es el aspecto más conocido de su folklore. Hay muchos conjuntos° profesionales que dan a conocer° esta música popular, de origen indígena, alrededor° del mundo. Algunos de los grupos más importantes y que llevan más de treinta años actuando en escenarios internacionales son Los Kjarkas (Bolivia), Inti Illimani (Chile), Los Chaskis (Argentina) e Illapu (Chile).

Historia • Tiahuanaco

Tiahuanaco, que significa "Ciudad de los dioses", es un sitio arqueológico de ruinas preincaicas situado cerca de La Paz y del lago Titicaca. Se piensa que los antepasados° de los indígenas aimará fundaron este centro ceremonial hace unos 15.000 años. En el año 1100, la ciudad tenía unos 60.000 habitantes. En este sitio se pueden ver el Templo de Kalasasaya, el Monolito Ponce, el Templete Subterráneo, la Puerta del Sol y la Puerta de la Luna. La Puerta del Sol es un impresionante monumento que tiene tres metros de alto y cuatro de ancho° y que pesa unas 10 toneladas.

¿Qué aprendiste? Responde a cada pregunta con una oración completa.

1. ¿Qué idiomas se hablan en Bolivia?
2. ¿Dónde vive la mayoría de los bolivianos?
3. ¿Cuál es la capital administrativa de Bolivia?
4. Según la mitología inca, ¿qué ocurrió en el lago Titicaca?
5. ¿De qué países es la música andina?
6. ¿Qué origen tiene esta música?
7. ¿Cómo se llama el sitio arqueológico situado cerca de La Paz y el lago Titicaca?
8. ¿Qué es la Puerta del Sol?

Conexión Internet Investiga estos temas en **panorama.vhlcentral.com.**

1. Busca información sobre un(a) boliviano/a célebre. ¿Cuáles son algunos de los episodios más importantes de su vida? ¿Qué ha hecho esta persona? ¿Por qué es célebre?
2. Busca información sobre Tiahuanaco u otro sitio arqueológico en Bolivia. ¿Qué han descubierto los arqueólogos en ese sitio?

dios *god*   imperio *empire*   conjuntos *groups*   dan a conocer *make known*   alrededor *around*   antepasados *ancestors*   ancho *wide*

Paraguay

El país en cifras

- **Área:** 406.750 km² (157.046 millas²), *el tamaño° de California*
- **Población:** 6.882.000
- **Capital:** Asunción—2.264.000
- **Ciudades principales:** Ciudad del Este, San Lorenzo, Lambaré, Fernando de la Mora

SOURCE: Population Division, UN Secretariat

- **Moneda:** guaraní
- **Idiomas:** español (oficial), guaraní (oficial)

Las tribus indígenas que habitaban la zona antes de la llegada de los españoles hablaban guaraní. Ahora el 90 por ciento de los paraguayos habla esta lengua, que se usa con frecuencia en canciones, poemas, periódicos y libros. Varios institutos y asociaciones, como el Teatro Guaraní, se dedican a preservar la cultura y la lengua guaraníes.

Bandera de Paraguay

Paraguayos célebres

- **Agustín Barrios,** guitarrista y compositor (1885–1944)
- **Josefina Plá,** escritora y ceramista (1909–1999)
- **Augusto Roa Bastos,** escritor (1917–2005)
- **Olga Blinder,** pintora (1921–)

recursos

WB pp. 191–192   VM pp. 265–266   panorama.vhlcentral.com Lección 15

tamaño *size*   multara *fined*   ciudadanos *citizens*   elecciones *election*

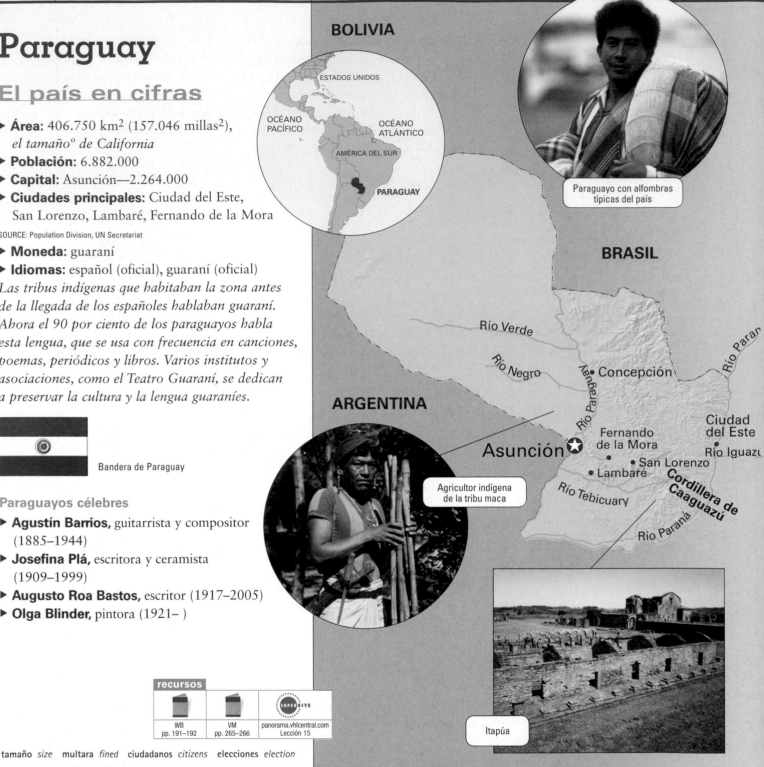

Paraguayo con alfombras típicas del país

Agricultor indígena de la tribu maca

Itapúa

¡Increíble pero cierto!

¿Te imaginas qué pasaría si el gobierno multara° a los ciudadanos° que no van a votar? En Paraguay, es una obligación. Ésta es una ley nacional, que otros países también tienen, para obligar a los ciudadanos a participar en las elecciones°. En Paraguay los ciudadanos que no van a votar tienen que pagar una multa al gobierno.

Artesanía • El ñandutí

La artesanía° más famosa de Paraguay se llama ñandutí y es un encaje°
hecho a mano originario de Itaguá. En guaraní, la palabra ñandutí significa
telaraña° y esta pieza recibe ese nombre porque imita el trazado° que crean
los arácnidos. Estos encajes suelen ser° blancos, pero también los hay de
colores, con formas geométricas o florales.

Ciencias • La represa Itaipú

La represa° Itaipú es una instalación hidroeléctrica que se encuentra en la
frontera° entre Paraguay y Brasil. Su construcción inició en 1974 y duró 11
años. La cantidad de concreto que se utilizó durante los primeros cinco años de
esta obra° fue similar a la que se necesita para construir un edificio de 350 pisos.
Cien mil trabajadores paraguayos participaron en el proyecto. En 1984 se puso
en funcionamiento la Central Hidroeléctrica de Itaipú y gracias a su cercanía
con las famosas Cataratas de Iguazú, muchos turistas la visitan diariamente.

Naturaleza • Los ríos Paraguay y Paraná

Los ríos Paraguay y Paraná sirven de frontera natural entre Argentina y
Paraguay, y son las principales rutas de transporte de este último país. El
Paraná tiene unos 3.200 kilómetros navegables, y por esta ruta pasan barcos
de más de 5.000 toneladas, los cuales viajan desde el estuario° del Río de la
Plata hasta la ciudad de Asunción. El río Paraguay divide el Gran Chaco de la
meseta° Paraná, donde vive la mayoría de los paraguayos.

 ¿Qué aprendiste? Responde a cada pregunta con una oración completa.

1. ¿Quién fue Augusto Roa Bastos?

2. ¿Cómo se llama la moneda de Paraguay?

3. ¿Qué es el ñandutí?

4. ¿De dónde es originario el ñandutí?

5. ¿Qué forma imita el ñandutí?

6. En total, ¿cuántos años tomó la construcción de la represa Itaipú?

7. ¿A cuántos paraguayos dio trabajo la construcción de la represa?

8. ¿Qué países separan los ríos Paraguay y Paraná?

9. ¿Qué distancia se puede navegar por el Paraná?

 Conexión Internet Investiga estos temas en **panorama.vhlcentral.com**.

1. Busca información sobre Alfredo Stroessner, el ex presidente de Paraguay. ¿Por qué se le considera
un dictador?
2. Busca información sobre la historia de Paraguay. En tu opinión, ¿cuáles fueron los episodios decisivos
en su historia?

. . . .

artesanía *crafts*   encaje *lace*   telaraña *spiderweb*   trazado *outline; design*   suelen ser *are usually*   represa *dam*   frontera *border*
obra *work*   estuario *estuary*   meseta *plateau*

El bienestar

el bienestar	well-being
la droga	drug
el/la drogadicto/a	drug addict
el masaje	massage
el/la teleadicto/a	couch potato
adelgazar	to lose weight; to slim down
aliviar el estrés	to reduce stress
aliviar la tensión	to reduce tension
apurarse, darse prisa	to hurry; to rush
aumentar de peso, engordar	to gain weight
disfrutar (de)	to enjoy; to reap the benefits (of)
estar a dieta	to be on a diet
(no) fumar	(not) to smoke
llevar una vida sana	to lead a healthy lifestyle
sufrir muchas presiones	to be under a lot of pressure
tratar de (+ *inf.*)	to try (to do something)
activo/a	active
débil	weak
en exceso	in excess; too much
flexible	flexible
fuerte	strong
sedentario/a	sedentary; related to sitting
tranquilo/a	calm; quiet

En el gimnasio

la cinta caminadora	treadmill
la clase de ejercicios aeróbicos	aerobics class
el/la entrenador(a)	trainer
el músculo	muscle
calentarse (e:ie)	to warm up
entrenarse	to practice; to train
estar en buena forma	to be in good shape
hacer ejercicio	to exercise
hacer ejercicios aeróbicos	to do aerobics
hacer ejercicios de estiramiento	to do stretching exercises
hacer gimnasia	to work out
levantar pesas	to lift weights
mantenerse en forma	to stay in shape
sudar	to sweat

La nutrición

la bebida alcohólica	alcoholic beverage
la cafeína	caffeine
la caloría	calorie
el colesterol	cholesterol
la grasa	fat
la merienda	afternoon snack
el mineral	mineral
la nutrición	nutrition
el/la nutricionista	nutritionist
la proteína	protein
la vitamina	vitamin
comer una dieta equilibrada	to eat a balanced diet
consumir alcohol	to consume alcohol
descafeinado/a	decaffeinated

Expresiones útiles	See page 487.

Plan de escritura

1 **Ideas y organización**

Begin by organizing your writing materials. If you prefer to write by hand, you may want to have a few spare pens and pencils on hand, as well as an eraser or correction fluid. If you prefer to use a word-processing program, make sure you know how to type Spanish accent marks, the **tilde,** and Spanish punctuation marks. Then make a list of the resources you can consult while writing. Finally, make a list of the basic ideas you want to cover. Beside each idea, jot down a few Spanish words and phrases you may want to use while writing.

2 **Primer borrador**

Write your first draft, using the resources and ideas you gathered in **Ideas y organización.**

3 **Comentario**

Exchange papers with a classmate and comment on each other's work, using these questions as a guide. Begin by mentioning what you like about your classmate's writing.

a. How can your classmate make his or her writing clearer, more logical, or more organized?

b. What suggestions do you have for making the writing more interesting or complete?

c. Do you see any spelling or grammatical errors?

4 **Redacción**

Revise your first draft, keeping in mind your classmate's comments. Also, incorporate any new information you may have. Before handing in the final version, review your work using these guidelines:

a. Make sure each verb agrees with its subject. Then check the gender and number of each article, noun, and adjective.

b. Check your spelling and punctuation.

c. Consult your **Anotaciones para mejorar la escritura** (see description below) to avoid repetition of previous errors.

5 **Evaluación y progreso**

You may want to share what you've written with a classmate, a small group, or the entire class. After your instructor has returned your paper, review the comments and corrections. On a separate sheet of paper, write the heading **Anotaciones para mejorar** (*Notes for improving*) **la escritura** and list your most common errors. Place this list and your corrected document in your writing portfolio (**Carpeta de trabajos**) and consult it from time to time to gauge your progress.

Spanish Terms for Direction Lines and Classroom Use

Below is a list of useful terms that you might hear your instructor say in class. It also includes Spanish terms that appear in the direction lines of your textbook.

En las instrucciones *In direction lines*

Cambia/Cambien...	*Change...*
Camina/Caminen por la clase.	*Walk around the classroom.*
Ciertas o falsas	*True or false*
Cierto o falso	*True or false*
Circula/Circulen por la clase.	*Walk around the classroom.*
Completa las oraciones de una manera lógica.	*Complete the sentences logically.*
Con un(a) compañero/a...	*With a classmate...*
Contesta las preguntas.	*Answer the questions.*
Corrige las oraciones falsas.	*Correct the false statements.*
Cuenta/Cuenten...	*Tell...*
Di/Digan...	*Say...*
Discute/Discutan...	*Discuss...*
En grupos...	*In groups...*
En parejas...	*In pairs...*
Entrevista...	*Interview...*
Escúchala	*Listen to it*
Forma oraciones completas.	*Create/Make complete sentences.*
Háganse preguntas.	*Ask each other questions.*
Haz el papel de...	*Play the role of...*
Haz los cambios necesarios.	*Make the necessary changes.*
Indica/Indiquen si las oraciones...	*Indicate if the sentences...*
Intercambia/Intercambien...	*Exchange...*
Lee/Lean en voz alta.	*Read aloud.*
Pon/Pongan...	*Put...*
...que mejor completa...	*...that best completes...*
Reúnete...	*Get together...*
...se da/dan como ejemplo.	*...is/are given as a model.*
Toma nota...	*Take note...*
Tomen apuntes.	*Take notes.*
Túrnense...	*Take turns...*

Palabras útiles *Useful words*

la adivinanza	*riddle*
el anuncio	*advertisement/ad*
los apuntes	*notes*
el borrador	*draft*
la canción	*song*
la concordancia	*agreement*
el contenido	*contents*
eficaz	*efficient*
la encuesta	*survey*
el equipo	*team*
el esquema	*outline*
el folleto	*brochure*
las frases	*statements*
la hoja de actividades	*activity sheet/handout*
la hoja de papel	*piece of paper*
la información errónea	*incorrect information*
el/la lector(a)	*reader*
la lectura	*reading*
las oraciones	*sentences*
la ortografía	*spelling*
las palabras útiles	*useful words*
el papel	*role*
el párrafo	*paragraph*
el paso	*step*
la(s) persona(s) descrita(s)	*the person (people) described*
la pista	*clue*
por ejemplo	*for example*
el propósito	*purpose*
los recursos	*resources*
el reportaje	*report*
los resultados	*results*
según	*according to*
siguiente	*following*
la sugerencia	*suggestion*
el sustantivo	*noun*
el tema	*topic*
último	*last*
el último recurso	*last resort*

Verbos útiles *Useful verbs*

adivinar	*to guess*
anotar	*to jot down*
añadir	*to add*
apoyar	*to support*
averiguar	*to find out*
cambiar	*to change*
combinar	*to combine*
compartir	*to share*
comprobar (o:ue)	*to check*
corregir (e:i)	*to correct*
crear	*to create*
devolver (o:ue)	*to return*
doblar	*to fold*
dramatizar	*to act out*
elegir (e:i)	*to choose/select*
emparejar	*to match*
entrevistar	*to interview*
escoger	*to choose*
identificar	*to identify*
incluir	*to include*
informar	*to report*
intentar	*to try*
intercambiar	*to exchange*
investigar	*to research*
marcar	*to mark*
preguntar	*to ask*
recordar (o:ue)	*to remember*
responder	*to answer*
revisar	*to revise*
seguir (e:i)	*to follow*
seleccionar	*to select*
subrayar	*to underline*
traducir	*to translate*
tratar de	*to be about*

Expresiones útiles *Useful expressions*

Ahora mismo.	*Right away.*
¿Cómo no?	*But of course.*
¿Cómo se dice _____ en español?	*How do you say _____ in Spanish?*
¿Cómo se escribe _____?	*How do you spell _____?*
¿Comprende(n)?	*Do you understand?*
Con gusto.	*With pleasure.*
Con permiso.	*Excuse me.*
De acuerdo.	*Okay.*
De nada.	*You're welcome.*
¿De veras?	*Really?*
¿En qué página estamos?	*What page are we on?*
¿En serio?	*Seriously?*
Enseguida.	*Right away.*
hoy día	*nowadays*
Más despacio, por favor.	*Slower, please.*
Muchas gracias.	*Thanks a lot.*
No entiendo.	*I don't understand.*
No hay de qué.	*Don't mention it.*
No importa.	*No problem./It doesn't matter.*
¡No me digas!	*You don't say!*
No sé.	*I don't know.*
¡Ojalá!	*Hopefully!*
Perdone.	*Pardon me.*
Por favor.	*Please.*
Por supuesto.	*Of course.*
¡Qué bien!	*Great!*
¡Qué gracioso!	*How funny!*
¡Qué pena!	*What a shame/pity!*
¿Qué significa _____?	*What does _____ mean?*
Repite, por favor.	*Please repeat.*
Tengo una pregunta.	*I have a question.*
¿Tiene(n) alguna pregunta?	*Do you have any questions?*
Vaya(n) a la página dos.	*Go to page 2.*

Glossary of Grammatical Terms

ADJECTIVE A word that modifies, or describes, a noun or pronoun.

muchos libros	un hombre **rico**
many books	*a rich man*
las mujeres **altas**	
the tall women	

Demonstrative adjective An adjective that specifies which noun a speaker is referring to.

esta fiesta	**ese** chico
this party	*that boy*
aquellas flores	
those flowers	

Possessive adjective An adjective that indicates ownership or possession.

mi mejor vestido	Éste es **mi** hermano.
my best dress	*This is my brother.*

Stressed possessive adjective A possessive adjective that emphasizes the owner or possessor.

Es un libro **mío**.
It's my book./It's a book of mine.

Es amiga **tuya**; yo no la conozco.
She's a friend of yours; I don't know her.

ADVERB A word that modifies, or describes, a verb, adjective, or other adverb.

Pancho escribe **rápidamente**.
Pancho writes quickly.

Este cuadro es **muy** bonito.
This picture is very pretty.

ARTICLE A word that points out a noun in either a specific or a non-specific way.

Definite article An article that points out a noun in a specific way.

el libro	**la** maleta
the book	*the suitcase*
los diccionarios	**las** palabras
the dictionaries	*the words*

Indefinite article An article that points out a noun in a general, non-specific way.

un lápiz	**una** computadora
a pencil	*a computer*
unos pájaros	**unas** escuelas
some birds	*some schools*

CLAUSE A group of words that contains both a conjugated verb and a subject, either expressed or implied.

Main (or Independent) clause A clause that can stand alone as a complete sentence.

Pienso ir a cenar pronto.
I plan to go to dinner soon.

Subordinate (or Dependent) clause A clause that does not express a complete thought and therefore cannot stand alone as a sentence.

Trabajo en la cafetería **porque necesito dinero para la escuela**.
I work in the cafeteria because I need money for school.

COMPARATIVE A construction used with an adjective or adverb to express a comparison between two people, places, or things.

Este programa es **más interesante que** el otro.
This program is more interesting than the other one.

Tomás no es **tan alto como** Alberto.
Tomás is not as tall as Alberto.

CONJUGATION A set of the forms of a verb for a specific tense or mood or the process by which these verb forms are presented.

Preterite conjugation of **cantar**:

cant**é**	cant**amos**
cant**aste**	cant**asteis**
cant**ó**	cant**aron**

CONJUNCTION A word used to connect words, clauses, or phrases.

Susana es de Cuba **y** Pedro es de España.
Susana is from Cuba and Pedro is from Spain.

No quiero estudiar **pero** tengo que hacerlo.
I don't want to study, but I have to.

CONTRACTION The joining of two words into one. The only contractions in Spanish are **al** and **del**.

Mi hermano fue **al** concierto ayer.
*My brother went **to the** concert yesterday.*

Saqué dinero **del** banco.
*I took money **from the** bank.*

DIRECT OBJECT A noun or pronoun that directly receives the action of the verb.

Tomás lee **el libro**.   **La** pagó ayer.
*Tomás reads **the book.***   *She paid **it** yesterday.*

GENDER The grammatical categorizing of certain kinds of words, such as nouns and pronouns, as masculine, feminine, or neuter.

Masculine
articles el, un
pronouns él, lo, mío, éste, ése, aquél
adjective simpático

Feminine
articles la, una
pronouns ella, la, mía, ésta, ésa, aquélla
adjective simpática

IMPERSONAL EXPRESSION A third-person expression with no expressed or specific subject.

Es muy importante.   Llueve mucho.
It's very important.   *It's raining hard.*

Aquí **se** habla español.
*Spanish **is spoken** here.*

INDIRECT OBJECT A noun or pronoun that receives the action of the verb indirectly; the object, often a living being, to or for whom an action is performed.

Eduardo **le** dio un libro **a Linda**.
*Eduardo gave a book **to Linda**.*

La profesora **me** dio una C en el examen.
*The professor gave **me** a C on the test.*

INFINITIVE The basic form of a verb. Infinitives in Spanish end in **-ar**, **-er**, or **-ir**.

hablar   correr   abrir
to speak   *to run*   *to open*

INTERROGATIVE An adjective or pronoun used to ask a question.

¿**Quién** habla?   ¿**Cuántos** compraste?
***Who** is speaking?*   ***How many** did you buy?*

¿**Qué** piensas hacer hoy?
***What** do you plan to do today?*

INVERSION Changing the word order of a sentence, often to form a question.

Statement: Elena pagó la cuenta del restaurante.

Inversion: ¿Pagó Elena la cuenta del restaurante?

MOOD A grammatical distinction of verbs that indicates whether the verb is intended to make a statement or command or to express a doubt, emotion, or condition contrary to fact.

Imperative mood Verb forms used to make commands.

Di la verdad.   **Caminen** ustedes conmigo.
***Tell** the truth.*   ***Walk** with me.*

¡**Comamos** ahora!
***Let's eat** now!*

Indicative mood Verb forms used to state facts, actions, and states considered to be real.

Sé que **tienes** el dinero.
***I know** that **you have** the money.*

Subjunctive mood Verb forms used principally in subordinate (dependent) clauses to express wishes, desires, emotions, doubts, and certain conditions, such as contrary-to-fact situations.

Prefieren que **hables** en español.
*They prefer that **you speak** in Spanish.*

Dudo que Luis **tenga** el dinero necesario.
*I doubt that Luis **has** the necessary money.*

NOUN A word that identifies people, animals, places, things, and ideas.

hombre   gato
man   *cat*

México   casa
Mexico   *house*

libertad   libro
freedom   *book*

NUMBER A grammatical term that refers to singular or plural. Nouns in Spanish and English have number. Other parts of a sentence, such as adjectives, articles, and verbs, can also have number.

Singular	Plural
una cosa	unas cosas
a thing	*some things*
el profesor	los profesores
the professor	*the professors*

NUMBERS Words that represent amounts.

Cardinal numbers Words that show specific amounts.

cinco minutos
five minutes

el año dos mil siete
the year 2007

Ordinal numbers Words that indicate the order of a noun in a series.

el **cuarto** jugador	la **décima** hora
*the **fourth** player*	*the **tenth** hour*

PAST PARTICIPLE A past form of the verb used in compound tenses. The past participle may also be used as an adjective, but it must then agree in number and gender with the word it modifies.

Han **buscado** por todas partes.
*They have **searched** everywhere.*

Yo no había **estudiado** para el examen.
*I hadn't **studied** for the exam.*

Hay una **ventana abierta** en la sala.
*There is an **open window** in the living room.*

PERSON The form of the verb or pronoun that indicates the speaker, the one spoken to, or the one spoken about. In Spanish, as in English, there are three persons: first, second, and third.

Person	Singular		Plural	
1st	yo	*I*	nosotros/as	*we*
2nd	tú, Ud.	*you*	vosotros/as, Uds.	*you*
3rd	él, ella	*he, she*	ellos, ellas	*they*

PREPOSITION A word or words that describe(s) the relationship, most often in time or space, between two other words.

Anita es **de** California.
*Anita is **from** California.*

La chaqueta está **en** el carro.
*The jacket is **in** the car.*

Marta se peinó **antes de** salir.
*Marta combed her hair **before** going out.*

PRESENT PARTICIPLE In English, a verb form that ends in *-ing*. In Spanish, the present participle ends in **-ndo**, and is often used with **estar** to form a progressive tense.

Mi hermana está **hablando** por teléfono ahora mismo.
*My sister is **talking** on the phone right now.*

PRONOUN A word that takes the place of a noun or nouns.

Demonstrative pronoun A pronoun that takes the place of a specific noun.

Quiero **ésta**.
*I want **this one**.*

¿Vas a comprar **ése**?
*Are you going to buy **that one**?*

Juan prefirió **aquéllos**.
*Juan preferred **those** (over there).*

Object pronoun A pronoun that functions as a direct or indirect object of the verb.

Te digo la verdad.
*I'm telling **you** the truth.*

Me lo trajo Juan.
Juan brought it to me.

Reflexive pronoun A pronoun that indicates that the action of a verb is performed by the subject on itself. These pronouns are often expressed in English with *-self: myself, yourself*, etc.

Yo **me** bañé antes de salir.
*I bathed **(myself)** before going out.*

Elena **se** acostó a las once y media.
*Elena **went to bed** at eleven-thirty.*

Relative pronoun A pronoun that connects a subordinate clause to a main clause.

El chico **que** nos escribió viene de visita mañana.
*The boy **who** wrote us is coming to visit tomorrow.*

Ya sé **lo que** tenemos que hacer.
*I already know **what** we have to do.*

Subject pronoun A pronoun that replaces the name or title of a person or thing, and acts as the subject of a verb.

Tú debes estudiar más.
***You** should study more.*

Él llegó primero.
***He** arrived first.*

SUBJECT A noun or pronoun that performs the action of a verb and is often implied by the verb.

María va al supermercado.
***María** goes to the supermarket.*

(Ellos) Trabajan mucho.
***They** work hard.*

Esos **libros** son muy caros.
*Those **books** are very expensive.*

SUPERLATIVE A word or construction used with an adjective or adverb to express the highest or lowest degree of a specific quality among three or more people, places, or things.

De todas mis clases, ésta es la **más interesante**.
*Of all my classes, this is the **most interesting**.*

Raúl es el **menos simpático** de los chicos.
*Raúl is the **least pleasant** of the boys.*

TENSE A set of verb forms that indicates the time of an action or state: past, present, or future.

Compound tense A two-word tense made up of an auxiliary verb and a present or past participle. In Spanish, there are two auxiliary verbs: **estar** and **haber**.

En este momento, **estoy estudiando**.
*At this time, **I am studying**.*

El paquete no **ha llegado** todavía.
*The package **has not arrived** yet.*

Simple tense A tense expressed by a single verb form.

María **estaba** mal anoche.
*María **was** ill last night.*

Juana **hablará** con su mamá mañana.
*Juana **will speak** with her mom tomorrow.*

VERB A word that expresses actions or states-of-being.

Auxiliary verb A verb used with a present or past participle to form a compound tense. **Haber** is the most commonly used auxiliary verb in Spanish.

Los chicos **han** visto los elefantes.
*The children **have** seen the elephants.*

Espero que **hayas** comido.
*I hope you **have** eaten.*

Reflexive verb A verb that describes an action performed by the subject on itself and is always used with a reflexive pronoun.

Me compré un carro nuevo.
*I **bought myself** a new car.*

Pedro y Adela **se levantan** muy temprano.
*Pedro and Adela **get (themselves) up** very early.*

Spelling change verb A verb that undergoes a predictable change in spelling, in order to reflect its actual pronunciation in the various conjugations.

practicar	c→qu	practico	practiqué
dirigir	g→j	dirigí	dirijo
almorzar	z→c	almorzó	almorcé

Stem-changing verb A verb whose stem vowel undergoes one or more predictable changes in the various conjugations.

entender (e:ie)	entiendo
pedir (e:i)	piden
dormir (o:ue, u)	duermo, durmieron

Verb Conjugation Tables

The verb lists

The list of verbs below, and the model-verb tables that start on page A-11 show you how to conjugate every verb taught in **PANORAMA**. Each verb in the list is followed by a model verb conjugated according to the same pattern. The number in parentheses indicates where in the verb tables you can find the conjugated forms of the model verb. If you want to find out how to conjugate **divertirse**, for example, look up number 33, **sentir**, the model for verbs that follow the **e:ie** stem-change pattern.

How to use the verb tables

In the tables you will find the infinitive, present and past participles, and all the simple forms of each model verb. The formation of the compound tenses of any verb can be inferred from the table of compound tenses, pages A-11–12, either by combining the past participle of the verb with a conjugated form of **haber** or by combining the present participle with a conjugated form of **estar**.

---

abrazar (z:c) like cruzar (37)

abrir like vivir (3) *except* past participle is **abierto**

aburrir(se) like vivir (3)

acabar de like hablar (1)

acampar like hablar (1)

acompañar like hablar (1)

aconsejar like hablar (1)

acordarse (o:ue) like contar (24)

acostarse (o:ue) like contar (24)

adelgazar (z:c) like cruzar (37)

afeitarse like hablar (1)

ahorrar like hablar (1)

alegrarse like hablar (1)

aliviar like hablar (1)

almorzar (o:ue) like contar (24) *except* (z:c)

alquilar like hablar (1)

andar like hablar (1) *except* preterite stem is **anduv-**

anunciar like hablar (1)

apagar (g:gu) like llegar (41)

aplaudir like vivir (3)

apreciar like hablar (1)

aprender like comer (2)

apurarse like hablar (1)

arrancar (c:qu) like tocar (43)

arreglar like hablar (1)

asistir like vivir (3)

aumentar like hablar (1)

ayudar(se) like hablar (1)

bailar like hablar (1)

bajar(se) like hablar (1)

bañarse like hablar (1)

barrer like comer (2)

beber like comer (2)

besar(se) like hablar (1)

borrar like hablar (1)

brindar like hablar (1)

bucear like hablar (1)

buscar (c:qu) like tocar (43)

caber (4)

caer(se) (5)

calentarse (e:ie) like pensar (30)

calzar (z:c) like cruzar (37)

cambiar like hablar (1)

caminar like hablar (1)

cantar like hablar (1)

casarse like hablar (1)

cazar (z:c) like cruzar (37)

celebrar like hablar (1)

cenar like hablar (1)

cepillarse like hablar (1)

cerrar (e:ie) like pensar (30)

cobrar like hablar (1)

cocinar like hablar (1)

comenzar (e:ie) (z:c) like empezar (26)

comer (2)

compartir like vivir (3)

comprar like hablar (1)

comprender like comer (2)

comprometerse like comer (2)

comunicarse (c:qu) like tocar (43)

conducir (c:zc) (6)

confirmar like hablar (1)

conocer (c:zc) (35)

conseguir (e:i) (g:gu) like seguir (32)

conservar like hablar (1)

consumir like vivir (3)

contaminar like hablar (1)

contar (o:ue) (24)

controlar like hablar (1)

correr like comer (2)

costar (o:ue) like contar (24)

creer (y) (36)

cruzar (z:c) (37)

cubrir like vivir (3) *except* past participle is **cubierto**

cuidar like hablar (1)

cumplir like vivir (3)

dañar like hablar (1)

dar (7)

deber like comer (2)

decidir like vivir (3)

decir (e:i) (8)

declarar like hablar (1)

dejar like hablar (1)

depositar like hablar (1)

desarrollar like hablar (1)

desayunar like hablar (1)

descansar like hablar (1)

descargar like llegar (41)

describir like vivir (3) *except* past participle is **descrito**

descubrir like vivir (3) *except* past participle is **descubierto**

desear like hablar (1)

despedirse (e:i) like pedir (29)

despertarse (e:ie) like pensar (30)

destruir (y) (38)

dibujar like hablar (1)

dirigir (g:j) like vivir (3) *except* (g:j)

disfrutar like hablar (1)

divertirse (e:ie) like sentir (??)

divorciarse like hablar (1)

doblar like hablar (1)

doler (o:ue) like volver (34) *except* past participle is regular

dormir(se) (o:ue, u) (25)

ducharse like hablar (1)

dudar like hablar (1)

durar like hablar (1)

echar like hablar (1)

elegir (e:i) like pedir (29) *except* (g:j)

emitir like vivir (3)

empezar (e:ie) (z:c) (26)

enamorarse like hablar (1)

encantar like hablar (1)

encontrar(se) (o:ue) like contar (24)

enfermarse like hablar (1)

engordar like hablar (1)

enojarse like hablar (1)

enseñar like hablar (1)

ensuciar like hablar (1)

entender (e:ie) (27)

entrenarse like hablar (1)

entrevistar like hablar (1)

enviar (envío) (39)

escalar like hablar (1)

escoger (g:j) like proteger (42)

escribir like vivir (3) *except* past participle is **escrito**

escuchar like hablar (1)

esculpir like vivir (3)

esperar like hablar (1)

esquiar (esquío) like enviar (39)

establecer (c:zc) like conocer (35)

estacionar like hablar (1)

estar (9)

estornudar like hablar (1)

estudiar like hablar (1)

evitar like hablar (1)

explicar (c:qu) like tocar (43)

explorar like hablar (1)

faltar like hablar (1)

fascinar like hablar (1)

firmar like hablar (1)

fumar like hablar (1)

funcionar like hablar (1)

ganar like hablar (1)

gastar like hablar (1)

grabar like hablar (1)

graduarse (gradúo) (40)

guardar like hablar (1)

gustar like hablar (1)

haber (hay) (10)

hablar (1)

hacer (11)

importar like hablar (1)

imprimir like vivir (3)

informar like hablar (1)

insistir like vivir (3)

interesar like hablar (1)

invertir (e:ie) like sentir (33)

invitar like hablar (1)

ir(se) (12)

jubilarse like hablar (1)

jugar (u:ue) (g:gu) (28)

lastimarse like hablar (1)

lavar(se) like hablar (1)

leer (y) like creer (36)

levantar(se) like hablar (1)

limpiar like hablar (1)

llamar(se) like hablar (1)

llegar (g:gu) (41)

llenar like hablar (1)

llevar(se) like hablar (1)

llover (o:ue) like volver (34) *except* past participle is regular

luchar like hablar (1)

mandar like hablar (1)

manejar like hablar (1)

mantener(se) (e:ie) like tener (20)

maquillarse like hablar (1)

mejorar like hablar (1)

merendar (e:ie) like pensar (30)

mirar like hablar (1)

molestar like hablar (1)

montar like hablar (1)

morir (o:ue) like dormir (25) *except* past participle is **muerto**

mostrar (o:ue) like contar (24)

mudarse like hablar (1)

nacer (c:zc) like conocer (35)

nadar like hablar (1)

navegar (g:gu) like llegar (41)

necesitar like hablar (1)

negar (e:ie) like pensar (30) *except* (g:gu)

nevar (e:ie) like pensar (30)

obedecer (c:zc) like conocer (35)

obtener (e:ie) like tener (20)

ocurrir like vivir (3)

odiar like hablar (1)

ofrecer (c:zc) like conocer (35)

oír (13)

olvidar like hablar (1)

pagar (g:gu) like llegar (41)

parar like hablar (1)

parecer (c:zc) like conocer (35)

pasar like hablar (1)

pasear like hablar (1)

patinar like hablar (1)

pedir (e:i) (29)

peinarse like hablar (1)

pensar (e:ie) (30)

perder (e:ie) like entender (27)

pescar (c:qu) like tocar (43)

pintar like hablar (1)

planchar like hablar (1)

poder (o:ue) (14)

poner(se) (15)

practicar (c:qu) like tocar (43)

preferir (e:ie) like sentir (33)

preguntar like hablar (1)

preocuparse like hablar (1)

preparar like hablar (1)

presentar like hablar (1)

prestar like hablar (1)

probar(se) (o:ue) like contar (24)

prohibir like vivir (3)

proteger (g:j) (42)

publicar (c:qu) like tocar (43)

quedar(se) like hablar (1)

quemar like hablar (1)

querer (e:ie) (16)

quitar(se) like hablar (1)

recetar like hablar (1)

recibir like vivir (3)

reciclar like hablar (1)

recoger (g:j) like proteger (42)

recomendar (e:ie) like pensar (30)

recordar (o:ue) like contar (24)

reducir (c:zc) like conducir (6)

regalar like hablar (1)

regatear like hablar (1)

regresar like hablar (1)

reír(se) (e:i) (31)

relajarse like hablar (1)

renunciar like hablar (1)

repetir (e:i) like pedir (29)

resolver (o:ue) like volver (34)

respirar like hablar (1)

revisar like hablar (1)

rogar (o:ue) like contar (24) *except* (g:gu)

romper(se) like comer (2) *except* past participle is **roto**

saber (17)

sacar (c:qu) like tocar (43)

sacudir like vivir (3)

salir (18)

saludar(se) like hablar (1)

secar(se) (c:qu) like tocar (43)

seguir (e:i) (32)

sentarse (e:ie) like pensar (30)

sentir(se) (e:ie) (33)

separarse like hablar (1)

ser (19)

servir (e:i) like pedir (29)

solicitar like hablar (1)

sonar (o:ue) like contar (24)

sonreír (e:i) like reír(se) (31)

sorprender like comer (2)

subir like vivir (3)

sudar like hablar (1)

sufrir like vivir (3)

sugerir (e:ie) like sentir (33)

suponer like poner (15)

temer like comer (2)

tener (e:ie) (20)

terminar like hablar (1)

tocar (c:qu) (43)

tomar like hablar (1)

torcerse (o:ue) like volver (34) *except* (c:z) and past participle is regular; e.g., yo tuerzo

toser like comer (2)

trabajar like hablar (1)

traducir (c:zc) like conducir (6)

traer (21)

transmitir like vivir (3)

tratar like hablar (1)

usar like hablar (1)

vender like comer (2)

venir (e:ie, i) (22)

ver (23)

vestirse (e:i) like pedir (29)

viajar like hablar (1)

visitar like hablar (1)

vivir (3)

volver (o:ue) (34)

votar like hablar (1)

Regular verbs: simple tenses

Infinitive	INDICATIVE Present	Imperfect	Preterite	Future	Conditional	SUBJUNCTIVE Present	Past	IMPERATIVE
1 hablar	hablo	hablaba	hablé	hablaré	hablaría	hable	hablara	
	hablas	hablabas	hablaste	hablarás	hablarías	hables	hablaras	habla tú (no hables)
	habla	hablaba	habló	hablará	hablaría	hable	hablara	hable Ud.
Participles:	hablamos	hablábamos	hablamos	hablaremos	hablaríamos	hablemos	habláramos	hablemos
hablando	habláis	hablabais	hablasteis	hablaréis	hablaríais	habléis	hablarais	hablad (no habléis)
hablado	hablan	hablaban	hablaron	hablarán	hablarían	hablen	hablaran	hablen Uds.
2 comer	como	comía	comí	comeré	comería	coma	comiera	
	comes	comías	comiste	comerás	comerías	comas	comieras	come tú (no comas)
	come	comía	comió	comerá	comería	coma	comiera	coma Ud.
Participles:	comemos	comíamos	comimos	comeremos	comeríamos	comamos	comiéramos	comamos
comiendo	coméis	comíais	comisteis	comeréis	comeríais	comáis	comierais	comed (no comáis)
comido	comen	comían	comieron	comerán	comerían	coman	comieran	coman Uds.
3 vivir	vivo	vivía	viví	viviré	viviría	viva	viviera	
	vives	vivías	viviste	vivirás	vivirías	vivas	vivieras	vive tú (no vivas)
	vive	vivía	vivió	vivirá	viviría	viva	viviera	viva Ud.
Participles:	vivimos	vivíamos	vivimos	viviremos	viviríamos	vivamos	viviéramos	vivamos
viviendo	vivís	vivíais	vivisteis	viviréis	viviríais	viváis	vivierais	vivid (no viváis)
vivido	viven	vivían	vivieron	vivirán	vivirían	vivan	vivieran	vivan Uds.

All verbs: compound tenses

PERFECT TENSES

INDICATIVE

Present Perfect		Past Perfect		Future Perfect		Conditional Perfect	
he		había		habré		habría	
has	hablado	habías	hablado	habrás	hablado	habrías	hablado
ha	comido	había	comido	habrá	comido	habría	comido
hemos	vivido	habíamos	vivido	habremos	vivido	habríamos	vivido
habéis		habíais		habréis		habríais	
han		habían		habrán		habrían	

SUBJUNCTIVE

Present Perfect		Past Perfect	
haya		hubiera	
hayas	hablado	hubieras	hablado
haya	comido	hubiera	comido
hayamos	vivido	hubiéramos	vivido
hayáis		hubierais	
hayan		hubieran	

PROGRESSIVE TENSES

	INDICATIVE				SUBJUNCTIVE	
Present Progressive	Past Progressive	Future Progressive	Conditional Progressive		Present Progressive	Past Progressive
estoy	estaba	estaré	estaría		esté	estuviera
estás	estabas	estarás	estarías		estés	estuvieras
está hablando	estaba hablando	estará hablando	estaría hablando		esté hablando	estuviera hablando
estamos comiendo	estábamos comiendo	estaremos comiendo	estaríamos comiendo		estemos comiendo	estuviéramos comiendo
estáis viviendo	estabais viviendo	estaréis viviendo	estaríais viviendo		estéis viviendo	estuvierais viviendo
están	estaban	estarán	estarían		estén	estuvieran

Irregular verbs

Infinitive	INDICATIVE					SUBJUNCTIVE		IMPERATIVE
	Present	Imperfect	Preterite	Future	Conditional	Present	Past	
4 caber	**quepo**	cabía	**cupe**	**cabré**	**cabría**	**quepa**	**cupiera**	
	cabes	cabías	**cupiste**	**cabrás**	**cabrías**	**quepas**	**cupieras**	cabe tú (no **quepas**)
	cabe	cabía	**cupo**	**cabrá**	**cabría**	**quepa**	**cupiera**	**quepa** Ud.
Participles:	cabemos	cabíamos	**cupimos**	**cabremos**	**cabríamos**	**quepamos**	**cupiéramos**	**quepamos**
cabiendo	cabéis	cabíais	**cupisteis**	**cabréis**	**cabríais**	**quepáis**	**cupierais**	cabed (no **quepáis**)
cabido	caben	cabían	**cupieron**	**cabrán**	**cabrían**	**quepan**	**cupieran**	**quepan** Uds.
5 caer(se)	**caigo**	caía	caí	caeré	caería	**caiga**	cayera	
	caes	caías	**caíste**	caerás	caerías	**caigas**	**cayeras**	cae tú (no **caigas**)
	cae	caía	**cayó**	caerá	caería	**caiga**	**cayera**	**caiga** Ud.
Participles:	caemos	caíamos	**caímos**	caeremos	caeríamos	**caigamos**	**cayéramos**	**caigamos**
cayendo	caéis	caíais	**caísteis**	caeréis	caeríais	**caigáis**	**cayerais**	caed (no **caigáis**)
caído	caen	caían	**cayeron**	caerán	caerían	**caigan**	**cayeran**	**caigan** Uds.
6 conducir	**conduzco**	conducía	**conduje**	conduciré	conduciría	**conduzca**	**condujera**	
(c:zc)	conduces	conducías	**condujiste**	conducirás	conducirías	**conduzcas**	**condujeras**	conduce tú (no **conduzcas**)
	conduce	conducía	**condujo**	conducirá	conduciría	**conduzca**	**condujera**	**conduzca** Ud.
Participles:	conducimos	conducíamos	**condujimos**	conduciremos	conduciríamos	**conduzcamos**	**condujéramos**	**conduzcamos**
conduciendo	conducís	conducíais	**condujisteis**	conduciréis	conduciríais	**conduzcáis**	**condujerais**	conducid (no **conduzcáis**)
conducido	conducen	conducían	**condujeron**	conducirán	conducirían	**conduzcan**	**condujeran**	**conduzcan** Uds.

7. dar — Participles: dando, dado

	INDICATIVE					SUBJUNCTIVE		IMPERATIVE
	Present	Imperfect	Preterite	Future	Conditional	Present	Past	
	doy	daba	di	daré	daría	dé	diera	
	das	dabas	diste	darás	darías	des	dieras	da tú (no des)
	da	daba	dio	dará	daría	dé	diera	dé Ud.
	damos	dábamos	dimos	daremos	daríamos	demos	diéramos	demos
	dais	dabais	disteis	daréis	daríais	deis	dierais	dad (no deis)
	dan	daban	dieron	darán	darían	den	dieran	den Uds.

8. decir (e:i) — Participles: diciendo, dicho

	INDICATIVE					SUBJUNCTIVE		IMPERATIVE
	Present	Imperfect	Preterite	Future	Conditional	Present	Past	
	digo	decía	dije	diré	diría	diga	dijera	
	dices	decías	dijiste	dirás	dirías	digas	dijeras	di tú (no digas)
	dice	decía	dijo	dirá	diría	diga	dijera	diga Ud.
	decimos	decíamos	dijimos	diremos	diríamos	digamos	dijéramos	digamos
	decís	decíais	dijisteis	diréis	diríais	digáis	dijerais	decid (no digáis)
	dicen	decían	dijeron	dirán	dirían	digan	dijeran	digan Uds.

9. estar — Participles: estando, estado

	INDICATIVE					SUBJUNCTIVE		IMPERATIVE
	Present	Imperfect	Preterite	Future	Conditional	Present	Past	
	estoy	estaba	estuve	estaré	estaría	esté	estuviera	
	estás	estabas	estuviste	estarás	estarías	estés	estuvieras	está tú (no estés)
	está	estaba	estuvo	estará	estaría	esté	estuviera	esté Ud.
	estamos	estábamos	estuvimos	estaremos	estaríamos	estemos	estuviéramos	estemos
	estáis	estabais	estuvisteis	estaréis	estaríais	estéis	estuvierais	estad (no estéis)
	están	estaban	estuvieron	estarán	estarían	estén	estuvieran	estén Uds.

10. haber — Participles: habiendo, habido

	INDICATIVE					SUBJUNCTIVE		IMPERATIVE
	Present	Imperfect	Preterite	Future	Conditional	Present	Past	
	he	había	hube	habré	habría	haya	hubiera	
	has	habías	hubiste	habrás	habrías	hayas	hubieras	
	ha	había	hubo	habrá	habría	haya	hubiera	
	hemos	habíamos	hubimos	habremos	habríamos	hayamos	hubiéramos	
	habéis	habíais	hubisteis	habréis	habríais	hayáis	hubierais	
	han	habían	hubieron	habrán	habrían	hayan	hubieran	

11. hacer — Participles: haciendo, hecho

	INDICATIVE					SUBJUNCTIVE		IMPERATIVE
	Present	Imperfect	Preterite	Future	Conditional	Present	Past	
	hago	hacía	hice	haré	haría	haga	hiciera	
	haces	hacías	hiciste	harás	harías	hagas	hicieras	haz tú (no hagas)
	hace	hacía	hizo	hará	haría	haga	hiciera	haga Ud.
	hacemos	hacíamos	hicimos	haremos	haríamos	hagamos	hiciéramos	hagamos
	hacéis	hacíais	hicisteis	haréis	haríais	hagáis	hicierais	haced (no hagáis)
	hacen	hacían	hicieron	harán	harían	hagan	hicieran	hagan Uds.

12. ir — Participles: yendo, ido

	INDICATIVE					SUBJUNCTIVE		IMPERATIVE
	Present	Imperfect	Preterite	Future	Conditional	Present	Past	
	voy	iba	fui	iré	iría	vaya	fuera	
	vas	ibas	fuiste	irás	irías	vayas	fueras	ve tú (no vayas)
	va	iba	fue	irá	iría	vaya	fuera	vaya Ud.
	vamos	íbamos	fuimos	iremos	iríamos	vayamos	fuéramos	vamos
	vais	ibais	fuisteis	iréis	iríais	vayáis	fuerais	id (no vayáis)
	van	iban	fueron	irán	irían	vayan	fueran	vayan Uds.

13. oír (y) — Participles: oyendo, oído

	INDICATIVE					SUBJUNCTIVE		IMPERATIVE
	Present	Imperfect	Preterite	Future	Conditional	Present	Past	
	oigo	oía	oí	oiré	oiría	oiga	oyera	
	oyes	oías	oíste	oirás	oirías	oigas	oyeras	oye tú (no oigas)
	oye	oía	oyó	oirá	oiría	oiga	oyera	oiga Ud.
	oímos	oíamos	oímos	oiremos	oiríamos	oigamos	oyéramos	oigamos
	oís	oíais	oísteis	oiréis	oiríais	oigáis	oyerais	oíd (no oigáis)
	oyen	oían	oyeron	oirán	oirían	oigan	oyeran	oigan Uds.

14. poder (o:ue) — Participles: pudiendo, podido

	INDICATIVE					SUBJUNCTIVE		IMPERATIVE
	Present	Imperfect	Preterite	Future	Conditional	Present	Past	
	puedo	podía	pude	podré	podría	pueda	pudiera	
	puedes	podías	pudiste	podrás	podrías	puedas	pudieras	puede tú (no puedas)
	puede	podía	pudo	podrá	podría	pueda	pudiera	pueda Ud.
	podemos	podíamos	pudimos	podremos	podríamos	podamos	pudiéramos	podamos
	podéis	podíais	pudisteis	podréis	podríais	podáis	pudierais	poded (no podáis)
	pueden	podían	pudieron	podrán	podrían	puedan	pudieran	puedan Uds.

15. poner — Participles: poniendo, puesto

	INDICATIVE					SUBJUNCTIVE		IMPERATIVE
	Present	Imperfect	Preterite	Future	Conditional	Present	Past	
	pongo	ponía	puse	pondré	pondría	ponga	pusiera	
	pones	ponías	pusiste	pondrás	pondrías	pongas	pusieras	pon tú (no pongas)
	pone	ponía	puso	pondrá	pondría	ponga	pusiera	ponga Ud.
	ponemos	poníamos	pusimos	pondremos	pondríamos	pongamos	pusiéramos	pongamos
	ponéis	poníais	pusisteis	pondréis	pondríais	pongáis	pusierais	poned (no pongáis)
	ponen	ponían	pusieron	pondrán	pondrían	pongan	pusieran	pongan Uds.

16. querer (e:ie) — Participles: queriendo, querido

	INDICATIVE					SUBJUNCTIVE		IMPERATIVE
	Present	Imperfect	Preterite	Future	Conditional	Present	Past	
	quiero	quería	quise	querré	querría	quiera	quisiera	
	quieres	querías	quisiste	querrás	querrías	quieras	quisieras	quiere tú (no quieras)
	quiere	quería	quiso	querrá	querría	quiera	quisiera	quiera Ud.
	queremos	queríamos	quisimos	querremos	querríamos	queramos	quisiéramos	queramos
	queréis	queríais	quisisteis	querréis	querríais	queráis	quisierais	quered (no queráis)
	quieren	querían	quisieron	querrán	querrían	quieran	quisieran	quieran Uds.

17. saber — Participles: sabiendo, sabido

	INDICATIVE					SUBJUNCTIVE		IMPERATIVE
	Present	Imperfect	Preterite	Future	Conditional	Present	Past	
	sé	sabía	supe	sabré	sabría	sepa	supiera	
	sabes	sabías	supiste	sabrás	sabrías	sepas	supieras	sabe tú (no sepas)
	sabe	sabía	supo	sabrá	sabría	sepa	supiera	sepa Ud.
	sabemos	sabíamos	supimos	sabremos	sabríamos	sepamos	supiéramos	sepamos
	sabéis	sabíais	supisteis	sabréis	sabríais	sepáis	supierais	sabed (no sepáis)
	saben	sabían	supieron	sabrán	sabrían	sepan	supieran	sepan Uds.

18. salir — Participles: saliendo, salido

	INDICATIVE					SUBJUNCTIVE		IMPERATIVE
	Present	Imperfect	Preterite	Future	Conditional	Present	Past	
	salgo	salía	salí	saldré	saldría	salga	saliera	
	sales	salías	saliste	saldrás	saldrías	salgas	salieras	sal tú (no salgas)
	sale	salía	salió	saldrá	saldría	salga	saliera	salga Ud.
	salimos	salíamos	salimos	saldremos	saldríamos	salgamos	saliéramos	salgamos
	salís	salíais	salisteis	saldréis	saldríais	salgáis	salierais	salid (no salgáis)
	salen	salían	salieron	saldrán	saldrían	salgan	salieran	salgan Uds.

19. ser — Participles: siendo, sido

	INDICATIVE					SUBJUNCTIVE		IMPERATIVE
	Present	Imperfect	Preterite	Future	Conditional	Present	Past	
	soy	era	fui	seré	sería	sea	fuera	
	eres	eras	fuiste	serás	serías	seas	fueras	sé tú (no seas)
	es	era	fue	será	sería	sea	fuera	sea Ud.
	somos	éramos	fuimos	seremos	seríamos	seamos	fuéramos	seamos
	sois	erais	fuisteis	seréis	seríais	seáis	fuerais	sed (no seáis)
	son	eran	fueron	serán	serían	sean	fueran	sean Uds.

20. tener (e:ie) — Participles: teniendo, tenido

	INDICATIVE					SUBJUNCTIVE		IMPERATIVE
	Present	Imperfect	Preterite	Future	Conditional	Present	Past	
	tengo	tenía	tuve	tendré	tendría	tenga	tuviera	
	tienes	tenías	tuviste	tendrás	tendrías	tengas	tuvieras	ten tú (no tengas)
	tiene	tenía	tuvo	tendrá	tendría	tenga	tuviera	tenga Ud.
	tenemos	teníamos	tuvimos	tendremos	tendríamos	tengamos	tuviéramos	tengamos
	tenéis	teníais	tuvisteis	tendréis	tendríais	tengáis	tuvierais	tened (no tengáis)
	tienen	tenían	tuvieron	tendrán	tendrían	tengan	tuvieran	tengan Uds.

Infinitive	Present	Imperfect	Preterite	Future	Conditional	Subj. Present	Subj. Past	Imperative
21 traer	traigo	traía	traje	traeré	traería	traiga	trajera	
	traes	traías	trajiste	traerás	traerías	traigas	trajeras	trae tú (no traigas)
Participles:	trae	traía	trajo	traerá	traería	traiga	trajera	traiga Ud.
trayendo	traemos	traíamos	trajimos	traeremos	traeríamos	traigamos	trajéramos	traigamos
traído	traéis	traíais	trajisteis	traeréis	traeríais	traigáis	trajerais	traed (no traigáis)
	traen	traían	trajeron	traerán	traerían	traigan	trajeran	traigan Uds.
22 venir (e:ie)	vengo	venía	vine	vendré	vendría	venga	viniera	
	vienes	venías	viniste	vendrás	vendrías	vengas	vinieras	ven tú (no vengas)
Participles:	viene	venía	vino	vendrá	vendría	venga	viniera	venga Ud.
viniendo	venimos	veníamos	vinimos	vendremos	vendríamos	vengamos	viniéramos	vengamos
venido	venís	veníais	vinisteis	vendréis	vendríais	vengáis	vinierais	venid (no vengáis)
	vienen	venían	vinieron	vendrán	vendrían	vengan	vinieran	vengan Uds.
23 ver	veo	veía	vi	veré	vería	vea	viera	
	ves	veías	viste	verás	verías	veas	vieras	ve tú (no veas)
Participles:	ve	veía	vio	verá	vería	vea	viera	vea Ud.
viendo	vemos	veíamos	vimos	veremos	veríamos	veamos	viéramos	veamos
visto	veis	veíais	visteis	veréis	veríais	veáis	vierais	ved (no veáis)
	ven	veían	vieron	verán	verían	vean	vieran	vean Uds.

Stem-changing verbs

Infinitive	Present	Imperfect	Preterite	Future	Conditional	Subj. Present	Subj. Past	Imperative
24 contar (o:ue)	cuento	contaba	conté	contaré	contaría	cuente	contara	
	cuentas	contabas	contaste	contarás	contarías	cuentes	contaras	cuenta tú (no cuentes)
Participles:	cuenta	contaba	contó	contará	contaría	cuente	contara	cuente Ud.
contando	contamos	contábamos	contamos	contaremos	contaríamos	contemos	contáramos	contemos
contado	contáis	contabais	contasteis	contaréis	contaríais	contéis	contarais	contad (no contéis)
	cuentan	contaban	contaron	contarán	contarían	cuenten	contaran	cuenten Uds.
25 dormir (o:ue)	duermo	dormía	dormí	dormiré	dormiría	duerma	durmiera	
	duermes	dormías	dormiste	dormirás	dormirías	duermas	durmieras	duerme tú (no duermas)
Participles:	duerme	dormía	durmió	dormirá	dormiría	duerma	durmiera	duerma Ud.
durmiendo	dormimos	dormíamos	dormimos	dormiremos	dormiríamos	durmamos	durmiéramos	durmamos
dormido	dormís	dormíais	dormisteis	dormiréis	dormiríais	durmáis	durmierais	dormid (no durmáis)
	duermen	dormían	durmieron	dormirán	dormirían	duerman	durmieran	duerman Uds.
26 empezar (e:ie) (z:c)	empiezo	empezaba	empecé	empezaré	empezaría	empiece	empezara	
	empiezas	empezabas	empezaste	empezarás	empezarías	empieces	empezaras	empieza tú (no empieces)
	empieza	empezaba	empezó	empezará	empezaría	empiece	empezara	empiece Ud.
	empezamos	empezábamos	empezamos	empezaremos	empezaríamos	empecemos	empezáramos	empecemos
Participles:	empezáis	empezabais	empezasteis	empezaréis	empezaríais	empecéis	empezarais	empezad (no empecéis)
empezando empezado	empiezan	empezaban	empezaron	empezarán	empezarían	empiecen	empezaran	empiecen Uds.

27. entender (e:ie)
Participles: entendiendo, entendido

	INDICATIVE					SUBJUNCTIVE		IMPERATIVE
	Present	Imperfect	Preterite	Future	Conditional	Present	Past	
	entiendo	entendía	entendí	entenderé	entendería	entienda	entendiera	
	entiendes	entendías	entendiste	entenderás	entenderías	entiendas	entendieras	entiende tú (no entiendas)
	entiende	entendía	entendió	entenderá	entendería	entienda	entendiera	entienda Ud.
	entendemos	entendíamos	entendimos	entenderemos	entenderíamos	entendamos	entendiéramos	entendamos
	entendéis	entendíais	entendisteis	entenderéis	entenderíais	entendáis	entendierais	entended (no entendáis)
	entienden	entendían	entendieron	entenderán	entenderían	entiendan	entendieran	entiendan Uds.

28. jugar (u:ue) (g:gu)
Participles: jugando, jugado

	INDICATIVE					SUBJUNCTIVE		IMPERATIVE
	Present	Imperfect	Preterite	Future	Conditional	Present	Past	
	juego	jugaba	jugué	jugaré	jugaría	juegue	jugara	
	juegas	jugabas	jugaste	jugarás	jugarías	juegues	jugaras	juega tú (no juegues)
	juega	jugaba	jugó	jugará	jugaría	juegue	jugara	juegue Ud.
	jugamos	jugábamos	jugamos	jugaremos	jugaríamos	juguemos	jugáramos	juguemos
	jugáis	jugabais	jugasteis	jugaréis	jugaríais	juguéis	jugarais	jugad (no juguéis)
	juegan	jugaban	jugaron	jugarán	jugarían	jueguen	jugaran	jueguen Uds.

29. pedir (e:i)
Participles: pidiendo, pedido

	INDICATIVE					SUBJUNCTIVE		IMPERATIVE
	Present	Imperfect	Preterite	Future	Conditional	Present	Past	
	pido	pedía	pedí	pediré	pediría	pida	pidiera	
	pides	pedías	pediste	pedirás	pedirías	pidas	pidieras	pide tú (no pidas)
	pide	pedía	pidió	pedirá	pediría	pida	pidiera	pida Ud.
	pedimos	pedíamos	pedimos	pediremos	pediríamos	pidamos	pidiéramos	pidamos
	pedís	pedíais	pedisteis	pediréis	pediríais	pidáis	pidierais	pedid (no pidáis)
	piden	pedían	pidieron	pedirán	pedirían	pidan	pidieran	pidan Uds.

30. pensar (e:ie)
Participles: pensando, pensado

	INDICATIVE					SUBJUNCTIVE		IMPERATIVE
	Present	Imperfect	Preterite	Future	Conditional	Present	Past	
	pienso	pensaba	pensé	pensaré	pensaría	piense	pensara	
	piensas	pensabas	pensaste	pensarás	pensarías	pienses	pensaras	piensa tú (no pienses)
	piensa	pensaba	pensó	pensará	pensaría	piense	pensara	piense Ud.
	pensamos	pensábamos	pensamos	pensaremos	pensaríamos	pensemos	pensáramos	pensemos
	pensáis	pensabais	pensasteis	pensaréis	pensaríais	penséis	pensarais	pensad (no penséis)
	piensan	pensaban	pensaron	pensarán	pensarían	piensen	pensaran	piensen Uds.

31. reír(se) (e:i)
Participles: riendo, reído

	INDICATIVE					SUBJUNCTIVE		IMPERATIVE
	Present	Imperfect	Preterite	Future	Conditional	Present	Past	
	río	reía	reí	reiré	reiría	ría	riera	
	ríes	reías	reíste	reirás	reirías	rías	rieras	ríe tú (no rías)
	ríe	reía	rió	reirá	reiría	ría	riera	ría Ud.
	reímos	reíamos	reímos	reiremos	reiríamos	riamos	riéramos	riamos
	reís	reíais	reísteis	reiréis	reiríais	riáis	rierais	reíd (no riáis)
	ríen	reían	rieron	reirán	reirían	rían	rieran	rían Uds.

32. seguir (e:i) (gu:g)
Participles: siguiendo, seguido

	INDICATIVE					SUBJUNCTIVE		IMPERATIVE
	Present	Imperfect	Preterite	Future	Conditional	Present	Past	
	sigo	seguía	seguí	seguiré	seguiría	siga	siguiera	
	sigues	seguías	seguiste	seguirás	seguirías	sigas	siguieras	sigue tú (no sigas)
	sigue	seguía	siguió	seguirá	seguiría	siga	siguiera	siga Ud.
	seguimos	seguíamos	seguimos	seguiremos	seguiríamos	sigamos	siguiéramos	sigamos
	seguís	seguíais	seguisteis	seguiréis	seguiríais	sigáis	siguierais	seguid (no sigáis)
	siguen	seguían	siguieron	seguirán	seguirían	sigan	siguieran	sigan Uds.

33. sentir (e:ie)
Participles: sintiendo, sentido

	INDICATIVE					SUBJUNCTIVE		IMPERATIVE
	Present	Imperfect	Preterite	Future	Conditional	Present	Past	
	siento	sentía	sentí	sentiré	sentiría	sienta	sintiera	
	sientes	sentías	sentiste	sentirás	sentirías	sientas	sintieras	siente tú (no sientas)
	siente	sentía	sintió	sentirá	sentiría	sienta	sintiera	sienta Ud.
	sentimos	sentíamos	sentimos	sentiremos	sentiríamos	sintamos	sintiéramos	sintamos
	sentís	sentíais	sentisteis	sentiréis	sentiríais	sintáis	sintierais	sentid (no sintáis)
	sienten	sentían	sintieron	sentirán	sentirían	sientan	sintieran	sientan Uds.

34

Infinitive	INDICATIVE					SUBJUNCTIVE		IMPERATIVE
	Present	Imperfect	Preterite	Future	Conditional	Present	Past	
volver (o:ue)	vuelvo	volvía	volví	volveré	volvería	vuelva	volviera	
	vuelves	volvías	volviste	volverás	volverías	vuelvas	volvieras	vuelve tú (no vuelvas)
	vuelve	volvía	volvió	volverá	volvería	vuelva	volviera	vuelva Ud.
Participles:	volvemos	volvíamos	volvimos	volveremos	volveríamos	volvamos	volviéramos	volvamos
volviendo	volvéis	volvíais	volvisteis	volveréis	volveríais	volváis	volvierais	volved (no volváis)
vuelto	vuelven	volvían	volvieron	volverán	volverían	vuelvan	volvieran	vuelvan Uds.

Verbs with spelling changes only

35

Infinitive	INDICATIVE					SUBJUNCTIVE		IMPERATIVE
	Present	Imperfect	Preterite	Future	Conditional	Present	Past	
conocer (c:zc)	conozco	conocía	conocí	conoceré	conocería	conozca	conociera	
	conoces	conocías	conociste	conocerás	conocerías	conozcas	conocieras	conoce tú (no conozcas)
	conoce	conocía	conoció	conocerá	conocería	conozca	conociera	conozca Ud.
Participles:	conocemos	conocíamos	conocimos	conoceremos	conoceríamos	conozcamos	conociéramos	conozcamos
conociendo	conocéis	conocíais	conocisteis	conoceréis	conoceríais	conozcáis	conocierais	conoced (no conozcáis)
conocido	conocen	conocían	conocieron	conocerán	conocerían	conozcan	conocieran	conozcan Uds.

36

Infinitive	INDICATIVE					SUBJUNCTIVE		IMPERATIVE
	Present	Imperfect	Preterite	Future	Conditional	Present	Past	
creer (y)	creo	creía	creí	creeré	creería	crea	creyera	
	crees	creías	creíste	creerás	creerías	creas	creyeras	cree tú (no creas)
	cree	creía	creyó	creerá	creería	crea	creyera	crea Ud.
Participles:	creemos	creíamos	creímos	creeremos	creeríamos	creamos	creyéramos	creamos
creyendo	creéis	creíais	creísteis	creeréis	creeríais	creáis	creyerais	creed (no creáis)
creído	creen	creían	creyeron	creerán	creerían	crean	creyeran	crean Uds.

37

Infinitive	INDICATIVE					SUBJUNCTIVE		IMPERATIVE
	Present	Imperfect	Preterite	Future	Conditional	Present	Past	
cruzar (z:c)	cruzo	cruzaba	crucé	cruzaré	cruzaría	cruce	cruzara	
	cruzas	cruzabas	cruzaste	cruzarás	cruzarías	cruces	cruzaras	cruza tú (no cruces)
	cruza	cruzaba	cruzó	cruzará	cruzaría	cruce	cruzara	cruce Ud.
Participles:	cruzamos	cruzábamos	cruzamos	cruzaremos	cruzaríamos	crucemos	cruzáramos	crucemos
cruzando	cruzáis	cruzabais	cruzasteis	cruzaréis	cruzaríais	crucéis	cruzarais	cruzad (no crucéis)
cruzado	cruzan	cruzaban	cruzaron	cruzarán	cruzarían	crucen	cruzaran	crucen Uds.

38

Infinitive	INDICATIVE					SUBJUNCTIVE		IMPERATIVE
	Present	Imperfect	Preterite	Future	Conditional	Present	Past	
destruir (y)	destruyo	destruía	destruí	destruiré	destruiría	destruya	destruyera	
	destruyes	destruías	destruiste	destruirás	destruirías	destruyas	destruyeras	destruye tú (no destruyas)
	destruye	destruía	destruyó	destruirá	destruiría	destruya	destruyera	destruya Ud.
Participles:	destruimos	destruíamos	destruimos	destruiremos	destruiríamos	destruyamos	destruyéramos	destruyamos
destruyendo	destruis	destruíais	destruisteis	destruiréis	destruiríais	destruyáis	destruyerais	destruid (no destruyáis)
destruido	destruyen	destruían	destruyeron	destruirán	destruirían	destruyan	destruyeran	destruyan Uds.

39

Infinitive	INDICATIVE					SUBJUNCTIVE		IMPERATIVE
	Present	Imperfect	Preterite	Future	Conditional	Present	Past	
enviar (envío)	envío	enviaba	envié	enviaré	enviaría	envíe	enviara	
	envías	enviabas	enviaste	enviarás	enviarías	envíes	enviaras	envía tú (no envíes)
	envía	enviaba	envió	enviará	enviaría	envíe	enviara	envíe Ud.
Participles:	enviamos	enviábamos	enviamos	enviaremos	enviaríamos	enviemos	enviáramos	enviemos
enviando	enviáis	enviabais	enviasteis	enviaréis	enviaríais	enviéis	enviarais	enviad (no enviéis)
enviado	envían	enviaban	enviaron	enviarán	enviarían	envíen	enviaran	envíen Uds.

40 graduarse (gradúo)
Participles: graduando, graduado

Infinitive	INDICATIVE					SUBJUNCTIVE		IMPERATIVE
	Present	Imperfect	Preterite	Future	Conditional	Present	Past	
	gradúo	graduaba	gradué	graduaré	graduaría	gradúe	graduara	
	gradúas	graduabas	graduaste	graduarás	graduarías	gradúes	graduaras	gradúa tú (no gradúes)
	gradúa	graduaba	graduó	graduará	graduaría	gradúe	graduara	gradúe Ud.
	graduamos	graduábamos	graduamos	graduaremos	graduaríamos	graduemos	graduáramos	graduemos
	graduáis	graduabais	graduasteis	graduaréis	graduaríais	graduéis	graduarais	graduad (no graduéis)
	gradúan	graduaban	graduaron	graduarán	graduarían	gradúen	graduaran	gradúen Uds.

41 llegar (g:gu)
Participles: llegando, llegado

Infinitive	INDICATIVE					SUBJUNCTIVE		IMPERATIVE
	Present	Imperfect	Preterite	Future	Conditional	Present	Past	
	llego	llegaba	llegué	llegaré	llegaría	llegue	llegara	
	llegas	llegabas	llegaste	llegarás	llegarías	llegues	llegaras	llega tú (no llegues)
	llega	llegaba	llegó	llegará	llegaría	llegue	llegara	llegue Ud.
	llegamos	llegábamos	llegamos	llegaremos	llegaríamos	lleguemos	llegáramos	lleguemos
	llegáis	llegabais	llegasteis	llegaréis	llegaríais	lleguéis	llegarais	llegad (no lleguéis)
	llegan	llegaban	llegaron	llegarán	llegarían	lleguen	llegaran	lleguen Uds.

42 proteger (g:j)
Participles: protegiendo, protegido

Infinitive	INDICATIVE					SUBJUNCTIVE		IMPERATIVE
	Present	Imperfect	Preterite	Future	Conditional	Present	Past	
	protejo	protegía	protegí	protegeré	protegería	proteja	protegiera	
	proteges	protegías	protegiste	protegerás	protegerías	protejas	protegieras	protege tú (no protejas)
	protege	protegía	protegió	protegerá	protegería	proteja	protegiera	proteja Ud.
	protegemos	protegíamos	protegimos	protegeremos	protegeríamos	protejamos	protegiéramos	protejamos
	protegéis	protegíais	protegisteis	protegeréis	protegeríais	protejáis	protegierais	proteged (no protejáis)
	protegen	protegían	protegieron	protegerán	protegerían	protejan	protegieran	protejan Uds.

43 tocar (c:qu)
Participles: tocando, tocado

Infinitive	INDICATIVE					SUBJUNCTIVE		IMPERATIVE
	Present	Imperfect	Preterite	Future	Conditional	Present	Past	
	toco	tocaba	toqué	tocaré	tocaría	toque	tocara	
	tocas	tocabas	tocaste	tocarás	tocarías	toques	tocaras	toca tú (no toques)
	toca	tocaba	tocó	tocará	tocaría	toque	tocara	toque Ud.
	tocamos	tocábamos	tocamos	tocaremos	tocaríamos	toquemos	tocáramos	toquemos
	tocáis	tocabais	tocasteis	tocaréis	tocaríais	toquéis	tocarais	tocad (no toquéis)
	tocan	tocaban	tocaron	tocarán	tocarían	toquen	tocaran	toquen Uds.

Guide to Vocabulary

Note on alphabetization

For purposes of alphabetization, **ch** and **ll** are not treated as separate letters, but **ñ** follows **n**. Therefore, in this glossary you will find that **año**, for example, appears after **anuncio**.

Abbreviations used in this glossary

adj.	adjective	*form.*	formal	*pl.*	plural
adv.	adverb	*indef.*	indefinite	*poss.*	possessive
art.	article	*interj.*	interjection	*prep.*	preposition
conj.	conjunction	*i.o.*	indirect object	*pron.*	pronoun
def.	definite	*m.*	masculine	*ref.*	reflexive
d.o.	direct object	*n.*	noun	*sing.*	singular
f.	feminine	*obj.*	object	*sub.*	subject
fam.	familiar	*p.p.*	past participle	*v.*	verb

Spanish-English

A

a *prep.* at; to 1
¿A qué hora...? At what time...? 1
a bordo aboard 1
a dieta on a diet 15
a la derecha to the right 2
a la izquierda to the left 2
a la plancha grilled 8
a la(s) + *time* at + *time* 1
a menos que unless 13
a menudo *adv.* often 10
a nombre de in the name of 5
a plazos in installments 14
A sus órdenes. At your service. 11
a tiempo *adv.* on time 10
a veces *adv.* sometimes 10
a ver let's see 2
¡Abajo! *adv.* Down! 15
abeja *f.* bee
abierto/a *adj.* open 5, 14
abogado/a *m., f.* lawyer
abrazar(se) *v.* to hug; to embrace (each other) 11
abrazo *m.* hug
abrigo *m.* coat 6
abril *m.* April 5
abrir *v.* to open 3
abuelo/a *m., f.* grandfather; grandmother 3
abuelos *pl.* grandparents 3
aburrido/a *adj.* bored; boring 5
aburrir *v.* to bore 7
aburrirse *v.* to get bored
acabar de (+ inf.) *v.* to have just done something 6
acampar *v.* to camp 5
accidente *m.* accident 10
acción *f.* action

de acción action (genre)
aceite *m.* oil 8
ácido/a *adj.* acid 13
acompañar *v.* to go with; to accompany 14
aconsejar *v.* to advise 12
acontecimiento *m.* event
acordarse (de) (o:ue) *v.* to remember 7
acostarse (o:ue) *v.* to go to bed 7
activo/a *adj.* active 15
actor *m.* actor
actriz *f.* actor, actress
actualidades *f., pl.* news; current events
acuático/a *adj.* aquatic 4
adelgazar *v.* to lose weight; to slim down 15
además (de) *adv.* furthermore; besides 10
adicional *adj.* additional
adiós *m.* good-bye 1
adjetivo *m.* adjective
administración de empresas *f.* business administration 2
adolescencia *f.* adolescence 9
¿adónde? *adv.* where (to)? (destination) 2
aduana *f.* customs 5
aeróbico/a *adj.* aerobic 15
aeropuerto *m.* airport 5
afectado/a *adj.* affected 13
afeitarse *v.* to shave 7
aficionado/a *adj.* fan 4
afirmativo/a *adj.* affirmative
afueras *f., pl.* suburbs; outskirts 12
agencia de viajes *f.* travel agency 5
agente de viajes *m., f.* travel agent 5
agosto *m.* August 5
agradable *adj.* pleasant
agua *f.* water 8

agua mineral mineral water 8
ahora *adv.* now 2
ahora mismo right now 5
ahorrar *v.* to save (money) 14
ahorros *m.* savings 14
aire *m.* air 5
ajo *m.* garlic 8
al (*contraction of* **a + el**) 2
al aire libre open-air 6
al contado in cash 14
(al) este (to the) east 14
al fondo (de) at the end (of) 12
al lado de beside 2
(al) norte (to the) north 14
(al) oeste (to the) west 14
(al) sur (to the) south 14
alcoba *f.* bedroom 12
alcohol *m.* alcohol 15
alcohólico/a *adj.* alcoholic 15
alegrarse (de) *v.* to be happy 13
alegre *adj.* happy; joyful 5
alegría *f.* happiness 9
alemán, alemana *adj.* German 3
alérgico/a *adj.* allergic 10
alfombra *f.* carpet; rug 12
algo *pron.* something; anything 7
algodón *m.* cotton 6
alguien *pron.* someone; somebody; anyone 7
algún, alguno/a(s) *adj.* any; some 7
alimento *m.* food
alimentación *f.* diet
aliviar *v.* to reduce 15
aliviar el estrés/la tensión to reduce stress/tension 15
allí *adv.* there 5
allí mismo right there 14
almacén *m.* department store 6
almohada *f.* pillow 12
almorzar (o:ue) *v.* to have lunch 4
almuerzo *m.* lunch 8

aló *interj.* hello (*on the telephone*) 11
alquilar *v.* to rent 12
alquiler *m.* rent (payment) 12
alternador *m.* alternator 11
altillo *m.* attic 12
alto/a *adj.* tall 3
aluminio *m.* aluminum 13
ama de casa *m., f.* housekeeper; caretaker 12
amable *adj.* nice; friendly 5
amarillo/a *adj.* yellow 6
amigo/a *m., f.* friend 3
amistad *f.* friendship 9
amor *m.* love 9
anaranjado/a *adj.* orange 6
andar *v.* **en patineta** to skateboard 4
animal *m.* animal 13
aniversario (de bodas) *m.* (wedding) anniversary 9
anoche *adv.* last night 6
anteayer *adv.* the day before yesterday 6
antes *adv.* before 7
   antes (de) que *conj.* before 13
   antes de *prep.* before 7
antibiótico *m.* antibiotic 10
antipático/a *adj.* unpleasant 3
anunciar *v.* to announce; to advertise
anuncio *m.* advertisement
año *m.* year 5
   año pasado last year 6
apagar *v.* to turn off 11
aparato *m.* appliance
apartamento *m.* apartment 12
apellido *m.* last name 3
apenas *adv.* hardly; scarcely 10
aplaudir *v.* to applaud
apreciar *v.* to appreciate
aprender (a + *inf.*) *v.* to learn 3
apurarse *v.* to hurry; to rush 15
aquel, aquella *adj.* that; those (over there) 6
aquél, aquélla *pron.* that; those (over there) 6
aquello *neuter, pron.* that; that thing; that fact 6
aquellos/as *pl. adj.* those (over there) 6
aquéllos/as *pl. pron.* those (ones) (over there) 6
aquí *adv.* here 1
   Aquí está... Here it is... 5
   Aquí estamos en... Here we are at/in... 2
   aquí mismo right here 11
árbol *m.* tree 13
archivo *m.* file 11
armario *m.* closet 12
arqueólogo/a *m., f.* archaeologist
arquitecto/a *m., f.* architect
arrancar *v.* to start (*a car*) 11

arreglar *v.* to fix; to arrange 11; to neaten; to straighten up 12
arriba *adv.* up
arroba *f.* @ symbol 11
arroz *m.* rice 8
arte *m.* art 2
artes *f., pl.* arts
artesanía *f.* craftsmanship; crafts
artículo *m.* article
artista *m., f.* artist 3
artístico/a *adj.* artistic
arveja *m.* pea 8
asado/a *adj.* roast 8
ascenso *m.* promotion
ascensor *m.* elevator 5
así *adv.* like this; so (*in such a way*) 10
   así así so so
asistir (a) *v.* to attend 3
aspiradora *f.* vacuum cleaner 12
aspirante *m., f.* candidate; applicant
aspirina *f.* aspirin 10
atún *m.* tuna 8
aumentar *v.* **de peso** to gain weight 15
aumento *m.* increase
   aumento de sueldo pay raise
aunque although
autobús *m.* bus 1
automático/a *adj.* automatic
auto(móvil) *m.* auto(mobile) 5
autopista *f.* highway 11
ave *f.* bird 13
avenida *f.* avenue
aventura *f.* adventure
   de aventura adventure (genre)
avergonzado/a *adj.* embarrassed 5
avión *m.* airplane 5
¡Ay! *interj.* Oh!
   ¡Ay, qué dolor! Oh, what pain!
ayer *adv.* yesterday 6
ayudar(se) *v.* to help (each other) 11, 12
azúcar *m.* sugar 8
azul *adj. m., f.* blue 6

B

bailar *v.* to dance 2
bailarín/bailarina *m., f.* dancer
baile *m.* dance
bajar(se) de *v.* to get off of/out of (a vehicle) 11
bajo/a *adj.* short (*in height*) 3
bajo control under control 7
balcón *m.* balcony 12
baloncesto *m.* basketball 4
banana *f.* banana 8
banco *m.* bank 14

banda *f.* band
bandera *f.* flag
bañarse *v.* to bathe; to take a bath 7
baño *m.* bathroom 7
barato/a *adj.* cheap 6
barco *m.* boat 5
barrer *v.* to sweep 12
   barrer el suelo *v.* to sweep the floor 12
barrio *m.* neighborhood 12
bastante *adv.* enough; rather 10; pretty 13
basura *f.* trash 12
baúl *m.* trunk 11
beber *v.* to drink 3
bebida *f.* drink 8
   bebida alcohólica *f.* alcoholic beverage 15
béisbol *m.* baseball 4
bellas artes *f., pl.* fine arts
belleza *f.* beauty 14
beneficio *m.* benefit
besar(se) *v.* to kiss (each other) 11
beso *m.* kiss 9
biblioteca *f.* library 2
bicicleta *f.* bicycle 4
bien *adj.* well 1
bienestar *m.* well-being 15
bienvenido(s)/a(s) *adj.* welcome 12
billete *m.* paper money; ticket
billón *m.* trillion
biología *f.* biology 2
bisabuelo/a *m., f.* great-grandfather/great-grandmother 3
bistec *m.* steak 8
bizcocho *m.* biscuit
blanco/a *adj.* white 6
bluejeans *m., pl.* jeans 6
blusa *f.* blouse 6
boca *f.* mouth 10
boda *f.* wedding 9
boleto *m.* ticket
bolsa *f.* purse, bag 6
bombero/a *m., f.* firefighter
bonito/a *adj.* pretty 3
borrador *m.* eraser 2
borrar *v.* to erase 11
bosque *m.* forest 13
   bosque tropical tropical forest; rainforest 13
bota *f.* boot 6
botella *f.* bottle 9
   botella de vino bottle of wine 9
botones *m., f. sing.* bellhop 5
brazo *m.* arm 10
brindar *v.* to toast (*drink*) 9
bucear *v.* to scuba dive 4
bueno *adv.* well 2
buen, bueno/a *adj.* good 3, 6
   ¡Buen viaje! Have a good trip! 1
   buena forma good shape (*physical*) 15

Buena idea. Good idea. 4
Buenas noches. Good evening;
   Good night. 1
Buenas tardes. Good
   afternoon. 1
buenísimo/a extremely good
¿Bueno? Hello. (*on telephone*)
   11
Buenos días. Good morning. 1
bulevar *m.* boulevard
buscar *v.* to look for 2
buzón *m.* mailbox 14

C

caballo *m.* horse 5
cabaña *f.* cabin 5
cabe: no cabe duda de there's
   no doubt 13
cabeza *f.* head 10
cada *adj. m., f.* each 6
caerse *v.* to fall (down) 10
café *m.* café 4; *adj. m., f.*
   brown 6; *m.* coffee 8
cafeína *f.* caffeine 14
cafetera *f.* coffee maker 12
cafetería *f.* cafeteria 2
caído/a *p.p.* fallen 14
caja *f.* cash register 6
cajero/a *m., f.* cashier 14
   cajero automático *m.* ATM 14
calcetín (calcetines) *m.*
   sock(s) 6
calculadora *f.* calculator 11
caldo *m.* soup 8
   caldo de patas *m.* beef soup 8
calentarse (e:ie) *v.* to warm
   up 15
calidad *f.* quality 6
calle *f.* street 11
calor *m.* heat 4
caloría *f.* calorie 15
calzar *v.* to take size... shoes 6
cama *f.* bed 5
cámara digital *f.* digital camera 11
cámara de video *f.* video camera
   11
camarero/a *m., f.* waiter/
   waitress 8
camarón *m.* shrimp 8
cambiar (de) *v.* to change 9
cambio *m.* **de moneda** currency
   exchange
caminar *v.* to walk 2
camino *m.* road
camión *m.* truck; bus
camisa *f.* shirt 6
camiseta *f.* t-shirt 6
campo *m.* countryside 5
canadiense *adj.* Canadian 3
canal *m.* (TV) channel 11
canción *f.* song
candidato/a *m., f.* candidate
cansado/a *adj.* tired 5
cantante *m., f.* singer

cantar *v.* to sing 2
capital *f.* capital city 1
capó *m.* hood 11
cara *f.* face 7
caramelo *m.* caramel 9
carne *f.* meat 8
   carne de res *f.* beef 8
carnicería *f.* butcher shop 14
caro/a *adj.* expensive 6
carpintero/a *m., f.* carpenter
carrera *f.* career
carretera *f.* highway 11
carro *m.* car; automobile 11
carta *f.* letter 4; (playing) card 5
cartel *m.* poster 12
cartera *f.* wallet 6
cartero *m.* mail carrier 14
casa *f.* house; home 2
casado/a *adj.* married 9
casarse (con) *v.* to get married
   (to) 9
casi *adv.* almost 10
catorce *adj.* fourteen 1
cazar *v.* to hunt 13
cebolla *f.* onion 8
cederrón *m.* CD-ROM 11
celebrar *v.* to celebrate 9
celular *adj.* cellular 11
cena *f.* dinner 8
cenar *v.* to have dinner 2
centro *m.* downtown 4
   centro comercial shopping
      mall 6
cepillarse los dientes/el pelo *v.*
   to brush one's teeth/one's hair 7
cerámica *f.* pottery
cerca de *prep.* near 2
cerdo *m.* pork 8
cereales *m., pl.* cereal; grains 8
cero *m.* zero 1
cerrado/a *adj.* closed 5, 14
cerrar (e:ie) *v.* to close 4
cerveza *f.* beer 8
césped *m.* grass
ceviche *m.* marinated fish dish 8
   ceviche de camarón *m.*
      lemon-marinated shrimp 8
chaleco *m.* vest
champán *m.* champagne 9
champiñón *m.* mushroom 8
champú *m.* shampoo 7
chaqueta *f.* jacket 6
chau *fam. interj.* bye 1
cheque *m.* (bank) check 14
   cheque (de viajero) *m.*
      (traveler's) check 14
chévere *adj., fam.* terrific
chico/a *m., f.* boy/girl 1
chino/a *adj.* Chinese 3
chocar (con) *v.* to run into
chocolate *m.* chocolate 9
choque *m.* collision
chuleta *f.* chop (*food*) 8
   chuleta de cerdo *f.* pork
      chop 8

cibercafé *m.* cybercafé
ciclismo *m.* cycling 4
cielo *m.* sky 13
cien(to) one hundred 2
ciencia *f.* science 2
   de ciencia ficción *f.* science
      fiction (genre)
científico/a *m., f.* scientist
cierto *m.* certain 13
   es cierto it's certain 13
   no es cierto it's not certain 13
cinco five 1
cincuenta fifty 2
cine *m.* movie theater 4
cinta *f.* (audio)tape
cinta caminadora *f.* treadmill 15
cinturón *m.* belt 6
circulación *f.* traffic 11
cita *f.* date; appointment 9
ciudad *f.* city 4
ciudadano/a *m., f.* citizen
Claro (que sí). *fam.* Of course.
clase *f.* class 2
   clase de ejercicios aeróbicos
      f. aerobics class 15
clásico/a *adj.* classical
cliente/a *m., f.* customer 6
clínica *f.* clinic 10
cobrar *v.* to cash (a check) 14
coche *m.* car; automobile 11
cocina *f.* kitchen; stove 12
cocinar *v.* to cook 12
cocinero/a *m., f.* cook, chef
cofre *m.* hood 14
cola *f.* line 14
colesterol *m.* cholesterol 15
color *m.* color 6
comedia *f.* comedy; play
comedor *m.* dining room 12
comenzar (e:ie) *v.* to begin 4
comer *v.* to eat 3
comercial *adj.* commercial;
   business-related
comida *f.* food; meal 8
como like; as 8
¿cómo? what?; how? 1
   ¿Cómo es...? What's... like? 3
   ¿Cómo está usted? *form.*
      How are you? 1
   ¿Cómo estás? *fam.* How are
      you? 1
   ¿Cómo les fue...? *pl.* How
      did ... go for you? 15
   ¿Cómo se llama (usted)?
      (*form.*) What's your name? 1
   ¿Cómo te llamas (tú)? (*fam.*)
      What's your name? 1
cómoda *f.* chest of drawers 12
cómodo/a *adj.* comfortable 5
compañero/a de clase *m., f.*
   classmate 2
compañero/a de cuarto *m., f.*
   roommate 2
compañía *f.* company; firm
compartir *v.* to share 3

completamente *adv.* completely
compositor(a) *m., f.* composer
comprar *v.* to buy 2
compras *f., pl.* purchases 5
   ir de compras go shopping 5
comprender *v.* to understand 3
comprobar *v.* to check
comprometerse (con) *v.* to get engaged (to) 9
computación *f.* computer science 2
computadora *f.* computer 1
computadora portátil *f.* portable computer; laptop 11
comunicación *f.* communication
comunicarse (con) *v.* to communicate (with)
comunidad *f.* community 1
con *prep.* with 2
   Con él/ella habla. This is he/she. (*on telephone*) 11
   con frecuencia *adv.* frequently 10
   Con permiso. Pardon me; Excuse me. 1
   con tal (de) que provided (that) 13
concierto *m.* concert
concordar *v.* to agree
concurso *m.* game show; contest
conducir *v.* to drive 6, 11
conductor(a) *m., f.* driver 1
confirmar *v.* to confirm 5
confirmar *v.* **una reservación** *f.* to confirm a reservation 5
confundido/a *adj.* confused 5
congelador *m.* freezer 12
congestionado/a *adj.* congested; stuffed-up 10
conmigo *pron.* with me 4, 9
conocer *v.* to know; to be acquainted with 6
conocido *adj.; p.p.* known
conseguir (e:i) *v.* to get; to obtain 4
consejero/a *m., f.* counselor; advisor
consejo *m.* advice
conservación *f.* conservation 13
conservar *v.* to conserve 13
construir *v.* to build
consultorio *m.* doctor's office 10
consumir *v.* to consume 15
contabilidad *f.* accounting 2
contador(a) *m., f.* accountant
contaminación *f.* pollution 13
   contaminación del aire/del agua air/water pollution 13
contaminado/a *adj.* polluted 13
contaminar *v.* to pollute 13
contar (o:ue) *v.* to count; to tell 4
contar (con) *v.* to count (on) 12
contento/a *adj.* happy; content 5
contestadora *f.* answering machine 11
contestar *v.* to answer 2
contigo *fam. pron.* with you 9
contratar *v.* to hire
control *m.* control 7

control remoto remote control 11
controlar *v.* to control 13
conversación *f.* conversation 1
conversar *v.* to converse, to chat 2
copa *f.* wineglass; goblet 12
corazón *m.* heart 10
corbata *f.* tie 6
corredor(a) *m., f.* **de bolsa** stockbroker
correo *m.* mail; post office 14
   correo electrónico *m.* e-mail 4
correr *v.* to run 3
cortesía *f.* courtesy
cortinas *f., pl.* curtains 12
corto/a *adj.* short (*in length*) 6
cosa *f.* thing 1
costar (o:ue) *f.* to cost 6
cráter *m.* crater 13
creer *v.* to believe 13
   creer (en) *v.* to believe (in) 3
   no creer (en) *v.* not to believe (in) 13
creído/a *adj., p.p.* believed 14
crema de afeitar *f.* shaving cream 7
crimen *m.* crime; murder
cruzar *v.* to cross 14
cuaderno *m.* notebook 1
cuadra *f.* (city) block 14
¿cuál(es)? which?; which one(s)? 2
   ¿Cuál es la fecha de hoy? What is today's date? 5
cuadro *m.* picture 12
cuadros *m., pl.* plaid 6
cuando when 7; 13
¿cuándo? when? 2
¿cuánto(s)/a(s)? how much/how many? 1
   ¿Cuánto cuesta...? How much does... cost? 6
   ¿Cuántos años tienes? How old are you? 3
cuarenta forty 2
cuarto de baño *m.* bathroom 7
cuarto *m.* room 2; 7
cuarto/a *adj.* fourth 5
   menos cuarto quarter to (time)
   y cuarto quarter after (time) 1
cuatro four 1
cuatrocientos/as four hundred 2
cubiertos *m., pl.* silverware
cubierto/a *p.p.* covered
cubrir *v.* to cover
cuchara *f.* (table or large) spoon 12
cuchillo *m.* knife 12
cuello *m.* neck 10
cuenta *f.* bill 9; account 14
   cuenta corriente *f.* checking account 14
   cuenta de ahorros *f.* savings account 14
cuento *m.* short story
cuerpo *m.* body 10
cuidado *m.* care 3
cuidar *v.* to take care of 13

¡Cuídense! Take care! 14
cultura *f.* culture
cumpleaños *m., sing.* birthday 9
cumplir años *v.* to have a birthday 9
cuñado/a *m., f.* brother-in-law; sister-in-law 3
currículum *m.* résumé
curso *m.* course 2

D

danza *f.* dance
dañar *v.* to damage; to break down 10
dar *v.* to give 6, 9
   dar direcciones *v.* to give directions 14
   dar un consejo *v.* to give advice
   darse con *v.* to bump into; to run into (something) 10
   darse prisa *v.* to hurry; to rush 15
de *prep.* of; from 1
   ¿De dónde eres? *fam.* Where are you from? 1
   ¿De dónde es usted? *form.* Where are you from? 1
   ¿De parte de quién? Who is calling? (*on telephone*) 11
   ¿de quién...? whose...? (*sing.*) 1
   ¿de quiénes...? whose...? (*pl.*) 1
   de algodón (made) of cotton 6
   de aluminio (made) of aluminum 13
   de buen humor in a good mood 5
   de compras shopping 5
   de cuadros plaid 6
   de excursión hiking 4
   de hecho in fact
   de ida y vuelta roundtrip 5
   de la mañana in the morning; A.M. 1
   de la noche in the evening; at night; P.M. 1
   de la tarde in the afternoon; in the early evening; P.M. 1
   de lana (made) of wool 6
   de lunares polka-dotted 6
   de mal humor in a bad mood 5
   de mi vida of my life 15
   de moda in fashion 6
   De nada. You're welcome. 1
   De ninguna manera. No way.
   de niño/a as a child 10
   de parte de on behalf of 11
   de plástico (made) of plastic 13
   de rayas striped 6
   de repente suddenly 6
   de seda (made) of silk 6
   de vaqueros western (genre)
   de vez en cuando from time to time 10

de vidrio (made) of glass 13
debajo de *prep.* below; under 2
deber (+ *inf.*) *v.* should; must; ought to 3
   Debe ser... It must be... 6
deber *m.* responsibility; obligation
debido a due to (the fact that)
débil *adj.* weak 15
decidido/a *adj.* decided 14
decidir (+ *inf.*) *v.* to decide 4
décimo/a *adj.* tenth 5
decir (e:i) *v.* **(que)** to say (that); to tell (that) 4, 9
   decir la respuesta to say the answer 4
   decir la verdad to tell the truth 4
   decir mentiras to tell lies 4
   decir que to say that 4
declarar *v.* to declare; to say
dedo *m.* finger 10
dedo del pie *m.* toe 10
deforestación *f.* deforestation 13
dejar *v.* to let 12; to quit; to leave behind
   dejar de (+ *inf.*) *v.* to stop (*doing something*) 13
   dejar una propina *v.* to leave a tip 9
del (*contraction of* **de** + **el**) of the; from the
delante de *prep.* in front of 2
delgado/a *adj.* thin; slender 3
delicioso/a *adj.* delicious 8
demás *adj.* the rest
demasiado *adj., adv.* too much 6
dentista *m., f.* dentist 10
dentro de (diez años) within (ten years); inside
dependiente/a *m., f.* clerk 6
deporte *m.* sport 4
deportista *m.* sports person
deportivo/a *adj.* sports-related 4
depositar *v.* to deposit 14
derecha *f.* right 2
derecho *adj.* straight (ahead) 14
   a la derecha de to the right of 2
derechos *m., pl.* rights
desarrollar *v.* to develop 13
desastre (natural) *m.* (natural) disaster
desayunar *v.* to have breakfast 2
desayuno *m.* breakfast 8
descafeinado/a *adj.* decaffeinated 15
descansar *v.* to rest 2
descargar *v.* to download 11
descompuesto/a *adj.* not working; out of order 11
describir *v.* to describe 3
descrito/a *p.p.* described 14
descubierto/a *p.p.* discovered 14
descubrir *v.* to discover 13
desde *prep.* from 6
desear *v.* to wish; to desire 2

desempleo *m.* unemployment
desierto *m.* desert 13
desigualdad *f.* inequality
desordenado/a *adj.* disorderly 5
despacio *adv.* slowly 10
despedida *f.* farewell; good-bye
despedir (e:i) *v.* to fire
despedirse (de) (e:i) *v.* to say goodbye (to) 7
despejado/a *adj.* clear (*weather*)
despertador *m.* alarm clock 9
despertarse (e:ie) *v.* to wake up 7
después *adv.* afterwards; then 7
   después de after 7
   después de que *conj.* after 13
destruir *v.* to destroy 13
detrás de *prep.* behind 2
día *m.* day 1
día de fiesta holiday 9
diario *m.* diary 1; newspaper
   diario/a *adj.* daily 7
dibujar *v.* to draw 2
dibujo *m.* drawing
   dibujos animados *m., pl.* cartoons
diccionario *m.* dictionary 1
dicho/a *p.p.* said 14
diciembre *m.* December 5
dictadura *f.* dictatorship
diecinueve nineteen 1
dieciocho eighteen 1
dieciséis sixteen 1
diecisiete seventeen 1
diente *m.* tooth 7
dieta *f.* diet 15
   comer una dieta equilibrada to eat a balanced diet 15
diez ten 1
difícil *adj.* difficult; hard 3
Diga. Hello. (*on telephone*) 11
diligencia *f.* errand 14
dinero *m.* money 6
dirección *f.* address 14
   dirección electrónica *f.* e-mail address 11
direcciones *f., pl.* directions 14
director(a) *m., f.* director; (*musical*) conductor
dirigir *v.* to direct
disco compacto compact disc (CD) 11
discriminación *f.* discrimination
discurso *m.* speech
diseñador(a) *m., f.* designer
diseño *m.* design
disfrutar (de) *v.* to enjoy; to reap the benefits (of) 15
diversión *f.* fun activity; entertainment; recreation 4
divertido/a *adj.* fun 7
divertirse (e:ie) *v.* to have fun 9
divorciado/a *adj.* divorced 9
divorciarse (de) *v.* to get divorced (from) 9
divorcio *m.* divorce 9
doblar *v.* to turn 14

doble *adj.* double
doce twelve 1
doctor(a) *m., f.* doctor 3; 10
documental *m.* documentary
documentos de viaje *m., pl.* travel documents
doler (o:ue) *v.* to hurt 10
dolor *m.* ache; pain 10
   dolor de cabeza *m.* head ache 10
doméstico/a *adj.* domestic 12
domingo *m.* Sunday 2
don/doña title of respect used with a person's first name 1
donde *prep.* where
   ¿Dónde está...? Where is...? 2
   ¿dónde? where? 1
dormir (o:ue) *v.* to sleep 4
dormirse (o:ue) *v.* to go to sleep; to fall asleep 7
dormitorio *m.* bedroom 12
dos two 1
   dos veces *f.* twice; two times 6
doscientos/as two hundred 2
drama *m.* drama; play
dramático/a *adj.* dramatic
dramaturgo/a *m., f.* playwright
droga *f.* drug 15
drogadicto/a *adj.* drug addict 15
ducha *f.* shower 7
ducharse *v.* to shower; to take a shower 7
duda *f.* doubt 13
dudar *v.* to doubt 13
   no dudar *v.* not to doubt 13
dueño/a *m., f.* owner; landlord 8
dulces *m., pl.* sweets; candy 9
durante *prep.* during 7
durar *v.* to last

E

e *conj.* (*used instead of* **y** *before words beginning with* **i** *and* **hi**) and 4
echar *v.* to throw
   echar (una carta) al buzón *v.* to put (a letter) in the mailbox 14; to mail 14
ecología *f.* ecology 13
economía *f.* economics 2
ecoturismo *m.* ecotourism 13
Ecuador *m.* Ecuador 1
ecuatoriano/a *adj.* Ecuadorian 3
edad *f.* age 9
edificio *m.* building 12
   edificio de apartamentos apartment building 12
(en) efectivo *m.* cash 6
ejercicio *m.* exercise 15
   ejercicios aeróbicos aerobic exercises 15
   ejercicios de estiramiento stretching exercises 15

ejército *m.* army
el *m., sing., def. art.* the 1
él *sub. pron.* he 1; *adj. pron.* him
elecciones *f., pl.* election
electricista *m., f.* electrician
electrodoméstico *m.* electric appliance 12
elegante *adj. m., f.* elegant 6
elegir (e:i) *v.* to elect
ella *sub. pron.* she 1; *obj. pron.* her
ellos/as *sub. pron.* they 1; them 1
embarazada *adj.* pregnant 10
emergencia *f.* emergency 10
emitir *v.* to broadcast
emocionante *adj. m., f.* exciting
empezar (e:ie) *v.* to begin 4
empleado/a *m., f.* employee 5
empleo *m.* job; employment
empresa *f.* company; firm
en *prep.* in; on; at 2
  en casa at home 7
  en caso (de) que in case (that) 13
  en cuanto as soon as 13
  en efectivo in cash 14
  en exceso in excess; too much 15
  en línea in-line 4
  ¡En marcha! Let's get going! 15
  en mi nombre in my name
  en punto on the dot; exactly; sharp (*time*) 1
  en qué in what; how 2
  ¿En qué puedo servirles? How can I help you? 5
enamorado/a (de) *adj.* in love (with) 5
enamorarse (de) *v.* to fall in love (with) 9
encantado/a *adj.* delighted; pleased to meet you 1
encantar *v.* to like very much; to love (*inanimate objects*) 7
  ¡Me encantó! I loved it! 15
encima de *prep.* on top of 2
encontrar (o:ue) *v.* to find 4
encontrar(se) (o:ue) *v.* to meet (each other); to run into (each other) 11
encuesta *f.* poll; survey
energía *f.* energy 13
  energía nuclear nuclear energy 13
  energía solar solar energy 13
enero *m.* January 5
enfermarse *v.* to get sick 10
enfermedad *f.* illness 10
enfermero/a *m., f.* nurse 10
enfermo/a *adj.* sick 10
enfrente de *adv.* opposite; facing 14
engordar *v.* to gain weight 15
enojado/a *adj.* mad; angry 5
enojarse (con) *v.* to get angry (with) 7
ensalada *f.* salad 8
enseguida *adv.* right away 9

enseñar *v.* to teach 2
ensuciar *v.* to get (something) dirty 12
entender (e:ie) *v.* to understand 4
entonces *adv.* then 7
entrada *f.* entrance 12; ticket
entre *prep.* between; among 2
entremeses *m., pl.* hors d'oeuvres; appetizers 8
entrenador(a) *m., f.* trainer 15
entrenarse *v.* to practice; to train 15
entrevista *f.* interview
entrevistador(a) *m., f.* interviewer
entrevistar *v.* to interview
envase *m.* container 13
enviar *v.* to send; to mail 14
equilibrado/a *adj.* balanced 15
equipado/a *adj.* equipped 15
equipaje *m.* luggage 5
equipo *m.* team 4
equivocado/a *adj.* wrong 5
eres *fam.* you are 1
es he/she/it is 1
  Es bueno que... It's good that... 12
  Es de... He/She is from... 1
  es extraño it's strange 13
  Es importante que... It's important that... 12
  es imposible it's impossible 13
  es improbable it's improbable 13
  Es malo que... It's bad that... 12
  Es mejor que... It's better that... 12
  Es necesario que... It's necessary that... 12
  es obvio it's obvious 13
  es ridículo it's ridiculous 13
  es seguro it's sure 13
  es terrible it's terrible 13
  es triste it's sad 13
  Es urgente que... It's urgent that... 12
  Es la una. It's one o'clock. 1
  es una lástima it's a shame 13
  es verdad it's true 13
esa(s) *f., adj.* that; those 6
ésa(s) *f., pron.* that (one); those (ones) 6
escalar *v.* to climb 4
  escalar montañas *v.* to climb mountains 4
escalera *f.* stairs; stairway 12
escoger *v.* to choose 8
escribir *v.* to write 3
  escribir un mensaje electrónico to write an e-mail message 4
  escribir una postal to write a postcard 4
  escribir una carta to write a letter 4
escrito/a *p.p.* written 14

escritor(a) *m., f.* writer
escritorio *m.* desk 2
escuchar *v.* to listen to
  escuchar la radio to listen (to) the radio 2
  escuchar música to listen (to) music 2
escuela *f.* school 1
esculpir *v.* to sculpt
escultor(a) *m., f.* sculptor
escultura *f.* sculpture
ese *m., sing., adj.* that 6
ése *m., sing., pron.* that one 6
eso *neuter, pron.* that; that thing 6
esos *m., pl., adj.* those 6
ésos *m., pl., pron.* those (ones) 6
España *f.* Spain 1
español *m.* Spanish (*language*) 2
español(a) *adj. m., f.* Spanish 3
espárragos *m., pl.* asparagus 8
especialización *f.* major 2
espectacular *adj.* spectacular 15
espectáculo *m.* show
espejo *m.* mirror 7
esperar *v.* to hope; to wish 13
  esperar (+ *infin.*) *v.* to wait (for); to hope 2
esposo/a *m., f.* husband/wife; spouse 3
esquí (acuático) *m.* (water) skiing 4
esquiar *v.* to ski 4
esquina *m.* corner 14
está he/she/it is, you are
  Está (muy) despejado. It's (very) clear. (*weather*)
  Está lloviendo. It's raining. 5
  Está nevando. It's snowing. 5
  Está (muy) nublado. It's (very) cloudy. (*weather*) 5
  Está bien. That's fine. 11
esta(s) *f., adj.* this; these 6
  esta noche tonight 4
ésta(s) *f., pron.* this (one); these (ones) 6
  Ésta es... *f.* This is... (*introducing someone*) 1
establecer *v.* to start, to establish
estación *f.* station; season 5
  estación de autobuses bus station 5
  estación del metro subway station 5
  estación de tren train station 5
estacionamiento *m.* parking lot 14
estacionar *v.* to park 11
estadio *m.* stadium 2
estado civil *m.* marital status 9
Estados Unidos *m., pl.* (EE.UU.; E.U.) United States 1
estadounidense *adj. m., f.* from the United States 3

estampado/a *adj.* print
estampilla *f.* stamp 14
estante *m.* bookcase; bookshelves 12
estar *v.* to be 2
   estar a (veinte kilómetros) de aquí to be (20 kilometers) from here 11
   estar a dieta to be on a diet 15
   estar aburrido/a to be bored 5
   estar afectado/a (por) to be affected (by) 13
   estar bajo control to be under control 7
   estar cansado/a to be tired 5
   estar contaminado/a to be polluted 13
   estar de acuerdo to agree
      Estoy (completamente) de acuerdo. I agree (completely).
      No estoy de acuerdo. I don't agree.
   estar de moda to be in fashion 6
   estar de vacaciones *f., pl.* to be on vacation 5
   estar en buena forma to be in good shape 15
   estar enfermo/a to be sick 10
   estar listo/a to be ready 15
   estar perdido/a to be lost 14
   estar roto/a to be broken 10
   estar seguro/a to be sure 5
   estar torcido/a to be twisted; to be sprained 10
   No está nada mal. It's not bad at all. 5
estatua *f.* statue
este *m.* east 14; umm
este *m., sing., adj.* this 6
éste *m., sing., pron.* this (one) 6
   Éste es... *m.* This is... (*introducing someone*) 1
estéreo *m.* stereo 11
estilo *m.* style
estiramiento *m.* stretching 15
esto *neuter pron.* this; this thing 6
estómago *m.* stomach 10
estornudar *v.* to sneeze 10
estos *m., pl., adj.* these 6
éstos *m., pl., pron.* these (ones) 6
estrella *f.* star 13
   estrella de cine *m., f.* movie star
estrés *m.* stress 15
estudiante *m., f.* student 1, 2
estudiantil *adj. m., f.* student 2
estudiar *v.* to study 2
estufa *f.* stove 12
estupendo/a *adj.* stupendous 5
etapa *f.* stage 9
evitar *v.* to avoid 13
examen *m.* test; exam 2

examen médico physical exam 10
excelente *adj. m., f.* excellent 5
exceso *m.* excess; too much 15
excursión *f.* hike; tour; excursion
excursionista *m., f.* hiker
éxito *m.* success
experiencia *f.* experience
explicar *v.* to explain 2
explorar *v.* to explore
expresión *f.* expression
extinción *f.* extinction 13
extranjero/a *adj.* foreign
extraño/a *adj.* strange 13

F

fabuloso/a *adj* fabulous 5
fácil *adj.* easy 3
falda *f.* skirt 6
faltar *v.* to lack; to need 7
familia *f.* family 3
famoso/a *adj.* famous
farmacia *f.* pharmacy 10
fascinar *v.* to fascinate 7
favorito/a *adj.* favorite 4
fax *m.* fax (machine) 11
febrero *m.* February 5
fecha *f.* date 5
feliz *adj.* happy 5
   ¡Felicidades! Congratulations! (*for an event such as a birthday or anniversary*) 9
   ¡Felicitaciones! Congratulations! (*for an event such as an engagement or a good grade on a test*) 9
   ¡Feliz cumpleaños! Happy birthday! 9
fenomenal *adj.* great, phenomenal 5
feo/a *adj.* ugly 3
festival *m.* festival
fiebre *f.* fever 10
fiesta *f.* party 9
fijo/a *adj.* fixed, set 6
fin *m.* end 4
   fin de semana weekend 4
finalmente *adv.* finally 15
firmar *v.* to sign (*a document*) 14
física *f.* physics 2
flan (de caramelo) *m.* baked (caramel) custard 9
flexible *adj.* flexible 15
flor *f.* flower 13
folklórico/a *adj.* folk; folkloric
folleto *m.* brochure
fondo *m.* end 12
forma *f.* shape 15
formulario *m.* form 14
foto(grafía) *f.* photograph 1
francés, francesa *adj. m., f.* French 3
frecuentemente *adv.* frequently 10

frenos *m., pl.* brakes
fresco/a *adj.* cool 5
frijoles *m., pl.* beans 8
frío/a *adj.* cold 5
frito/a *adj.* fried 8
fruta *f.* fruit 8
frutería *f.* fruit store 14
frutilla *f.* strawberry 8
fuente de fritada *f.* platter of fried food
fuera *adv.* outside
fuerte *adj. m., f.* strong 15
fumar *v.* to smoke 15
   (no) fumar *v.* (not) to smoke 15
funcionar *v.* to work 11; to function
fútbol *m.* soccer 4
fútbol americano *m.* football 4
futuro/a *adj.* future
   en el futuro in the future

G

gafas (de sol) *f., pl.* (sun)glasses 6
gafas (oscuras) *f., pl.* (sun)glasses
galleta *f.* cookie 9
ganar *v.* to win 4; to earn (money)
ganga *f.* bargain 6
garaje *m.* garage; (mechanic's) repair shop 11; garage (*in a house*) 12
garganta *f.* throat 10
gasolina *f.* gasoline 11
gasolinera *f.* gas station 11
gastar *v.* to spend (*money*) 6
gato *m.* cat 13
gemelo/a *m., f.* twin 3
gente *f.* people 3
geografía *f.* geography 2
gerente *m., f.* manager
gimnasio *m.* gymnasium 4
gobierno *m.* government 13
golf *m.* golf 4
gordo/a *adj.* fat 3
grabadora *f.* tape recorder 1
grabar *v.* to record 11
gracias *f., pl.* thank you; thanks 1
   Gracias por todo. Thanks for everything. 9, 15
   Gracias una vez más. Thanks again. 9
graduarse (de/en) *v.* to graduate (from/in) 9
gran, grande *adj.* big; large 3
grasa *f.* fat 15
gratis *adj. m., f.* free of charge 14
grave *adj.* grave; serious 10
gravísimo/a *adj.* extremely serious 13
grillo *m.* cricket
gripe *f.* flu 10
gris *adj. m., f.* gray 6
gritar *v.* to scream 7
guantes *m., pl.* gloves 6

guapo/a *adj.* handsome; good-looking 3

guardar *v.* to save (on a computer) 11

guerra *f.* war

guía *m., f.* guide

gustar *v.* to be pleasing to; to like 2
   Me gustaría... I would like...

gusto *m.* pleasure
   El gusto es mío. The pleasure is mine. 1
   Gusto de verlo/la. *(form.)* It's nice to see you.
   Gusto de verte. *(fam.)* It's nice to see you.
   Mucho gusto. Pleased to meet you. 1
   ¡Qué gusto volver a verlo/la! *(form.)* I'm happy to see you again!
   ¡Qué gusto volver a verte! *(fam.)* I'm happy to see you again!

H

haber *(auxiliar) v.* to have (done something) 15
   Ha sido un placer. It's been a pleasure. 15

habitación *f.* room 5
   habitación doble double room 5
   habitación individual single room 5

hablar *v.* to talk; to speak 2

hacer *v.* to do; to make 4
   Hace buen tiempo. The weather is good. 5
   Hace (mucho) calor. It's (very) hot. *(weather)* 5
   Hace fresco. It's cool. *(weather)* 5
   Hace (mucho) frío. It's (very) cold. *(weather)* 5
   Hace mal tiempo. The weather is bad. 5
   Hace (mucho) sol. It's (very) sunny. *(weather)* 5
   Hace (mucho) viento. It's (very) windy. *(weather)* 5
   hacer cola to stand in line 14
   hacer diligencias to run errands 14
   hacer ejercicio to exercise 15
   hacer ejercicios aeróbicos to do aerobics 15
   hacer ejercicios de estiramiento to do stretching exercises 15
   hacer el papel (de) to play the role (of)
   hacer gimnasia to work out 15
   hacer juego (con) to match (with) 6

hacer la cama to make the bed 12
hacer las maletas to pack (one's) suitcases 5
hacer quehaceres domésticos to do household chores 12
hacer turismo to go sightseeing
hacer un viaje to take a trip 5
hacer una excursión to go on a hike; to go on a tour

hacia *prep.* toward 14
hambre *f.* hunger 3
hamburguesa *f.* hamburger 8
hasta *prep.* until 6; toward
   Hasta la vista. See you later. 1
   Hasta luego. See you later. 1
   Hasta mañana. See you tomorrow. 1
   hasta que until 13
   Hasta pronto. See you soon. 1

hay there is; there are 1
   Hay (mucha) contaminación. It's (very) smoggy.
   Hay (mucha) niebla. It's (very) foggy.
   Hay que It is necessary that 14
   No hay duda de There's no doubt 13
   No hay de qué. You're welcome. 1

hecho/a *p.p.* done 14
heladería *f.* ice cream shop 14
helado/a *adj.* iced 8
helado *m.* ice cream 9
hermanastro/a *m., f.* stepbrother/stepsister 3
hermano/a *m., f.* brother/sister 3
hermano/a mayor/menor *m., f.* older/younger brother/sister 3
hermanos *m., pl.* siblings (brothers and sisters) 3
hermoso/a *adj.* beautiful 6
hierba *f.* grass 13
hijastro/a *m., f.* stepson/stepdaughter 3
hijo/a *m., f.* son/daughter 3
   hijo/a único/a *m., f.* only child 3
   hijos *m., pl.* children 3
historia *f.* history 2; story
hockey *m.* hockey 4
hola *interj.* hello; hi 1
hombre *m.* man 1
   hombre de negocios *m.* businessman
hora *f.* hour 1; the time
horario *m.* schedule 2
horno *m.* oven 12
   horno de microondas *m.* microwave oven 12
horror *m.* horror
   de horror horror (genre)
hospital *m.* hospital 10
hotel *m.* hotel 5
hoy *adv.* today 2

hoy día *adv.* nowadays
Hoy es... Today is... 2
huelga *f.* strike *(labor)*
hueso *m.* bone 10
huésped *m., f.* guest 5
huevo *m.* egg 8
humanidades *f., pl.* humanities 2
huracán *m.* hurricane

I

ida *f.* one way *(travel)*
idea *f.* idea 4
iglesia *f.* church 4
igualdad *f.* equality
igualmente *adv.* likewise 1
impermeable *m.* raincoat 6
importante *adj. m., f.* important 3
importar *v.* to be important to; to matter 7
imposible *adj. m., f.* impossible 13
impresora *f.* printer 11
imprimir *v.* to print 11
improbable *adj. m., f.* improbable 13
impuesto *m.* tax
incendio *m.* fire
increíble *adj. m., f.* incredible 5
individual *adj.* private *(room)* 5
infección *f.* infection 10
informar *v.* to inform
informe *m.* report; paper *(written work)*
ingeniero/a *m., f.* engineer 3
inglés *m.* English *(language)* 2
inglés, inglesa *adj.* English 3
inodoro *m.* toilet 7
insistir (en) *v.* to insist (on) 12
inspector(a) de aduanas *m., f.* customs inspector 5
inteligente *adj. m., f.* intelligent 3
intercambiar *v.* to exchange
interesante *adj. m., f.* interesting 3
interesar *v.* to be interesting to; to interest 7
internacional *adj. m., f.* international
Internet Internet 11
inundación *f.* flood
invertir (e:ie) *v.* to invest
invierno *m.* winter 5
invitado/a *m., f.* guest *(at a function)* 9
invitar *v.* to invite 9
inyección *f.* injection 10
ir *v.* to go 4
   ir a (+ inf.) to be going to do something 4
   ir de compras to go shopping 5
   ir de excursión (a las montañas) to go for a hike (in the mountains) 4
   ir de pesca to go fishing

ir de vacaciones to go on vacation 5
ir en autobús to go by bus 5
ir en auto(móvil) to go by auto(mobile); to go by car 5
ir en avión to go by plane 5
ir en barco to go by boat 5
ir en metro to go by subway 5
ir en motocicleta to go by motorcycle 5
ir en taxi to go by taxi 5
ir en tren to go by train
irse *v.* to go away; to leave 7
italiano/a *adj.* Italian 3
izquierdo/a *adj.* left 2
  a la izquierda de to the left of 2

J

jabón *m.* soap 7
jamás *adv.* never; not ever 7
jamón *m.* ham 8
japonés, japonesa *adj.* Japanese 3
jardín *m.* garden; yard 12
jefe, jefa *m., f.* boss
joven *adj. m., f.* young 3
  joven *m., f.* youth; young person 1
joyería *f.* jewelry store 14
jubilarse *v.* to retire (*from work*) 9
juego *m.* game
jueves *m., sing.* Thursday 2
jugador(a) *m., f.* player 4
jugar (u:ue) *v.* to play 4
  jugar a las cartas *f., pl.* to play cards 5
jugo *m.* juice 8
  jugo de fruta *m.* fruit juice 8
julio *m.* July 5
jungla *f.* jungle 13
junio *m.* June 5
juntos/as *adj.* together 9
juventud *f.* youth 9

K

kilómetro *m.* kilometer 1

L

la *f., sing., def. art.* the 1
  la *f., sing., d.o. pron.* her, it, *form.* you 5
laboratorio *m.* laboratory 2
lago *m.* lake 13
lámpara *f.* lamp 12
lana *f.* wool 6
langosta *f.* lobster 8
lápiz *m.* pencil 1
largo/a *adj.* long 6
las *f., pl., def. art.* the 1
  las *f., pl., d.o. pron.* them; *form.* you 5

lástima *f.* shame 13
lastimarse *v.* to injure oneself 10
  lastimarse el pie to injure one's foot 10
lata *f.* (*tin*) can 13
lavabo *m.* sink 7
lavadora *f.* washing machine 12
lavandería *f.* laundromat 14
lavaplatos *m., sing.* dishwasher 12
lavar *v.* to wash 12
  lavar (el suelo, los platos) to wash (the floor, the dishes) 12
lavarse *v.* to wash oneself 7
  lavarse la cara to wash one's face 7
  lavarse las manos to wash one's hands 7
le *sing., i.o. pron.* to/for him, her, *form.* you 6
  Le presento a... *form.* I would like to introduce... to you. 1
lección *f.* lesson 1
leche *f.* milk 8
lechuga *f.* lettuce 8
leer *v.* to read 3
  leer correo electrónico to read e-mail 4
  leer un periódico to read a newspaper 4
  leer una revista to read a magazine 4
leído/a *p.p.* read 14
lejos de *prep.* far from 2
lengua *f.* language 2
  lenguas extranjeras *f., pl.* foreign languages 2
lentes de contacto *m., pl.* contact lenses
  lentes (de sol) (sun)glasses
lento/a *adj.* slow 11
les *pl., i.o. pron.* to/for them, *form.* you 6
letrero *m.* sign 14
levantar *v.* to lift 15
  levantar pesas to lift weights 15
levantarse *v.* to get up 7
ley *f.* law 13
libertad *f.* liberty; freedom
libre *adj. m., f.* free 4
librería *f.* bookstore 2
libro *m.* book 2
licencia de conducir *f.* driver's license 11
limón *m.* lemon 8
limpiar *v.* to clean 12
  limpiar la casa *v.* to clean the house 12
limpio/a *adj.* clean 5
línea *f.* line 4
listo/a *adj.* ready; smart 5
literatura *f.* literature 2
llamar *v.* to call 11
  llamar por teléfono to call on the phone

llamarse *v.* to be called; to be named 7
llanta *f.* tire 11
llave *f.* key 5
llegada *f.* arrival 5
llegar *v.* to arrive 2
llenar *v.* to fill 11, 14
  llenar el tanque to fill the tank 11
  llenar (un formulario) to fill out (a form) 14
lleno/a *adj.* full 11
llevar *v.* to carry 2; *v.* to wear; to take 6
  llevar una vida sana to lead a healthy lifestyle 15
  llevarse bien/mal (con) to get along well/badly (with) 9
llover (o:ue) *v.* to rain 5
  Llueve. It's raining. 5
lluvia *f.* rain 13
  lluvia ácida acid rain 13
lo *m., sing. d.o. pron.* him, it, *form.* you 5
  ¡Lo hemos pasado de película! We've had a great time!
  ¡Lo hemos pasado maravillosamente! We've had a great time!
  lo mejor the best (thing)
  Lo pasamos muy bien. We had a good time.
  lo peor the worst (thing)
  lo que that which; what 12
  Lo siento. I'm sorry. 1
  Lo siento muchísimo. I'm so sorry. 4
loco/a *adj.* crazy 6
locutor(a) *m., f.* (TV or radio) announcer
lomo a la plancha *m.* grilled flank steak 8
los *m., pl., def. art.* the 1
  los *m. pl., d.o. pron.* them, *form.* you 5
luchar (contra/por) *v.* to fight; to struggle (against/for)
luego *adv.* then 7; *adv.* later 1
lugar *m.* place 4
luna *f.* moon 13
lunares *m.* polka dots 6
lunes *m., sing.* Monday 2
luz *f.* light; electricity 12

M

madrastra *f.* stepmother 3
madre *f.* mother 3
madurez *f.* maturity; middle age 9
maestro/a *m., f.* teacher
magnífico/a *adj.* magnificent 5
maíz *m.* corn 8
mal, malo/a *adj.* bad 3
maleta *f.* suitcase 1

mamá *f.* mom 3
mandar *v.* to order 12; to send; to mail 14
manejar *v.* to drive 11
manera *f.* way
mano *f.* hand 1
manta *f.* blanket 12
mantener (e:ie) *v.* to maintain 15
  mantenerse en forma to stay in shape 15
mantequilla *f.* butter 8
manzana *f.* apple 8
mañana *f.* morning, a.m. 1; tomorrow 1
mapa *m.* map 2
maquillaje *m.* makeup 7
maquillarse *v.* to put on makeup 7
mar *m.* sea 5
maravilloso/a *adj.* marvelous 5
mareado/a *adj.* dizzy; nauseated 10
margarina *f.* margarine 8
mariscos *m., pl.* shellfish 8
marrón *adj. m., f.* brown 6
martes *m., sing.* Tuesday 2
marzo *m.* March 5
más *pron.* more 2
  más de (+ *number*) more than 8
  más tarde later (on) 7
  más... que more... than 8
masaje *m.* massage 15
matemáticas *f., pl.* mathematics 2
materia *f.* course 2
matrimonio *m.* marriage 9
máximo/a *adj.* maximum 11
mayo *m.* May 5
mayonesa *f.* mayonnaise 8
mayor *adj.* older 3
  el/la mayor *adj.* eldest 8; oldest
me *sing., d.o. pron.* me 5; *sing. i.o. pron.* to/for me 6
  Me duele mucho. It hurts me a lot. 10
  Me gusta... I like... 2
  No me gustan nada. I don't like them at all. 2
  Me gustaría(n)... I would like...
  Me llamo... My name is... 1
  Me muero por... I'm dying to (for)...
mecánico/a *m., f.* mechanic 11
mediano/a *adj.* medium
medianoche *f.* midnight 1
medias *f., pl.* pantyhose, stockings 6
medicamento *m.* medication 10
medicina *f.* medicine 10
médico/a *m., f.* doctor 3; *adj.* medical 10
medio/a *adj.* half 3
  medio ambiente *m.* environment 13

medio/a hermano/a *m., f.* half-brother/half-sister 3
mediodía *m.* noon 1
medios de comunicación *m., pl.* means of communication; media
y media thirty minutes past the hour (time) 1
mejor *adj.* better 8
  el/la mejor *m., f.* the best 8
mejorar *v.* to improve 13
melocotón *m.* peach 8
menor *adj.* younger 3
  el/la menor *m., f.* youngest 8
menos *adv.* less 10
  menos cuarto..., menos quince... quarter to... (*time*) 1
  menos de (+ *number*) fewer than 8
  menos... que less... than 8
mensaje *m.* **de texto** text message 11
mensaje electrónico *m.* e-mail message 4
mentira *f.* lie 4
menú *m.* menu 8
mercado *m.* market 6
  mercado al aire libre open-air market 6
merendar (e:ie) *v.* to snack 8; to have an afternoon snack
merienda *f.* afternoon snack 15
mes *m.* month 5
mesa *f.* table 2
mesita *f.* end table 12
  mesita de noche night stand 12
metro *m.* subway 5
mexicano/a *adj.* Mexican 3
México *m.* Mexico 1
mí *pron., obj. of prep.* me 8
mi(s) *poss. adj.* my 3
microonda *f.* microwave 12
  horno de microondas *m.* microwave oven 12
miedo *m.* fear 3
mientras *adv.* while 10
miércoles *m., sing.* Wednesday 2
mil *m.* one thousand 2
  mil millones billion
  Mil perdones. I'm so sorry. (*lit.* A thousand pardons.) 4
milla *f.* mile 11
millón *m.* million 2
millones (de) *m.* millions (of)
mineral *m.* mineral 15
minuto *m.* minute 1
mío(s)/a(s) *poss.* my; (of) mine 11
mirar *v.* to look (at); to watch 2
  mirar (la) televisión to watch television 2
mismo/a *adj.* same 3
mochila *f.* backpack 2
moda *f.* fashion 6
módem *m.* modem
moderno/a *adj.* modern

molestar *v.* to bother; to annoy 7
monitor *m.* (computer) monitor 11
  monitor(a) *m., f.* trainer
montaña *f.* mountain 4
montar *v.* **a caballo** to ride a horse 5
monumento *m.* monument 4
mora *f.* blackberry 8
morado/a *adj.* purple 6
moreno/a *adj.* brunet(te) 3
morir (o:ue) *v.* to die 8
mostrar (o:ue) *v.* to show 4
motocicleta *f.* motorcycle 5
motor *m.* motor
muchacho/a *m., f.* boy; girl 3
mucho/a *adj., adv.* a lot of; much 2; many 3
  (Muchas) gracias. Thank you (very much); Thanks (a lot). 1
  muchas veces *adv.* a lot; many times 10
  Muchísimas gracias. Thank you very, very much. 9
  Mucho gusto. Pleased to meet you. 1
muchísimo very much 2
mudarse *v.* to move (from one house to another) 12
muebles *m., pl.* furniture 12
muela *f.* tooth
muerte *f.* death 9
muerto/a *p.p.* died 14
mujer *f.* woman 1
  mujer de negocios *f.* business woman
  mujer policía *f.* female police officer
multa *f.* fine
mundial *adj. m., f.* worldwide
mundo *m.* world 13
municipal *adj. m., f.* municipal
músculo *m.* muscle 15
museo *m.* museum 4
música *f.* music 2
musical *adj. m., f.* musical
músico/a *m., f.* musician
muy *adv.* very 1
  Muy amable. That's very kind of you. 5
  (Muy) bien, gracias. (Very) well, thanks. 1

N

nacer *v.* to be born 9
nacimiento *m.* birth 9
nacional *adj. m., f.* national
nacionalidad *f.* nationality 1
nada nothing 1; not anything 7
  nada mal not bad at all 5
nadar *v.* to swim 4
nadie *pron.* no one, nobody, not anyone 7
naranja *f.* orange 8
nariz *f.* nose 10
natación *f.* swimming 4

natural *adj. m., f.* natural 13
naturaleza *f.* nature 13
navegar (en Internet) *v.* to surf (the Internet) 11
Navidad *f.* Christmas 9
necesario/a *adj.* necessary 12
necesitar (+ *inf.*) *v.* to need 2
negar (e:ie) *v.* to deny 13
  no negar (e:ie) *v.* not to deny 13
negativo/a *adj.* negative
negocios *m., pl.* business; commerce
negro/a *adj.* black 6
nervioso/a *adj.* nervous 5
nevar (e:ie) *v.* to snow 5
  Nieva. It's snowing. 5
ni...ni neither... nor 7
niebla *f.* fog
nieto/a *m., f.* grandson/grand-daughter 3
nieve *f.* snow
ningún, ninguno/a(s) *adj.* no; none; not any 7
ningún problema no problem
niñez *f.* childhood 9
niño/a *m., f.* child 3
no no; not 1
  ¿no? right? 1
  No cabe duda de... There is no doubt... 13
  No es así. That's not the way it is
  No es para tanto. It's not a big deal. 12
  no es seguro it's not sure 13
  no es verdad it's not true 13
  No está nada mal. It's not bad at all. 5
  no estar de acuerdo to disagree
  No estoy seguro. I'm not sure.
  no hay there is not; there are not 1
  No hay de qué. You're welcome. 1
  No hay duda de... There is no doubt... 13
  No hay problema. No problem. 7
  ¡No me diga(s)! You don't say! 11
  No me gustan nada. I don't like them at all. 2
  no muy bien not very well 1
  No quiero. I don't want to. 4
  No sé. I don't know.
  No se preocupe. (*form.*) Don't worry. 7
  No te preocupes. (*fam.*) Don't worry. 7
  no tener razón to be wrong 3
noche *f.* night 1
nombre *m.* name 1

norte *m.* north 14
norteamericano/a *adj.* (North) American 3
nos *pl., d.o. pron.* us 5; *pl., i.o. pron.* to/for us 6
  Nos divertimos mucho. We had a lot of fun.
  Nos vemos. See you. 1
nosotros/as *sub. pron.* we 1; *ob. pron.* us
noticias *f., pl.* news
noticiero *m.* newscast
novecientos/as nine hundred 2
noveno/a *adj.* ninth 5
noventa ninety 2
noviembre *m.* November 5
novio/a *m., f.* boyfriend/girl-friend 3
nube *f.* cloud 13
nublado/a *adj.* cloudy 5
  Está (muy) nublado. It's very cloudy. 5
nuclear *adj. m. f.* nuclear 13
nuera *f.* daughter-in-law 3
nuestro(s)/a(s) *poss. adj.* our 3; (of ours) 11
nueve nine 1
nuevo/a *adj.* new 6
número *m.* number 1; (shoe) size 6
nunca *adj.* never; not ever 7
nutrición *f.* nutrition 15
nutricionista *m., f.* nutritionist 15

O

o or 7
o... o; either... or 7
obedecer *v.* to obey
obra *f.* work (*of art, literature, music, etc.*)
  obra maestra *f.* masterpiece
obtener *v.* to obtain; to get
obvio/a *adj.* obvious 13
océano *m.* ocean
ochenta eighty 2
ocho eight 1
ochocientos/as eight hundred 2
octavo/a *adj.* eighth 5
octubre *m.* October 5
ocupación *f.* occupation
ocupado/a *adj.* busy 5
ocurrir *v.* to occur; to happen
odiar *v.* to hate 9
oeste *m.* west 14
oferta *f.* offer 12
oficina *f.* office 12
oficio *m.* trade
ofrecer *v.* to offer 6
oído *m.* (sense of) hearing; inner ear 10
  oído/a *p.p.* heard 14
oír *v.* to hear 4

Oiga/Oigan. *form., sing./pl.* Listen. (*in conversation*) 1
Oye. *fam., sing.* Listen. (*in conversation*) 1
ojalá (que) *interj.* I hope (that); I wish (that) 13
ojo *m.* eye 10
olvidar *v.* to forget 10
once eleven 1
ópera *f.* opera
operación *f.* operation 10
ordenado/a *adj.* orderly 5
ordinal *adj.* ordinal (*number*)
oreja *f.* (outer) ear 10
orquesta *f.* orchestra
ortografía *f.* spelling
ortográfico/a *adj.* spelling
os *fam., pl. d.o. pron.* you 5; *fam., pl. i.o. pron.* to/for you 6
otoño *m.* autumn 5
otro/a *adj.* other; another 6
  otra vez again

P

paciente *m., f.* patient 10
padrastro *m.* stepfather 3
padre *m.* father 3
  padres *m., pl.* parents 3
pagar *v.* to pay 6, 9
  pagar a plazos to pay in installments 14
  pagar al contado to pay in cash 14
  pagar en efectivo to pay in cash 14
  pagar la cuenta to pay the bill 9
página *f.* page 11
  página principal *f.* home page 11
país *m.* country 1
paisaje *m.* landscape 5
pájaro *m.* bird 13
palabra *f.* word 1
pan *m.* bread 8
  pan tostado *m.* toasted bread 8
panadería *f.* bakery 14
pantalla *f.* screen 11
pantalones *m., pl.* pants 6
  pantalones cortos *m., pl.* shorts 6
pantuflas *f.* slippers 7
papa *f.* potato 8
  papas fritas *f., pl.* fried potatoes; French fries 8
papá *m.* dad 3
  papás *m., pl.* parents 3
papel *m.* paper 2; role
papelera *f.* wastebasket 2
paquete *m.* package 14
par *m.* pair 6
  par de zapatos pair of shoes 6
para *prep.* for; in order to; by; used for; considering 11
  para que so that 13

parabrisas *m., sing.* windshield 11
parar *v.* to stop 11
parecer *v.* to seem 6
pared *f.* wall 12
pareja *f.* (married) couple; partner 9
parientes *m., pl.* relatives 3
parque *m.* park 4
párrafo *m.* paragraph
parte: de parte de on behalf of 11
partido *m.* game; match (*sports*) 4
pasado/a *adj.* last; past 6
   pasado *p.p.* passed
pasaje *m.* ticket 5
   pasaje de ida y vuelta *m.* roundtrip ticket 5
pasajero/a *m., f.* passenger 1
pasaporte *m.* passport 5
pasar *v.* to go through 5
   pasar la aspiradora to vacuum 12
   pasar por el banco to go by the bank 14
   pasar por la aduana to go through customs
   pasar tiempo to spend time
   pasarlo bien/mal to have a good/bad time 9
pasatiempo *m.* pastime; hobby 4
pasear *v.* to take a walk; to stroll 4
   pasear en bicicleta to ride a bicycle 4
   pasear por to walk around 4
pasillo *m.* hallway 12
pasta *f.* **de dientes** toothpaste 7
pastel *m.* cake; pie 9
   pastel de chocolate *m.* chocolate cake 9
   pastel de cumpleaños *m.* birthday cake
pastelería *f.* pastry shop 14
pastilla *f.* pill; tablet 10
patata *f.* potato; 8
   patatas fritas *f., pl.* fried potatoes; French fries 8
patinar (en línea) *v.* to (in-line) skate 4
patineta *f.* skateboard 4
patio *m.* patio; yard 12
pavo *m.* turkey 8
paz *f.* peace
pedir (e:i) *v.* to ask for; to request 4; to order (*food*) 8
   pedir prestado *v.* to borrow 14
   pedir un préstamo *v.* to apply for a loan 14
peinarse *v.* to comb one's hair 7
película *f.* movie 4
peligro *m.* danger 13
peligroso/a *adj.* dangerous
pelirrojo/a *adj.* red-haired 3
pelo *m.* hair 7
pelota *f.* ball 4
peluquería *f.* beauty salon 14
peluquero/a *m., f.* hairdresser

penicilina *f.* penicillin 10
pensar (e:ie) *v.* to think 4
   pensar (+ inf.) *v.* to intend to; to plan to (*do something*) 4
   pensar en *v.* to think about 4
pensión *f.* boardinghouse
peor *adj.* worse 8
   el/la peor *adj.* the worst 8
pequeño/a *adj.* small 3
pera *f.* pear 8
perder (e:ie) *v.* to lose; to miss 4
perdido/a *adj.* lost 14
Perdón. Pardon me.; Excuse me. 1
perezoso/a *adj.* lazy
perfecto/a *adj.* perfect 5
periódico *m.* newspaper 4
periodismo *m.* journalism 2
periodista *m., f.* journalist 3
permiso *m.* permission
pero *conj.* but 2
perro *m.* dog 13
persona *f.* person 3
personaje *m.* character
   personaje principal *m.* main character
pesas *f. pl.* weights 15
pesca *f.* fishing
pescadería *f.* fish market 14
pescado *m.* fish (*cooked*) 8
pescador(a) *m., f.* fisherman/ fisherwoman
pescar *v.* to fish 5
peso *m.* weight 15
pez *m.* fish (*live*) 13
pie *m.* foot 10
piedra *f.* stone 13
pierna *f.* leg 10
pimienta *f.* black pepper 8
pintar *v.* to paint
pintor(a) *m., f.* painter
pintura *f.* painting; picture 12
piña *f.* pineapple 8
piscina *f.* swimming pool 4
piso *m.* floor (*of a building*) 5
pizarra *f.* blackboard 2
placer *m.* pleasure 15
   Ha sido un placer. It's been a pleasure. 15
planchar la ropa *v.* to iron the clothes 12
planes *m., pl.* plans 4
planta *f.* plant 13
   planta baja *f.* ground floor 5
plástico *m.* plastic 13
plato *m.* dish (*in a meal*) 8; *m.* plate 12
   plato principal *m.* main dish 8
playa *f.* beach 5
plaza *f.* city or town square 4
plazos *m., pl.* periods; time 14
pluma *f.* pen 2
población *f.* population 13
pobre *adj. m., f.* poor 6
pobreza *f.* poverty
poco/a *adj.* little; few 5; 10
poder (o:ue) *v.* to be able to; can 4

poema *m.* poem
poesía *f.* poetry
poeta *m., f.* poet
policía *f.* police (force) 11
política *f.* politics
político/a *m., f.* politician; *adj.* political
pollo *m.* chicken 8
   pollo asado *m.* roast chicken 8
ponchar *v.* to go flat
poner *v.* to put; to place 4; *v.* to turn on (*electrical appliances*) 11
   poner la mesa *v.* to set the table 12
   poner una inyección *v.* to give an injection 10
ponerse (+ adj.) *v.* to become (+ adj.) 7; to put on 7
por *prep.* in exchange for; for; by; in; through; around; along; during; because of; on account of; on behalf of; in search of; by way of; by means of 11
   por aquí around here 11
   por avión by plane
   por ejemplo for example 11
   por eso that's why; therefore 11
   por favor please 1
   por fin finally 11
   por la mañana in the morning 7
   por la noche at night 7
   por la tarde in the afternoon 7
   por lo menos *adv.* at least 10
   ¿por qué? why? 2
   Por supuesto. Of course.
   por teléfono by phone; on the phone
   por último finally 7
porque *conj.* because 2
portátil *m.* portable 11
porvenir *m.* future
   ¡Por el porvenir! Here's to the future!
posesivo/a *adj.* possessive 3
posible *adj.* possible 13
   es posible it's possible 13
   no es posible it's not possible 13
postal *f.* postcard 4
postre *m.* dessert 9
practicar *v.* to practice 2
   practicar deportes *m., pl.* to play sports 4
precio (fijo) *m.* (fixed; set) price 6
preferir (e:ie) *v.* to prefer 4
pregunta *f.* question
preguntar *v.* to ask (*a question*) 2
premio *m.* prize; award
prender *v.* to turn on 11
prensa *f.* press
preocupado/a (por) *adj.* worried (about) 5
preocuparse (por) *v.* to worry (about) 7

preparar *v.* to prepare 2
preposición *f.* preposition
presentación *f.* introduction
presentar *v.* to introduce; to present; to put on (*a performance*)
 Le presento a... I would like to introduce (name) to you... (*form.*) 1
 Te presento a... I would like to introduce (name) to you... (*fam.*) 1
presiones *f., pl.* pressures 15
prestado/a *adj.* borrowed
préstamo *m.* loan 14
prestar *v.* to lend; to loan 6
primavera *f.* spring 5
primer, primero/a *adj.* first 5
primo/a *m., f.* cousin 3
principal *adj. m., f.* main 8
prisa *f.* haste 3
 darse prisa *v.* to hurry; to rush 15
probable *adj. m., f.* probable 13
 es probable it's probable 13
 no es probable it's not probable 13
probar (o:ue) *v.* to taste; to try 8
probarse (o:ue) *v.* to try on 7
problema *m.* problem 1
profesión *f.* profession 3
profesor(a) *m., f.* teacher 1, 2
programa *m.* 1
 programa de computación *m.* software 11
 programa de entrevistas *m.* talk show
programador(a) *m., f.* computer programmer 3
prohibir *v.* to prohibit 10; to forbid
pronombre *m.* pronoun
pronto *adv.* soon 10
propina *f.* tip 9
propio/a *adj.* own
proteger *v.* to protect 13
proteína *f.* protein 15
próximo/a *adj.* next
prueba *f.* test; quiz 2
psicología *f.* psychology 2
psicólogo/a *m., f.* psychologist
publicar *v.* to publish
público *m.* audience
pueblo *m.* town 4
puerta *f.* door 2
Puerto Rico *m.* Puerto Rico 1
puertorriqueño/a *adj.* Puerto Rican 3
pues *conj.* well 2
puesto *m.* position; job
puesto/a *p.p.* put 14
puro/a *adj.* pure 13

Q

que *pron.* that; which; who 12
 ¿En qué...? In which...? 2
 ¡Qué...! How...! 3
¡Qué dolor! What pain!
¡Qué ropa más bonita! What pretty clothes! 6
¡Qué sorpresa! What a surprise!
¿qué? what? 1
¿Qué día es hoy? What day is it? 2
¿Qué hay de nuevo? What's new? 1
¿Qué hora es? What time is it? 1
¿Qué les parece? What do you (*pl.*) think?
¿Qué pasa? What's happening? What's going on? 1
¿Qué pasó? What happened? 11
¿Qué precio tiene? What is the price?
¿Qué tal...? How are you?; How is it going? 1; How is/are...? 2
¿Qué talla lleva/usa? What size do you wear? 6
¿Qué tiempo hace? How's the weather? 5
quedar *v.* to be left over; to fit (*clothing*) 7; to be left behind; to be located 14
quedarse *v.* to stay; to remain 7
quehaceres domésticos *m., pl.* household chores 12
quemado/a *adj.* burned (out) 11
quemar *v.* to burn (a CD) 11
querer (e:ie) *v.* to want; to love 4
queso *m.* cheese 8
quien(es) *pron.* who; whom; that 12
 ¿quién(es)? who?; whom? 1
 ¿Quién es...? Who is...? 1
 ¿Quién habla? Who is speaking? (*telephone*) 11
química *f.* chemistry 2
quince fifteen 1
 menos quince quarter to (time) 1
 y quince quarter after (time) 1
quinceañera *f.* young woman's fifteenth birthday celebration/ fifteen-year-old girl 9
quinientos/as *adj.* five hundred 2
quinto/a *adj.* fifth 5
quisiera *v.* I would like
quitar el polvo *v.* to dust 12
quitar la mesa *v.* to clear the table 12
quitarse *v.* to take off 7
quizás *adv.* maybe 5

R

racismo *m.* racism
radio *f.* radio (*medium*) 2; *m.* radio (set) 2
radiografía *f.* X-ray 10

rápido/a *adv.* quickly 10
ratón *m.* mouse 11
ratos libres *m., pl.* spare (free) time 4
raya *f.* stripe 6
razón *f.* reason 3
rebaja *f.* sale 6
recado *m.* (telephone) message 11
receta *f.* prescription 10
recetar *v.* to prescribe 10
recibir *v.* to receive 3
reciclaje *m.* recycling 13
reciclar *v.* to recycle 13
recién casado/a *m., f.* newly-wed 9
recoger *v.* to pick up 13
recomendar (e:ie) *v.* to recommend 8, 12
recordar (o:ue) *v.* to remember 4
recorrer *v.* to tour an area
recurso *m.* resource 13
 recurso natural *m.* natural resource 13
red *f.* network; Web 11
reducir *v.* to reduce 13
refresco *m.* soft drink 8
refrigerador *m.* refrigerator 12
regalar *v.* to give (a gift) 9
regalo *m.* gift 6
regatear *v.* to bargain 6
región *f.* region; area 13
regresar *v.* to return 2
regular *adj. m., f.* so-so.; OK 1
reído *p.p.* laughed 14
reírse (e:i) *v.* to laugh 9
relaciones *f., pl.* relationships
relajarse *v.* to relax 9
reloj *m.* clock; watch 2
renunciar (a) *v.* to resign (from)
repetir (e:i) *v.* to repeat 4
reportaje *m.* report
reportero/a *m., f.* reporter; journalist
representante *m., f.* representative
reproductor de DVD *m.* DVD player 11
reproductor de MP3 *m.* MP3 player 11
resfriado *m.* cold (*illness*) 10
residencia estudiantil *f.* dormitory 2
resolver (o:ue) *v.* to resolve; to solve 13
respirar *v.* to breathe 13
respuesta *f.* answer
restaurante *m.* restaurant 4
resuelto/a *p.p.* resolved 14
reunión *f.* meeting
revisar *v.* to check 11
 revisar el aceite *v.* to check the oil 11
revista *f.* magazine 4
rico/a *adj.* rich 6; *adj.* tasty; delicious 8
ridículo/a *adj.* ridiculous 13
río *m.* river 13

riquísimo/a *adj.* extremely delicious 8
rodilla *f.* knee 10
rogar (o:ue) *v.* to beg; to plead 12
rojo/a *adj.* red 6
romántico/a *adj.* romantic
romper *v.* to break 10
   romperse la pierna *v.* to break one's leg 10
romper (con) *v.* to break up (with) 9
ropa *f.* clothing; clothes 6
   ropa interior *f.* underwear 6
rosado/a *adj.* pink 6
roto/a *adj.* broken 10, 14
rubio/a *adj.* blond(e) 3
ruso/a *adj.* Russian 3
rutina *f.* routine 7
   rutina diaria *f.* daily routine 7

S

sábado *m.* Saturday 2
saber *v.* to know; to know how 6; to taste 8
   saber a to taste like 8
sabrosísimo/a *adj.* extremely delicious 8
sabroso/a *adj.* tasty; delicious 8
sacar *v.* to take out
   sacar fotos to take photos 5
   sacar la basura to take out the trash 12
   sacar(se) un diente to have a tooth removed 10
sacudir *v.* to dust 12
   sacudir los muebles to dust the furniture 12
sal *f.* salt 8
sala *f.* living room 12; room
   sala de emergencia(s) emergency room 10
salario *m.* salary
salchicha *f.* sausage 8
salida *f.* departure; exit 5
salir *v.* to leave 4; to go out
   salir (con) to go out (with); to date 9
   salir de to leave from
   salir para to leave for (*a place*)
salmón *m.* salmon 8
salón de belleza *m.* beauty salon 14
salud *f.* health 10
saludable *adj.* healthy 10
saludar(se) *v.* to greet (each other) 11
saludo *m.* greeting 1
   saludos a... greetings to... 1
sandalia *f.* sandal 6
sandía *f.* watermelon
sándwich *m.* sandwich 8

sano/a *adj.* healthy 10
se *ref. pron.* himself, herself, itself, *form.* yourself, themselves, yourselves 7
se *impersonal* one 10
   Se nos dañó... The... broke down. 11
   Se hizo... He/she/it became...
   Se nos pinchó una llanta. We had a flat tire. 11
secadora *f.* clothes dryer 12
secarse *v.* to dry oneself 7
sección de (no) fumar *f.* (non) smoking section 8
secretario/a *m., f.* secretary
secuencia *f.* sequence
sed *f.* thirst 3
seda *f.* silk 6
sedentario/a *adj.* sedentary; related to sitting 15
seguir (e:i) *v.* to follow; to continue 4
según according to
segundo/a *adj.* second 5
seguro/a *adj.* sure; safe 5
seis six 1
seiscientos/as six hundred 2
sello *m.* stamp 14
selva *f.* jungle 13
semana *f.* week 2
   fin *m.* **de semana** weekend 4
   semana *f.* **pasada** last week 6
semestre *m.* semester 2
sendero *m.* trail; trailhead 13
sentarse (e:ie) *v.* to sit down 7
sentir(se) (e:ie) *v.* to feel 7; to be sorry; to regret 13
señor (Sr.); don *m.* Mr.; sir 1
señora (Sra.); doña *f.* Mrs.; ma'am 1
señorita (Srta.) *f.* Miss 1
separado/a *adj.* separated 9
separarse (de) *v.* to separate (from) 9
septiembre *m.* September 5
séptimo/a *adj.* seventh 5
ser *v.* to be 1
   ser aficionado/a (a) to be a fan (of) 4
   ser alérgico/a (a) to be allergic (to) 10
   ser gratis to be free of charge 14
serio/a *adj.* serious
servilleta *f.* napkin 12
servir (e:i) *v.* to serve 8; to help 5
sesenta sixty 2
setecientos/as *adj.* seven hundred 2
setenta seventy 2
sexismo *m.* sexism
sexto/a *adj.* sixth 5
sí *adv.* yes 1
si *conj.* if 4
SIDA *m.* AIDS

sido *p.p.* been 15
siempre *adv.* always 7
siete seven 1
silla *f.* seat 2
sillón *m.* armchair 12
similar *adj. m., f.* similar
simpático/a *adj.* nice; likeable 3
sin *prep.* without 2, 13
   sin duda without a doubt
   sin embargo however
   sin que *conj.* without 13
sino but (rather) 7
síntoma *m.* symptom 10
sitio *m.* **web;** website 11
situado/a *p.p.* located
sobre *m.* envelope 14; *prep.* on; over 2
sobrino/a *m., f.* nephew; niece 3
sociología *f.* sociology 2
sofá *m.* couch; sofa 12
sol *m.* sun 4; 5; 13
solar *adj. m., f.* solar 13
soldado *m., f.* soldier
soleado/a *adj.* sunny
solicitar *v.* to apply (*for a job*)
solicitud (de trabajo) *f.* (job) application
sólo *adv.* only 3
solo/a *adj.* alone
soltero/a *adj.* single 9
solución *f.* solution 13
sombrero *m.* hat 6
Son las dos. It's two o'clock. 1
sonar (o:ue) *v.* to ring 11
sonreído *p.p.* smiled 14
sonreír (e:i) *v.* to smile 9
sopa *f.* soup 8
sorprender *v.* to surprise 9
sorpresa *f.* surprise 9
sótano *m.* basement; cellar 12
soy I am 1
   Soy de... I'm from... 1
   Soy yo. That's me. 1
su(s) *poss. adj.* his; her; its; *form.* your; their 3
subir(se) a *v.* to get on/into (*a vehicle*) 11
sucio/a *adj.* dirty 5
sucre *m.* Former Ecuadorian currency 6
sudar *v.* to sweat 15
suegro/a *m., f.* father-in-law; mother-in-law 3
sueldo *m.* salary
suelo *m.* floor 12
sueño *m.* sleep 3
suerte *f.* luck 3
suéter *m.* sweater 6
sufrir *v.* to suffer 10
   sufrir muchas presiones to be under a lot of pressure 15
   sufrir una enfermedad to suffer an illness 10
sugerir (e:ie) *v.* to suggest 12
supermercado *m.* supermarket 14
suponer *v.* to suppose 4

sur *m.* south 14
sustantivo *m.* noun
suyo(s)/a(s) *poss.* (of) his/her; (of) hers; (of) its; (of) *form.* your, (of) yours, (of) their 11

T

tal vez *adv.* maybe 5
talentoso/a *adj.* talented
talla *f.* size 6
   talla grande *f.* large 6
taller *m.* **mecánico** garage; mechanic's repairshop 11
también *adv.* also; too 2; 7
tampoco *adv.* neither; not either 7
tan *adv.* so 5
   tan... como as... as 8
   tan pronto como *conj.* as soon as 13
tanque *m.* tank 11
tanto *adv.* so much
   tanto... como as much... as 8
   tantos/as... como as many... as 8
tarde *adv.* late 7; *f.* afternoon; evening; P.M. 1
tarea *f.* homework 2
tarjeta *f.* (post) card
tarjeta de crédito *f.* credit card 6
tarjeta postal *f.* postcard 4
taxi *m.* taxi 5
taza *f.* cup 12
te *sing., fam., d.o. pron.* you 5; *sing., fam., i.o. pron.* to/for you 6
   Te presento a... *fam.* I would like to introduce... to you 1
   ¿Te gustaría? Would you like to?
   ¿Te gusta(n)...? Do you like...? 2
té *m.* tea 8
   té helado *m.* iced tea 8
teatro *m.* theater
teclado *m.* keyboard 11
técnico/a *m., f.* technician
tejido *m.* weaving
teleadicto/a *m., f.* couch potato 15
teléfono (celular) *m.* (cell) telephone 11
telenovela *f.* soap opera
teletrabajo *m.* telecommuting
televisión *f.* television 2; 11
televisión por cable *f.* cable television 11
televisor *m.* television set 11
temer *v.* to fear 13
temperatura *f.* temperature 10
temprano *adv.* early 7
tenedor *m.* fork 12
tener *v.* to have 3
   tener... años to be... years old 3

Tengo... años. I'm... years old. 3
tener (mucho) calor to be (very) hot 3
tener (mucho) cuidado to be (very) careful 3
tener dolor to have a pain 10
tener éxito to be successful
tener fiebre to have a fever 10
tener (mucho) frío to be (very) cold 3
tener ganas de (+ inf.) to feel like (*doing something*) 3
tener (mucha) hambre *f.* to be (very) hungry 3
tener (mucho) miedo (de) to be (very) afraid (of); to be (very) scared (of) 3
tener miedo (de) que to be afraid that
tener planes *m., pl.* to have plans 4
tener (mucha) prisa to be in a (big) hurry 3
tener que (+ inf.) *v.* to have to (*do something*) 3
tener razón *f.* to be right 3
tener (mucha) sed *f.* to be (very) thirsty 3
tener (mucho) sueño to be (very) sleepy 3
tener (mucha) suerte to be (very) lucky 3
tener tiempo to have time 4
tener una cita to have a date; to have an appointment 9
tenis *m.* tennis 4
tensión *f.* tension 15
tercer, tercero/a *adj.* third 5
terminar *v.* to end; to finish 2
   terminar de (+inf.) *v.* to finish (*doing something*) 4
terremoto *m.* earthquake
terrible *adj. m., f.* terrible 13
ti *prep., obj. of prep., fam.* you
tiempo *m.* time 4; weather 5
   tiempo libre free time
tienda *f.* shop; store 6
   tienda de campaña tent
tierra *f.* land; soil 13
tinto/a *adj.* red (wine) 8
tío/a *m., f.* uncle; aunt 3
tíos *m., pl.* aunts and uncles 3
título *m.* title
tiza *f.* chalk 2
toalla *f.* towel 7
tobillo *m.* ankle 10
tocadiscos compacto *m.* compact disc player 11
tocar *v.* to play (*a musical instrument*); to touch 13
todavía *adv.* yet; still 5
todo *m.* everything 5
   en todo el mundo throughout the world 13
   Todo está bajo control. Everything is under control. 7

todo derecho straight (ahead) 14
todo(s)/a(s) *adj.* all 4; whole
todos *m., pl.* all of us; *m., pl.* everybody; everyone
   ¡Todos a bordo! All aboard! 1
todos los días *adv.* every day 10
tomar *v.* to take; to drink 2
   tomar clases *f., pl.* to take classes 2
   tomar el sol to sunbathe 4
   tomar en cuenta to take into account
   tomar fotos *f., pl.* to take photos 5
   tomar la temperatura to take someone's temperature 10
tomate *m.* tomato 8
tonto/a *adj.* silly; foolish 3
torcerse (o:ue) (el tobillo) *v.* to sprain (one's ankle) 10
torcido/a *adj.* twisted; sprained 10
tormenta *f.* storm
tornado *m.* tornado
tortilla *f.* tortilla 8
   tortilla de maíz corn tortilla 8
tos *f., sing.* cough 10
toser *v.* to cough 10
tostado/a *adj.* toasted 8
tostadora *f.* toaster 12
trabajador(a) *adj.* hard-working 3
trabajar *v.* to work 2
trabajo *m.* job; work
traducir *v.* to translate 6
traer *v.* to bring 4
tráfico *m.* traffic 11
tragedia *f.* tragedy
traído/a *p.p.* brought 14
traje *m.* suit 6
   traje (de baño) *m.* (bathing) suit 6
tranquilo/a *adj.* calm; quiet 15
   Tranquilo. Don't worry.; Be cool. 7
transmitir *v.* to broadcast
tratar de (+ inf.) *v.* to try (*to do something*) 15
Trato hecho. You've got a deal.
trece thirteen 1
treinta thirty 1, 2
   y treinta thirty minutes past the hour (time) 1
tren *m.* train 5
tres three 1
trescientos/as *adj.* three hundred 2
trimestre *m.* trimester; quarter 2
triste *adj.* sad 5
tú *fam. sub. pron.* you 1
   Tú eres... You are... 1
tu(s) *fam. poss. adj.* your 3
turismo *m.* tourism 5
turista *m., f.* tourist 1
turístico/a *adj.* touristic
tuyo(s)/a(s) *fam. poss. pron.* your; (of) yours 11

U

Ud. *form. sing.* you 1
Uds. *form., pl.* you 1
último/a *adj.* last
un, uno/a *indef. art.* a; one 1
  uno/a *m., f., sing. pron.* one 1
    a la una at one o'clock 1
  una vez once; one time 6
  una vez más one more time 9
único/a *adj.* only 3
universidad *f.* university;
  college 2
unos/as *m., f., pl. indef. art.*
  some 1
  unos/as *pron.* some 1
urgente *adj.* urgent 12
usar *v.* to wear; to use 6
usted (Ud.) *form. sing.* you 1
  ustedes (Uds.) *form., pl.* you 1
útil *adj.* useful
uva *f.* grape 8

V

vaca *f.* cow 13
vacaciones *f. pl.* vacation 5
valle *m.* valley 13
vamos let's go 4
vaquero *m.* cowboy
  de vaqueros *m., pl.* western
    (genre)
varios/as *adj. m. f., pl.* various;
  several 8
vaso *m.* glass 12
veces *f., pl.* times 6
vecino/a *m., f.* neighbor 12
veinte twenty 1
veinticinco twenty-five 1
veinticuatro twenty-four 1
veintidós twenty-two 1
veintinueve twenty-nine 1
veintiocho twenty-eight 1
veintiséis twenty-six 1
veintisiete twenty-seven 1
veintitrés twenty-three 1

veintiún, veintiuno/a
  twenty-one 1
vejez *f.* old age 9
velocidad *f.* speed 11
  velocidad máxima *f.* speed
    limit 11
vendedor(a) *m., f.* salesperson 6
vender *v.* to sell 6
venir *v.* to come 3
ventana *f.* window 2
ver *v.* to see 4
  a ver *v.* let's see 2
  ver películas *f., pl.* to see
    movies 4
verano *m.* summer 5
verbo *m.* verb
verdad *f.* truth
  ¿verdad? right? 1
verde *adj., m. f.* green 6
verduras *pl., f.* vegetables 8
vestido *m.* dress 6
vestirse (e:i) *v.* to get dressed 7
vez *f.* time 6
viajar *v.* to travel 2
viaje *m.* trip 5
viajero/a *m., f.* traveler 5
vida *f.* life 9
video *m.* video 1
video(casete) *m.* video
  (cassette) 11
videocasetera *f.* VCR 11
videoconferencia *f.*
  videoconference
videojuego *m.* video game 4
vidrio *m.* glass 13
viejo/a *adj.* old 3
viento *m.* wind 5
viernes *m., sing.* Friday 2
vinagre *m.* vinegar 8
vino *m.* wine 8
  vino blanco *m.* white wine 8
  vino tinto *m.* red wine 8
violencia *f.* violence
visitar *v.* to visit 4
  visitar monumentos *m., pl.*
    to visit monuments 4
visto/a *p.p.* seen 14

vitamina *f.* vitamin 15
viudo/a *adj.* widower/widow 9
vivienda *f.* housing 12
vivir *v.* to live 3
vivo/a *adj.* bright; lively; living
volante *m.* steering wheel 11
volcán *m.* volcano 13
vóleibol *m.* volleyball 4
volver (o:ue) *v.* to return 4
volver a ver(te, lo, la) *v.* to see
  (you, him, her) again
vos *pron.* you
vosotros/as *form., pl.* you 1
votar *v.* to vote
vuelta *f.* return trip
vuelto/a *p.p.* returned 14
vuestro(s)/a(s) *poss. adj.* your 3;
  (of) yours *fam.* 11

W

walkman *m.* walkman

Y

y *conj.* and 1
  y cuarto quarter after (time) 1
  y media half-past (time) 1
  y quince quarter after (time) 1
  y treinta thirty (minutes past
    the hour) 1
  ¿Y tú? *fam.* And you? 1
  ¿Y usted? *form.* And you? 1
ya *adv.* already 6
yerno *m.* son-in-law 3
yo *sub. pron.* I 1
  Yo soy... I'm... 1
yogur *m.* yogurt 8

Z

zanahoria *f.* carrot 8
zapatería *f.* shoe store 14
zapatos de tenis *m., pl.* tennis
  shoes, sneakers 6

English-Spanish

English-Spanish

A

a **un/a** *m., f., sing.; indef. art.* 1
@ (*symbol*) **arroba** *f.* 11
A.M. **mañana** *f.* 1
able: be able to **poder (o:ue)** *v.* 4
aboard **a bordo** 1
accident **accidente** *m.* 10
accompany **acompañar** *v.* 14
account **cuenta** *f.* 14
   on account of **por** *prep.* 11
accountant **contador(a)** *m., f.*
accounting **contabilidad** *f.* 2
ache **dolor** *m.* 10
acid **ácido/a** *adj.* 13
   acid rain **lluvia ácida** 13
acquainted: be acquainted with **conocer** *v.* 6
action (*genre*) **de acción** *f.*
active **activo/a** *adj.* 15
actor **actor** *m.,* **actriz** *f.*
addict (*drug*) **drogadicto/a** *adj.* 15
additional **adicional** *adj.*
address **dirección** *f.* 14
adjective **adjetivo** *m.*
adolescence **adolescencia** *f.* 9
adventure (*genre*) **de aventura** *f.*
advertise **anunciar** *v.*
advertisement **anuncio** *m.*
advice **consejo** *m.* 6
   give advice **dar consejos** 6
advise **aconsejar** *v.* 12
advisor **consejero/a** *m., f.*
aerobic **aeróbico/a** *adj.* 15
   aerobics class **clase de ejercicios aeróbicos** 15
   to do aerobics **hacer ejercicios aeróbicos** 15
affected **afectado/a** *adj.* 13
   be affected (by) **estar** *v.* **afectado/a (por)** 13
affirmative **afirmativo/a** *adj.*
afraid: be (very) afraid (of) **tener (mucho) miedo (de)** 3
   be afraid that **tener miedo (de) que**
after **después de** *prep.* 7; **después de que** *conj.* 13
afternoon **tarde** *f.* 1
afterward **después** *adv.* 7
again **otra vez**
age **edad** *f.* 9
agree **concordar** *v.*
agree **estar** *v.* **de acuerdo**
   I agree (completely). **Estoy (completamente) de acuerdo.**
   I don't agree. **No estoy de acuerdo.**
agreement **acuerdo** *m.*
AIDS **SIDA** *m.*

air **aire** *m.* 13
   air pollution **contaminación del aire** 13
airplane **avión** *m.* 5
airport **aeropuerto** *m.* 5
alarm clock **despertador** *m.* 7
alcohol **alcohol** *m.* 15
   to consume alcohol **consumir alcohol** 15
alcoholic **alcohólico/a** *adj.* 15
all **todo(s)/a(s)** *adj.* 4
   All aboard! **¡Todos a bordo!** 1
   all of us **todos** 1
   all over the world **en todo el mundo**
allergic **alérgico/a** *adj.* 10
   be allergic (to) **ser alérgico/a (a)** 10
alleviate **aliviar** *v.*
almost **casi** *adv.* 10
alone **solo/a** *adj.*
along **por** *prep.* 11
already **ya** *adv.* 6
also **también** *adv.* 2; 7
alternator **alternador** *m.* 11
although **aunque** *conj.*
aluminum **aluminio** *m.* 13
   (made) of aluminum **de aluminio** 13
always **siempre** *adv.* 7
American (*North*) **norteamericano/a** *adj.* 3
among **entre** *prep.* 2
amusement **diversión** *f.*
and **y** 1, **e** (*before words beginning with i or hi*) 4
   And you? **¿Y tú?** *fam.* 1; **¿Y usted?** *form.* 1
angry **enojado/a** *adj.* 5
   get angry (with) **enojarse** *v.* **(con)** 7
animal **animal** *m.* 13
ankle **tobillo** *m.* 10
anniversary **aniversario** *m.* 9
   (wedding) anniversary **aniversario** *m.* **(de bodas)** 9
announce **anunciar** *v.*
announcer (*TV/radio*) **locutor(a)** *m., f.*
annoy **molestar** *v.* 7
another **otro/a** *adj.* 6
answer **contestar** *v.* 2; **respuesta** *f.*
answering machine **contestadora** *f.* 11
antibiotic **antibiótico** *m.* 10
any **algún, alguno/a(s)** *adj.* 7
anyone **alguien** *pron.* 7
anything **algo** *pron.* 7
apartment **apartamento** *m.* 12
apartment building **edificio de apartamentos** 12
appear **parecer** *v.*
appetizers **entremeses** *m., pl.* 8
applaud **aplaudir** *v.*
apple **manzana** *f.* 8

appliance (electric) **electrodoméstico** *m.* 12
applicant **aspirante** *m., f.*
application **solicitud** *f.*
   job application **solicitud de trabajo**
apply (*for a job*) **solicitar** *v.*
   apply for a loan **pedir (e:ie)** *v.* **un préstamo** 14
appointment **cita** *f.* 9
   have an appointment **tener** *v.* **una cita** 9
appreciate **apreciar** *v.*
April **abril** *m.* 5
aquatic **acuático/a** *adj.*
archaeologist **arqueólogo/a** *m., f.*
architect **arquitecto/a** *m., f.*
area **región** *f.* 13
arm **brazo** *m.* 10
armchair **sillón** *m.* 12
army **ejército** *m.*
around **por** *prep.* 11
   around here **por aquí** 11
arrange **arreglar** *v.* 11
arrival **llegada** *f.* 5
arrive **llegar** *v.* 2
art **arte** *m.* 2
   (fine) arts **bellas artes** *f., pl.*
article *m.* **artículo**
artist **artista** *m., f.* 3
artistic **artístico/a** *adj.*
arts **artes** *f., pl.*
as **como** 8
   as a child **de niño/a** 10
   as... as **tan... como** 8
   as many... as **tantos/as... como** 8
   as much... as **tanto... como** 8
   as soon as **en cuanto** *conj.* 13; **tan pronto como** *conj.* 13
ask (*a question*) **preguntar** *v.* 2
   ask for **pedir (e:i)** *v.* 4
asparagus **espárragos** *m., pl.* 8
aspirin **aspirina** *f.* 10
at **a** *prep.* 1; **en** *prep.* 2
   at + *time* **a la(s)** + *time* 1
   at home **en casa** 7
   at least **por lo menos** 10
   at night **por la noche** 7
   at the end (of) **al fondo (de)** 12
   At what time...? **¿A qué hora...?** 1
   At your service. **A sus órdenes.** 11
ATM **cajero automático** *m.* 14
attend **asistir (a)** *v.* 3
attic **altillo** *m.* 12
attract **atraer** *v.* 4
audience **público** *m.*
August **agosto** *m.* 5
aunt **tía** *f.* 3
   aunts and uncles **tíos** *m., pl.* 3
automobile **automóvil** *m.* 5; **carro** *m.;* **coche** *m.* 11

autumn **otoño** *m.* 5
avenue **avenida** *f.*
avoid **evitar** *v.* 13
award **premio** *m.*

B

backpack **mochila** *f.* 2
bad **mal, malo/a** *adj.* 3
    It's bad that… **Es malo que…** 12
    It's not at all bad. **No está nada mal.** 5
bag **bolsa** *f.* 6
bakery **panadería** *f.* 14
balanced **equilibrado/a** *adj.* 15
    to eat a balanced diet **comer una dieta equilibrada** 15
balcony **balcón** *m.* 12
ball **pelota** *f.* 4
banana **banana** *f.* 8
band **banda** *f.*
bank **banco** *m.* 14
bargain **ganga** *f.* 6; **regatear** *v.* 6
baseball (*game*) **béisbol** *m.* 4
basement **sótano** *m.* 12
basketball (*game*) **baloncesto** *m.* 4
bathe **bañarse** *v.* 7
bathing suit **traje** *m.* **de baño** 6
bathroom **baño** *m.* 7; **cuarto de baño** *m.* 7
be **ser** *v.* 1; **estar** *v.* 2
    be… years old **tener… años** 3
beach **playa** *f.* 5
beans **frijoles** *m., pl.* 8
beautiful **hermoso/a** *adj.* 6
beauty **belleza** *f.* 14
    beauty salon **peluquería** *f.* 14; **salón** *m.* **de belleza** 14
because **porque** *conj.* 2
    because of **por** *prep.* 11
become (+ *adj.*) **ponerse (+ adj.)** 7; **convertirse** *v.*
bed **cama** *f.* 5
    go to bed **acostarse (o:ue)** *v.* 7
bedroom **alcoba** *f.*; **dormitorio** *m.* 12; **recámara** *f.*
beef **carne de res** *f.* 8
    beef soup **caldo de patas** 8
been **sido** *p.p.* 15
beer **cerveza** *f.* 8
before **antes** *adv.* 7; **antes de** *prep.* 7; **antes (de) que** *conj.* 13
beg **rogar (o:ue)** *v.* 12
begin **comenzar (e:ie)** *v.* 4; **empezar (e:ie)** *v.* 4
behalf: on behalf of **de parte de** 11
behind **detrás de** *prep.* 2
believe (in) **creer** *v.* **(en)** 3; **creer** *v.* 13
    not to believe **no creer** 13
believed **creído/a** *p.p.* 14
bellhop **botones** *m., f. sing.* 5

below **debajo de** *prep.* 2
belt **cinturón** *m.* 6
benefit **beneficio** *m.*
beside **al lado de** *prep.* 2
besides **además (de)** *adv.* 10
best **mejor** *adj.*
    the best **el/la mejor** *m., f.* 8; **lo mejor** *neuter*
better **mejor** *adj.*
    It's better that… **Es mejor que…** 12
between **entre** *prep.* 2
beverage **bebida** *f.*
    alcoholic beverage **bebida alcohólica** *f.* 15
bicycle **bicicleta** *f.* 4
big **gran, grande** *adj.* 3
bill **cuenta** *f.* 9
billion **mil millones**
biology **biología** *f.* 2
bird **ave** *f.* 13; **pájaro** *m.* 13
birth **nacimiento** *m.* 9
birthday **cumpleaños** *m., sing.* 9
    have a birthday **cumplir** *v.* **años** 9
black **negro/a** *adj.* 6
blackberry **mora** *f.* 8
blackboard **pizarra** *f.* 2
blanket **manta** *f.* 12
block (city) **cuadra** *f.* 14
blond(e) **rubio/a** *adj.* 3
blouse **blusa** *f.* 6
blue **azul** *adj. m., f.* 6
boarding house **pensión** *f.*
boat **barco** *m.* 5
body **cuerpo** *m.* 10
bone **hueso** *m.* 10
book **libro** *m.* 2
bookcase **estante** *m.* 12
bookshelves **estante** *m.* 12
bookstore **librería** *f.* 2
boot **bota** *f.* 6
bore **aburrir** *v.* 7
bored **aburrido/a** *adj.* 5
    be bored **estar** *v.* **aburrido/a** 5
    get bored **aburrirse** *v.*
boring **aburrido/a** *adj.* 5
born: be born **nacer** *v.* 9
borrow **pedir (e:ie)** *v.* **prestado** 14
borrowed **prestado/a** *adj.*
boss **jefe** *m.,* **jefa** *f.*
bother **molestar** *v.* 7
bottle **botella** *f.* 9
    bottle of wine **botella de vino** 9
bottom **fondo** *m.*
boulevard **bulevar** *m.*
boy **chico** *m.* 1; **muchacho** *m.* 3
boyfriend **novio** *m.* 3
brakes **frenos** *m., pl.*
bread **pan** *m.* 8
break **romper** *v.* 10
    break (one's leg) **romperse (la pierna)** 10

break down **dañar** *v.* 10
    The… broke down. **Se nos dañó el/la…** 11
break up (with) **romper** *v.* **(con)** 9
breakfast **desayuno** *m.* 2, 8
    have breakfast **desayunar** *v.* 2
breathe **respirar** *v.* 13
bring **traer** *v.* 4
broadcast **transmitir** *v.* **emitir** *v.*
brochure **folleto** *m.*
broken **roto/a** *adj.* 10, 14
    be broken **estar roto/a** 10
brother **hermano** *m.* 3
    brother-in-law **cuñado** *m., f.* 3
    brothers and sisters **hermanos** *m., pl.* 3
brought **traído/a** *p.p.* 14
brown **café** *adj.* 6; **marrón** *adj.* 6
brunet(te) **moreno/a** *adj.* 3
brush **cepillar** *v.* 7
    brush one's hair **cepillarse el pelo** 7
    brush one's teeth **cepillarse los dientes** 7
build **construir** *v.* 4
building **edificio** *m.* 12
bump into (*something accidentally*) **darse con** 10; (*someone*) **encontrarse** *v.* 11
burn (a CD) **quemar** *v.* 11
burned (out) **quemado/a** *adj.* 11
bus **autobús** *m.* 1
    bus station **estación** *f.* **de autobuses** 5
business **negocios** *m. pl.*
    business administration **administración** *f.* **de empresas** 2
    business-related **comercial** *adj.*
businessperson **hombre** *m.* / **mujer** *f.* **de negocios**
busy **ocupado/a** *adj.* 5
but **pero** *conj.* 2; (*rather*) **sino** *conj.* (*in negative sentences*) 7
butcher shop **carnicería** *f.* 14
butter **mantequilla** *f.* 8
buy **comprar** *v.* 2
by **por** *prep.* 11; **para** *prep.* 11
    by means of **por** *prep.*
    by phone **por teléfono** 11
    by plane **en avión** 5
    by way of **por** *prep.* 11
bye **chau** *interj. fam.* 1

C

cabin **cabaña** *f.* 5
cable television **televisión** *f.* **por cable** *m.* 11
café **café** *m.* 4
cafeteria **cafetería** *f.* 2
caffeine **cafeína** *f.* 15

cake **pastel** *m.* 9
  chocolate cake **pastel de chocolate** *m.* 9
calculator **calculadora** *f.* 11
call **llamar** *v.* 11
  be called **llamarse** *v.* 7
  call on the phone **llamar por teléfono**
calm **tranquilo/a** *adj.* 15
calorie **caloría** *f.* 15
camera **cámara** *f.* 11
camp **acampar** *v.* 5
can (*tin*) **lata** *f.* 13
can **poder (o:ue)** *v.* 4
Canadian **canadiense** *adj.* 3
candidate **aspirante** *m., f.*
  candidate **candidato/a** *m., f.*
candy **dulces** *m., pl.* 9
capital city **capital** *f.* 1
car **coche** *m.* 11; **carro** *m.* 11; **auto(móvil)** *m.* 5
caramel **caramelo** *m.* 9
card **tarjeta** *f.*; (*playing*) **carta** *f.* 5
care **cuidado** *m.* 3
  Take care! **¡Cuídense!** *v.* 15
  take care of **cuidar** *v.* 13
career **carrera** *f.*
careful: be (very) careful **tener** *v.* **(mucho) cuidado** 3
caretaker **ama** *m., f.* **de casa** 12
carpenter **carpintero/a** *m., f.*
carpet **alfombra** *f.* 12
carrot **zanahoria** *f.* 8
carry **llevar** *v.* 2
cartoons **dibujos** *m, pl.* **animados**
case: in case (that) **en caso (de) que** 13
cash (a check) **cobrar** *v.* 14; cash **(en) efectivo** 6
  cash register **caja** *f.* 6
  pay in cash **pagar** *v.* **al contado** 14; **pagar en efectivo** 14
cashier **cajero/a** *m., f.*
cat **gato** *m.* 13
CD-ROM **cederrón** *m.* 11
celebrate **celebrar** *v.* 9
celebration **celebración** *f.*
  young woman's fifteenth birthday celebration **quinceañera** *f.* 9
cellar **sótano** *m.* 12
cellular **celular** *adj.* 11
  cellular telephone **teléfono celular** *m.* 11
cereal **cereales** *m., pl.* 8
certain **cierto** *m.*; **seguro** *m.* 13
  it's (not) certain **(no) es cierto/seguro** 13
chalk **tiza** *f.* 2
champagne **champán** *m.* 9
change **cambiar** *v.* **(de)** 9
channel (*TV*) **canal** *m.* 11
character (*fictional*) **personaje** *m.* 11

(main) character *m.* **personaje (principal)**
chat **conversar** *v.* 2
chauffeur **conductor(a)** *m., f.* 1
cheap **barato/a** *adj.* 6
check **comprobar (o:ue)** *v.*; **revisar** *v.* 11; (*bank*) **cheque** *m.* 14
  check the oil **revisar el aceite** 11
checking account **cuenta** *f.* **corriente** 14
cheese **queso** *m.* 8
chef **cocinero/a** *m., f.*
chemistry **química** *f.* 2
chest of drawers **cómoda** *f.* 12
chicken **pollo** *m.* 8
child **niño/a** *m., f.* 3
childhood **niñez** *f.* 9
children **hijos** *m., pl.* 3
Chinese **chino/a** *adj.* 3
chocolate **chocolate** *m.* 9
  chocolate cake **pastel** *m.* **de chocolate** 9
cholesterol **colesterol** *m.* 15
choose **escoger** *v.* 8
chop (*food*) **chuleta** *f.* 8
Christmas **Navidad** *f.* 9
church **iglesia** *f.* 4
citizen **ciudadano/a** *adj.*
city **ciudad** *f.* 4
class **clase** *f.* 2
  take classes **tomar clases** 2
classical **clásico/a** *adj.*
classmate **compañero/a** *m., f.* **de clase** 2
clean **limpio/a** *adj.* 5; **limpiar** *v.* 12
  clean the house *v.* **limpiar la casa** 12
clear (*weather*) **despejado/a** *adj.*
  clear the table **quitar la mesa** 12
  It's (very) clear. (*weather*) **Está (muy) despejado.**
clerk **dependiente/a** *m., f.* 6
climb **escalar** *v.* 4
  climb mountains **escalar montañas** 4
clinic **clínica** *f.* 10
clock **reloj** *m.* 2
close **cerrar (e:ie)** *v.* 4
closed **cerrado/a** *adj.* 5
closet **armario** *m.* 12
clothes **ropa** *f.* 6
  clothes dryer **secadora** *f.* 12
clothing **ropa** *f.* 6
cloud **nube** *f.* 13
cloudy **nublado/a** *adj.* 5
  It's (very) cloudy. **Está (muy) nublado.** 5
coat **abrigo** *m.* 6
coffee **café** *m.* 8
  coffee maker **cafetera** *f.* 12
cold **frío** *m.* 5;
  (*illness*) **resfriado** *m.* 10

be (*feel*) (very) cold **tener (mucho) frío** 3
  It's (very) cold. (*weather*) **Hace (mucho) frío.** 5
college **universidad** *f.* 2
collision **choque** *m.*
color **color** *m.* 6
comb one's hair **peinarse** *v.* 7
come **venir** *v.* 3
comedy **comedia** *f.*
comfortable **cómodo/a** *adj.* 5
commerce **negocios** *m., pl.*
commercial **comercial** *adj.*
communicate (with) **comunicarse** *v.* **(con)**
communication **comunicación** *f.*
  means of communication **medios** *m. pl.* **de comunicación**
community **comunidad** *f.* 1
compact disc (CD) **disco** *m.* **compacto** 11
  compact disc player **tocadiscos** *m. sing.* **compacto** 11
company **compañía** *f.*; **empresa** *f.*
comparison **comparación** *f.*
completely **completamente** *adv.*
composer **compositor(a)** *m., f.*
computer **computadora** *f.* 1
  computer disc **disco** *m.*
  computer monitor **monitor** *m.* 11
  computer programmer **programador(a)** *m., f.* 3
  computer science **computación** *f.* 2
concert **concierto** *m.*
conductor (*musical*) **director(a)** *m., f.*
confirm **confirmar** *v.* 5
  confirm a reservation **confirmar una reservación** 5
confused **confundido/a** *adj.* 5
congested **congestionado/a** *adj.* 10
Congratulations! (*for an event such as a birthday or anniversary*) **¡Felicidades!** 9; (*for an event such as an engagement or a good grade on a test*) *f., pl.* **¡Felicitaciones!** 9
conservation **conservación** *f.* 13
conserve **conservar** *v.* 13
considering **para** *prep.* 11
consume **consumir** *v.* 15
container **envase** *m.* 13
contamination **contaminación** *f.*
content **contento/a** *adj.* 5
contest **concurso** *m.*
continue **seguir (e:i)** *v.* 4
control **control** *m.*; **controlar** *v.* 13
  be under control **estar bajo control** 7

conversation **conversación** *f.* 1
converse **conversar** *v.* 2
cook **cocinar** *v.* 12; **cocinero/a**
   m., f.
cookie **galleta** *f.* 9
cool **fresco/a** *adj.* 5
   Be cool. **Tranquilo.** 7
   It's cool. (*weather*) **Hace**
     fresco. 5
corn **maíz** *m.* 8
corner **esquina** *f.* 14
cost **costar (o:ue)** *v.* 6
cotton **algodón** *f.* 6
   (made of) cotton **de algodón** 6
couch **sofá** *m.* 12
couch potato **teleadicto/a**
   m., f. 15
cough **tos** *f.* 10; **toser** *v.* 10
counselor **consejero/a** *m., f.*
count (on) **contar (o:ue)** *v.*
   (con) 4, 12
country (*nation*) **país** *m.* 1
countryside **campo** *m.* 5
(married) couple **pareja** *f.* 9
course **curso** *m.* 2; **materia** *f.* 2
courtesy **cortesía** *f.*
cousin **primo/a** *m., f.* 3
cover **cubrir** *v.*
covered **cubierto/a** *p.p.*
cow **vaca** *f.* 13
crafts **artesanía** *f.*
craftsmanship **artesanía** *f.*
crater **cráter** *m.* 13
crazy **loco/a** *adj.* 6
create **crear** *v.*
credit **crédito** *m.* 6
   credit card **tarjeta** *f.* **de**
     crédito 6
crime **crimen** *m.*
cross **cruzar** *v.* 14
culture **cultura** *f.*
cup **taza** *f.* 12
currency exchange **cambio** *m.* **de**
   moneda
current events **actualidades** *f.,*
   pl.
curtains **cortinas** *f., pl.* 12
custard (*baked*) **flan** *m.* 9
custom **costumbre** *f.* 1
customer **cliente/a** *m., f.* 6
customs **aduana** *f.* 5
   customs inspector **inspector(a)**
     m., f. **de aduanas** 5
cybercafé **cibercafé** *m.* 11
cycling **ciclismo** *m.* 4

D

dad **papá** *m.* 3
daily **diario/a** *adj.* 7
   daily routine **rutina** *f.* **diaria** 7
damage **dañar** *v.* 10
dance **bailar** *v.* 2; **danza** *f.;*
   baile *m.*
dancer **bailarín/bailarina** *m., f.*
danger **peligro** *m.* 13

dangerous **peligroso/a** *adj.*
date (*appointment*) **cita** *f.* 9; (*cal-*
  endar) **fecha** *f.* 5; (*someone*)
   salir *v.* **con (alguien)** 9
  have a date **tener una cita** 9
daughter **hija** *f.* 3
daughter-in-law **nuera** *f.* 3
day **día** *m.* 1
  day before yesterday
   anteayer *adv.* 6
deal **trato** *m.*
  It's not a big deal. **No es para**
   tanto. 12
  You've got a deal! **¡Trato**
   hecho!
death **muerte** *f.* 9
decaffeinated **descafeinado/a**
  adj. 15
December **diciembre** *m.* 5
decide **decidir** *v.* **(+ inf.)** 3
decided **decidido/a** *adj. p.p.* 14
declare **declarar** *v.*
deforestation **deforestación** *f.* 13
delicious **delicioso/a** *adj.* 8; **rico/**
  a *adj.* 8; **sabroso/a** *adj.* 8
delighted **encantado/a** *adj.* 1
dentist **dentista** *m., f.* 10
deny **negar (e:ie)** *v.* 13
  not to deny **no dudar** 13
department store **almacén** *m.* 6
departure **salida** *f.* 5
deposit **depositar** *v.* 14
describe **describir** *v.* 3
described **descrito/a** *p.p.* 14
desert **desierto** *m.* 13
design **diseño** *m.*
designer **diseñador(a)** *m., f.*
desire **desear** *v.* 2
desk **escritorio** *m.* 2
dessert **postre** *m.* 9
destroy **destruir** *v.* 13
develop **desarrollar** *v.* 13
diary **diario** *m.* 1
dictatorship **dictadura** *f.*
dictionary **diccionario** *m.* 1
die **morir (o:ue)** *v.* 8
died **muerto/a** *p.p.* 14
diet **dieta** *f.* 15; **alimentación**
  balanced diet **dieta**
   equilibrada 15
  be on a diet **estar a**
   dieta 15
difficult **difícil** *adj. m., f.* 3
digital camera **cámara** *f.*
  digital 11
dining room **comedor** *m.* 12
dinner **cena** *f.* 2, 8
  have dinner **cenar** *v.* 2
direct **dirigir** *v.*
directions **direcciones** *f., pl.* 14
  give directions **dar**
   direcciones 14
director **director(a)** *m., f.*
dirty **ensuciar** *v.;* **sucio/a** *adj.* 5
  get (something) dirty **ensuciar**
   v. 12
disagree **no estar de acuerdo**

disaster **desastre** *m.*
discover **descubrir** *v.* 13
discovered **descubierto/a** *p.p.* 14
discrimination **discriminación** *f.*
dish **plato** *m.* 8, 12
  main dish **plato principal** 8
dishwasher **lavaplatos** *m.,*
  sing. 12
disk **disco** *m.*
disorderly **desordenado/a** *adj.* 5
dive **bucear** *v.* 4
divorce **divorcio** *m.* 9
divorced **divorciado/a** *adj.* 9
  get divorced (from) **divorciarse**
   v. **(de)** 9
dizzy **mareado/a** *adj.* 10
do **hacer** *v.* 4
  do aerobics **hacer ejercicios**
   aeróbicos 15
  do household chores **hacer**
   quehaceres domésticos 12
  do stretching exercises **hacer**
   ejercicios de
   estiramiento 15
  (I) don't want to. **No quiero.** 4
doctor **doctor(a)** *m., f.* 3; 10;
  médico/a *m., f.* 3
documentary (*film*) **documental**
  m.
dog **perro** *m.* 13
domestic **doméstico/a** *adj.*
  domestic appliance
   electrodoméstico *m.*
done **hecho/a** *p.p.* 14
door **puerta** *f.* 2
dormitory **residencia** *f.*
  estudiantil 2
double **doble** *adj.* 5
  double room **habitación** *f.*
   doble 5
doubt **duda** *f.* 13; **dudar** *v.* 13
  not to doubt 13
  There is no doubt that...
   No cabe duda de 13;
   No hay duda de 13
Down with... ! **¡Abajo el/la...!**
download **descargar** *v.* 11
downtown **centro** *m.* 4
drama **drama** *m.*
dramatic **dramático/a** *adj.*
draw **dibujar** *v.* 2
drawing **dibujo** *m.*
dress **vestido** *m.* 6
  get dressed **vestirse (e:i)** *v.* 7
drink **beber** *v.* 3; **bebida** *f.* 8;
  tomar *v.* 2
drive **conducir** *v.* 6; **manejar**
  v. 11
driver **conductor(a)** *m., f.* 1
drug **droga** *f.* 15
  drug addict **drogadicto/a**
   adj. 15
dry oneself **secarse** *v.* 7
during **durante** *prep.* 7; **por**
  prep. 11
dust **sacudir** *v.* 12;
  quitar *v.* **el polvo** 12

dust the furniture **sacudir los muebles** 12

DVD player **reproductor** *m.* **de DVD** 11

E

each **cada** *adj.* 6
eagle **águila** *f.*
ear (outer) **oreja** *f.* 10
early **temprano** *adv.* 7
earn **ganar** *v.*
earthquake **terremoto** *m.*
ease **aliviar** *v.*
east **este** *m.* 14
  to the east **al este** 14
easy **fácil** *adj. m., f.* 3
eat **comer** *v.* 3
ecology **ecología** *f.* 13
economics **economía** *f.* 2
ecotourism **ecoturismo** *m.* 13
Ecuador **Ecuador** *m.* 1
Ecuadorian **ecuatoriano/a** *adj.* 3
effective **eficaz** *adj. m., f.*
egg **huevo** *m.* 8
eight **ocho** 1
eight hundred **ochocientos/as** 2
eighteen **dieciocho** 1
eighth **octavo/a** 5
eighty **ochenta** 2
either… or **o… o** *conj.* 7
eldest **el/la mayor** 8
elect **elegir** *v.*
election **elecciones** *f. pl.*
electric appliance **electrodoméstico** *m.* 12
electrician **electricista** *m., f.*
electricity **luz** *f.* 12
elegant **elegante** *adj. m., f.* 6
elevator **ascensor** *m.* 5
eleven **once** 1
e-mail **correo** *m.* **electrónico** 4
e-mail address **dirrección** *f.* **electrónica** 11
  e-mail message **mensaje** *m.* **electrónico** 4
  read e-mail **leer** *v.* **el correo electrónico** 4
embarrassed **avergonzado/a** *adj.* 5 embrace (each other) **abrazar(se)** *v.* 11
emergency **emergencia** *f.* 10
  emergency room **sala** *f.* **de emergencia** 10
employee **empleado/a** *m., f.* 5
employment **empleo** *m.*
end **fin** *m.* 4; **terminar** *v.* 2
  end table **mesita** *f.* 12
energy **energía** *f.* 13
engaged: get engaged (to) **comprometerse** *v.* **(con)** 9
engineer **ingeniero/a** *m., f.* 3
English (*language*) **inglés** *m.* 2; **inglés, inglesa** *adj.* 3
enjoy **disfrutar** *v.* **(de)** 15
enough **bastante** *adv.* 10

entertainment **diversión** *f.* 4
entrance **entrada** *f.* 12
envelope **sobre** *m.* 14
environment **medio ambiente** *m.* 13
equality **igualdad** *f.*
equipped **equipado/a** *adj.* 15
erase **borrar** *v.* 11
eraser **borrador** *m.* 2
errand **diligencia** *f.* 14
establish **establecer** *v.*
evening **tarde** *f.* 1
event **acontecimiento** *m.*
every day **todos los días** 10
everybody **todos** *m., pl.*
everything **todo** *m.* 5
  Everything is under control. **Todo está bajo control.** 7
exactly **en punto** 1
exam **examen** *m.* 2
excellent **excelente** *adj.* 5
excess **exceso** *m.* 15
  in excess **en exceso** 15
exchange **intercambiar** *v.*
  in exchange for **por** 11
exciting **emocionante** *adj. m., f.*
excursion **excursión** *f.*
excuse **disculpar** *v.*
Excuse me. (*May I?*) **Con permiso.** 1; (*I beg your pardon.*) **Perdón.** 1
exercise **ejercicio** *m.* 15
  hacer *v.* **ejercicio** 15
exit **salida** *f.* 5
expensive **caro/a** *adj.* 6
experience **experiencia** *f.*
explain **explicar** *v.* 2
explore **explorar** *v.*
expression **expresión** *f.*
extinction **extinción** *f.* 13
extremely delicious **riquísimo/a** *adj.* 8
extremely serious **gravísimo** *adj.* 13
eye **ojo** *m.* 10

F

fabulous **fabuloso/a** *adj.* 5
face **cara** *f.* 7
facing **enfrente de** *prep.* 14
fact: in fact **de hecho**
fall (down) **caerse** *v.* 10
  fall asleep **dormirse (o:ue)** *v.* 7
  fall in love (with) **enamorarse** *v.* **(de)** 9
fall (season) **otoño** *m.* 5
fallen **caído/a** *p.p.* 14
family **familia** *f.* 3
famous **famoso/a** *adj.*
fan **aficionado/a** *adj.* 4
  be a fan (of) **ser aficionado/a (a)** 4
far from **lejos de** *prep.* 2
farewell **despedida** *f.*

fascinate **fascinar** *v.* 7
fashion **moda** *f.* 6
  be in fashion **estar de moda** 6
fast **rápido/a** *adj.*
fat **gordo/a** *adj.* 3; **grasa** *f.* 15
father **padre** *m.* 3
father-in-law **suegro** *m.* 3
favorite **favorito/a** *adj.* 4
fax (machine) **fax** *m.* 11
fear **miedo** *m.* 3; **temer** *v.* 13
February **febrero** *m.* 5
feel **sentir(se) (e:ie)** *v.* 7
  feel like (*doing something*) **tener ganas de (+** *inf.***)** 3
festival **festival** *m.*
fever **fiebre** *f.* 10
  have a fever **tener** *v.* **fiebre** 10
few **pocos/as** *adj. pl.*
  fewer than **menos de (+** *number***)** 8
field: major field of study **especialización** *f.*
fifteen **quince** 1
  fifteen-year-old girl **quinceañera** *f.*
  young woman's fifteenth birthday celebration **quinceañera** *f.* 9
fifth **quinto/a** 5
fifty **cincuenta** 2
fight (for/against) **luchar** *v.* **(por/contra)**
figure (*number*) **cifra** *f.*
file **archivo** *m.* 11
fill **llenar** *v.* 11
  fill out (a form) **llenar (un formulario)** 14
  fill the tank **llenar el tanque** 11
finally **finalmente** *adv.* 15; **por último** 7; **por fin** 11
find **encontrar (o:ue)** *v.* 4
  find (each other) **encontrar(se)**
fine **multa** *f.*
  That's fine. **Está bien.** 11
(fine) arts **bellas artes** *f., pl.*
finger **dedo** *m.* 10
finish **terminar** *v.* 2
  finish (*doing something*) **terminar** *v.* **de (+** *inf.***)** 4
fire **incendio** *m.*; **despedir (e:i)** *v.*
firefighter **bombero/a** *m., f.*
firm **compañía** *f.*; **empresa** *f.*
first **primer, primero/a** 5
fish (*food*) **pescado** *m.* 8; **pescar** *v.* 5; (*live*) **pez** *m.* 13
  fish market **pescadería** *f.* 14
fisherman **pescador** *m.*
fisherwoman **pescadora** *f.*
fishing **pesca** *f.* 5
fit (*clothing*) **quedar** *v.* 7
five **cinco** 1
five hundred **quinientos/as** 2
fix (*put in working order*) **arreglar** *v.* 11
fixed **fijo/a** *adj.* 6
flag **bandera** *f.*
flank steak **lomo** *m.* 8

flat tire: We had a flat tire. **Se nos pinchó una llanta.** 11
flexible **flexible** *adj.* 15
flood **inundación** *f.*
floor (*of a building*) **piso** *m.* 5; **suelo** *m.* 12
  ground floor **planta baja** *f.* 5
  top floor **planta** *f.* **alta**
flower **flor** *f.* 13
flu **gripe** *f.* 10
fog **niebla** *f.*
folk **folklórico/a** *adj.*
follow **seguir (e:i)** *v.* 4
food **comida** *f.* 8; **alimento**
foolish **tonto/a** *adj.* 3
foot **pie** *m.* 10
football **fútbol** *m.* **americano** 4
for **para** *prep.* 11; **por** *prep.* 11
  for example **por ejemplo** 11
  for me **para mí** 8
forbid **prohibir** *v.*
foreign **extranjero/a** *adj.*
  foreign languages **lenguas** *f., pl.* **extranjeras** 2
forest **bosque** *m.* 13
forget **olvidar** *v.* 10
fork **tenedor** *m.* 12
form **formulario** *m.* 14
forty **cuarenta** *m.* 2
four **cuatro** 1
four hundred **cuatrocientos/as** 2
fourteen **catorce** 1
fourth **cuarto/a** *m., f.* 5
free **libre** *adj. m., f.* 4
  be free (of charge) **ser gratis** 14
  free time **tiempo libre**; spare (free) time **ratos libres** 4
freedom **libertad** *f.*
freezer **congelador** *m.* 12
French **francés, francesa** *adj.* 3
  French fries **papas** *f., pl.* **fritas** 8; **patatas** *f., pl.* **fritas** 8
frequently **frecuentemente** *adv.* 10; **con frecuencia** *adv.* 10
Friday **viernes** *m., sing.* 2
fried **frito/a** *adj.* 8
  fried potatoes **papas** *f., pl.* **fritas** 8; **patatas** *f., pl.* **fritas** 8
friend **amigo/a** *m., f.* 3
friendly **amable** *adj. m., f.* 5
friendship **amistad** *f.* 9
from **de** *prep.* 1; **desde** *prep.* 6
  from the United States **estadounidense** *m., f. adj.* 3
  from time to time **de vez en cuando** 10
  He/She/It is from… **Es de…**; I'm from… **Soy de…** 1
fruit **fruta** *f.* 8
  fruit juice **jugo** *m.* **de fruta** 8
  fruit store **frutería** *f.* 14
full **lleno/a** *adj.* 11

fun **divertido/a** *adj.* 7
  fun activity **diversión** *f.* 4
  have fun **divertirse (e:ie)** *v.* 9
function **funcionar** *v.*
furniture **muebles** *m., pl.* 12
furthermore **además (de)** *adv.* 10
future **futuro** *adj.*; **porvenir** *m.*
  Here's to the future! **¡Por el porvenir!**
  in the future **en el futuro**

G

gain weight **aumentar** *v.* **de peso** 15; **engordar** *v.* 15
game **juego** *m.*; (*match*) **partido** *m.* 4
  game show **concurso** *m.*
garage (*in a house*) **garaje** *m.* 12; **garaje** *m.* 11; **taller (mecánico)** 11
garden **jardín** *m.* 12
garlic **ajo** *m.* 8
gas station **gasolinera** *f.* 11
gasoline **gasolina** *f.* 11
geography **geografía** *f.* 2
German **alemán, alemana** *adj.* 3
get **conseguir (e:i)** *v.* 4; **obtener** *v.*
  get along well/badly (with) **llevarse bien/mal (con)** 9
  get bored **aburrirse** *v.*
  get off of (a vehicle) **bajar(se)** *v.* **de** 11
  get on/into (a vehicle) **subir(se)** *v.* **a** 11
  get out of (a vehicle) **bajar(se)** *v.* **de** 11
  get up **levantarse** *v.* 7
gift **regalo** *m.* 6
girl **chica** *f.* 1; **muchacha** *f.* 3
girlfriend **novia** *f.* 3
give **dar** *v.* 6, 9; (*as a gift*) **regalar** 9
glass (*drinking*) **vaso** *m.* 12; **vidrio** *m.* 13
  (made) of glass **de vidrio** 13
glasses **gafas** *f., pl.* 6
  sunglasses **gafas** *f., pl.* **de sol** 6
gloves **guantes** *m., pl.* 6
go **ir** *v.* 4
  go away **irse** 7
  go by boat **ir en barco** 5
  go by bus **ir en autobús** 5
  go by car **ir en auto(móvil)** 5
  go by motorcycle **ir en motocicleta** 5
  go by taxi **ir en taxi** 5
  go by the bank **pasar por el banco** 14
  go down; **bajar(se)** *v.*
  go on a hike (in the mountains)

  ir de excursión (a las montañas) 4
go out **salir** *v.* 9
go out (with) **salir** *v.* **(con)** 9
go up **subir** *v.*
go with **acompañar** *v.* 14
Let's go. **Vamos.** 4
goblet **copa** *f.* 12
going to: be going to (*do something*) **ir a (+ inf.)** 4
golf **golf** *m.* 4
good **buen, bueno/a** *adj.* 3, 6
  Good afternoon. **Buenas tardes.** 1
  Good evening. **Buenas noches.** 1
  Good idea. **Buena idea.** 4
  Good morning. **Buenos días.** 1
  Good night. **Buenas noches.** 1
  It's good that… **Es bueno que…** 12
goodbye **adiós** *m.* 1
  say goodbye (to) **despedirse** *v.* **(de) (e:i)** 7
good-looking **guapo/a** *adj.* 3
government **gobierno** *m.* 13
graduate (from/in) **graduarse** *v.* **(de/en)** 9
grains **cereales** *m., pl.* 8
granddaughter **nieta** *f.* 3
grandfather **abuelo** *m.* 3
grandmother **abuela** *f.* 3
grandparents **abuelos** *m., pl.* 3
grandson **nieto** *m.* 3
grape **uva** *f.* 8
grass **hierba** *f.* 13
grave **grave** *adj.* 10
gray **gris** *adj. m., f.* 6
great **fenomenal** *adj. m., f.* 5
great-grandfather **bisabuelo** *m.* 3
great-grandmother **bisabuela** *f.* 3
green **verde** *adj. m., f.* 6
greet (each other) **saludar(se)** *v.* 11
greeting **saludo** *m.* 1
  Greetings to… **Saludos a…** 1
grilled (*food*) **a la plancha** 8
  grilled flank steak **lomo a la plancha** 8
ground floor **planta baja** *f.* 5
guest (*at a house/hotel*) **huésped** *m., f.* 5 (*invited to a function*) **invitado/a** *m., f.* 9
guide **guía** *m., f.* 13
gymnasium **gimnasio** *m.* 4

H

hair **pelo** *m.* 7
hairdresser **peluquero/a** *m., f.*
half **medio/a** *adj.* 3
  half-brother **medio hermano** 3
  half-sister **media hermana** 3
  half-past… (*time*) **…y media** 1

hallway **pasillo** *m.* 12
ham **jamón** *m.* 8
hamburger **hamburguesa** *f.* 8
hand **mano** *f.* 1
Hands up! **¡Manos arriba!**
handsome **guapo/a** *adj.* 3
happen **ocurrir** *v.*
happiness **algería** *v.* 9
Happy birthday! **¡Feliz cumpleaños! 9**
happy **alegre** *adj.* 5; **contento/a**
adj. 5; **feliz** *adj. m., f.* 5
be happy **alegrarse** *v.* **(de)** 13
hard **difícil** *adj. m., f.* 3
hard-working **trabajador(a)**
adj. 3
hardly **apenas** *adv.* 10
haste **prisa** *f.* 3
hat **sombrero** *m.* 6
hate **odiar** *v.* 9
have **tener** *v.* 3
Have a good trip! **¡Buen viaje!** 1
have time **tener tiempo** 4
have to (*do something*) **tener
que (+ *inf.*)** 3; **deber (+ *inf.*)**
have a tooth removed **sacar(se)
un diente** 10
he **él** 1
head **cabeza** *f.* 10
headache **dolor** *m.* **de cabeza** 10
health **salud** *f.* 10
healthy **saludable** *adj. m., f.* 10;
sano/a *adj.* 10
lead a healthy lifestyle **llevar** *v.*
una vida sana 15
hear **oír** *v.* 4
heard **oído/a** *p.p.* 14
hearing: sense of hearing **oído**
m. 10
heart **corazón** *m.* 10
heat **calor** *m.* 5
Hello. **Hola.** 1; (*on the telephone*) **Aló.** 11; **¿Bueno?** 11;
Diga. 11
help **ayudar** *v.* 12; **servir (e:i)**
v. 5
help each other **ayudarse** *v.* 11
her **su(s)** *poss. adj.* 3; (of) hers
suyo(s)/a(s) *poss.* 11
her **la** *f., sing., d.o. pron.* 5
to/for her **le** *f., sing., i.o. pron.* 6
here **aquí** *adv.* 1
Here it is. **Aquí está.** 5
Here we are at/in... **Aquí
estamos en...** 2
Hi. **Hola.** 1
highway **autopista** *f.* 11;
carretera *f.* 11
hike **excursión** *f.* 4
go on a hike **hacer una excursión** 5; **ir de excursión** 4
hiker **excursionista** *m., f.*
hiking **de excursión** 4
him: to/for him **le** *m., sing., i.o.
pron.* 6
hire **contratar** *v.*

his **su(s)** *poss. adj.* 3; (of) his
suyo(s)/a(s) *poss. pron.* 11
his **lo** *m., sing., d.o. pron.* 5
history **historia** *f.* 2
hobby **pasatiempo** *m.* 4
hockey **hockey** *m.* 4
holiday **día** *m.* **de fiesta** 9
home **casa** *f.* 2
home page **página** *f.*
principal 11
homework **tarea** *f.* 2
hood **capó** *m.* 11; **cofre** *m.* 11
hope **esperar** *v.* **(+ *inf.*)** 2;
esperar *v.* 13
I hope (that) **ojalá (que)** 13
horror (genre) **de horror** *m.*
hors d'oeuvres **entremeses** *m.,
pl.* 8
horse **caballo** *m.* 5
hospital **hospital** *m.* 10
hot: be (*feel*) (very) hot **tener
(mucho) calor** 3
It's (very) hot. **Hace (mucho)
calor.** 5
hotel **hotel** *m.* 5
hour **hora** *f.* 1
house **casa** *f.* 2
household chores **quehaceres** *m.
pl.* **domésticos** 12
housekeeper **ama** *m., f.* **de casa** 12
housing **vivienda** *f.* 12
How... ! **¡Qué...!** 3
how **¿cómo?** *adv.* 1
How are you? **¿Qué tal?** 1
How are you? **¿Cómo estás?**
fam. 1
How are you? **¿Cómo está
usted?** *form.* 1
How can I help you? **¿En qué
puedo servirles?** 5
How did it go for you...?
¿Cómo le/les fue...? 15
How is it going? **¿Qué tal?** 1
How is/are...? **¿Qué tal...?** 2
How is the weather? **¿Qué
tiempo hace?** 15
How much/many?
¿Cuánto(s)/a(s)? 1
How much does... cost?
¿Cuánto cuesta...? 6
How old are you? **¿Cuántos
años tienes?** *fam.* 3
however **sin embargo**
hug (each other) **abrazar(se)**
v. 11
humanities **humanidades** *f., pl.* 2
hundred **cien, ciento** 2
hunger **hambre** *f.* 3
hungry: be (very) hungry **tener** *v.*
(mucha) hambre 3
hunt **cazar** *v.* 13
hurricane **huracán** *m.*
hurry **apurarse** *v.* 15; **darse prisa**
v. 15
be in a (big) hurry **tener** *v.*
(mucha) prisa 3

hurt **doler (o:ue)** *v.* 10
It hurts me a lot... **Me duele
mucho...** 10
husband **esposo** *m.* 3

I

I **yo** 1
I am... **Yo soy...** 1
I hope (that) **Ojalá (que)**
interj. 13
I wish (that) **Ojalá (que)**
interj. 13
ice cream **helado** *m.* 9
ice cream shop **heladería** *f.* 14
iced **helado/a** *adj.* 8
iced tea **té** *m.* **helado** 8
idea **idea** *f.* 4
if **si** *conj.* 4
illness **enfermedad** *f.* 10
important **importante** *adj.* 3
be important to **importar** *v.* 7
It's important that... **Es
importante que...** 12
impossible **imposible** *adj.* 13
it's impossible **es imposible** 13
improbable **improbable** *adj.* 13
it's improbable **es
improbable** 13
improve **mejorar** *v.* 13
in **en** *prep.* 2; **por** *prep.* 11
in the afternoon **de la tarde** 1;
por la tarde 7
in a bad mood **de mal humor** 5
in the direction of **para** *prep.* 1;
in the early evening **de la tarde** 1
in the evening **de la noche** 1;
por la tarde 7
in a good mood **de buen
humor** 5
in the morning **de la
mañana** 1; **por la
mañana** 7
in love (with)
enamorado/a (de) 5
in search of **por** *prep.* 11
in front of **delante de** *prep.* 2
increase **aumento** *m.*
incredible **increíble** *adj.* 5
inequality **desigualdad** *f.*
infection **infección** *f.* 10
inform **informar** *v.*
injection **inyección** *f.* 10
give an injection *v.* **poner una
inyección** 10
injure (oneself) **lastimarse** 10
injure (one's foot) **lastimarse** *v.*
(el pie) 10
inner ear **oído** *m.* 10
inside **dentro** *adv.*
insist (on) **insistir** *v.* **(en)** 12
installments: pay in installments
pagar *v.* **a plazos** 14
intelligent **inteligente** *adj.* 3
intend to **pensar** *v.* **(+ *inf.*)** 4

interest **interesar** v. 7
interesting **interesante** adj. 3
  be interesting to **interesar** v. 7
international **internacional**
  adj. m., f.
Internet **Internet** 11
interview **entrevista** f.; interview
  entrevistar v.
interviewer **entrevistador(a)**
  m., f.
introduction **presentación** f.
  I would like to introduce (name)
    to you... **Le presento a...**
    form. 1; **Te presento a...**
    fam. 1
invest **invertir (e:ie)** v.
invite **invitar** v. 9
iron (clothes) **planchar** v. **la**
  ropa 12
it **lo/la** sing., d.o., pron. 5
Italian **italiano/a** adj. 3
its **su(s)** poss. adj. 3,
  suyo(s)/a(s) poss. pron. 11
It's me. **Soy yo.** 1

J

jacket **chaqueta** f. 6
January **enero** m. 5
Japanese **japonés, japonesa**
  adj. 3
jeans **bluejeans** m., pl. 6
jewelry store **joyería** f. 14
job **empleo** m.; **puesto**
  m.; **trabajo** m.
  job application **solicitud** f. **de**
    trabajo
jog **correr** v.
journalism **periodismo** m. 2
journalist **periodista** m., f. 3;
  reportero/a m., f.
joy **alegría** f. 9
  give joy **dar** v. **alegría** 9
joyful **alegre** adj. 5
juice **jugo** m. 8
July **julio** m. 5
June **junio** m. 5
jungle **selva, jungla** f. 13
just **apenas** adv.
  have just done something
    acabar de (+ inf.) 6

K

key **llave** f. 5
keyboard **teclado** m. 11
kilometer **kilómetro** m. 11
kind: That's very kind of you. **Muy**
  amable. 5
kiss **beso** m. 9
  kiss each other **besarse** v. 11
kitchen **cocina** f. 12
knee **rodilla** f. 10
knife **cuchillo** m. 12
know **saber** v. 6; **conocer** v. 6
know how **saber** v. 6

L

laboratory **laboratorio** m. 2
lack **faltar** v. 7
lake **lago** m. 13
lamp **lámpara** f. 12
land **tierra** f. 13
landlord **dueño/a** m., f. 8
landscape **paisaje** m. 5
language **lengua** f. 2
laptop (computer) **computadora**
  f. **portátil** 11
large **grande** adj. 3
large (clothing size) **talla**
  grande 6
last **durar** v.; **pasado/a** adj. 6;
  último/a adj.
  last name **apellido** m. 3
  last night **anoche** adv. 6
  last week **semana** f. **pasada** 6
  last year **año** m. **pasado** 6
late **tarde** adv. 7
later (on) **más tarde** 7
  See you later. **Hasta la**
    vista. 1;   **Hasta luego.** 1
laugh **reírse (e:i)** v. 9
laughed **reído** p.p. 14
laundromat **lavandería** f. 14
law **ley** f. 13
lawyer **abogado/a** m., f.
lazy **perezoso/a** adj.
learn **aprender** v. **(a + inf.)** 3
least, at **por lo menos** adv. 10
leave **salir** v. 4; **irse** v. 7
  leave a tip **dejar una**
    propina 9
  leave behind **dejar** v.
  leave for (a place) **salir para**
  leave from **salir de**
left **izquierdo/a** adj. 2
  be left over **quedar** v. 7
  to the left of **a la izquierda**
    de 2
leg **pierna** f. 10
lemon **limón** m. 8
lend **prestar** v. 6
less **menos** adv. 10
  less... than **menos... que** 8
  less than **menos de (+ number)**
lesson **lección** f. 1
let **dejar** v. 12
let's see **a ver** 2
letter **carta** f. 4, 14
lettuce **lechuga** f. 8
liberty **libertad** f.
library **biblioteca** f. 2
license (driver's) **licencia** f. **de**
  conducir 11
lie **mentira** f. 4
life **vida** f. 9
  of my life **de mi vida** 15
lifestyle: lead a healthy lifestyle
  llevar una vida sana 15
lift **levantar** v. 15
  lift weights **levantar pesas** 15
light **luz** f. 12
like **como** prep. 8; **gustar** v. 2

I don't like them at all. **No me**
  gustan nada. 2
I like... **Me gusta(n)...** 2
like this **así** adv. 10
like very much **encantar** v.;
  fascinar v. 7
Do you like...? **¿Te**
  gusta(n)...? 2
likeable **simpático/a** adj. 3
likewise **igualmente** adv. 1
line **línea** f. 4; **cola** (queue) f. 14
listen (to) **escuchar** v. 2
  Listen! (command) **¡Oye!** fam.,
    sing. 1; **¡Oiga/Oigan!** form.,
    sing./pl. 1
  listen to music **escuchar**
    música 2
  listen (to) the radio **escuchar la**
    radio 2
literature **literatura** f. 2
little (quantity) **poco/a** adj. 5;
  poco adv. 10
live **vivir** v. 3
living room **sala** f. 12
loan **préstamo** m. 14; **prestar**
  v. 6, 14
lobster **langosta** f. 8
located **situado/a** adj.
  be located **quedar** v. 14
long **largo/a** adj. 6
look (at) **mirar** v. 2
look for **buscar** v. 2
lose **perder (e:ie)** v. 4
  lose weight **adelgazar** v. 15
lost **perdido/a** adj. 14
  be lost **estar perdido/a** 14
lot, a **muchas veces** adv. 10
lot of, a **mucho/a** adj. 2, 3
love (another person) **querer**
  (e:ie) v. 4; (inanimate objects)
  encantar v. 7; **amor** m. 9
  in love **enamorado/a** adj. 5
  I loved it! **¡Me encantó!** 15
luck **suerte** f. 3
lucky: be (very) lucky **tener**
  (mucha) suerte 3
luggage **equipaje** m. 5
lunch **almuerzo** m. 8
  have lunch **almorzar (o:ue)**
    v. 4

M

ma'am **señora (Sra.); doña** f. 1
mad **enojado/a** adj. 5
magazine **revista** f. 4
magnificent **magnífico/a** adj. 5
mail **correo** m. 14; **enviar** v.,
  mandar v. 14; **echar (una**
  carta) al buzón 14
  mail **correo** m. 14; **enviar** v.,
    mandar v. 14
  mail carrier **cartero** m. 14
mailbox **buzón** m. 14
main **principal** adj. m., f. 8
maintain **mantener** v. 15
major **especialización** f. 2

make **hacer** *v.* 4
  make the bed **hacer la cama** 12
makeup **maquillaje** *m.* 7
  put on makeup **maquillarse** *v.* 7
man **hombre** *m.* 1
manager **gerente** *m., f.*
many **mucho/a** *adj.* 3
  many times **muchas veces** 10
map **mapa** *m.* 2
March **marzo** *m.* 5
margarine **margarina** *f.* 8
marinated fish **ceviche** *m.* 8
  lemon-marinated shrimp **ceviche** *m.* **de camarón** 8
marital status **estado** *m.* **civil** 9
market **mercado** *m.* 6
  open-air market **mercado al aire libre** 6
marriage **matrimonio** *m.* 9
married **casado/a** *adj.* 9
  get married (to) **casarse** *v.* **(con)** 9
marvelous **maravilloso/a** *adj.* 5
marvelously **maravillosamente** *adv.*
massage **masaje** *m.* 15
masterpiece **obra maestra** *f.*
match (*sports*) **partido** *m.* 4
match (with) **hacer** *v.* **juego (con)** 6
mathematics **matemáticas** *f., pl.* 2
matter **importar** *v.* 7
maturity **madurez** *f.* 9
maximum **máximo/a** *adj.* 11
May **mayo** *m.* 5
maybe **tal vez** 5; **quizás** 5
mayonnaise **mayonesa** *f.* 8
me **me** *sing., d.o. pron.* 5
  to/for me **me** *sing., i.o. pron.* 6
meal **comida** *f.* 8
means of communication **medios** *m., pl.* **de comunicación**
meat **carne** *f.* 8
mechanic **mecánico/a** *m., f.* 11
  mechanic's repair shop **taller mecánico** 11
media **medios** *m. pl.* **de comunicación**
medical **médico/a** *adj.* 10
medication **medicamento** *m.* 10
medicine **medicina** *f.* 10
medium **mediano/a** *adj.*
meet (each other) **encontrar(se)** *v.* 11; **conocerse(se)** *v.* 8
meeting **reunión** *f.*
menu **menú** *m.* 8
message (*telephone*) **recado** *m.* 11, **mensaje** *m.*
Mexican **mexicano/a** *adj.* 3
Mexico **México** *m.* 1
microwave **microonda** *f.* 12
  microwave oven **horno** *m.* **de microondas** 12
middle age **madurez** *f.* 9
midnight **medianoche** *f.* 1

mile **milla** *f.* 11
milk **leche** *f.* 8
million **millón** *m.* 2
  million of **millón de** 2
mine **mío(s)/a(s)** *poss.* 11
mineral **mineral** *m.* 15
  mineral water **agua** *f.* **mineral** 8
minute **minuto** *m.* 1
mirror **espejo** *m.* 7
Miss **señorita (Srta.)** *f.* 1
miss **perder (e:ie)** *v.* 4
mistaken **equivocado/a** *adj.*
modem **módem** *m.*
modern **moderno/a** *adj.*
mom **mamá** *f.* 3
Monday **lunes** *m., sing.* 2
money **dinero** *m.* 6
monitor **monitor** *m.* 11
month **mes** *m.* 5
monument **monumento** *m.* 4
moon **luna** *f.* 13
more **más** 2
  more... than **más... que** 8
  more than **más de (+** *number***)** 8
morning **mañana** *f.* 1
mother **madre** *f.* 3
mother-in-law **suegra** *f.* 3
motor **motor** *m.*
motorcycle **motocicleta** *f.* 5
mountain **montaña** *f.* 4
mouse **ratón** *m.* 11
mouth **boca** *f.* 10
move (*from one house to another*) **mudarse** *v.* 12
movie **película** *f.* 4
  movie star **estrella** *f.* **de cine**
  movie theater **cine** *m.* 4
MP3 player **reproductor** *m.* **de MP3** 11
Mr. **señor (Sr.); don** *m.* 1
Mrs. **señora (Sra.); doña** *f.* 1
much **mucho/a** *adj.* 2, 3
  very much **muchísimo/a** *adj.* 2
municipal **municipal** *adj. m., f.*
murder **crimen** *m.*
muscle **músculo** *m.* 13
museum **museo** *m.* 4
mushroom **champiñón** *m.* 8
music **música** *f.* 2
musical **musical** *adj., m., f.*
musician **músico/a** *m., f.*
must **deber** *v.* **(+** *inf.***)** 3
  It must be... **Debe ser...** 6
my **mi(s)** *poss. adj.* 3; **mío(s)/a(s)** *poss. pron.* 11

N

name **nombre** *m.* 1
  be named **llamarse** *v.* 7
  in the name of **a nombre de** 5
  last name **apellido** *m.*
  My name is... **Me llamo...** 1

napkin **servilleta** *f.* 12
national **nacional** *adj. m., f.*
nationality **nacionalidad** *f.* 1
natural **natural** *adj. m., f.* 13
  natural disaster **desastre** *m.* **natural**
  natural resource **recurso** *m.* **natural** 13
nature **naturaleza** *f.* 13
nauseated **mareado/a** *adj.* 10
near **cerca de** *prep.* 2
neaten **arreglar** *v.* 12
necessary **necesario/a** *adj.* 12
  It is necessary that... **Hay que...** 12, 14
neck **cuello** *m.* 10
need **faltar** *v.* 7; **necesitar** *v.* **(+** *inf.***)** 2
negative **negativo/a** *adj.*
neighbor **vecino/a** *m., f.* 12
neighborhood **barrio** *m.* 12
neither **tampoco** *adv.* 7
neither... nor **ni... ni** *conj.* 7
nephew **sobrino** *m.* 3
nervous **nervioso/a** *adj.* 5
network **red** *f.* 11
never **nunca** *adj.* 7; **jamás** 7
new **nuevo/a** *adj.* 6
newlywed **recién casado/a** *m., f.* 9
news **noticias** *f., pl.;* **actualidades** *f., pl.*
newscast **noticiero** *m.*
newspaper **periódico** 4; **diario** *m.*
next **próximo/a** *adj.*
  next to **al lado de** *prep.* 2
nice **simpático/a** *adj.* 3; **amable** *adj. m., f.* 5
niece **sobrina** *f.* 3
night **noche** *f.* 1
  night stand **mesita** *f.* **de noche** 12
nine **nueve** 1
nine hundred **novecientos/as** 2
nineteen **diecinueve** 1
ninety **noventa** 2
ninth **noveno/a** 5
no **no** 1, **ningún, ninguno/a(s)** *adj.* 7
  no one **nadie** *pron.* 7
  No problem. **No hay problema.** 7
  no way **de ninguna manera**
nobody **nadie** 7
none **ningún, ninguno/a(s)** *adj.* 7
noon **mediodía** *m.* 1
nor **ni** *conj.* 7
north **norte** *m.* 14
  to the north **al norte** 14
nose **nariz** *f.* 10
not **no** 1
  not any **ningún, ninguno/a(s)** *adj.* 7
  not anyone **nadie** *pron.* 7

not anything **nada** *pron.* 7
not bad at all **nada mal** 5
not either **tampoco** *adv.* 7
not ever **nunca** *adv.* 7; **jamás**
   adv. 7
not very well **no muy bien** 1
not working **descompuesto/a**
   adj. 11
notebook **cuaderno** *m.* 1
nothing **nada** 1; 7
noun **sustantivo** *m.*
November **noviembre** *m.* 5
now **ahora** *adv.* 2
nowadays **hoy día** *adv.*
nuclear **nuclear** *adj. m., f.* 13
   nuclear energy **energía**
    nuclear 13
number **número** *m.* 1
nurse **enfermero/a** *m., f.* 10
nutrition **nutrición** *f.* 15
nutritionist **nutricionista** *m.,*
   f. 15

O

o'clock: It's… o'clock **Son**
   las… 1
   It's one o'clock. **Es la una.** 1
obey **obedecer** *v.*
obligation **deber** *m.*
obtain **conseguir (e:i)** *v.* 4;
   obtener *v.*
obvious **obvio/a** *adj.* 13
   it's obvious **es obvio** 13
occupation **ocupación** *f.*
occur **ocurrir** *v.*
October **octubre** *m.* 5
of **de** *prep.* 1
   Of course. **Claro que sí.;**
    Por supuesto.
offer **oferta** *f.* 12; **ofrecer (c:zc)**
   v. 6
office **oficina** *f.* 12
   doctor's office **consultorio** *m.* 10
often **a menudo** *adv.* 10
Oh! **¡Ay!**
oil **aceite** *m.* 8
OK **regular** *adj.* 1
   It's okay. **Está bien.**
old **viejo/a** *adj.* 3
old age **vejez** *f.* 9
older **mayor** *adj. m., f.* 3
   older brother, sister **hermano/a**
    mayor *m., f.* 3
oldest **el/la mayor** 8
on **en** *prep.* 2: **sobre** *prep.* 2
   on behalf of **por** *prep.* 11
   on the dot **en punto** 1
   on time **a tiempo** 10
   on top of **encima de** 2
once **una vez** 6
one **un, uno/a** *m., f., sing. pron.* 1
   one hundred **cien(to)** 2
   one million **un millón** *m.* 2
   one more time **una vez más** 9

one thousand **mil** 2
one time **una vez** 6
onion **cebolla** *f.* 8
only **sólo** *adv.* 3; **único/a** *adj.* 3
   only child **hijo/a único/a**
    m., f. 3
open **abierto/a** *adj.* 5, 14;
   abrir *v.* 3
open-air **al aire libre** 6
opera **ópera** *f.*
operation **operación** *f.* 10
opposite **enfrente de** *prep.* 14
or **o** *conj.* 7
orange **anaranjado/a** *adj.* 6;
   naranja *f.* 8
orchestra **orquesta** *f.*
order **mandar** 12; *(food)* **pedir**
   (e:i) *v.* 8
   in order to **para** *prep.* 11
orderly **ordenado/a** *adj.* 5
ordinal *(numbers)* **ordinal** *adj.*
other **otro/a** *adj.* 6
ought to **deber** *v.* **(+ *inf.*)** *adj.* 3
our **nuestro(s)/a(s)** *poss. adj.* 3;
   poss. pron. 11
out of order **descompuesto/a**
   adj. 11
outskirts **afueras** *f., pl.* 12
oven **horno** *m.* 12
over **sobre** *prep.* 2
own **propio/a** *adj.*
owner **dueño/a** *m., f.* 8

P

p.m. **tarde** *f.* 1
pack (one's suitcases) **hacer** *v.* **las**
   maletas 5
package **paquete** *m.* 14
page **página** *f.* 11
pain **dolor** *m.* 10
   have a pain **tener** *v.* **dolor** 10
paint **pintar** *v.*
painter **pintor(a)** *m., f.*
painting **pintura** *f.* 12
pair **par** *m.* 6
   pair of shoes **par** *m.* **de**
    zapatos 6
pants **pantalones** *m., pl.* 6
pantyhose **medias** *f., pl.* 6
paper **papel** *m.* 2; *(report)*
   informe *m.*
Pardon me. *(May I?)* **Con**
   permiso. 1; *(Excuse me.)*
   Pardon me. **Perdón.** 1
parents **padres** *m., pl.* 3; **papás**
   m., pl. 3
park **estacionar** *v.* 11; **parque**
   m. 4
parking lot **estacionamiento**
   m. 14
partner (one of a married couple)
   pareja *f.* 9
party **fiesta** *f.* 9
passed **pasado/a** *p.p.*

passenger **pasajero/a** *m., f.* 1
passport **pasaporte** *m.* 5
past **pasado/a** *adj.* 6
pastime **pasatiempo** *m.* 4
pastry shop **pastelería** *f.* 14
patient **paciente** *m., f.* 10
patio **patio** *m.* 12
pay **pagar** *v.* 6
pay in cash **pagar** *v.* **al contado;**
   pagar en efectivo 14
pay in installments **pagar** *v.* **a**
   plazos 14
pay the bill **pagar la cuenta** 9
pea **arveja** *m.* 8
peace **paz** *f.*
peach **melocotón** *m.* 8
pear **pera** *f.* 8
pen **pluma** *f.* 2
pencil **lápiz** *m.* 1
penicillin **penicilina** *f.* 10
people **gente** *f.* 3
pepper *(black)* **pimienta** *f.* 8
per **por** *prep.* 11
perfect **perfecto/a** *adj.* 5
perhaps **quizás; tal vez**
permission **permiso** *m.*
person **persona** *f.* 3
pharmacy **farmacia** *f.* 10
phenomenal **fenomenal** *adj.* 5
photograph **foto(grafía)** *f.* 1
physical *(exam)* **examen** *m.*
   médico 10
physician **doctor(a), médico/a**
   m., f. 3
physics **física** *f. sing.* 2
pick up **recoger** *v.* 13
picture **cuadro** *m.* 12;
   pintura *f.* 12
pie **pastel** *m.* 9
pill (tablet) **pastilla** *f.* 10
pillow **almohada** *f.* 12
pineapple **piña** *f.* 8
pink **rosado/a** *adj.* 6
place **lugar** *m.* 4; **poner** *v.* 4
plaid **de cuadros** 6
plans **planes** *m., pl.* 4
   have plans **tener planes** 4
plant **planta** *f.* 13
plastic **plástico** *m.* 13
   (made) of plastic **de**
    plástico 13
plate **plato** *m.* 12
   platter of fried food **fuente** *f.*
    de fritada
play **drama** *m.;* **comedia** *f.;*
   jugar (u:ue) *v.* 4; *(a musical*
   instrument) **tocar** *v.;* *(a role)*
   hacer el papel de; *(cards)*
   jugar a (las cartas) 5; *(sports)*
   practicar deportes 4
player **jugador(a)** *m., f.* 4
playwright **dramaturgo/a**
   m., f.
plead **rogar (o:ue)** *v.* 12
pleasant **agradable** *adj. m., f.*
please **por favor** 1

Pleased to meet you. **Mucho gusto.** 1; **Encantado/a.** *adj.* 1

pleasing: be pleasing to **gustar** *v.* 7

pleasure **gusto** *m.* 1; **placer** *m.* 15

   It's a pleasure to... **Gusto de** (*+ inf.*)

   It's been a pleasure. **Ha sido un placer.** 15

   The pleasure is mine. **El gusto es mío.** 1

poem **poema** *m.*

poet **poeta** *m., f.*

poetry **poesía** *f.*

police (force) **policía** *f.* 11

political **político/a** *adj.*

politician **político/a** *m., f.*

politics **política** *f.*

polka-dotted **de lunares** 6

poll **encuesta** *f.*

pollute **contaminar** *v.* 13

polluted **contaminado/a** *m., f.* 13

   be polluted **estar contaminado/a** 13

pollution **contaminación** *f.* 13

pool **piscina** *f.* 4

poor **pobre** *adj., m., f.* 6

population **población** *f.* 13

pork **cerdo** *m.* 8

   pork chop **chuleta** *f.* **de cerdo** 8

portable **portátil** *adj.* 11

   portable computer **computadora** *f.* **portátil** 11

position **puesto** *m.*

possessive **posesivo/a** *adj.* 3

possible **posible** *adj.* 13

   it's (not) possible **(no) es posible** 13

post office **correo** *m.* 14

postcard **postal** *f.* 4

poster **cartel** *m.* 12

potato **papa** *f.* 8; **patata** *f.* 8

pottery **cerámica** *f.*

practice **entrenarse** *v.* 15; **practicar** *v.* 2

prefer **preferir (e:ie)** *v.* 4

pregnant **embarazada** *adj. f.* 10

prepare **preparar** *v.* 2

preposition **preposición** *f.*

prescribe (*medicine*) **recetar** *v.* 10

prescription **receta** *f.* 10

present **regalo** *m.*; **presentar** *v.*

press **prensa** *f.*

pressure **presión** *f.*

   be under a lot of pressure **sufrir muchas presiones** 15

pretty **bonito/a** *adj.* 3; **bastante** *adv.* 13

price **precio** *m.* 6

   (fixed, set) price **precio** *m.* **fijo** 6

print **estampado/a** *adj.*; **imprimir** *v.* 11

printer **impresora** *f.* 11

private (*room*) **individual** *adj.*

prize **premio** *m.*

probable **probable** *adj.* 13

   it's (not) probable **(no) es probable** 13

problem **problema** *m.* 1

profession **profesión** *f.* 3

professor **profesor(a)** *m., f.*

program **programa** *m.* 1

programmer **programador(a)** *m., f.* 3

prohibit **prohibir** *v.* 10

promotion (*career*) **ascenso** *m.*

pronoun **pronombre** *m.*

protect **proteger** *v.* 13

protein **proteína** *f.* 15

provided (that) **con tal (de) que** *conj.* 13

psychologist **psicólogo/a** *m., f.*

psychology **psicología** *f.* 2

publish **publicar** *v.*

Puerto Rican **puertorriqueño/a** *adj.* 3

Puerto Rico **Puerto Rico** *m.* 1

pull a tooth **sacar una muela**

purchases **compras** *f., pl.* 5

pure **puro/a** *adj.* 13

purple **morado/a** *adj.* 6

purse **bolsa** *f.* 6

put **poner** *v.* 4; **puesto/a** *p.p.* 14

   put (a letter) in the mailbox **echar (una carta) al buzón** 14

put on (*a performance*) **presentar** *v.*

put on (*clothing*) **ponerse** *v.* 7

put on makeup **maquillarse** *v.* 7

Q

quality **calidad** *f.* 6

quarter (*academic*) **trimestre** *m.* 2

   quarter after (*time*) **y cuarto** 1; **y quince** 1

   quarter to (*time*) **menos cuarto** 1; **menos quince** 1

question **pregunta** *f.* 2

quickly **rápido** *adv.* 10

quiet **tranquilo/a** *adj.* 15

quit **dejar** *v.*

quiz **prueba** *f.* 2

R

racism **racismo** *m.*

radio (*medium*) **radio** *f.* 2

   radio (set) **radio** *m.* 11

rain **llover (o:ue)** *v.* 5; **lluvia** *f.* 13

   It's raining. **Llueve.** 5; **Está lloviendo.** 5

raincoat **impermeable** *m.* 6

rainforest **bosque** *m.* **tropical** 13

raise (*salary*) **aumento de sueldo**

rather **bastante** *adv.* 10

read **leer** *v.* 3; **leído/a** *p.p.* 14

   read e-mail **leer correo electrónico** 4

   read a magazine **leer una revista** 4

   read a newspaper **leer un periódico** 4

ready **listo/a** *adj.* 5

   (Are you) ready? **¿(Están) listos?** 15

reap the benefits (of) *v.* **disfrutar** *v.* **(de)** 15

receive **recibir** *v.* 3

recommend **recomendar (e:ie)** *v.* 8; 12

record **grabar** *v.* 11

recreation **diversión** *f.* 4

recycle **reciclar** *v.* 13

recycling **reciclaje** *m.* 13

red **rojo/a** *adj.* 6

red-haired **pelirrojo/a** *adj.* 3

reduce **reducir** *v.* 13

   reduce stress/tension **aliviar el estrés/la tensión** 15

refrigerator **refrigerador** *m.* 12

region **región** *f.* 13

regret **sentir (e:ie)** *v.* 13

related to sitting **sedentario/a** *adj.* 15

relatives **parientes** *m., pl.* 3

relax **relajarse** *v.* 9

remain **quedarse** *v.* 7

remember **acordarse (o:ue)** *v.* **(de)** 7; **recordar (o:ue)** *v.* 4

remote control **control remoto** *m.* 11

rent **alquilar** *v.* 12; (payment) **alquiler** *m.* 12

repeat **repetir (e:i)** *v.* 4

report **informe** *m.*; **reportaje** *m.*

reporter **reportero/a** *m., f.*

representative **representante** *m., f.*

request **pedir (e:i)** *v.* 4

reservation **reservación** *f.* 5

resign (from) **renunciar (a)** *v.*

resolve **resolver (o:ue)** *v.* 13

resolved **resuelto/a** *p.p.* 14

resource **recurso** *m.* 13

responsibility **deber** *m.*; **responsabilidad** *f.*

rest **descansar** *v.* 2

restaurant **restaurante** *m.* 4

résumé **currículum** *m.*

retire (from work) **jubilarse** *v.* 9

return **regresar** *v.* 2; **volver (o:ue)** *v.* 4

returned **vuelto/a** *p.p.* 14

rice **arroz** *m.* 8

rich **rico/a** *adj.* 6

ride a bicycle **pasear** *v.* **en bicicleta** 4
ride a horse **montar** *v.* **a caballo** 5
ridiculous **ridículo/a** *adj.* 13
  it's ridiculous **es ridículo** 13
right **derecha** *f.* 2
  be right **tener razón** 3
  right? *(question tag)* **¿no?** 1; **¿verdad?** 1
  right away **enseguida** *adv.* 9
  right here **aquí mismo** 11
  right now **ahora mismo** 5
  right there **allí mismo** 14
  to the right of **a la derecha de** 2
rights **derechos** *m.*
ring *(a doorbell)* **sonar (o:ue)** *v.* 11
river **río** *m.* 13
road **camino** *m.*
roast **asado/a** *adj.* 8
roast chicken **pollo** *m.* **asado** 8
rollerblade **patinar en línea** *v.*
romantic **romántico/a** *adj.*
room **habitación** *f.* 5; **cuarto** *m.* 2; 7
  living room **sala** *f.* 12
roommate **compañero/a** *m., f.* **de cuarto** 2
roundtrip **de ida y vuelta** 5
  roundtrip ticket **pasaje** *m.* **de ida y vuelta** 5
routine **rutina** *f.* 7
rug **alfombra** *f.* 12
run **correr** *v.* 3
  run errands **hacer diligencias** 14
  run into *(have an accident)* **chocar (con)** *v.*; *(meet accidentally)* **encontrar(se) (o:ue)** *v.* 11; *(run into something)* **darse (con)** 10
  run into *(each other)* **encontrar(se) (o:ue)** *v.* 11
rush **apurarse, darse prisa** *v.* 15
Russian **ruso/a** *adj.* 3

S

sad **triste** *adj.* 5; 13
  it's sad **es triste** 13
safe **seguro/a** *adj.* 5
said **dicho/a** *p.p.* 14
salad **ensalada** *f.* 8
salary **salario** *m.*; **sueldo** *m.*
sale **rebaja** *f.* 6
salesperson **vendedor(a)** *m., f.* 6
salmon **salmón** *m.* 8
salt **sal** *f.* 8
same **mismo/a** *adj.* 3
sandal **sandalia** *f.* 6
sandwich **sándwich** *m.* 8
Saturday **sábado** *m.* 2

sausage **salchicha** *f.* 8
save *(on a computer)* **guardar** *v.* 11; save *(money)* **ahorrar** *v.* 14
savings **ahorros** *m.* 14
  savings account **cuenta** *f.* **de ahorros** 14
say **decir** *v.* 4; **declarar** *v.*
say *(that)* **decir (que)** *v.* 4, 9
  say the answer **decir la respuesta** 4
scarcely **apenas** *adv.* 10
scared: be *(very)* scared *(of)* **tener (mucho) miedo (de)** 3
schedule **horario** *m.* 2
school **escuela** *f.* 1
science *f.* **ciencia** 2
  science fiction **ciencia ficción** *f.*
scientist **científico/a** *m., f.*
screen **pantalla** *f.* 11
scuba dive **bucear** *v.* 4
sculpt **esculpir** *v.*
sculptor **escultor(a)** *m., f.*
sculpture **escultura** *f.*
sea **mar** *m.* 5
season **estación** *f.* 5
seat **silla** *f.* 2
second **segundo/a** 5
secretary **secretario/a** *m., f.*
sedentary **sedentario/a** *adj.* 15
see **ver** *v.* 4
  see *(you, him, her)* again **volver a ver(te, lo, la)**
  see movies **ver películas** 4
  See you. **Nos vemos.** 1
  See you later. **Hasta la vista.** 1; **Hasta luego.** 1
  See you soon. **Hasta pronto.** 1
  See you tomorrow. **Hasta mañana.** 1
seem **parecer** *v.* 6
seen **visto/a** *p.p.* 14
sell **vender** *v.* 6
semester **semestre** *m.* 2
send **enviar; mandar** *v.* 14
separate *(from)* **separarse** *v.* **(de)** 9
separated **separado/a** *adj.* 9
September **septiembre** *m.* 5
sequence **secuencia** *f.*
serious **grave** *adj.* 10
serve **servir (e:i)** *v.* 8
set *(fixed)* **fijo** *adj.* 6
  set the table **poner la mesa** 12
seven **siete** 1
seven hundred **setecientos/as** 2
seventeen **diecisiete** 1
seventh **séptimo/a** 5
seventy **setenta** 2
several **varios/as** *adj. pl.* 8
sexism **sexismo** *m.*
shame **lástima** *f.* 13
  it's a shame **es una lástima** 13
shampoo **champú** *m.* 7
shape **forma** *f.* 15

be in good shape **estar en buena forma** 15
stay in shape **mantenerse en forma** 15
share **compartir** *v.* 3
sharp *(time)* **en punto** 1
shave **afeitarse** *v.* 7
shaving cream **crema** *f.* **de afeitar** 7
she **ella** 1
shellfish **mariscos** *m., pl.* 8
ship **barco** *m.*
shirt **camisa** *f.* 6
shoe **zapato** *m.* 6
  shoe size **número** *m.* 6
  shoe store **zapatería** *f.* 14
  tennis shoes **zapatos** *m., pl.* **de tenis** 6
shop **tienda** *f.* 6
shopping, to go **ir de compras** 5
  shopping mall **centro comercial** *m.* 6
short *(in height)* **bajo/a** *adj.* 3; *(in length)* **corto/a** *adj.* 6
short story **cuento** *m.*
shorts **pantalones cortos** *m., pl.* 6
should *(do something)* **deber** *v.* *(+ inf.)* 3
show **espectáculo** *m.*; **mostrar (o:ue)** *v.* 4
  game show **concurso** *m.*
shower **ducha** *f.* 7; **ducharse** *v.* 7
shrimp **camarón** *m.* 8
siblings **hermanos/as** *pl.* 3
sick **enfermo/a** *adj.* 10
  be sick **estar enfermo/a** 10
  get sick **enfermarse** *v.* 10
sign **firmar** *v.* 14; **letrero** *m.* 14
silk **seda** *f.* 6

  (made of) **de seda** 6
silly **tonto/a** *adj.* 3
since **desde** *prep.*
sing **cantar** *v.* 2
singer **cantante** *m., f.*
single **soltero/a** *adj.* 9
  single room **habitación** *f.* **individual** 5
sink **lavabo** *m.* 7
sir **señor (Sr.), don** *m.* 1
sister **hermana** *f.* 3
sister-in-law **cuñada** *f.* 3
sit down **sentarse (e:ie)** *v.* 7
six **seis** 1
six hundred **seiscientos/as** 2
sixteen **dieciséis** 1
sixth **sexto/a** 5
sixty **sesenta** 2
size **talla** *f.* 6
  shoe size *m.* **número** 6
(in-line) skate **patinar (en línea)** 4
skateboard **andar en patineta** *v.* 4
ski **esquiar** *v.* 4
skiing **esquí** *m.* 4

water-skiing **esquí** *m.* **acuático** 4
skirt **falda** *f.* 6
sky **cielo** *m.* 13
sleep **dormir (o:ue)** *v.* 4; **sueño** *m.* 3
   go to sleep **dormirse (o:ue)** *v.* 7
sleepy: be (very) sleepy **tener (mucho) sueño** 3
slender **delgado/a** *adj.* 3
slim down **adelgazar** *v.* 15
slippers **pantuflas** *f.* 7
slow **lento/a** *adj.* 11
slowly **despacio** *adv.* 10
small **pequeño/a** *adj.* 3
smart **listo/a** *adj.* 5
smile **sonreír (e:i)** *v.* 9
smiled **sonreído** *p.p.* 14
smoggy: It's (very) smoggy. **Hay (mucha) contaminación.** 4
smoke **fumar** *v.* 8; 15
   (not) to smoke **(no) fumar** 15
smoking section **sección** *f.* **de fumar** 8
   (non) smoking section *f.* **sección de (no) fumar** 8
snack **merendar** *v.* 8; 15; afternoon snack **merienda** *f.* 15
   have a snack **merendar** *v.*
sneakers **los zapatos de tenis** 6
sneeze **estornudar** *v.* 10
snow **nevar (e:ie)** *v.* 5; **nieve** *f.*
snowing: It's snowing. **Nieva.** 5; **Está nevando.** 5
so (*in such a way*) **así** *adv.* 10; **tan** *adv.* 5
   so much **tanto** *adv.*
   so-so **regular** 1, **así así**
   so that **para que** *conj.* 13
soap **jabón** *m.* 7
   soap opera **telenovela** *f.*
soccer **fútbol** *m.* 4
sociology **sociología** *f.* 2
sock(s) **calcetín (calcetines)** *m.* 6
sofa **sofá** *m.* 12
soft drink **refresco** *m.* 8
software **programa** *m.* **de computación** 11
soil **tierra** *f.* 13
solar **solar** *adj., m., f.* 13
   solar energy **energía solar** 13
soldier **soldado** *m., f.*
solution **solución** *f.* 13
solve **resolver (o:ue)** *v.* 13
some **algún, alguno/a(s)** *adj.* 7; **unos/as** *pron./ m., f., pl; indef. art.* 1
somebody **alguien** *pron.* 7
someone **alguien** *pron.* 7
something **algo** *pron.* 7
sometimes **a veces** *adv.* 10
son **hijo** *m.* 3
song **canción** *f.*
son-in-law **yerno** *m.* 3
soon **pronto** *adv.* 10

See you soon. **Hasta pronto.** 1
sorry: be sorry **sentir (e:ie)** *v.* 13
   I'm sorry. **Lo siento.** 4
   I'm so sorry. **Mil perdones.** 4; **Lo siento muchísimo.** 4
soup **caldo** *m.* 8; **sopa** *f.* 8
south **sur** *m.* 14
   to the south **al sur** 14
Spain **España** *f.* 1
Spanish (*language*) **español** *m.* 2; **español(a)** *adj.* 3
spare (free) time **ratos libres** 4
speak **hablar** *v.* 2
spectacular **espectacular** *adj. m., f.* 15
speech **discurso** *m.*
speed **velocidad** *f.* 11
   speed limit **velocidad** *f.* **máxima** 11
spelling **ortografía** *f.*, **ortográfico/a** *adj.*
spend (*money*) **gastar** *v.* 6
spoon (*table or large*) **cuchara** *f.* 12
sport **deporte** *m.* 4
   sports-related **deportivo/a** *adj.* 4
spouse **esposo/a** *m., f.* 3
sprain (one's ankle) **torcerse (o:ue)** *v.* **(el tobillo)** 10
sprained **torcido/a** *adj.* 10
   be sprained **estar torcido/a** 10
spring **primavera** *f.* 5
(city or town) square **plaza** *f.* 4
stadium **estadio** *m.* 2
stage **etapa** *f.* 9
stairs **escalera** *f.* 12
stairway **escalera** *f.* 12
stamp **estampilla** *f.* 14; **sello** *m.* 14
stand in line **hacer** *v.* **cola** 14
star **estrella** *f.* 13
start (*a vehicle*) **arrancar** *v.* 11; (*establish*) **establecer** *v.*
station **estación** *f.* 5
statue **estatua** *f.*
status: marital status **estado** *m.* **civil** 9
stay **quedarse** *v.* 7
   stay in shape **mantenerse en forma** 15
steak **bistec** *m.* 8
steering wheel **volante** *m.* 11
step **etapa** *f.*
stepbrother **hermanastro** *m.* 3
stepdaughter **hijastra** *f.* 3
stepfather **padrastro** *m.* 3
stepmother **madrastra** *f.* 3
stepsister **hermanastra** *f.* 3
stepson **hijastro** *m.* 3
stereo **estéreo** *m.* 11
still **todavía** *adv.* 5
stockbroker **corredor(a)** *m., f.* **de bolsa**
stockings **medias** *f., pl.* 6
stomach **estómago** *m.* 10

stone **piedra** *f.* 13
stop **parar** *v.* 11
   stop (*doing something*) **dejar de (+ inf.)** 13
store **tienda** *f.* 6
storm **tormenta** *f.*
story **cuento** *m.*; **historia** *f.*
stove **cocina, estufa** *f.* 12
straight **derecho** *adj.* 14
   straight (ahead) **derecho** 14
straighten up **arreglar** *v.* 12
strange **extraño/a** *adj.* 13
   it's strange **es extraño** 13
strawberry **frutilla** *f.* 8, **fresa**
street **calle** *f.* 11
stress **estrés** *m.* 15
stretching **estiramiento** *m.* 15
   do stretching exercises **hacer ejercicios**; *m. pl.* **de estiramiento** 15
strike (*labor*) **huelga** *f.*
stripe **raya** *f.* 6
   striped **de rayas** 6
stroll **pasear** *v.* 4
strong **fuerte** *adj. m. f.* 15
struggle (for/against) **luchar** *v.* **(por/contra)**
student **estudiante** *m., f.* 1; 2; **estudiantil** *adj.* 2
study **estudiar** *v.* 2
stuffed-up (*sinuses*) **congestionado/a** *adj.* 10
stupendous **estupendo/a** *adj.* 5
style **estilo** *m.*
suburbs **afueras** *f., pl.* 12
subway **metro** *m.* 5
   subway station **estación** *f.* **del metro** 5
success **éxito** *m.*
successful: be successful **tener éxito**
such as **tales como**
suddenly **de repente** *adv.* 6
suffer **sufrir** *v.* 10
   suffer an illness **sufrir una enfermedad** 10
sugar **azúcar** *m.* 8
suggest **sugerir (e:ie)** *v.* 12
suit **traje** *m.* 6
suitcase **maleta** *f.* 1
summer **verano** *m.* 5
sun **sol** *m.* 5; 13
sunbathe **tomar** *v.* **el sol** 4
Sunday **domingo** *m.* 2
(sun)glasses **gafas** *f., pl.* **(oscuras/de sol)** 6; **lentes** *m. pl.* **(de sol)** 6
sunny: It's (very) sunny. **Hace (mucho) sol.** 5
supermarket **supermercado** *m.* 14
suppose **suponer** *v.* 4
sure **seguro/a** *adj.* 5
   be sure **estar seguro/a** 5
surf (*the Internet*) **navegar** *v.* **(en Internet)** 11

surprise **sorprender** *v.* 9; **sorpresa** *f.* 9
survey **encuesta** *f.*
sweat **sudar** *v.* 15
sweater **suéter** *m.* 6
sweep the floor **barrer el suelo** 12
sweets **dulces** *m., pl.* 9
swim **nadar** *v.* 4
swimming **natación** *f.* 4
   swimming pool **piscina** *f.* 4
symptom **síntoma** *m.* 10

T

table **mesa** *f.* 2
tablespoon **cuchara** *f.* 12
tablet (*pill*) **pastilla** *f.* 10
take **tomar** *v.* 2; **llevar** *v.* 6;
   take care of **cuidar** *v.* 13
   take someone's temperature **tomar** *v.* **la temperatura** 10
   take (*wear*) a shoe size **calzar** *v.* 6
   take a bath **bañarse** *v.* 7
   take a shower **ducharse** *v.* 7
   take off **quitarse** *v.* 7
   take out the trash *v.* **sacar la basura** 12
   take photos **tomar** *v.* **fotos** 5; **sacar** *v.* **fotos** 5
talented **talentoso/a** *adj.*
talk **hablar** *v.* 2
   talk show **programa** *m.* **de entrevistas**
tall **alto/a** *adj.* 3
tank **tanque** *m.* 11
tape recorder **grabadora** *f.* 1
taste **probar (o:ue)** *v.* 8; **saber** *v.* 8
   taste like **saber a** 8
tasty **rico/a** *adj.* 8; **sabroso/a** *adj.* 8
tax **impuesto** *m.*
taxi **taxi** *m.* 5
tea **té** *m.* 8
teach **enseñar** *v.* 2
teacher **profesor(a)** *m., f.* 1, 2; **maestro/a** *m., f.*
team **equipo** *m.* 4
technician **técnico/a** *m., f.*
telecommuting **teletrabajo** *m.*
telephone **teléfono** 11
   cellular telephone **teléfono** *m.* **celular** 11
television **televisión** *f.* 2; 11
   television set **televisor** *m.* 11
tell **contar** *v.* 4; **decir** *v.* 4
tell (that) **decir** *v.* **(que)** 4, 9
   tell lies **decir mentiras** 4
   tell the truth **decir la verdad** 4
temperature **temperatura** *f.* 10
ten **diez** 1
tennis **tenis** *m.* 4
   tennis shoes **zapatos** *m., pl.* **de tenis** 6

tension **tensión** *f.* 15
tent **tienda** *f.* **de campaña**
tenth **décimo/a** 5
terrible **terrible** *adj. m., f.* 13
   it's terrible **es terrible** 13
terrific **chévere** *adj.*
test **prueba** *f.* 2; **examen** *m.* 2
text message **mensaje** *m.* **de texto** 11
Thank you. **Gracias.** *f., pl.* 1
   Thank you (very much). **(Muchas) gracias.** 1
   Thank you very, very much. **Muchísimas gracias.** 9
   Thanks (a lot). **(Muchas) gracias.** 1
   Thanks again. (lit. Thanks one more time.) **Gracias una vez más.** 9
   Thanks for everything. **Gracias por todo.** 9; 15
that **que, quien(es), lo que** *pron.* 12
   that (one) **ése, ésa, eso** *pron.* 6; **ese, esa,** *adj.* 6
   that (*over there*) **aquél, aquélla, aquello** *pron.* 6; **aquel, aquella** *adj.* 6
   that which **lo que** *conj.* 12
   that's me **soy yo** 1
   That's not the way it is. **No es así.**
   that's why **por eso** 11
the **el** *m.,* **la** *f. sing.,* **los** *m.,* **las** *f., pl.* 1
theater **teatro** *m.*
their **su(s)** *poss. adj.* 3; **suyo(s)/a(s)** *poss. pron.* 11
them **los/las** *pl., d.o. pron.* 5
   to/for them **les** *pl., i.o. pron.* 6
then (*afterward*) **después** *adv.* 7; (*as a result*) **entonces** *adv.* 7; (*next*) **luego** *adv.* 7; **pues** *adv.* 15
there **allí** *adv.* 5
   There is/are... **Hay...** 1;
   There is/are not... **No hay...** 1
therefore **por eso** 11
these **éstos, éstas** *pron.* 6; **estos, estas** *adj.* 6
they **ellos** *m.,* **ellas** *f. pron.*
thin **delgado/a** *adj.* 3
thing **cosa** *f.* 1
think **pensar (e:ie)** *v.* 4; (*believe*) **creer** *v.*
   think about **pensar en** *v.* 4
third **tercero/a** 5
thirst **sed** *f.* 3
thirsty: be (very) thirsty **tener (mucha) sed** 3
thirteen **trece** 1
thirty **treinta** 1; 2; thirty (*minutes past the hour*) **y treinta; y media** 1
this **este, esta** *adj.;* **éste, ésta, esto** *pron.* 6

This is... (*introduction*) **Éste/a es...** 1
This is he/she. (*on telephone*) **Con él/ella habla.** 11
those **ésos, ésas** *pron.* 6; **esos, esas** *adj.* 6
those (over there) **aquéllos, aquéllas** *pron.* 6; **aquellos, aquellas** *adj.* 6
thousand **mil** *m.* 6
three **tres** 1
three hundred **trescientos/as** 2
throat **garganta** *f.* 10
through **por** *prep.* 11
throughout: throughout the world **en todo el mundo** 13
Thursday **jueves** *m., sing.* 2
thus (*in such a way*) **así** *adj.*
ticket **boleto** *m.;* **pasaje** *m.* 5
tie **corbata** *f.* 6
time **vez** *f.* 6; **tiempo** *m.* 4
   have a good/bad time **pasarlo bien/mal** 9
   We had a great time. **Lo pasamos de película.**
   What time is it? **¿Qué hora es?** 1
   (At) What time...? **¿A qué hora...?** 1
times **veces** *f., pl.* 6
   many times **muchas veces** 10
   two times **dos veces** 6
tip **propina** *f.* 9
tire **llanta** *f.* 11
tired **cansado/a** *adj.* 5
   be tired **estar cansado/a** 5
to **a** *prep.* 1
toast (*drink*) **brindar** *v.* 9
   toast **pan** *m.* **tostado**
toasted **tostado/a** *adj.* 8
   toasted bread **pan tostado** *m.* 8
toaster **tostadora** *f.* 12
today **hoy** *adv.* 2
   Today is... **Hoy es...** 2
toe **dedo** *m.* **del pie** 10
together **juntos/as** *adj.* 9
toilet **inodoro** *m.* 7
tomato **tomate** *m.* 8
tomorrow **mañana** *f.* 1
   See you tomorrow. **Hasta mañana.** 1
tonight **esta noche** *adv.* 4
too **también** *adv.* 2; 7
   too much **demasiado** *adv.* 6; **en exceso** 15
tooth **diente** *m.* 7
toothpaste **pasta** *f.* **de dientes** 7
tornado **tornado** *m.*
tortilla **tortilla** *f.* 8
touch **tocar** *v.* 13
tour an area **recorrer** *v;* **excursión** *f.* 4
tourism **turismo** *m.* 5
tourist **turista** *m., f.* 1; **turístico/a** *adj.*
toward **hacia** *prep.* 14;

para *prep.* 11
towel **toalla** *f.* 7
town **pueblo** *m.* 4
trade **oficio** *m.*
traffic **circulación** *f.* 11; **tráfico**
 m. 11
 traffic signal **semáforo** *m.*
tragedy **tragedia** *f.*
trail **sendero** *m.* 13
 trailhead **sendero** *m.* 13
train **entrenarse** *v.* 15; **tren** *m.* 5
 train station **estación** *f.* **(de)**
 tren 5
trainer **entrenador(a)** *m., f.* 15
translate **traducir** *v.* 6
trash **basura** *f.* 12
travel **viajar** *v.* 2
 travel agent **agente** *m., f.*
 de viajes 5
traveler **viajero/a** *m., f.* 5
 (traveler's) check **cheque (de**
 viajero) 14
treadmill **cinta caminadora** *f.* 15
tree **árbol** *m.* 13
trillion **billón** *m.*
trimester **trimestre** *m.* 2
trip **viaje** *m.* 5
 take a trip **hacer un viaje** 5
tropical forest **bosque** *m.*
 tropical 13
true **verdad** *adj.* 13
 it's (not) true **(no) es verdad** 13
trunk **baúl** *m.* 11
truth **verdad** *f.*
try **intentar** *v.*; **probar (o:ue)** *v.* 8
 try (*to do something*) **tratar de**
 (+ *inf.*) 15
 try on **probarse (o:ue)** *v.* 7
t-shirt **camiseta** *f.* 6
Tuesday **martes** *m., sing.* 2
tuna **atún** *m.* 8
turkey **pavo** *m.* 8
turn **doblar** *v.* 14
 turn off (*electricity/appliance*)
 apagar *v.* 11
 turn on (*electricity/appliance*)
 poner *v.* 11; **prender** *v.* 11
twelve **doce** 1
twenty **veinte** 1
twenty-eight **veintiocho** 1
twenty-five **veinticinco** 1
twenty-four **veinticuatro** 1
twenty-nine **veintinueve** 1
twenty-one **veintiún,**
 veintiuno/a 1
twenty-seven **veintisiete** 1
twenty-six **veintiséis** 1
twenty-three **veintitrés** 1
twenty-two **veintidós** 1
twice **dos veces** 6
twin **gemelo/a** *m., f.* 3
twisted **torcido/a** *adj.* 10
 be twisted **estar torcido/a** 10
two **dos** 1
 two hundred **doscientos/as** 2
 two times **dos veces** 6

U

ugly **feo/a** *adj.* 3
uncle **tío** *m.* 3
under **bajo** *adv.* 7;
 debajo de *prep.* 2
understand **comprender** *v.* 3;
 entender (e:ie) *v.* 4
underwear **ropa interior** 6
unemployment **desempleo** *m.*
United States **Estados Unidos**
 (EE.UU.) *m. pl.* 1
university **universidad** *f.* 2
unless **a menos que** *adv.* 13
unmarried **soltero/a** *adj.*
unpleasant **antipático/a** *adj.* 3
until **hasta** *prep.* 6; **hasta que**
 conj. 13
up **arriba** *adv.* 15
urgent **urgente** *adj.* 12
 It's urgent that... **Es urgente**
 que... 12
us **nos** *pl., d.o. pron.* 5
 to/for us **nos** *pl., i.o. pron.* 6
use **usar** *v.* 6
used for **para** *prep.* 11
useful **útil** *adj. m., f.*

V

vacation **vacaciones** *f., pl.* 5
 be on vacation **estar de**
 vacaciones 5
 go on vacation **ir de**
 vacaciones 5
vacuum **pasar** *v.* **la**
 aspiradora 12
 vacuum cleaner **aspiradora**
 f. 12
valley **valle** *m.* 13
various **varios/as** *adj. m., f. pl.* 8
VCR **videocasetera** *f.* 11
vegetables **verduras** *pl., f.* 8
verb **verbo** *m.*
very **muy** *adv.* 1
 very much **muchísimo** *adv.* 2
 (Very) well, thank you. **(Muy)**
 bien, gracias. 1
video **video** *m.* 1
 video camera **cámara** *f.* **de**
 video 11
 video(cassette) **video(casete)**
 m. 11
 videoconference
 videoconferencia *f.*
 video game **videojuego** *m.* 4
vinegar **vinagre** *m.* 8
violence **violencia** *f.*
visit **visitar** *v.* 4
 visit monuments **visitar**
 monumentos 4
vitamin **vitamina** *f.* 15
volcano **volcán** *m.* 13
volleyball **vóleibol** *m.* 4
vote **votar** *v.*

W

wait (for) **esperar** *v.* **(+ *inf.*)** 2
waiter/waitress **camarero/a**
 m., f. 8
wake up **despertarse (e:ie)** *v.* 7
walk **caminar** *v.* 2
 take a walk **pasear** *v.* 4;
 walk around **pasear por** 4
 walk (one) **pasear/llevar** *m.*
wall **pared** *f.* 12
wallet **cartera** *f.* 6
want **querer (e:ie)** *v.* 4
war **guerra** *f.*
warm (oneself) up **calentarse**
 (e:ie) *v.* 15
wash **lavar** *v.* 12
 wash one's face/hands **lavarse**
 la cara/las manos 7
 wash (the floor, the dishes)
 lavar (el suelo, los
 platos) 12
 wash oneself **lavarse** *v.* 7
washing machine **lavadora** *f.* 12
wastebasket **papelera** *f.* 2
watch **mirar** *v.* 2; **reloj** *m.* 2
 watch television **mirar (la)**
 televisión 2
water **agua** *f.* 8
 water pollution **contaminación**
 del agua 13
 water-skiing **esquí** *m.*
 acuático 4
way **manera** *f.*
we **nosotros(as)** *m., f.* 1
weak **débil** *adj. m., f.* 15
wear **llevar** *v.* 6; **usar** *v.* 6
weather **tiempo** *m.*
 The weather is bad. **Hace mal**
 tiempo. 5
 The weather is good. **Hace**
 buen tiempo. 5
weaving **tejido** *m.*
Web **red** *f.* 11
website **sitio** *m.* **web** 11
wedding **boda** *f.* 9
Wednesday **miércoles** *m., sing.* 2
week **semana** *f.* 2
weekend **fin** *m.* **de semana** 4
weight **peso** *m.* 15
 lift weights **levantar** *v.* **pesas**
 f., pl. 15
welcome **bienvenido(s)/a(s)**
 adj. 1
well **pues** *adv.* 2; **bueno** *adv.* 2;
 (Very) well, thanks. **(Muy) bien,**
 gracias. 1
well-being **bienestar** *m.* 15
well organized **ordenado/a** *adj.*
west **oeste** *m.* 14
 to the west **al oeste** 14
western (*genre*) **de vaqueros**
what **lo que** *pron.* 12
what? **¿qué?** 1
 At what time...? **¿A qué**
 hora...? 1

What a pleasure to... ! **¡Qué gusto (+ *inf*.)...**

What day is it? **¿Qué día es hoy?** 2

What do you guys think? **¿Qué les parece?** 9

What happened? **¿Qué pasó?** 11

What is today's date? **¿Cuál es la fecha de hoy?** 5

What nice clothes! **¡Qué ropa más bonita!** 6

What size do you take? **¿Qué talla lleva (usa)?** 6

What time is it? **¿Qué hora es?** 1

What's going on? **¿Qué pasa?** 1

What's happening? **¿Qué pasa?** 1

What's. . . like? **¿Cómo es...?** 3

What's new? **¿Qué hay de nuevo?** 1

What's the weather like? **¿Qué tiempo hace?** 5

What's wrong? **¿Qué pasó?** 11

What's your name? **¿Cómo se llama usted?** *form.* 1

What's your name? **¿Cómo te llamas (tú)?** *fam.* 1

when **cuando** *conj.* 7; 13

When? **¿Cuándo?** 2

where **donde**

where (to)? (*destination*) **¿adónde?** 2; (*location*) **¿dónde?** 1

Where are you from? **¿De dónde eres (tú)?** (*fam.*) 1; **¿De dónde es (usted)?** (*form.*) 1

Where is...? **¿Dónde está...?** 2

(to) where? **¿adónde?** 2

which **que** *pron.*, **lo que** *pron.* 12

which? **¿cuál?** 2; **¿qué?** 2

In which...? **¿En qué...?** 2

which one(s)? **¿cuál(es)?** 2

while **mientras** *adv.* 10

white **blanco/a** *adj.* 6

white wine **vino blanco** 8

who **que** *pron.* 12; **quien(es)** *pron.* 12

who? **¿quién(es)?** 1

Who is...? **¿Quién es...?** 1

Who is calling? (*on telephone*) **¿De parte de quién?** 11

Who is speaking? (*on telephone*) **¿Quién habla?** 11

whole **todo/a** *adj.*

whom **quien(es)** *pron.* 12

whose? **¿de quién(es)?** 1

why? **¿por qué?** 2

widower/widow **viudo/a** *adj.* 9

wife **esposa** *f.* 3

win **ganar** *v.* 4

wind **viento** *m.* 5

window **ventana** *f.* 2

windshield **parabrisas** *m.*, *sing.* 11

windy: It's (very) windy. **Hace (mucho) viento.** 5

wine **vino** *m.* 8

red wine **vino tinto** 8

white wine **vino blanco** 8

wineglass **copa** *f.* 12

winter **invierno** *m.* 5

wish **desear** *v.* 2; **esperar** *v.* 13

I wish (that) **ojalá (que)** 13

with **con** *prep.* 2

with me **conmigo** 4; 9

with you **contigo** *fam.* 9

within (ten years) **dentro de (diez años)** *prep.*

without **sin** *prep.* 2; 13; 15; **sin que** *conj.* 13

woman **mujer** *f.* 1

wool **lana** *f.* 6

(made of) wool **de lana** 6

word **palabra** *f.* 1

work **trabajar** *v.* 2; **funcionar** *v.* 11; **trabajo** *m.* 16

work (*of art, literature, music, etc.*) **obra** *f.*

work out **hacer gimnasia** 15

world **mundo** *m.* 13

worldwide **mundial** *adj. m., f.*

worried (about) **preocupado/a (por)** *adj.* 5

worry (about) **preocuparse** *v.* (**por**) 7

Don't worry. **No se preocupe.** *form.* 7; **Tranquilo.**; **No te preocupes.**; *fam.* 7

worse **peor** *adj. m., f.* 8

worst **el/la peor, lo peor** 8

Would you like to...? **¿Te gustaría...?** *fam.* 4

write **escribir** *v.* 3

write a letter/post card/e-mail message **escribir una carta/postal/mensaje electrónico** 4

writer **escritor(a)** *m., f*

written **escrito/a** *p.p.* 14

wrong **equivocado/a** *adj.* 5

be wrong **no tener razón** 3

X

X-ray **radiografía** *f.* 10

Y

yard **jardín** *m.* 12; **patio** *m.* 12

year **año** *m.* 5

be... years old **tener... años** 3

yellow **amarillo/a** *adj.* 6

yes **sí** *interj.* 1

yesterday **ayer** *adv.* 6

yet **todavía** *adv.* 5

yogurt **yogur** *m.* 8

You **tú** *fam.* **usted (Ud.)** *form. sing.* **vosotros/as** *m., f. fam.* **ustedes (Uds.)** *form.* 1; (to, for) you *fam. sing.* **te** *pl.* **os** 6; *form. sing.* **le** *pl.* **les** 6

you **te** *fam., sing.,* **lo/la** *form., sing.,* **os** *fam., pl.,* **los/las** *form., pl, d.o. pron.* 5

You don't say! **¡No me digas!** *fam.;* **¡No me diga!** *form.* 11

You are. . . **Tú eres...** 1

You're welcome. **De nada.** 1; **No hay de qué.** 1

young **joven** *adj.* 3

young person **joven** *m., f.* 1

young woman **señorita (Srta.)** *f.*

younger **menor** *adj. m., f.* 3

younger: younger brother, sister *m., f.* **hermano/a menor** 3

youngest **el/la menor** *m., f.* 8

your **su(s)** *poss. adj. form.* 3

your **tu(s)** *poss. adj. fam. sing.* 3

your **vuestro/a(s)** *poss. adj. form. pl.* 3

your(s) *form.* **suyo(s)/a(s)** *poss. pron. form.* 11

your(s) **tuyo(s)/a(s)** *poss. fam. sing.* 11

your(s) **vuestro(s)/a(s)** *poss. fam.* 11

youth *f.* **juventud** 9

Z

zero **cero** *m.* 1

Text Credits

474–475 © Carmen Laforet. Fragment of the novel *Nada*, reprinted by permission of Random House Publishing Group.

505–506 © Gabriel García Márquez, *Un día de éstos*, reprinted by permission of Carmen Balcells.

Fine Art Credits

67 (ml) Diego Velázquez. *Las meninas.* 1656. Reproduced by Museo Nacional del Prado, Madrid. Photograph © José Blanco/VHL

105 Oswaldo Guayasamín. *Madre y niño en azul.* 1986. Cortesía Fundación Guayasamín. Quito, Ecuador.

136 Frida Kahlo. *Autorretrato con mono.* 1938. Oil on masonite, overall 16 x 12" (40.64 x 30.48 cms). Albright-Knox Art Gallery, Buffalo, New York. Bequest of A. Conger Goodyear, 1966.

Illustration Credits

Hermann Mejía: 5, 14, 15, 17, 18, 22, 23, 29, 50, 52, 63 (b), 73, 83 (b), 86, 94, 95, 97, 119, 123, 130, 143, 150 (l), 153, 156, 161, 165, 167 (b), 177, 197, 199, 212, 213, 218, 222, 232, 235, 255, 265, 269, 278, 288, 297, 311, 328, 329, 333, 358, 361, 364, 365, 367, 392, 401, 403, 407, 432, 439, 441, 473, 499, 503.

Pere Virgili: 2–3, 36–37, 58, 70–71, 83 (t), 108–109, 110, 140–141, 142, 157, 160, 167 (t), 174–175, 198, 210–211, 242–243, 244, 276–277, 308–309, 342–343, 344, 376–377, 378, 416–417, 418, 450–451, 452, 482–483, 484.

Yayo: 9, 43, 77, 115, 149, 181, 217, 251, 283, 315, 349, 383, 423, 457, 489.

Photography Credits

Martín Bernetti: 1, 3, 4, 16 (c, m), 19, 38, 53, 64, 65, 71, 72 (tl, tm, r, bml, bmr, br), 82, 89 (r), 90, 98, 99 (b), 101, 104, 105 (t, ml, b), 109 (b), 131, 134, 189, 193 (tl, tr, ml, mr), 194, 195, 202, 203, 221, 223, 226, 227, 238 (tl, tr), 239 (tl, br), 247, 279, 298 (t), 321, 325, 355, 360, 379, 406, 466, 485, 506, 507.

Carlos Gaudier: 168, 169, 170 (tl, tr, ml, mr), 171 (tl, bl).

Corbis: 11 (tr) © Hans Georg Roth. 19 (r) © 1999 Charles Gupton. 32 (tr) © Robert Holmes. 44 (t) © Pablo Corral V. 54 © Charles Gupton. 66 (m) © Elke Stolzenberg, (b) © Reuters. 67 (br) © Owen Franken, (tl) © Patrick Almasy, (tr) © Jean-Pierre Lescourret. 69 © Ronnie Kaufman. 78 (tr) © Rafael Pérez/Reuters, (b) © Martial Trezzini/epa. 79 (t) © Reuters. 97 © George Shelley. 100 © Tom & Dee Ann McCarthy. 107 © Jon Feingersh. 109 (t) © George Shelley. 116 (b) © Reuters. 117 (t) © Reuters. 133 © Images.com. 135 © AFP Photo/Juan Barreto. 136 (tl) © George D. Lepp, (mr) Peter Guttman, (b) Reuters. 137 (tr) © Bettman, (br) Greg Vaughn. 150 (r) © Jeremy Horner. 151 (b) © Mark A. Johnson. 155 © Ronnie Kaufman. 171 (br) © Steve Chenn. 205 (t) © Manuel Zambrana. 238 (bm) © Charles & Josette Lenars, (lm) © Richard Smith. 239 (bl) © Jeremy Horner. 253 (tr) © Carlos Cazalis, (br) © Carlos Cazalis. 257 © José Luis Pelaez, Inc. 272 (t) © Bob Winsett, (ml, mr, b) © Dave G. Houser. 273 (tl) © Reuters Newmedia, Inc./Jorge Silva, (tr) © Michael & Patricia Fogden, (bl) © Jon Butchofsky-Houser, (br) © Paul W. Liebhardt. 284 ® © PictureNet. 304 (ml) © Dave G. Houser, (tr, mtr) © Mcduff Everton, (tl) © Pablo Corral V., (mbr) © AFP/Macarena Minguell, (bl, br) © Bettman. 305 (tl) © Wolfgang Kaehler, (bl) © Roger Ressmeyer, (br) © Charles O'Rear. 330 © Lawrence Rcaterson. 336 (tl) © Jan Butchofsky-Houser, (ml) © Bill Gentile, (mr) © Dave G. Houser, (b) © Bob Winsett. 337 (r,b) © Martin Rogers. 338 (tl) © Jeremy Horner, (tr, m) © Bill Gentile, (b) © Stephen Frink. 339 (tl) © Brian A. Vikander, (r) © Reuters NewMedia Inc./Claudia Daut, (bl) © Gary Braasch. 341 © PictureNet. 370 (m, mr) Galen Rowell. 371 (t) Pablo Corral V. 372 (tl) © Bettmann, (tr) © Reuters/Andres Stapff, (m) © Diego Lezama Orezzoli, (b) © Tim Graham. 373 (tl) © Stephanie Maze, (r) © SI/Simon Bruty, (ml) © Reuters/Andres Stapff, (bl) © Wolfgang Kaehler. 375 © Rolf Bruderer. 384 (1) © Dusko Despotovic. 410 (tl) © Kevin Schafer, (tr, b) Danny Lehman. 411 (tl) © Danny Lehman, (ml) Ralf A. Clavenger, (b) Jose & Fuste Raga. 412 (tl) © José F. Poblete, (tr) © Peter Guttman, (ml) © Leif Skoogfors, (mr) © Lake County Museum. 413 (tl) © Guy Motil. 415 © Michael de Young. 417 (tr) Stephanie Maze. 428 © Karl & Anne Purcell. 444 (tr) Carl & Anne Purcell. 445 (tl) Gianni Dagli Orti, (tr) Stringer/Mexico/Reuters, (br) © Jeremy Horner. 446 (tl) © Stuart Westmorland, (tr, ml) © Macduff Everton, (mr) © Tony Arruza. 447 (tl) © Macduff Everton. 475 © Bureau L.A. Collection. 476 (t) John Madere, (mt) Kevin Schafer, (mb) Buddy Mays, (b) Peter Guttmann. 477 (tl) Reuters/New Media Inc./Kimberly White, (bl, br) Pablo Corral V. 478 (tr) © Reinhard Eiscle, (m) © Richard Bickel. 479 (tl) © Jeremy Horner, (r) © Reuters NewMedia Inc./Marc Serota, (bl) © Lawrence Manning. 495 © Sygma. 501 © Michael Keller. 510 (tl) © Anders Ryman, (m) © Reuters NewMedia Inc./Sergio Moraes, (b) © Pablo Corral V. 511 (tl) © Hubert Stadler, (r) AFP Photo/Gonzalo Espinoza, (bl) © Wolfgang Kachler. 512 (t) © Peter Guttman, (ml) © Paul Almasy, (b) © Carlos Carrión. 513 (r) © Joel Creed; Ecoscene.

About the Authors

José A. Blanco founded Vista Higher Learning in 1998. A native of Barranquilla, Colombia, Mr. Blanco holds degrees in Literature and Hispanic Studies from Brown University and the University of California, Santa Cruz. He has worked as a writer, editor, and translator for Houghton Mifflin and D.C. Heath and Company and has taught Spanish at the secondary and university levels. Mr. Blanco is also the co-author of several other Vista Higher Learning programs: **Panorama, Aventuras,** and **¡Viva!** at the introductory level, **Ventanas, Facetas, Enfoques, Imagina,** and **Sueña** at the intermediate level, and **Revista** at the advanced conversation level.

Philip Redwine Donley received his M.A. in Hispanic Literature from the University of Texas at Austin in 1986 and his Ph.D. in Foreign Language Education from the University of Texas at Austin in 1997. Dr. Donley taught Spanish at Austin Community College, Southwestern University, and the University of Texas at Austin. He published articles and conducted workshops about language anxiety management, and the development of critical thinking skills, and was involved in research about teaching languages to the visually impaired. Dr. Donley was also the co-author of **Aventuras** and **Panorama,** two other introductory college Spanish textbook programs published by Vista Higher Learning.

About the Illustrators

Yayo, an internationally acclaimed illustrator, was born in Colombia. He has illustrated children's books, newspapers, and magazines, and has been exhibited around the world. He currently lives in Montreal, Canada.

Pere Virgili lives and works in Barcelona, Spain. His illustrations have appeared in textbooks, newspapers, and magazines throughout Spain and Europe.

Born in Caracas, Venezuela, **Hermann Mejía** studied illustration at the *Instituto de Diseño de Caracas*. Hermann currently lives and works in the United States.